探寻古蜀国

从三星堆看中华文明

黄剑华 著

典藏版

中国出版集团有限公司
研究出版社

图书在版编目 (CIP) 数据

探寻古蜀国 : 从三星堆看中华文明（典藏版）/ 黄剑华著.
-- 北京 : 研究出版社, 2025.7
ISBN 978-7-5199-1673-2

Ⅰ. ①探… Ⅱ. ①黄… Ⅲ. ①三星堆文化 - 研究
Ⅳ. ①K872.710.4

中国国家版本馆CIP数据核字(2024)第080517号

出 品 人：陈建军
出版统筹：丁　波
责任编辑：谭晓龙

探寻古蜀国：从三星堆看中华文明（典藏版）
黄剑华　著
研究出版社 出版发行
（100006　北京市东城区灯市口大街100号华腾商务楼）
北京中科印刷有限公司　新华书店经销
2025年7月第1版　2025年7月第1次印刷
开本：710毫米 × 1000毫米　1/16　印张：24.75
字数：327千字
ISBN 978-7-5199-1673-2　定价：128.00元
电话（010）64217619　64217615（发行部）

序

从一个考古遗址的发掘，发现一个失落的文明，甚至改写一部文化史，学术界再没有比这更令考古、历史和文化工作者兴奋快意的事了。

有幸的是，自20世纪80年代以来，这样快慰的事却两次降于四川盆地西侧的成都平原上：一次是广汉三星堆古城和祭祀坑遗址的发掘；另一次是以新津宝墩文化为代表的6座成都史前古城遗址的发掘。

它们使一个已经失落的古老的巴蜀文明，一个只有茫昧迷离的文献记述而缺乏物化实证的巴蜀文明，破土而出，喷薄而发，闪现出灿烂、耀眼的光芒，照亮了巴蜀文化史上几显苍白和暗黑的庞贝城。其丰富的文化和历史信息，众多扑朔迷离的文化之谜，是新发现的“古蜀文化的生长点”（苏秉琦先生语），是幸运之神给予的索解，是巴蜀文化史上划时期的、恢宏扬厉的一页。

现在，已有众多学者投入三星堆文化的探索和研究，出版了好几部研究或描述三星堆文化的著作。这里，呈现在读者面前的由黄剑华所著的《探寻古蜀国：从三星堆看中华文明》是其中最新的又独具特色的一部。他以史家的根柢，艺术家的笔触，寻幽访翠，探骊得珠，再现了三星堆文化的面貌及其发现过程。既有关于三星堆文化古族、古城、古国的渊源流向的纵向探索，又有从生态到文态、从产业到制作工艺、从社会生活到神灵的主观艺术世界的全景式的描绘，其中不乏作者创新的灵感和见解，读来清新可喜，诱人思索。

研究三星堆文化是中国考古学，也是中国文化史的一个重要课题。由于三星堆文化面貌的神奇和文化渊源的扑朔迷离，为我们的认识和研究带来了巨大困难。

其难之一，三星堆祭祀坑内各种奇诡怪异的神像文物从未见于著录，没有现成的巴蜀文献记载可资对照，至今我们还不得不主要借助于有关中原文化典籍的知识来认识和探索三星堆遗物及其风貌和内涵。如关于青铜立人像、青铜神树、青铜鸟等形象的认识，就不得不借助于我们已知的关于司神巫师、建木社树和龙凤等中原文化知识，来对三星堆遗物进行猜测性对比，这就难免会发生歧义，难以准确了解其真谛。就是“祭祀坑”的命名，也还是来源于中原礼仪知识，因而引发歧义，引起广泛的讨论和争鸣。更准确地说，叫“祭祀物坑”更恰当一些。

其难之二，研究和探索三星堆文化的族属和文化渊源，若隐若现，困难重重。由于历史上巴蜀地区文化生态系统和民族源流的多样性与复杂性，特别是长时期的民族交往、民族迁徙与文化振荡，使我们至今对巴蜀内部的民族关系还难以从纷繁中理出头绪。

其难之三，三星堆文化遗迹和实物向我们展示了一个前所未知的古蜀城邦体系和森严的古蜀国体系。但我们仅凭蚕丛、柏灌、鱼凫到杜宇、开明的蜀王世系的知识，无法为它找到文化学上的坐标定位。

其难之四，宝墩文化、三星堆文化和成都十二桥文化的考古发掘，虽然使我们找到了三星堆文化特别是其青铜文明的上源，看到了它的流向，但其间长达 2000 年的时空隧道里的某些缺环还是难以填补的。特别是考虑到距今 2000 ～ 3000 年之间成都平原上曾发生过一次巨大的洪灾将旧文化遗址冲涤，普遍出现新文化遗址的迁徙，其文化连续性在某个环节上的断缺，不是应该引起我们的重视吗？

正是由于这些困难，引起研究工作者对探索三星堆文化产生了恒久的兴趣。本书作者知难而进，对三星堆文化发现和发掘的历程作了生动的描述，汇集了尽可能详尽的史料，使我们对巴蜀文化，特别是其中有关古蜀文化的一些关键性问题，能够引发思索，加以重新认识。这些问题主要是：

一、三星堆文化是从蚕丛、柏灌、鱼凫到杜宇、开明等历代蜀王世系所代表的不同经济时期的都邑文化最早汇集的结穴处演化而来，提供了典型的古蜀城邦国家文化特征的识别体系，填补了古蜀城市文明早期形态起源和发展史的空白

如果说宝墩文化所含的6座古城代表着成都平原城市文明的起源阶段，那么，位于平原中心的三星堆古城址则代表着古蜀城邦国家建成的阶段。本书对古蜀城市建筑、城市功能和城市结构秩序，特别是以祭祀坑为代表的超自然的精神性权威城市汇聚点，都有较好的分析和研究。美国城市学家刘易斯·芒福德在《城市发展史》一书中曾提出人类最早的超自然的精神礼仪性、威仪性汇聚地点，即各方人口朝觐的目标，是“城市发展最初的胚盘”的著名观点，这在三星堆古城遗址和祭祀坑遗址有鲜明的体现。他所论述的城市具有“磁体功能”和“容器功能”的观点，也有助于我们对三星堆古城文化特征的认识。本书详尽介绍了各派学者关于该古城文化特征的争论，或主张是蚕丛王时期，或主张是鱼凫时期，或主张是杜宇时期，本书作者也提出了自己的观点。我倒是从本书对三星堆古国时期丰富多彩的社会生活和高度发达的制作工艺的描绘，受到新的启迪：如果从早期城市的“磁体”和“容器”两大功能来看，三星堆古城存在的历史时期很长，它可以成为不同时期、不同社

会经济形态和文化特征的各支蜀文化的“兼容器”。这里有以纵目人铜像为表征的采集狩猎时代的蚕丛文化的遗留，有以鱼鹰形象为代表的渔猎时代的鱼凫文化的流风，也有以鹰头杜鹃形象为代表的农业时代的杜宇文化的遗韵，是否还可能有开明兽的渊源呢？这也不是不可以猜测的问题。总之，本书使我们能够跳出究竟是鱼凫时期还是杜宇时期的直线式思维的猜测，启迪我们用球形思维来思考三星堆古城文明。三星堆文化所包含的四期文化层似应是历代蜀王文化最早汇集的结穴处和时代性文化积淀的结果，是以不同经济文化发展阶段（从石器时代到青铜时代、从采集渔猎时代到农耕时代）的历代蜀王为代表的各部族、种族、民族通过交流、征服和文化激荡而兼容和综合的结晶，是发挥城市“磁体功能”和“容器功能”吸附巴蜀民族和文化习俗复杂性、多样性的结果。由此，我们不难理解，巴蜀文化兼容性、开放性品格得以形成的最早的源头和过往的历程。

至于两个祭祀坑，既然是先后两个时期焚埋的，一个在殷墟早期，一个在殷墟晚期，则更可以说明这座古城至少曾经历过两次突发性的事件，而不是一次。联系“蚕丛国破”和“杜宇亡国，杜鹃啼血”的历史记载，这两次事件不都可以找到落脚点了吗？从另一个角度看，这不也正说明这座古城及两个祭祀坑在先后不同时期所表现出的复杂的文化因素，不正昭示着历史帷幕后古蜀民族更替征伐、激荡交融的一幕幕壮阔的话剧吗？

二、三星堆文化展现了古蜀人恢诡浪漫、春容大雅的艺术世界和铿訇辩肆、不师故辙的文化心理，很值得我们玩味和探索

对三星堆艺术世界的描绘和分析，是本书作者用功最勤、致力最多，也是本书最精彩的部分。奇特夸张的青铜艺术、侈丽雍容的金箔技艺和掞藻扬葩的玉石雕琢等，皆是三星堆文化

结晶的明珠。它们共同构成古蜀国神秘的艺术世界，折射出古蜀人特异的文化心理。从文化学的深层次钩沉稽引历代蜀人所认同的艺术世界和文化心理，并把它同三星堆文化的面貌相联系，这是一个有趣的但是又有相当难度的课题。本书作者既是长期从事历史和文物考古学术研究的学者，又是擅于艺术探索的作家，对此作了用功的尝试。从本书所描绘和分析的艺术图景出发，我们可以对蜀人心灵世界的传承和思维特征发展的脉络作深层次的思考和探索。

三星堆文化中的巫师、女神、神树和各种青铜人面像乃至各种凤鸟、鱼凫饰件，太阳轮饰件，如果加以艺术化组合，不难看出，这是一个昌盛的泛灵崇拜和祖先崇拜的世界。但其中最有特色的，恐怕是以鸟、珠、花为表征的日神崇拜以及以姐神崇拜、鸟母崇拜、杜主崇拜为特征的神禖文化。这两者构成三星堆蜀人崇拜先祖和崇拜先妣并重的心理世界。我是主张神禖文化是蜀人的特征的，但它对蜀人的特殊性格、文化心理和思维方式究竟有何影响，尚值得探讨。可喜的是，本书作者联系静态的农业文明特征，对此作了深入的创新性探析。古有“焚巫尪”习俗，“巫”是女巫，“尪”是短仰、突胸、突肚的畸异人，在神权世界里，他们都可能是地位很高的人，这从甲骨文“焚黄”一词可以看出。从三星堆众多的神人形象中不难找到这两种面貌神异、能“地天通”的巫尪神人。由于它们的怪异形象在三星堆蜀人心目中畸重的分量而成为一种文化积淀，一再地在后来成都平原出土的众多东汉说书俑形象和成都市区成汉墓出土的陶俑形象中表现出来。这种文化积淀不仅表现在蜀人的造型技艺里，也表现于蜀人艺术创造的思维特征里。“山川风雨发其姿”，作为独立的文化区，巴蜀地区素有产生百科全书式“球形天才”的传统，从司马相如、扬雄、陈子昂、李白、苏轼、杨升庵、李调元到现代的郭沫若、巴金，都是能错综古今的文宗，都具有气势恢宏、铿訇辩肆的艺术气质，“控引天地”“包括宇宙”“总揽人物”的开阔胸襟，铺张扬厉、追求浪漫、不师故辙的发散型开放性思维。这些特征均可以在三星堆人奇诡浪漫、怪诞夸张的造型艺术里找到它的源头。《汉书·地理志》说，蜀人学习经书的思维很特殊，“不慕道德而贵慕权势”“以文辞显于世”，重时事利禄的今文经学传统和重文学的传统是蜀人的特征。对于这些特征，我们都可以在神秘的三星堆艺术世界里，掠过历史的天际线去考察和探索其依稀可辨的过往来程和棻丝踪迹。

三、三星堆文明为古代东方文明增添了新的篇章，为我们留下了不同文明之间开放交流、互补互融的历史经验

三星堆文明的产生不是孤立的。它既有自己悠久而独立的始源，又受中华文明内部不同地域之间的文化，乃至东方文明不同地域的文化或明或隐、或直接或间接的影响。本书把三星堆文明同通向远方的古蜀商道联系起来解读是有一定意义的。在三星堆祭祀坑出土的龙虎尊等器物内发现了海贝 4600 余枚，其中包括环纹贝和虎斑纹贝。这应该是古代闭塞的“天府之国”同南海交通的明证，也不排除是殷商文化南进与商品交换的影响。除这一明证以外，应该说，三星堆文化的青铜铸造技术和玉石工艺就是中原商文化与蜀文化交流融汇、互补互融的产物。不过，蜀人在文化的互补互融中创造出了自身新的有特色的文化，例如，在接受除中原的礼器、酒器的铸造技艺之外，产生了自己独特的神器造型艺术。除了以上这些明显的例证，我们还可通过本书对若干文化细节加以研究，例如，三星堆文化同东南亚文化，从西边的阿萨姆到东边的大洋洲，是否有亲疏程度不一的联系？它同中东文明，例如，两河流域文化、腓尼基以及安纳托利亚的文化有无联系和交流，抑或是各自独立创造了发展阶段相同、类型相似、性质相似的文化，这是当前一些学者致力研究的重点。本书对此也提出了自己的看法。

黎澍先生曾说："人类对于自身认识的发展又得益于活动半径的扩展。如若祖祖辈辈固守一地，见闻不出乡里，不和异质文化接触，是不可能对人类文化有不断更新的认识的。"奇特神秘的三星堆文明为我们留下了不同的异质文化之间接触、交流、碰撞、激荡的历史信息，有待我们进行深入的描述、分析和比较研究，进而进行某些概括，得出某些于我们现代蜀人有益的历史经验。这是一项需要花大力气才能完成的工作。特别是在新时代西部大开发的热潮中，研究和总结三星堆文化遗产为我们留下了哪些有益的文化开发和交流的历史经验，这是十分有意义的。这样看来，本书的出版，当还有其现实的价值和针对性。我个人虽才疏学浅，但因上述理由，乐于向读者郑重地推荐这本既有学术深度、有审美意义又文笔流畅的好书。

本书作者是史学研究与文学创作并进的有为的中青年学者，作品与著述为数不少，与余相知甚深，尤喜读其著述中的清新、畅达之气。愿我们同本书作者一起，进入三星堆文化神圣的殿堂，去找出蜀人纵贯古今的艺术世界的真谛吧！

勉贡芜辞，是为序。

谭继和

四川省社科院杰出研究员、四川省历史学会会长

探寻古蜀国

典藏版

从三星堆看中华文明

目　录
CONTENTS

壹

第一章

一个失落文明的重新认识

月亮湾的偶然发现

提到三星堆，由于此地惊人的考古发现，如今已是一个闻名遐迩的地方。在被称为“天府之国”的成都平原腹心地带，由繁华的成都驱车北行约 40 公里（1 公里 =1 千米，全文特此说明），便可以看到鸭子河畔矗立着一座造型别致的建筑，这就是新建的三星堆博物馆，数量众多、精美绝伦的出土文物就陈列于此。距其不远便是古马牧河和著名的三星堆及月亮湾。轰动世界的三星堆文明遗址和揭示古蜀之谜的大量出土文物，就是在这里被发现的。

在中国近代历史上有许多重大考古发现，最初的发现都带有一定的偶然性。我们熟知的甲骨文和敦煌珍贵文物的最初发现经过便是这样。三星堆古蜀文明遗址的最初发现，也具有很大的偶然性。据传，最初被发现的是一些玉石器，是当地居民燕道诚与家人车水淘溪时发现的。郑德坤所著的《四川古代文化史》记述说：“民国二十年（1931 年）春，居民燕道诚因溪流淤塞，溉田不便，乃将溪水车干施以淘浚，忽于溪底发现璧形石环数十，大小不一，叠置如笋，横卧泥中，疑其下藏有金银珠宝，乃待至深夜始率众匆匆前往掘取，除获完整石璧若干外，闻复拾得石圭、石璧、石琮、玉圈、石珠，各若干。”[1]当时，

[1] 郑德坤：《四川古代文化史》，华西大学博物馆印行，民国三十五年（1946 年）七月，第 31 页。

三星堆遗址外景图（这个非同寻常的地方由于揭示了古蜀之谜而闻名遐迩）

华西大学博物馆美籍教授葛维汉（D.C.Graham）所著的《广汉发掘简报》也称，1931年春，董宜笃牧师获悉四川广汉县（现广汉市）一位燕姓农民在溪底发现了一些石器、玉环、方玉和玉刀。董宜笃对此作了记录。后来有农民在挖水洞时，又发现了许多器物，这些器物被分送给了乡邻和戚友[1]。20世纪70年代以后，又出现了1929年发现之说。冯汉骥、童恩正在《记广汉出土的玉石器》一文中说："一九二九年，该地中兴乡（现名中兴公社）的农民燕某曾在宅旁沟渠底部发现玉石器一坑，当即引起了人们的注意。"[2]这在年代上就形成了两种说法。曾于20世纪50年代实地调查过月亮湾三星堆遗址的王家祐先生认为，应以最初的文字记载为准，这是很有见地的。那么，1929年发现的说法，究竟有何根据？冯汉骥、童恩正的文章对此并没有说明。后来持"发现于1929年"之说的一些文章著述，亦

[1] ［美］葛维汉：《广汉发掘简报》，沈允宁译，四川省文管会印，第1页。

[2] 冯汉骥、童恩正：《记广汉出土的玉石器》，见《广汉三星堆遗址资料选编》（一），第84页。

燕道诚与家人合影（1929 年）

大都含糊其词。最近，陈德安在《三星堆遗址挖掘综述》一书中是这样解释的："三星堆遗址的发现，是 1931 年英国牧师董宜笃（V.H.Donnithorne）在广汉获悉当地农民燕道诚因车溉田挖出石璧、玉璋、玉琮、玉璧等一大批玉石器而被发现的。根据燕氏家族提供的情况，董宜笃（V.H.Donnithorne）得到这批玉石器出土的消息时，已时隔两年，实际上，这批玉石器是 1929 年出土的。三星堆遗址的发现，已近 70 年了。"[1]在最初的记录中并没有这一情况，显然是燕氏家族后来的回忆。相隔两年消息才透露出去，是颇值得玩味的。

燕道诚和家人偶然挖到的玉石器究竟有多少件，说法不一，有的说"一坑"，有的说"若干"，有的说"大批"[2]，有的说"总数达三四百件之多"[3]，还有的说"计有璧、璋、琮、圭、圈、钏、珠、斧、刀及玉石半成品等 400 余件"[4]。虽然具体数目无法确定，但数量较多则是可以相信的。燕氏不懂得这些玉石器的重要价值，开始也许以为挖到了宝物，后来发觉并非金银之类，于是便将其中一些分赠给亲友，致使这批玉石器逐渐流散。据说馈赠的原因之一，是燕氏父子发掘后得了一

[1] 陈德安：《三星堆遗址挖掘综述》，《三星堆传奇——华夏古文明的探索》，台湾太平洋文化基金会，1999，第 22 页。

[2] 马继贤：《广汉月亮湾遗址发掘追记》，《南方民族考古》第五辑，四川科技出版社，1993，第 310 页。

[3] 敖天照、刘雨涛：《广汉三星堆考古记略》，《巴蜀历史·民族·考古·文化》，巴蜀书社，1991，第 331 页。

[4] 屈小强：《三星伴明月——古蜀文明探源》，四川教育出版社，1996，第 7 页。

场大病，为了折财免灾，才将这些“意外之财除自留部分外，大多向亲邻朋友广为分送”[1]。总之，随着这些玉石器的流散，消息不胫而走，很快就引起了古董商们的注意，经过他们的渲染和炒作，当时的成都古董市场曾一度被“广汉玉器”闹得沸沸扬扬。流入古董商之手的玉石器数量毕竟有限，有的古董商为了牟利，甚至伪造赝品出售。这在一定程度上扩大了广汉出土玉石器的影响，同时也使真伪混杂，为后来的甄别研究工作增添了麻烦。

燕氏的偶然发现，开启了三星堆古蜀文明遗址发掘的足迹，具有极不寻常的意义，在当时立即引起了学者们的关注和重视，并由此开始了早期的调查研究工作。

当时正在广汉传教的英籍牧师董宜笃是较早得知这批出土玉石器消息的人，以他的文化素养，敏锐地感觉到了这批出土玉石器的珍贵。虽然董宜笃并不是一位考古学者，对古蜀历史也没有什么研究，但他“确认这批器物很有科学价值，颇为重视，认为应及时保存下来，避免散失”[2]。正是这一态度，促使他与当地的驻军陶宗伯旅长取得了联系，请陶旅长出面做必要的宣传，尽快寻回散失的器物，以便把它们保存下来。陶旅长对此也很重视，马上答应下来，没过几天便将从燕氏那里得到的5件石器交给董宜笃。董宜笃用信函将此事告诉了华西大学美籍教授戴谦和（D.S.Dye），随即前往成都，亲自将5件石器交给戴谦和鉴定保管。

戴谦和对这些出土玉石器产生了浓厚的兴趣，同年6月，他和董宜笃在陶旅长和6名警卫员、1名摄影师的陪同下，对当时太平场附近的月亮湾遗址进行了考察和摄影。大概是这次考察，使农民燕氏和陶旅长都明白了对出土玉石器进行研究的重要性，便将那5件石器赠给华西大学博物馆保存。后来燕氏又“将最大之石璧一枚，琬圭一柄赠与华西大学博物馆，陶氏亦将所获全赠该馆，以便保存”[3]。董宜笃购得流散出去的玉琮

[1] 屈小强：《三星伴明月——古蜀文明探源》，四川教育出版社，1996，第7页。

[2] ［美］葛维汉：《广汉发掘简报》，沈允宁译，四川省文管会印，第1页。

[3] 郑德坤：《四川古代文化史》，华西大学博物馆印行，民国三十五年（1946年）七月，第31页。

敦煌藏经洞遗址

1件，也赠送给了华西大学博物馆。戴谦和对收集到的这些玉石器进行了研究，连同其经过，撰写了《四川古代石器》一文，刊登在《华西边疆研究学会会志》第四期上。董宜笃和戴谦和的做法是值得称道的，不仅对广汉出土的玉石器有保护之功，且扩大了这批珍贵文物的影响，还形成了研究的风气。

时隔一年，1932年秋，成都的金石名家龚熙台也从燕氏手中购得了4件玉器，大为赞赏，撰写了《古玉考》一文。此文于1935年刊登在成都东方美术专科学校校刊创刊号上。1940年龚氏去世后，4件玉器经其亲戚售给了华西大学博物馆。此外，据载燕氏后来又捐献了几件自己保存的玉石器给华西大学博物馆。

正是这几位有识之士最初的考察研究，引起了华西大学博物馆馆长的高度重视，认为这些“广汉遗物”很有考古价值，亲自写信给董宜笃询问发现详情，并于1932年亲至广汉考察，并商得时任县长罗雨苍及省政府教育厅之同意，从事科学化之发掘，旋因他事迁延未果。罗雨苍县长也是一位热心人，对此事给予了充分的重视。1934年春，对月亮湾遗址进行考古调查和科学发掘的事再次被提了出来。据葛维汉《广汉发掘简报》记述：“3月1日，笔者来到广汉，与当地官员对此次发掘作最后安排。令人吃惊的是一些当地群众已开始发掘遗址。罗县长说明若不作科学发掘，就会遭受不可弥补的损失，他禁止了村民私自发掘，然后以县政府名义邀请笔者，从速带上工具办理该项工作。由罗氏出面主持全部发掘事项，发掘方法则完全由笔者负责指导。”[1]

同敦煌宝窟和甲骨文的发现比较起来，广汉古遗址要幸运

[1] [美]葛维汉：《广汉发掘简报》，沈允宁译，四川省文管会印，第2页。

得多。敦煌藏经洞被无知的王道士发现之后，曾遭到了外国冒险家的疯狂掠夺。甲骨文被发现后，亦大量流失海外。民国时期的官员毕竟比清朝官吏多了一些文物保护意识。罗雨苍县长采取的措施是比较及时的，对月亮湾古遗迹的保护在当时发挥了相当重要的作用。

葛维汉、林名均在广汉考古发掘时留影（1934 年）

由罗雨苍县长出面主持的这次科学发掘，邀请美籍教授葛维汉负责指导，并由华西大学博物馆馆员林名均协助田野考古工作。为了发掘工作的顺利进行，罗县长还派了一小队警卫人员负责安全工作，后来又派了 80 名士兵对发掘现场作警戒保护。发掘工作从 1934 年 3 月 17 日正式开始，他们先对燕家住宅附近小溪与田坝等最早发现玉石器的地方进行了清理，挖了一条东西方向的探沟，并作了延伸挖掘。他们使用了测量水准器、平板仪、绘图指南针、照相机、钢卷尺、测量竿、洋铲、扒锄、泥刀、软硬刷子等，这些在当时称得上是比较先进的考古用具。并在发掘过程中对地层关系和出土器物作了详细记录。整个发掘进展是比较顺利的，每天都有一些新的发现。由于当时“邻近匪风甚炽，工作十日即行结束”，在这么短的时间内，要对神秘的大型古遗址作深入全面的发掘考察，显然是不可能的。但这次发掘仍有相当丰富的收获，不仅发现了一些精致的玉石器，还出土了许多残块和破碎的陶片，发掘所获玉器、石器、陶器等物共 600 余件。更难得的是，开明的罗县长没有将这些出土物品留在广汉，他认为这些器物很有科学价值。“罗县长以其有关文化，宜集中一处以为研

葛维汉教授在三星堆遗址主持发掘现场（1934 年）

葛维汉教授与学术界友人合影（1934年）

究材料，乃全部捐赠华西大学博物馆保存。”[1]罗雨苍的举措是值得称赞的，使这批出土物品成为研究三星堆文明的重要资料。通过整理研究，葛维汉不久便撰写了《汉州发掘简报》，林名均也写了《广汉古代遗物之发现及其发掘》，分别刊登在《华西边疆学会会志》第六卷与《说文月刊》第三卷第七期上。

葛维汉和林名均在报告中除了介绍发掘经过和出土器物的种类形态，还提出了一些重要的分析看法。比如，他们认为这次发现的器物大多为随葬器物，所发掘的应是一个墓坑，“随葬器物可以帮助我们了解古代的葬俗、社会和宗教习俗”。认为广汉发现的玉石器、陶器与北方仰韶遗址等处的出土文物有相似之处，同时又有明显的区别。认为广汉文化与华北和中原地区已知的新、旧石器时代文化之间的联系与传播可以很清楚地看到证据。并认为“我们考虑广汉文化下限系周代初期，大约公元前1100年，但是更多的证据可以把它提前一个时期，其上限为铜石并用时代（即新石器时代向青铜时代过渡的时期）。我们这次在四川广汉县遗址发现的玉器、随葬物和陶器均系年代很早的标本”[2]。由于发现的器物有限，这些分析看法难免有一定的局限性。当时，郑德坤在《四川古代文化史》中，便对“墓葬说”提出了不同观点，认为“窃疑广汉土坑应为晚周祭山埋玉遗址”[3]。当然，郑氏的看法也是值得商榷的。而在当时，却展示了一种很好的学术探讨风气。华西大学博物馆还邀请了一些学者参与对广汉出土器物的鉴定和研究，比如，请华西大学的地质学家戴谦和教授对玉石器做了鉴定，请华西协合大学的化学家柯利尔（H.S.Collier）博士对陶器碎片作了分析，请成都加拿大大学校长、美术家黄思礼（L.C.Walmsley）对玉石和陶器的器形颜色作了侧重研究，并请著名的考古学家安特生（J.G.Andersson）对广汉出土器物与河南仰韶、殷墟的

[1] 郑德坤：《四川古代文化史》，华西大学博物馆印行，民国三十五年（1946年）七月，第33页。

[2] ［美］葛维汉：《汉州发掘简报》，沈允宁译，四川省文管会印，第7页、第23页。

[3] 郑德坤：《四川古代文化史》，华西大学博物馆印行，民国三十五年（1946年）七月，第40页。

考古发现作了比较鉴定，谈了一些很重要的看法[1]。

在此期间，一些学者探讨广汉出土文物的文章著述也相继问世，一时在海内外产生了不小的影响。

当时旅居日本的中国著名学者和作家郭沫若，得知广汉考古发掘的消息后，兴奋不已，立即写信与葛维汉和林名均联系，索求广汉发掘的照片和出土器物的图形以及发表的有关论文。葛维汉和林名均接信后马上一一照办，在提供资料方面毫不保留。郭沫若很快便写来了热情洋溢的感谢信，并在信中谈了自己对汉州遗址（即三星堆遗址）的看法，同时还将自己新出版的两部考古学方面的著述寄赠给他们，在考古史上留下了一段佳话。这封信的全文如下：

郭沫若旅居日本时的照片

林名均先生：

我很高兴接到你和葛维汉先生的来信，谢谢你们的好意，送给我如此多的照片、图片以及戴谦和先生发表在《华西边疆学会会志》上的文章，并且告诉我有关发掘的详细情况。

你们真可谓是华西科学考古工作的开拓者。我希望将来你们在这项工作上能取得更大的进展，并对能见到的碑铭、古代建筑、雕刻、墓葬和土著居民的岩洞等进行研究。这一工作将产生丰硕的成果。我同时也希望今后会有一系列的发掘，以探索四川史前文化，包括民族、风俗习惯以及它们与中国其他地区相接触的历史。这些都是极为重要的问题。我很遗憾，我不能回国协助你们参加发掘。

你们在汉州发现的器物，如玉璋、玉璧、玉圭等，均与华北和中原地区的出土发现相似。这就证明古代西蜀曾与华北和中原有过文化接触。在殷商时代的甲骨上就发现有“蜀”的名称，当周人克商时，蜀人曾前往协助作战。此外，汉州发现的陶器也是属于早期类型。你们认为汉州遗址的时代大约是西周初期，这个推测可能是正确的。现在我只能说这些。如果将来

[1] ［美］葛维汉：《广汉发掘简报》，沈允宁译，四川省文管会印，第 10 页、第 15 页、第 19 页、第 21 页。

四川其他地方又有新的发现，它们将展现出这个文化分布的广阔范围，并且肯定会提供更多的可靠的证据。

现遵嘱将我写的两部有关中国考古学方面的书赠给你们，并且已请出版的书店将我的一部近著送给博物馆，另一部送给葛维汉先生。以后我如出版新作，也将再送给你们。

现在我很忙，就此搁笔。

祝你们取得更大的成绩。

沫若

1934 年 7 月 9 日[1]

这是关于广汉三星堆遗址早期考古发现的一封重要的通信，字里行间透露出郭沫若对故乡这一重要考古发现的重视和喜悦之情，并以一位历史学家和考古学家的眼力，提出了一些很重要的看法和建议。比如，进行综合性的研究，寄希望于今后进行更多的考古发掘，以揭示古蜀文明的详细面貌以及探索古蜀与周边区域文明的交流等。20 世纪 30 年代就提出了这些卓见，是非常难得的。在相隔半个多世纪之后，当我们回顾三星堆文明的发现和研究历程时，仍能深切地感受到信中那洋溢着的热情和卓见在闪光。

客观来看，当时对三星堆文明的考古发现只是一个序曲，一个开端。考古学作为一门新兴的严谨的学科，如果没有丰富的出土器物，再聪明的考古学家也无法凭空想象出被湮没的辉煌文明形态。特别是对文献记载中显得扑朔迷离的古蜀文明来说，考古发现提供的证据尤其重要，而当时有限的考古发现，为揭示其神秘面貌显露出了一抹亮丽的曙光。这是令当时的学术界非常振奋的。同时，当时的学者们也很明智地感觉到了他们探讨研究中的局限性，所以都寄希望于新的更多的考古发现。

这种期盼延续了半个世纪之久，终于迎来了惊动世界的三星堆文明更大规模的考古发现。

[1] 屈小强：《三星伴明月——古蜀文明探源》，四川教育出版社，1996，第 13–14 页。

三星堆文明的逐渐认识

如果说20世纪30年代月亮湾的偶然发现开启了对三星堆文明的关注和调查探讨，并进行了最初的考古发掘，那么，对广汉古遗址真正有计划的发掘，则是从中华人民共和国成立后开始的。

王家祐先生年轻时

王家祐先生工作照

20世纪50年代修建天成铁路（即后来的宝成铁路）时，成立了“天成铁路文物古迹保护委员会”，由西南博物院院长冯汉骥教授率人专程前往广汉月亮湾调查。此后，四川省文化局和四川省博物馆又派遣王家祐等人前往月亮湾调查。王家祐住在燕家，经过倾心交谈，动员燕家将收藏的玉琮、玉瑗、玉钏等珍贵文物捐献给了国家，这是20世纪30年代燕氏发现的玉石器中的最后一批，为深入研究增添了新的资料。在实地踏勘和调查过程中，王家祐还发现了三星堆与月亮湾文化层的一致性，建议当地有关部门加以保护，并撰写了《四川新繁、广汉古遗址调查记》[1]，再次提出了进一步调查和研究广汉文化的重

[1] 刊登于《考古通讯》1958年第8期。

彭山汉代崖墓、砖墓发掘人员合影。1941 年摄于发掘驻地。左起：吴金鼎、王介忱、高去寻、冯汉骥、曾昭燏、李济、夏鼐、陈明达

冯汉骥教授与学术界友人合影（1941 年）

冯汉骥教授考察广汉古遗址

要性。

1958 年和 1963 年，四川省博物馆和四川大学历史系考古教研室先后两次来到月亮湾进行考古调查和试掘，又有一些玉石器出土，并对文化层作了分析，认为下层属商代，上层属西周早期。据参加调查的同志回忆，当时身兼四川省博物馆馆长与四川大学历史系考古教研室主任的考古学家冯汉骥教授站在月亮湾发掘现场的阶地上，遥指着马牧河对面的三星堆说："这一带遗址如此密集，很可能是古代蜀国的一个中心都邑。"[1]后来的调查发掘，完全证明了冯汉骥教授和王家祐先生的洞察和预见。

1963 年对月亮湾遗址的调查和试掘，是一次比较重要的考古活动。当时在川西平原已经有了新繁水观音遗址和彭县竹瓦街遗址两处非常重要的考古发现，使考古工作者很自然地把目光又投向了月亮湾遗址，认为 20 世纪 30 年代以来备受关注的这个地方还应该有更重要的发现。这次考古试掘就是怀着这种强烈的期盼心情进行的。据当时参加这次考古试掘工作的马继贤先生回顾和追忆说："月亮湾遗址位于广汉市西偏北约 10 公

[1] 林向：《三星伴月话蜀都——三星堆考古发掘琐记》，《文物天地》1987 年第 5 期。

里之处，在今三星堆遗址范围之内。自20世纪20年代末，农民燕道诚父子在门前水沟中（即倒流堰，约开凿于明代）发现大批玉石器后，从20世纪30年代至60年代初，先后有过试掘和多次调查活动，并有报告公之于世，因而为学者们所瞩目。特别是由于新繁水观音遗址的发掘和彭县竹瓦街青铜器被发现之后，月亮湾遗址的重要学术价值，更引起许多学者和有关部门的重视。为了进一步了解该遗址的文化内涵和周围文化堆积的情况，1963年9月，在冯汉骥先生倡导下，由四川省文管会和四川大学历史系考古教研室联合组成发掘队到此试掘。”发掘出土的有砾石堆积、建筑基址、墓葬、大量的陶器残片、石器、玉器、骨器以及青铜残块等。这次发掘最重要的收获是为学术界提供了一批有地层依据的可信资料，“第一次从地层学和类型学上对月亮湾的发掘进行分析对比，指出该遗址是属于同一文化的不同时期的堆积，纠正了以往依据地面调查获得的材料来判断该遗址文化内涵的片面观点”。在月亮湾遗址二层中还“发现了残铜器、炼渣、孔雀石及坩埚残片，表明该层已处于青铜时代，而且铜器是在本地铸造的。这为将来在更大范围内寻找冶铜遗迹提供了线索，也为研究三星堆出土的极具地方特色的铜器群提供了有力佐证”[1]。

这次对月亮湾遗址的考古试掘，进行了40多天，发掘了150多平方米的面积，但范围仍是有限的，并没有达到期盼的目的。尽管考古工作者相信这里有古蜀文明遗留下来的宝藏，但对它们究竟沉睡在何处却深感困惑。仅过了几个月，月亮湾当地农民在距离原发现玉石器的地点五六米处掘坑积肥时，又发现一玉石器坑，其中有成品、半成品和石坯，这又是一次偶然的发现。全部器物均由四川省博物馆收藏，避免了流散。过了10年，1974年又在附近梭子田发现一磨石坑，坑口为石板封闭，磨石为大小卵石数十件，青黄如玉，坚硬细腻，均有打磨面，当为作坊使用的加工工具。月亮湾附近农田还先后出土不

[1] 马继贤：《广汉月亮湾遗址发掘追记》，《南方民族考古》第五辑，四川科技出版社，1993，第320–322页。

少石斧、石凿、小石锛和残石璧等[1]。

冯汉骥、童恩正两位考古学者对月亮湾遗址发现的这些器物进行了综合的深入探讨和研究，于1976年9月撰写了《记广汉出土的玉石器》一文，谈了他们的思考和许多重要的看法。认为“广汉玉石器埋藏的性质，过去有人认为是古代蜀国帝王的墓葬，有人认为是祭山川之所。现在看来，应属于窖藏的可能性比较大。中华人民共和国成立后，根据我们多次在广汉调查和试掘的情况来看，这里文化层的堆积很厚，范围也相当广泛。很可能此处原来是古代蜀国一个重要的政治经济中心，而发现玉器的地点，即为其手工业作坊所在地，历年来出土的玉石成品、半成品和石坯，应该就是这个作坊的产物。但不知由于什么原因，这个作坊突然废弃，人们只能仓促地将所有的产品埋藏起来，以后也就没有机会再来挖掘，所以保存至今”。“对此我们亦有一假设。据《蜀王本纪》和《华阳国志》的记载，蜀的统治者原为杜宇氏，以后为开明氏所取代。……广汉玉石器作坊的突然废弃，可能即与这一历史事件有关”，“广汉玉石器的出土，说明蜀国的统治者早在西周时代已经有了与中原相似的礼器、衡量制度和装饰品，这除了对于研究蜀国的历史有重要价值，而且再一次雄辩地证明了四川地区和中原悠久而紧密的历史联系”[2]。显而易见，文中的预见、假设和看法都闪烁着学术思辨的光芒，对于今天我们研究和探讨三星堆文明，仍具有十分重要的意义。

进入20世纪80年代以后，考古工作者的目光再次投向了三星堆。首先，是1980年春天的发现，当地砖厂工人在三星堆坡地取土制砖坯时，挖出了一些石器和大量陶片。四川省文管会接到报告后，立即派人考察，判断这里是一个重要的文化遗址，并于当年5月进行试掘。这次试掘的地点是在三星堆东侧，出土了一些陶器和石器。当年10月，由四川省文管会派出的考古工作队进驻三星堆，开始对这一古遗址进行正式发

[1] 敖天照、刘雨涛：《广汉三星堆考古记略》，《巴蜀历史·民族·考古·文化》，巴蜀书社，1991，第332页。

[2] 冯汉骥、童恩正：《记广汉出土的玉石器》，《四川大学学报》1979年第1期。

掘。这次发掘的地点主要在三星堆中部东侧，田野工作一直进行到1981年5月，发掘面积达1225平方米。考古工作者后来将这一发掘地点编为三星堆遗址的第Ⅲ发掘区。“此次发掘，发现房屋遗迹18座、灰坑3个、墓葬4座、玉石器110多件、陶器70余件及10万余片陶片。”[1]这次发掘的最大收获是对三星堆遗址的分期和文化特征有了初步认识。用考古工作者的专业性语言来说，广汉三星堆遗址文化的特征是以小平底陶罐、圈足盘、鸟头把勺、高柄豆、高圈足豆为基本的典型器物，确定了广汉三星堆遗址时代的上限为新石器时代晚期。发掘地层共分八层，通过对出土器物的整理，考古工作者将其分为三大时期：第八层至第四层为第一期，属新石器时代晚期；第三层为第二期，属夏至商代前期；第二层为第三期，属商代中期[2]。

这次对三星堆遗址的发掘，无疑是20世纪50年代和60年代以来考古工作者在此地探寻和试掘的延续。在类型学和地层学方面，考古工作者比以前有了更多的收获和更加明确的认识。更重要的是，将注意力从月亮湾转移到了三星堆，进一步确认了在这里进行考古发掘的重要性。考古工作者那种期盼的心情变得更加强烈了。或许有人已经预感到了这里将会有更大的非同凡响的考古发现，所以后来在这里又锲而不舍地连续进行了多次发掘。但古蜀文明的宝藏究竟埋藏在何处？却依然云遮雾绕，神秘莫测。

驻扎在三星堆的考古工作队，于1982年4月至12月在三星堆第三个堆子南侧又进行了两次小规模发掘，后来将其称为三星堆遗址第Ⅰ发掘区，发掘面积为150平方米。其重要收获是发现了晚于三星堆Ⅲ区第三期的商末周初的地层，出土遗物恰好与新繁水观音遗址出土的器物相衔接，为研究古蜀文化的发展提供了可靠的线索。同时，还发现了马蹄形斜坡状的窑址，为探讨和了解古蜀时期的陶器生产提供了重要证据。

[1] 陈显丹：《广汉三星堆遗址发掘概况、初步分期——兼论“早蜀文化”的特征及其发展》，《南方民族考古》第二辑，四川科技出版社，1990，第214页。

[2] 陈显丹：《广汉三星堆遗址发掘概况、初步分期——兼论“早蜀文化”的特征及其发展》，《南方民族考古》第二辑，四川科技出版社，1990，第215页。

过了近两年，到了1984年的春天，三星堆考古工作队于3月中旬到5月中旬在三星堆北面约600米处的真武宫西泉坎发掘了7个5米×5米的探方，发掘面积175平方米，出土了大量的陶器和石器，发现了房屋基址和数量可观的石璧成品与半成品，推测这里可能是一处石器生产加工作坊。这次为期2个月的发掘，使考古工作者对三星堆遗址的分布范围与面积有了更加清楚的认识。同时，还发现了三星堆遗址的城墙，这对研究该遗址的社会性质无疑是非常重要的线索。这些发现使考古工作者大为振奋。从1984年10月至1985年的元月，三星堆考古工作队配合当地砖厂取土制坯，在三星堆第一个堆子北侧又进行了面积达125平方米的发掘，出土了数量可观的陶器与石器。

当地砖厂连续不断地取土制坯，使三星堆遗址的考古发掘成了一项比较迫切的任务。1986年3月至6月，三星堆考古工作队联合四川大学考古专业师生进行了一次大规模的发掘。此次为期3个月的发掘，面积达1325平方米，是历年来三星堆遗址考古发掘面积最大的一次。此次发掘也是文化层堆积最厚、地层叠压关系最明确、出土物最丰富的一次。这里的文化层厚达2.5米。通过发掘，有学者认为："可将这里的地层划分为16个大的地层、20余个地层单位。为此，给我们提供了验证以前各次发掘地层叠压关系的一次重大收获……此次发掘，不论是器物的演变或是地层的叠压打破关系都较为清楚。从时代来讲，从新石器时代晚期至西周，两千年时间的延续从未间断过，这对于认识陶器的演变和分期都提供了极为重要的资料。"[1]

参加并主持这次考古发掘的四川大学林向教授，在回顾半个多世纪以来巴蜀文化的发现和研究成果时指出："1986年春发掘的三星堆Ⅲ区文化层厚达2.5米，可分为16个层位，为新石器晚期—夏、商、周—秦汉的连续地层，为研究早期蜀文化建立了科学的分期标尺。"[2]这次发掘，加上以前的历次发掘，

[1] 陈显丹：《广汉三星堆遗址发掘概况、初步分期——兼论"早蜀文化"的特征及其发展》，《南方民族考古》第二辑，四川科技出版社，1990，第216-217页。

[2] 林向：《巴蜀文化新论》，成都出版社，1995，第46页。

已经充分显示出这里是古蜀时期极其重要的一处遗址。位于鸭子河与马牧河畔的三星堆—月亮湾古遗址，方圆约 12 平方公里，亦是长江上游成都平原上最为引人注目的大型遗址群。这些发现引起了学术界的重视。许多专家学者都关注着三星堆的考古发掘。中国著名考古学家苏秉琦先生说："多年来对四川的古文化一直心中无数，现在看到这许多文物，就看到巴蜀文化了。"[1]

这只是序幕，揭示古蜀文明真实面目的发掘还在继续。一个令人振奋的不平凡的季节终于来临了。

1986 年 7 月 18 日上午，广汉当地的砖厂工人在三星堆挖土取泥时，锄头突然发出了清脆的碰撞声，挖出了一块 40 厘米长的玉璋。考古工作队的同志闻讯立即赶到现场，将埋藏点保护起来，迅速报告了主管部门。谁也没有料到，这次偶然发现的埋藏点，带来的竟是轰动世界的考古发现。时值炎夏，考古队员们在骄阳下搭起竹棚，开始了兴奋而又紧张的发掘。七天七夜过去了，7 月 25 日凌晨，奇迹出现了，发掘工作终于有了惊人的结果。在明亮的灯光照耀下，一个埋藏着古蜀国众多珍贵文物的宝库被打开了。考古队员最先看到的是一根灿烂的黄金手杖，其次还有黄金面罩、青铜人头像、种类繁多的青铜器物和玉石器以及象牙、海贝、陶器，等等。多年的期盼和不懈的寻找，化成了巨大的惊喜。这些可不是一般意义上的普通文物，而是被湮没了数千年之久的古蜀文明遗留下来的绝世珍奇，其巨大价值，是任何金银珠宝都无法比拟的。由于三星堆遗址的惊人发现，不仅四川古代文明因此得以重建，中华文明史和世界文明史都会将这次考古发现写进新的篇章。

对于三星堆考古工作队，乃至整个四川考古界来说，丙寅年（1986 年）确实是一个不同寻常的幸运年。发现三星堆一号埋藏坑的激动心情还洋溢在心中，仅仅过了半个多月，更大的惊喜又降临在了这些幸运的考古工作者头上。1986 年 8 月 16 日

[1] 屈小强：《三星伴明月——古蜀文明探源》，四川教育出版社，1996，第 18 页。

三星堆遗址附近的马牧河古河道（如今已淤积为水渠）

下午，当地砖厂工人在距三星堆一号埋藏坑东南方向约30米处取土时，又意外地发现了二号埋藏坑。考古工作队经过半个多月的发掘清理，据发掘报告统计，出土了各类珍贵文物1300多件，其中有金器61件，玉器486件，象牙67根，象牙珠120颗，海贝4600多枚，以及数量众多的罕见的青铜人头像、青铜面具和青铜器物等，多达735件。其中，尤其值得一提的是高大的青铜立人像、奇特的青铜神树以及琳琅满目的青铜造像，铸造精美，造型神异，具有极其丰富的内涵和象征意义，每一件都是无与伦比的绝世珍品。这是古蜀时期遗留下来的又一个宝库，出土文物的种类和数量都大大超过了一号埋藏坑。

这些丰富而又罕见的出土文物，向我们展现了古蜀文明的灿烂辉煌，为我们了解被湮没达数千年之久的神秘的古蜀文明提供了珍贵的资料。无论是在中国考古史还是世界考古史上，这都是一次前所未有的惊人的考古发现。这次考古发现的重要意义是不言而喻的。

中国考古界和世界学术界都惊喜地谈论着这一罕见的考古发现。当时 90 岁高龄的四川省文物管理委员会主任张秀熟先生兴奋地说："我等了 80 年，盼望巴蜀文化的重大发现。终于盼到这一天了。"时任四川大学博物馆馆长的童恩正教授也欣喜地说："这简直是世界奇迹！"[1]当时得悉消息和参观了三星堆出土器物的众多专家学者，都对这次重大考古发现给予了极高的评价。

消息经新闻媒体报道后，立即产生了巨大反响，在海内外引起了轰动，获得了高度评价。1986 年 8 月 24 日，《人民日报》与《成都晚报》等分别刊登了新华社电讯，称广汉三星堆遗址"是目前所知四川境内面积最大的早期蜀文化遗址"。1986 年 12 月 10 日，《光明日报》亦称三星堆青铜雕像群是"迄今我国发掘的数量最多、形体最大的古代青铜雕像群"，"填补了中国青铜艺术和文化史上的一些重要空白"。

1986 年 12 月 21 日，香港《文汇报》更以"沉睡三千年，一醒惊天下""千姿百态数量最多形体最大""古蜀国历史获证实，商周时期已有高度青铜文化"等醒目标题，对广汉三星堆出土的青铜雕像群进行了大版面报道。

除此之外，在对广汉三星堆出土群像和众多文物进行整理的过程中，《光明日报》记者进行了深入的采访，作了题为"广汉三星堆古蜀文化遗址群展现新貌""四川广汉县三千年前稀世文物目睹记之一、之二、之三、之四、之五"——"铜像之王""头像之谜""黄金面罩""天外来客""神'树'和'羊'"等系列报道。《人民日报》海外版、《人民画报》、《中国文物报》、《四川日报》、《成都晚报》等众多报刊纷纷刊登有关方面的文章。《文物》《考古》《文物天地》《四川文物》等各种专业刊物，相继刊登报告和探讨研究文章。《四川文物》更以大量的版面辟

[1] 闵云森：《三星堆，璀璨的古蜀文化遗址》，《四川日报》，1987 年 4 月 18 日。

出专栏推动对三星堆的研究，并特地两次以“三星堆遗址”“三星堆文化研究”推出增刊专集。这些都显示了新闻界和学术界对三星堆考古发现的热情关注，同时也显示了三星堆的惊人发现使整个世界为之倾倒的巨大魅力。

海外的学者和新闻媒体也密切注视着三星堆的考古发现。在世界考古史上，较早的与真人相当的青铜雕像是古希腊时期开始出现的，比如，著名的德尔斐御者铜像、宙斯或波塞冬铜像等。三星堆青铜群像不仅铸造精美，形神兼备，具有丰富而又神奇的内涵，而且在时间上也比希腊青铜雕像要早四五百年以上。所以当海外学者面对着神奇的三星堆青铜群像照片时，就不能不倍感惊讶了。英国《独立报》于 1987 年 8 月 13 日刊登了英国学者戴维·基斯的一篇题为《中国青铜雕像无与伦比》的评论，非常具有代表性。评论说：“广汉的发现可能是一次出土金属文物最多的发现，它们的发现可能会使人们对东方艺术重新评价。中国的青铜制造长期就被认为是古代最杰出的，而这次发现无论在质量上还是数量上都使人们对中国金属制造的认识上升到了一个新的高度。”英国伦敦不列颠博物馆的杰西卡·罗森甚至认为，三星堆遗址的发现“比有名的中国兵马俑更要非同凡响”[1]。

然而，以上评论只是对三星堆考古发现的初步认识。要真正认识三星堆考古发现的巨大意义，还需要进行多学科综合深入的研究。1986 年 11 月，三星堆两个埋藏坑器物出土之后不久，全国首届“巴蜀历史与文化学术讨论会”在广汉召开，众多学者参加了这次讨论会，对三星堆重大考古发现进行了探讨。1992 年 4 月上旬，又在广汉市隆重举行了“纪念三星堆考古发现 60 周年暨巴蜀文化与历史国际学术讨论会”，有来自海内外的 150 多名专家学者出席了这次学术盛会，提交论文近百篇，对三星堆出土文物和巴蜀古代历史与文化进行了深入广泛的讨论，从而形成了一股研究之风，涌现了一批研究成果，对以三

[1] 屈小强：《三星伴明月——古蜀文明探源》，四川教育出版社，1996，第 25 页。

星堆考古发现为代表的古蜀文明有了更为深刻全面的认识。

1988 年，中华人民共和国国务院公布三星堆遗址为“全国重点文物保护单位”。张爱萍将军为三星堆遗址题字：“沉睡数千年，一醒惊天下。”随后，独具特色的三星堆博物馆在清澈的鸭子河畔拔地而起，成为展示古蜀文明的一个重要景点。三星堆出土文物曾在成都和北京等地展出，后来又在欧洲许多国家参展，并东渡日本在几个城市举办了长达数月的巡回展览，之后又在中国台湾隆重展出。所到之处，观者如云，反响热烈，得到了海内外各界人士的由衷赞叹，使世界对三星堆文化和源远流长的中华文明有了更加深刻的认识和了解。

震惊天下的三星堆器物坑

唐代诗人李白在著名的《蜀道难》中写道："蚕丛及鱼凫，开国何茫然！尔来四万八千岁，不与秦塞通人烟。西当太白有鸟道，可以横绝峨眉巅。地崩山摧壮士死，然后天梯石栈相钩连……"这些瑰丽的诗句，为传说中的古蜀历史抹上了一层神秘的色彩。

古文献记载中的古蜀历史，一直给人以扑朔迷离之感。常璩的《华阳国志》等古籍记述的蚕丛、柏灌、鱼凫、杜宇、开明，学者们历来有不同的解释和理解。他们究竟是传说中的人物，还是确有其人？他们是人名还是族称？他们代表的朝代究竟延续了多久？他们之间的更替究竟是怎么回事？古代蜀人是什么时候在成都平原建都立国的？古蜀的源头又在何方，是如何进入成都平原的？古蜀的疆域、文明发展状况以及与中原文明和周边区域文明的关系如何？古蜀历史文化的显著特点又是什么……众多的疑问，形成了一连串的古蜀历史文化之谜。

三星堆惊人的考古发现，为解开这些古蜀历史文化之谜提供了一把极其重要的钥匙。它说明传说中的古蜀历史并非子虚乌有，印证了文献古籍中的记载，揭示了古蜀文明的灿烂辉煌和鲜明的地域特色。这次重大的考古发现还说明，岷江流域作为中华文明的重要发源地之一，拥有同中原和其他地域一样悠久而发达的历史文化。人们再也不怀疑商周甚至更早时期，成都平原确实存在着繁荣昌盛的古文化、古城和古国。但是，三星堆文明在典籍中却缺少明确记载，从蚕丛、柏灌、鱼凫、杜宇到开明，究竟是古蜀哪个朝代的历史遗存呢？这显得神异诡谲，不可捉摸。因此，比较准确地判断其年代，了解和探讨其内涵，便成了考古工作者面临的一项迫切任务。特别是从考古发现看，三星堆文明似乎正处于鼎盛之际，却突然中止，其被湮没的原因又是什么呢？当时的社会面貌究竟如何？更需要学者们作深入的研究，去揭示其中的奥秘。

三星堆一号坑发掘实况

研究三星堆文明，近代著名学者王国维先生所倡导的“二重证据说”仍将是一个重要的方法。我们将充分运用关于古蜀时期的文献记载，更重要的则是考古发现提供的一系列材料，以探讨古蜀历史文化和社会生活各方面的真实状况。如何应用考古发现的丰富材料？学术界通常是先从地层和分类做起的。

三星堆考古发现，在层位学和类型学方面是比较清楚的。

先看一号坑。发表在《文物》月刊上的发掘简报是这样介绍的：“根据 1980 年以及 1982—1984 年的发掘材料，初步将三星堆遗址的文化堆积分为四大期。第一期的年代在新石器时代晚期的年代范围内，第二期的年代大致在夏至商代早期，第三期的年代相当于商代中期或略晚，第四期的年代约在商代晚期至西周早期”。一号坑的位置在三星堆遗址的第Ⅱ发掘区内，地层堆积可分为六层，在第六层下发现祭祀坑坑口，祭祀坑打破生土层。根据以上各层的包含物来看，第一层至第三层属近现代，第四层属宋元时期，第五层的陶片绝大多数为夹砂褐陶，器颈、肩处施粗凹弦纹，这些特点与1984年发掘的第Ⅲ区第四层、1986年发掘的第Ⅲ区第八层情况一致，是第三期后段的特征。其中的细高柄豆、圆唇鼓肩小平底罐等，又是第四期偏早常见的器形。因此，我们推测第五层的时期，应相当于第四期的前段，即商代晚期至西周早期。第六层的陶质陶色同第五层，大致相当于第三期的后段，即商代中期。以上是层位学的情况。发掘此坑的考古工作者据此而得出结论说："从地层的叠压打破关系分析，此坑年代的下限不会晚于三星堆遗址第三期后段。"但由于是埋藏坑，仅从层位学判断其年代是不够的，还需要根据出土器物作类型学方面的比较判断。坑内出土的青铜头像、人面像等为国内首次出土，目前尚无可比对材料。璋、戈等玉器，从器形特征看有的可早到二里头文化时期，有的又晚到殷墟时期，也不能作断代的依据。只有出土的陶器和青铜容器，为推断祭祀坑的年代提供了较科学的根据。陶器中的广肩平底罐和颈部施凹弦纹的壶是三星堆遗址第三期出现的典型器物；尖底盏、器座是第三期偏晚出现的新器物。尖底盏形体较大，胎较厚，腹较深，器座底部较平，边缘较锋利，形制呈三星堆遗址第三期特点，与第四期器物明显不同。故可进一步推测此坑的时期为三星堆遗址第三期后段。青铜容器中罍的形制、花纹与河北藁城台西村墓葬出土的铜罍相似；尊的形制、花纹和铸造工艺与安徽阜南月儿河段打捞出的商代前期（晚于郑州二里冈上层，与殷墟文化第一期相当）的龙虎尊一致，时期也应与之相当；盘也是商代前期的形制特征。"据此，我们推测一号祭祀坑的相对年代相当于殷墟文化第一期。"[1]

再看二号坑，其位置在距一号坑东南方约30米处。据发掘简报介绍，二号坑坑口上面的地层堆积可分为五层，二号坑坑口即开口于第五层下，打破生土层。从层位学看，二号坑与一号坑同处一个区域，仅相距30米。但一号坑开口于第Ⅱ发掘区的第六层下，其时期相当于殷墟一期。而二号坑则开口

[1]《广汉三星堆遗址一号祭祀坑发掘简报》，《文物》1987年第10期，第13页。

于第Ⅱ发掘区的第五层下。就地层关系而论，二号坑显然晚于一号坑。但由于二号坑同样是埋藏坑，也需要对其出土器物从类型学方面进行比较判断。考古工作者在发掘结束后对出土器物作了初步整理，并于发掘简报中说：二号祭祀坑与一号坑相比，出土遗物不论种类还是数量都丰富得多。其中大型青铜立人像、大型青铜人面具、青铜神树等是一号祭祀坑中没有见到的。这批珍贵文物的出土，进一步反映了古代蜀族的祭祀规模和祭祀内容，同时也展示了古蜀族的青铜文化水平和青铜艺术特点，为研究祭祀坑的时代以及古蜀文化的政治、经济、艺术、冶金、宗教、礼仪等提供了重要资料。“在二号坑出土的遗物中，提供判断时代依据的器物主要是铜尊、罍等容器及大型青铜立人像、青铜树上的鸟及其他纹饰。但上述器物的时代差距较大，我们选择其中铸造年代最晚的，作为此坑下埋年代的上限。”二号坑出土的璋、戈、瑗等玉石器的形制和一号坑所出器物相比，显得体形长大而厚重。青铜头像比一号坑出土的种类增多，造型也有所变化，显得更为成熟，因此时代应比一号坑晚。二号坑出土的青铜尊多为侈口、高领、束颈、鼓腹，圈足上镂方形或长方形孔。这种形制的尊主要流行于商代晚期。一些容器的肩部立雕牛、羊首，牛、羊首上一般又铸立鸟，没有牛、羊首的亦铸立鸟。这些器物上多饰双层花纹和三层复合花纹，一般以云雷纹衬底，突出主体双夔组合成的饕餮纹，夔尾下卷。在饕餮纹的上方，有些还饰目云纹。主体花纹带上下还饰圆涡纹，间饰乳钉纹、蝉纹等。在大型青铜立人像底座上出现圆圈纹和三角形云纹，在其他部分残器上还出现类似环带纹的纹饰。这些器物的器形及纹饰特征，均与商晚期文化特征相同，约相当于殷墟二、三期。从二号坑内出土的大量鸟状形象来看，头上部都有冠，喙钩，尾上翘。而殷墟一、二期所发现的鸟纹，头上都无冠羽，尾普遍下垂，直至殷商末期容器上的鸟才普遍有冠，尾上翘。故就鸟纹

三星堆二号坑出土的象牙

相比，二号坑的时代也晚于殷墟一、二期。“综上所述，二号坑的时代大致相当于殷墟晚期。”[1]

以上是参加三星堆一号坑、二号坑发掘和整理的考古工作者，采用层位学和类型学的方法对两坑出土器物作出的年代判断。简而言之，他们认为一号坑属于殷墟文化一期，相当于公元前14世纪末至公元前13世纪中叶；二号坑属于殷墟文化四期，相当于公元前11世纪中叶至公元前10世纪中叶。换句话说，一号坑出土遗物的年代为殷商早期，二号坑出土遗物的年代为殷商晚期。年代的判断，是对出土遗物进行深入学术研究的关键，所以发掘简报中对一号坑、二号坑的年代判断是非常客观的。

这一初步推测，后来又作了进一步的论证，基本上为考古界的学者们所认同。著名学者李学勤先生在对三星堆出土铜器纹饰作了深入的比较研究之后说：“纹饰的分析表明，三星堆两座器物坑所出青铜器的年代，与两座坑本身的年代，即由有关碳-14年代测定的一号坑相当商文化的殷墟早期，二号坑相当殷墟晚期，是互相一致的。这说明当地的文化（蜀文化）发展是与商文化的发展平行的，彼此的影响传播是畅通的。”[2]其他一些专家学者也表示了类似的看法。俞伟超先生说：“从总体看，三星堆的遗存，主要是相当于商时期的。其中的两个祭祀坑，则是相当于殷墟阶段的。这时期的蜀文化，已接受了大量商文化的影响。”[3]邹衡先生认为：“在三星堆看到的‘将军盔’，从它的样子来看同殷墟第一期的非常相似，但也有区别。这种器物最早见于殷墟第一期，这对我们断定三星堆铜器的时代是很重要的依据。这种陶器的发现，说明三星堆大批精美的铜器

[1]《广汉三星堆遗址二号祭祀坑发掘简报》，《文物》，1989年第5期，第17–18页。

[2] 李学勤：《三星堆饕餮纹的分析》，《三星堆与巴蜀文化》，巴蜀书社，1993，第79页。

[3] 俞伟超：《三星堆文化在我国文化总谱系中的位置、地望及其土地崇拜》，《四川考古论文集》，文物出版社，1996，第61页。

很有可能为本地铸造。我认为三星堆铜罍同湖北宜都发现的同类铜罍稍有区别，而同陕西城固的铜罍几乎没有什么区别，连花纹的作风都一样。但是它同殷墟的铜罍多少有些不同，当然其时代同‘将军盔’的时代应该还是一致的。”[1]邹衡先生说的“将军盔”是一种陶器，即熔铜的坩埚，是判断铜器时代的一个很重要的依据。

虽然对三星堆遗址和其出土遗物的分期断代为大多数学者所认同，但也有提出异议的。宋治民先生在对三星堆一号坑与二号坑的层位作了仔细探讨之后，就认为发掘简报中的“结论还值得考虑，至于它们的时代也需进一步讨论”。宋先生接着对三星堆出土的铜器等遗物作了深入的比较研究，在详细论证之后认为：“根据以上对一号坑、二号坑几件铜器的分析，它们和中原地区商周青铜器花纹、器形等有密切的联系，应属同一个系统。但又有地方特点，如组合多尊、罍而不见鼎、簋，尊的肩部有浮雕的鸟纹，早、晚流行的纹饰铸于一器等。因此可以认为这些铜器是在蜀地本土所铸造，所以不能完全按照中原地区商周青铜器断代的标准来确定它们的时代。也就是说，它们的上限不能早于所模仿的中原商周青铜器的器形和纹饰。综合各方面的情况，这些铜器大约铸造于商代晚期到西周早期或更晚些。从铜器的铸造、使用到下埋，可能还要晚一些。从二号坑的开口层位看，恐不会早于一号坑，有可能属于同一时期。”宋先生进而推测：“一、二号祭祀坑的时代，约在西周后期。据研究认为这时蜀的统治者是杜宇氏。”[2]在后来出版的一部专著中，宋先生又重申了他的观点，并作了补充说明：“将其时代定为西周后期，必须重申这个西周后期是指祭祀坑的年代，而不是指青铜器和玉器铸造、制作乃至器物形制、纹饰及风格的年代，这是必须说清楚的。”“两座祭祀坑的开口层位及出土的青铜器、玉石器和陶器都说明它们应属广汉三星堆遗址第四期，即早期蜀文化的第三段，年代为西周后期。必须再次说明这里的

[1] 邹衡：《三星堆文化与夏商文化的关系》，《四川考古论文集》，文物出版社，1996，第57页。

[2] 宋治民：《广汉三星堆一号、二号祭祀坑几个问题的探讨》，《南方民族考古》第三辑，四川科技出版社，1991，第70页、第77页、第82页。

西周后期系指祭祀坑本身的年代以及出土陶器的年代。而一部分青铜礼器的铸造年代，一些玉石礼器的制作年代，很可能是早于坑本身的年代。”[1]通过宋先生的重申和补充说明可知，宋先生的推断是比较慎重的，代表了学术上的另一论点。

澳大利亚学者诺埃尔·巴纳德教授对广汉三星堆的考古发现，针对一号坑、二号坑发掘简报也提出了一些质疑和不同看法。他在一篇长文中坦言，广汉的发现已越来越为人们所熟知，认为这些器物及其埋藏年代属于商代的看法是没有多少根据的，不同意把年代定为商代乃至西周早期。他认为，通过“对三星堆出土器物的描述和与楚文化有关器物的比较，可以发现三星堆文化与繁荣于公元前500年至公元前400年的楚文化有着密切的联系”。他还提出了“文化滞后”与“双重文化形态”的观点，认为“研究双重文化形态必须考虑到其中部分文化特质可能具有更为久远的时代，同时还需充分考虑它们的‘文化滞后’过程，尤其是在文化的‘接受地区’（文化发展程度较低或后来才逐渐发展起来的地区）遥隔文化传播中心（文化发展程度较高或较早发展起来的地区）的情况下，更会‘文化滞后’”。他在说明中还特别提到李学勤先生于1989年7月21日发表在《中国文物报》上的文章，认为李先生的文章“明确赞同四川的考古学家对该遗址编年的推断，但对其推断的依据缺乏必要的质疑与考察。李先生将广汉出土的尊、罍、瓿与湖南、湖北、安徽等地所出同类器物进行了十分详细的比较，认为商文化的影响是经过这些文化区域进入四川的。他提出的这一传播路线相当值得注意。我与其观点的不同之处主要在时间方面。我认为中原文化经过周边各‘蛮夷’地区进入四川的过程将要花费一定的时间，而中心地区的文化在向外传播的过程中虽保持了自己的特点，但也随着其被模仿并在沿途吸收了当地文化因素而逐渐发生了变化。在此，我论述到我几年前概括地提出来并在最近几项研究中加以阐发的‘文化滞后说’，同时也强调有必

[1] 宋治民：《蜀文化与巴文化》，四川大学出版社，1998，第109-110页、第116页。

要对考古报告中的原始材料进行充分的研究，尤其应根据遗址内涵对碳-14测年标本的可靠性加以特别注意。此外，还有必要对整个周边'蛮夷'文化区域的铸造技术（及有关的金属制造地）进行广泛的研究"[1]。

三星堆二号坑中层出土的器物

作为学术争鸣，提出不同的看法是很正常的，将有利于探讨研究的深入。但巴纳德先生的有些观点却值得商榷。李伯谦先生曾一针见血地指出："有的学者认为三星堆青铜器不可能早到商代，甚至不可能早到西周，更大可能是属于春秋早、中期。将这样一种观点发挥得淋漓尽致的是我的澳大利亚朋友诺埃尔·巴纳德教授。在他的长篇论文中，除了对《发掘简报》提供的地层关系和碳-14测年数据表示怀疑，支持他论点的主要根据便是他所谓的'文化滞后'理论。""我觉得，在对三星堆青铜年代的断定上，诺埃尔·巴纳德教授等一派学者正是在如何正确运用'文化滞后'理论方法问题上出了毛病。考古学遗存之间的关系是异常复杂的，一个考古学文化是传播受体，同时也可能是传播主体，这就要求对其进行细致的文化因素分析……看来，诺埃尔·巴纳德教授对围绕三星堆青铜器群讨论的进展情况并不真正掌握，在思想深处似乎也受到中国文化和文明起源问题上中原中心论的影响，认为所谓荒蛮腹地的文化总比中原地区或靠近中原地区的文化落后。前提既然靠不住，当然再严密的逻辑也不能推导出符合实际的正确结论。"李伯谦先生在文中强调："学者们多倾向认为三星堆文化是早期蜀文化，而且三星堆古城址是早期蜀国都城遗址。蜀国的'蜀'字，不仅出现于周原周初的甲骨文，也出现于从商王武丁至帝乙、帝辛时期的商代晚期甲骨文。商代甲骨文中且有商王卜问'至蜀''伐蜀''在蜀'的内容。可见商至周初，商、周王朝均曾与其有过不少的

[1] [澳]诺埃尔·巴纳德：《对广汉埋葬坑青铜器及其他器物之意义的初步认识》，雷雨、罗亚平译，《南方民族考古》第五辑，四川科技出版社，1993，第25页、第42页、第44页。

交往。商王朝既与早期的蜀国有政治、军事的接触，商文化的一些因素也在较短的时间内迅速传播到三星堆文化腹心地区，并为三星堆文化所接受改造，铸造出像罍、瓿一类具有浓厚商式作风的器物便极易理解，而像诺埃尔·巴纳德教授那样援引'文化滞后'理论，将这一过程的完成向后推迟几百年，将三星堆青铜器的年代定为春秋早、中期，就很难令人信服了。"[1]李伯谦先生的剖析是很有说服力的，强调的几点内容也非常客观，可以说代表了大多数学者的看法。

在三星堆遗址分期断代问题的研究中，孙华先生也发表了很有见地的看法。他认为，根据确切的层位关系应将三星堆遗存分为三期，而分为四期的说法则界限不够清晰，有欠妥当，三星堆遗址的三期六段，基本上概括了该遗址兴起、繁荣和衰落的发展过程。他指出："三星堆遗址三期各自的年代范围应当是：第一期为龙山时代晚期至二里头文化时代初期，第二期为二里头文化时代晚期至二里冈文化时期（下限可至殷墟第一期前段），第三期为殷墟文化时期第一期（后段）至第三期。前后跨越了龙山时代、夏代及商代三个时代。"三星堆遗址的三期遗存，实际上应当视为同一文化系统下的三种不同的考古学文化。他提议将三星堆第一期遗存命名为"边堆山文化"；三星堆第二期遗存在四川盆地乃至于湖北西部均有广泛的分布，它是先秦时期四川盆地诸考古学文化中最为兴盛强大的文化实体，这种文化遗存在三星堆遗址中发现最早，也发现最多，因而三星堆遗址在同类遗址中也最具代表性，应称之为"三星堆文化"；三星堆第三期遗存应命名为"十二桥文化"，以与三星堆文化相区别[2]。这些看法，展示了一种开阔的思路和学术视野，对探讨整个巴蜀考古和深入研究三星堆文化，具有十分积极的意义。

虽然三星堆遗存的分期编年还有待于进行更深入、更细致的研究，但它在商周时期已发展成为一种具有浓郁特色的灿烂辉煌的青铜文明形态，则是不争的事实。在过去众多的著述和

[1] 李伯谦：《从对三星堆青铜器年代的不同认识谈到如何正确理解和运用"文化滞后"理论》，《四川考古论文集》，文物出版社，1996，第64-68页。

[2] 孙华：《试论广汉三星堆遗址的分期》，《南方民族考古》第五辑，四川科技出版社，1993，第10-23页。

研究中，对三星堆遗存的丰富内涵已有了相当的揭示，从而为今后更加广阔的研究奠定了基础。

三星堆一号坑、二号坑的定名和性质问题，也是争论比较多的。

发掘简报中称它们为祭祀坑，参加发掘和整理的陈德安、陈显丹等考古工作者认为，广汉三星堆一号坑是巴蜀文化中首次发现的祭祀坑，坑内出土的金杖、金面罩、青铜人头像、青铜容器、青铜兵器、玉石礼器以及 10 余根象牙和 3 立方米左右的烧骨碎渣，对于了解相当于商代的蜀族祭祀礼仪、宗教意识等，提供了极有价值的材料。他们关于祭祀性质认定的依据是："过去有关商代祭祀的考古材料，主要有'人祭'和'杀牲祭'两种。而以'俑'代替人牲作为祭品，则尚无发现。在殷墟妇好墓中，随葬的玉人、石人，似乎可以看作是用'俑'替代人殉的发端。广汉三星堆一号祭祀坑内出土的铜人头像，颈部作成倒三角形，出土时有的内装海贝，有的内插象牙，均被火烧过。这种情况，不像是作为祭祀对象——'神祇'，而像是作为祭品——'人祭'的代用品。颈部作成倒三角形，很可能用它们象征被杀的'人牲'。燔燎的现象，过去也很少见，仅在殷墟丙组基址内发现有'烧牲祭'。但甲骨文中有关'燎祭'的卜辞屡见不鲜，祭祀的名目相当繁多，对象很广泛，祭品尤为丰盛，有牛、羊、羌、豕、犬吉（縠）、豚，有的用牲多至 15 ～ 30 头牛，可见'燎祭'是隆重的大祭典。三星堆一号祭祀坑内瘗埋了约 3 立方米经火燔燎敲碎的骨渣，出土的金器、青铜器、玉石器、陶器、象牙、贝等均用火烧过。我们认为，这些遗物是在举行一次规模浩大、祭典隆重的'燎祭'活动后瘗埋下的。有人据甲骨文研究，认为'燎祭'的对象主要是自然神祇，偶及先公先王等人鬼……三星堆一号祭祀坑即使用'燎'祭，再将'燔燎'后的祭品'瘗埋'，我们推测祭祀的对象是天、地、山、川诸自然神祇之一，而祭祀先公先王等人鬼的可能性很小。”[1]

在二号坑的发掘简报中，他们顺理成章也称之为二号祭祀坑，认为二号坑中大批珍贵文物的出土，“进一步反映了古代蜀族的祭祀规模和祭祀内容”。当时关于坑的性质已有了一些不同的看法，有人认为是“墓葬陪葬坑”，或是异族入侵后宗庙遭到扫庭的结果，是“厌胜性埋藏”，但他们仍坚持认为二号坑应是祭祀（埋）坑。理由是：首先，半个多世纪的调查发掘，二号坑附近没有发现墓葬区，两坑周围也没有发现大型墓葬，是陪葬坑的可能性很小；其次，古书记载杜宇、开明有禅位政权变更，但似乎并没有发生过将宗庙彻底“犁庭扫穴”的剧烈事件，况且坑中遗物投放都有一定顺序，是有目的和规律的，而不是盲目和任意的；最后，出土的青铜人头像、人面像、神树以及玉璧、瑗、璋、戈等，都应是祭祀用品，为“判断二号坑的祭祀性质提供了证据”。特别是“二号坑出土的遗物均有火烧过的痕迹。结合文献记载，我们推测，当时的祭祀应有‘燔燎’祭天、‘瘗埋’祭地、‘庋悬’祭山等形式，二号坑正是一次重大综合祭祀活动的遗存”[2]。

这种“祭祀坑”的命名，得到了一些学者（特别是四川的一些学者）的赞同。比如，赵殿增先生就认为，三星堆遗址中出现了许多规整的长方形土坑，瘗埋着大量的玉、石、青铜礼器。这些土坑的大小以及器物的数量、组合、特征略有不同，但其形状、长宽深之比、器物摆放方法、基本的种类、组合规律、器物的功用等都很相似，出土文物绝大部分为神器和礼器，很少有生活用品、生产工具和战争武器。以上这些特征决定了这批土坑所具有的宗教和礼仪性质，所以他认为“定名‘祭祀坑’比较恰当。三星堆遗址中目前发现的最精美、最重要的文物，均出土于此类坑中，表明祭祀活动在三星堆文明中具有突出的地位，它是最能反映三星堆文化特色的一种重要遗存。各处土坑之间，可能存在不同的祭祀对象和方法，不同等级的祭

[1]《广汉三星堆遗址一号祭祀坑发掘简报》，《文物》1987年第10期，第13–14页。

[2]《广汉三星堆遗址二号祭祀坑发掘简报》，《文物》1989年第5期，第19页。

秦始皇陵兵马俑

祀者，以至于不同的时代的区别”[1]。还有不少学者对祭祀坑的命名虽没有表示明确的赞同，却采取了认可的态度，在文章中亦以一号祭祀坑、二号祭祀坑称之。

值得指出的是，祭祀器物、祭祀活动、祭祀坑以及祭祀的对象、目的、内容、方式、手段等，在含义上是有明显区别的，不应混为一谈。简报以及有些论述祭祀坑性质的文章，在这方面则给人以混淆和含糊之感。论证和命名祭祀坑的理由也显得单薄。因而有的学者采取了慎重的态度，不称之为祭祀坑，而称之为器物坑，或干脆称之为一号坑、二号坑。李学勤先生便称“1986 年在广汉三星堆发现的两座器物坑，文物内涵非常丰富，多为前所未见”[2]。孙华先生也称之为“器物坑”[3]。其他不少学者也采取了这种比较客观的称呼，连赵殿增先生也吸取了“器物坑”的命名，在新近发表的文章中将“器物坑”与“祭祀坑”并

❶ 赵殿增:《三星堆祭祀坑文物研究》,《三星堆与巴蜀文化》，巴蜀书社，1993，第 82 页。

❷ 李学勤:《三星堆饕餮纹的分析》,《三星堆与巴蜀文化》，巴蜀书社，1993，第 76 页。

❸ 孙华:《三星堆器物坑的年代及性质分析》,《文物》1993 年第 11 期。

称。文章中称："三星堆的文物，主要出土于长方形的土坑之中。这些器物坑大多分布在遗址群南北中轴线的高台地上……"[1]

还有学者对一号坑、二号坑的性质和命名提出了质疑和不同的看法，这方面的争鸣在 1986 年 11 月于广汉召开的全国首届"巴蜀历史与文化学术讨论会"上就开始了，在后来的学术讨论会上争鸣得更为热烈。学者们纷纷撰文，对两个器物坑的性质等问题进行了广泛深入的探讨。概括地说，关于两个器物坑性质问题的争鸣可以归纳为六种说法：一是祭祀坑说。二是埋葬坑说。三是犁庭扫穴毁其宗庙说。四是窖藏说。五是巫术厌胜说。六是神庙器物掩埋坑说。现在让我们简略地介绍这些说法。

一、祭祀坑说

这是发掘简报中的观点，附和者较多。陈显丹先生坚持这一观点，认为"综合上述分析，三星堆遗址一、二号坑极可能是祭（埋）祀坑"[2]。"从上述的各种遗物现象结合文献记载分析表明，三星堆遗址一、二号坑应是祭（埋）祀坑。"[3]宋治民先生也赞同说："一、二号坑的性质，多认为是属于祭祀坑，笔者也认为是祭祀坑。这是因为，一、二号坑的形制都很规整，填土层层夯实，而不像彭县竹瓦街的窖藏那样。如果是仓促之间的埋藏，不可能有从容的时间挖成那样规整的长方形坑，有先后次序的放置器物，更无时间将填土层层夯实。再从出土器物看，也应为祭祀之后所埋。"[4]但很多学者针对论证祭祀坑性质的几条理由提出了质疑。钱玉趾先生就指出：埋入一、二号坑的器物，并非全部都是祭祀用的礼器。其中"有 3 立方米左右烧骨碎渣"，值得注意的是，一、二号坑本身没有被火烧烟熏过，说是"燔燎"，缺乏足够证据。而且，一次"燔燎"不应该烧毁如此多的器物，烧得如此厉害。"一般来说，杀牲祭祀应为全牲、全兽骨，不会是骨渣。如果说，祭祀时杀牲，再把兽骨加工成骨渣，3 立方米的骨渣需要杀多少牲畜，需要多少人工加工，还要火烧，估计三五天内恐怕也难完成。不知这种麻烦

[1] 赵殿增：《人神交往的途径——三星堆文物研究》，《四川考古论文集》，文物出版社，1996，第 93 页。

[2] 陈显丹：《广汉三星堆一、二号坑两个问题的探讨》，《文物》1989 年第 5 期，第 19 页。

[3] 陈显丹：《三星堆一、二号坑几个问题的研究》，《四川文物》1989 年"广汉三星堆遗址研究专辑"，第 15 页。

[4] 宋治民：《广汉三星堆一号、二号祭祀坑几个问题的探讨》，《南方民族考古》第三辑，四川科技出版社，1991，第 79 页。

的加工对于祭祀有什么必要。”[1]张肖马先生也认为将两个器物坑定性为“祭祀坑”，理由是不充分的，从考古发现来看，但凡举行祭祀活动都有一个较为固定的活动场所，那是先民们的神圣之地。三星堆出土的大批精美遗物按理说许多应陈藏在宗庙或神庙内，但是，作为古蜀国的都城，在所谓的“祭祀坑”周围与附近区域，并没有发现宗庙、神庙或祭坛一类礼仪性建筑，也未发现与祭祀活动有关的其他场所，仅发现两个独立的器物坑，相距约30米。“如在这两个土坑中举行古蜀国恢宏的‘综合性祭祀活动’，实在难以使人信服。”“再则，为举行一两次祭祀活动，专门就地铸造数百件青铜器，加上金器与玉石器等，共计器物近千件，将其毁坏再埋入坑中，也是难以使人信服的。我们说过，古蜀国的祭祀内容是极其丰富的，祭祀活动也较频繁。在那样的情况下，如果举行一次祭祀就要耗费掉近千件器物，其国力是否能够承受得了？”[2]诸如此类，其他的质疑意见还有不少，都认为坑的性质不是祭祀而是另有原因的埋藏。

二、埋葬坑说

这种观点是1986年11月广汉召开的全国学术讨论会上有些学者提出来的，认为一号坑、二号坑是墓葬陪葬坑。发掘简报以两坑附近没有发现墓葬而不同意这一观点。王燕芳、王家祐、李复华先生也认为：“先秦时期蜀地确有陪葬之俗，但是若要断定三星堆的两坑为陪葬坑，那就必须要在坑的附近地区有同一时期特大型墓葬的发现才足以证明，否则两坑为陪葬之说就会由于没有陪葬对象而难以成立。惜在两坑的区域内至今尚无相应的大墓发现，致使陪葬说立论无据，故此说可暂时置而弗论。”[3]还有人推测三星堆器物坑可能系火葬墓，也是属于墓葬的一种说法。这种说法注意到了坑中器物被火烧的现象，以及与甲骨文中提及的“燎祭”的区别，因而推断可能是“死于非命的蜀王”的火葬墓[4]。孙华先生认为这个说法是不成立的。首先，三星堆两个器物坑各自包含物差别较大，一号坑有大量

[1] 钱玉趾：《三星堆青铜立人像考》，《四川文物》1992年“三星堆古蜀文化研究专辑”，第53页。

[2] 张肖马：《“祭祀坑说”辨析》，《四川考古论文集》，文物出版社，1996，第70–77页。

[3] 王燕芳、王家祐、李复华：《论广汉三星堆两座窖藏坑的性质及其相关问题》，《四川考古研究论文集》，《四川文物》1996年增刊，第5页。

[4] 张明华：《三星堆祭祀坑会否是墓葬》，《中国文物报》1989年6月2日。

1988 年，三星堆遗址被公布为全国重点文物保护单位

烧骨渣和所谓金杖，尚可能勉强与火葬墓联系在一起，但二号坑既没有烧骨渣也没有所谓金杖，只有纵横交错的 60 余枚象牙，这就很难将它与火葬墓相联系了。其次，如果三星堆一号器物坑是蜀王的火葬墓的话，蜀王火葬后的骨渣就应妥善保存，不应当随便倒在坑中呈斜坡状堆积。更何况一号坑简报已经指出，该坑多达 3 立方米的骨渣都属于较大动物的骨骼，并未说其中有人骨，“不存在火葬墓假设的前提”[1]。

三、犁庭扫穴毁其宗庙说

提出这种观点的学者认为两坑系征服了三星堆的战胜者将其“犁庭扫穴”的后果，推测大约鱼凫王时期蜀地曾发生过战争。中国旅日学者徐朝龙先生在这方面的看法是最具代表性的，他在深入分析驳斥了所谓“祭祀坑”的定名之后，得出结论说：三星堆出土青铜器、玉器等遗物的土坑并不是什么“祭祀坑”，而是古代四川最初的大规模王朝更替的直接结果。那些宗庙重器是随鱼凫王朝的灭亡而被砸碎烧毁后埋葬的。造成这一切的

[1] 孙华：《关于三星堆器物坑若干问题的辩证（续）》，《四川文物》1993 年第 5 期，第 4 页。

主要原因就是因为杜宇王朝这一新的政治势力的崛起。即，鱼凫（族）并不是忽然“仙去”了，而是被杜宇（族）推翻，毁灭在血腥的改朝换代斗争中。鱼凫王及其宗族被杀，并连同其王杖等财宝被烧毁埋葬（一号坑），他们的宗庙被捣毁，那些一度神圣不可侵犯的以祖先蚕丛为主的众神像、礼器等被搬出来打碎、焚烧后抛入随意挖的小土坑内（二号坑）埋掉，“人夷其宗庙，而火焚其彝器”(《国语·周语》) 是对这场政治悲剧的绝好写照。所以，他认为“很明显，‘祭祀坑’应该更名为‘鱼凫灭国器物坑’。杜宇族取代鱼凫王朝在早蜀文化历史上是一个重大的转折点，而‘鱼凫灭国器物坑’则是这一历史巨变的见证”[1]。王家祐、李复华先生在引用文献材料详细剖析“犁庭扫穴”后指出，战胜国多不会轻易将所俘重器毁埋，取而宝之用之的可能性较大，所以“三星堆两座窖藏坑为‘犁庭扫穴’的可能性较小，故此说仅可备一说而有待证明。从战败国一方来看，败时将国之重器毁而窖之的可能性亦是比较小的”[2]。这也显示了学者们对此说法的不同看法。

四、窖藏说

这也是较多学者的一种看法。王家祐、李复华先生就认为，“广汉三星堆遗址，两座遗存十分丰富的大型窖藏坑，很可能是某两位开国蜀王效仿中原举行告祭百神后所遗留的大批礼器”，并进而推测一号坑即可能是鱼凫氏称王告祭百神的遗存，其窖藏者自然是鱼凫氏；二号坑很可能是开明一世为蜀王之初所举行告祭百神大典的遗存，其窖藏者自然就是开明一世（鳖灵）了[3]。钱玉趾先生也支持窖藏说，认为应是战争引起的埋藏。入侵者和守卫者在三星堆经历鏖战，甚至发生过失而复得的拉锯战，战火焚烧过许多房屋和器物，包括神像、祭祀礼器、王室珍宝等。最后，守卫者无力坚守而败北撤退，在撤退前，匆匆挖坑将未烧损的器物埋藏，也可能是入侵者入侵三星堆又不能占领，在撤退时又不能运走战利品的情况下，被迫坑埋于此，

[1] 徐朝龙：《三星堆“祭祀坑”唱异（续）——兼谈鱼凫和杜宇的关系》，《四川文物》1992 年第 6 期。

[2] 王燕芳、王家祐、李复华：《论广汉三星堆两座窖藏坑的性质及其相关问题》，《四川考古研究论文集》，《四川文物》1996 年增刊，第 5–6 页。

[3] 王燕芳、王家祐、李复华：《论广汉三星堆两座窖藏坑的性质及其相关问题》，《四川考古研究论文集》，《四川文物》1996 年增刊，第 7 页、第 10 页。

入侵者憎恨异族（敌方）的神像神灵，故倒扣于下。“入侵者埋藏的可能性似乎大于守卫者埋藏的可能性。目的是想再次入侵获取。”[1]澳大利亚学者诺埃尔·巴纳德教授也认为：“陈德安、陈显丹两人将两坑性质确定为商代的祭祀坑，这一观点能否成立在许多方面还值得商榷。中国有许多这类‘窖藏’，‘窖藏’中各类器物混杂在一起，既有本地制作的，也有从遥远地方传入的。它们被埋入地下，原因有多种，或是为防止外来军队的掠夺，或是对外战争中的战利品。无论哪种情况，三星堆两个坑内临时埋入的地藏宝物，由于某种原因而被后人遗忘或因紧急状态下幸存的人们无法找到其位置而留存至今。”[2]

五、巫术厌胜说

提出此说的林向先生指出，国内对这两个土坑的性质，专家们的意见比较分歧。他认为，蜀文化是有别于中原文化的地域性文化，有自己的原始宗教信仰，不能用中原祭祀坑来硬套，这种合坑埋藏的情况，很可能是古代世界风行的巫术——“萨满式文化”的产物，大概是在附近场地上举行了巫术活动后的“厌胜”性埋藏。他进而分析认为，众多的青铜偶像和神树被毁坏后埋藏，大概与“厌胜”巫术有关，有些原始部族认为不灵验的灵物可以抛弃另找代替，坑里的酒樽与失宠的神像大概也是如此被埋入地下的。神像失宠与灵物被抛弃的原因已不可深究，但他颇疑此事与蜀地洪水及战乱有关，文献记载杜宇时洪灾酷烈，“殷末周初，正是祭祀坑的年代。这大概就是巫术厌胜性埋藏的原因吧！神灵不能制止洪水，只好埋入地下；开明治理了水患，就取得了政权，当是地下酒樽的谜底”[3]。发掘简报中不同意此说法。陈显丹先生认为：“民族志材料中，各民族对他们所崇拜的偶像或神灵，大都非常虔诚和尊敬，很少毁弃。坑内遗物被毁，恐怕另有原因……所谓‘厌胜’的说法是欠缺根据的。”[4]他又说：“坑内的各种礼器和遗物几乎都遭到损毁，难道说一个民族所崇拜的偶像全都失灵了吗？这是不可能的事……且从两个坑内发现

[1] 钱玉趾：《三星堆青铜立人像考》，《四川文物》1992年“三星堆古蜀文化研究专辑”，第53页。

[2] ［澳］诺埃尔·巴纳德：《对广汉埋藏坑青铜器及其他器物之意义的初步认识》，雷雨、罗亚平译，《南方民族考古》第五辑，四川科技出版社，1993，第43页。

[3] 林向：《蜀酒探原——巴蜀的“萨满式文化”研究之一》，《南方民族考古》第一辑，四川大学出版社，1987，第79页、第81页。

[4] 陈显丹：《广汉三星堆一、二号坑两个问题的探讨》，《文物》1989年第5期，第36页。

大量的红砂泥芯、铜渣及部分范和黄金料等情况来看，坑内的遗物系就地铸造和举行某种仪式时在现场使用后而埋入坑的。由此可见，所谓‘不灵之神物’又何必临时来进行铸造呢？灵物之灵否，是经过一段时期的供奉祈祷后才能得知其灵与不灵，故所谓‘厌胜’的说法是不存在的。”[1]这里需要指出的是，所谓就地铸造举行某种仪式后即埋入坑中，只是一种推测，漏洞甚多，同样难以使人信服。孙华先生也不同意“厌胜”说，认为“三星堆器物坑的时代已是王权神授的时代，器物坑中巨大的铜神像和各种精美的宗教用具反映了人们对于神的敬重程度。如果经常毁弃这样的神像和祭祀用品，这不仅为当时社会财力所不能容忍，同时也足以导致当时精神世界的动摇。当时的统治阶级和祭司巫师集团是不能容忍这种事情发生的”[2]。

六、神庙器物掩埋坑说

这是孙华先生的观点。他认为三星堆器物坑很可能是根据原始宗教的某种习俗而掩埋的古蜀国国君神庙器物的掩埋坑（简称为“不祥宝器掩埋坑说”）。这种解释的理由主要基于以下几方面：第一，这两个器物坑器物等级很高，器物功用又多与原始宗教有关，它们应当是当时蜀国政治和宗教的最高统治者神庙中的东西。第二，三星堆一、二号器物坑的时间不同，存在着一定的年代差距，这个差距如果代表的是一个或两个蜀王的统治年限，或是具有某种特别含义的年代距离，这就正好可以解释三星堆一号坑早于二号坑的年代现象。第三，只有在三星堆器物坑的器物是已故蜀王或旧时代蜀王神庙中的东西，新王用之不祥的情况下，这些器物被掩埋于地下才可能得到合理的解释。孙华先生强调：“以上这种解释，主要基于三星堆一号坑与二号坑时间存在一定的年代距离这一点而立论的……在现已公布材料的情况下，三星堆器物坑系‘亡国宝器掩埋坑’和‘不祥宝器掩埋坑’的解释仍然是相对合理的，其余解释，其合理因素很少，应当排除。”[3]此说不同于祭祀坑说、墓葬说、厌

[1] 陈显丹：《三星堆一、二号坑几个问题的研究》，《四川文物》1989年“广汉三星堆遗址研究专辑”，第13–14页。

[2] 孙华：《关于三星堆器物坑若干问题的辩证（续）》，《四川文物》1993年第5期，第4页。

[3] 孙华：《关于三星堆器物坑若干问题的辩证（续）》，《四川文物》1993年第5期，第5页。

胜说，与徐朝龙先生的观点较为接近，但并不完全相同，在两坑的时间差距解释方面也许更客观合理一些，所以得到了不少学者的认同。

综上所述，学者们对三星堆两座器物坑的性质和定名，自1986年秋天以来展开了热烈而又深入的讨论与争鸣。这充分显示了“百家争鸣”的学术风气，使三星堆文化研究有了一个良好的开端，同时也说明了三星堆考古发现具有极其丰富多彩的内涵。这是一个被湮没的辉煌文明，目前摆在学者们面前的尚有许多未解之谜。它是如此灿烂、神秘、独特、匪夷所思、引人入胜，向世人展示了一种穿越时空的巨大魅力。

目前，学者们对三星堆器物坑的性质，仍然众说纷纭，看法尚未达成一致。但随着争论和探讨的深入，学术界对扑朔迷离的古蜀文明，已经有了更多越来越清晰的揭示和认识。

贰

成都平原上的古代王国

第二章

三星堆古城与古蜀王都

在富饶美丽的成都平原上，三星堆遗址是已经发现的规模最大、内涵最丰富的先秦时期的古遗址。种种迹象表明，这个遗址绝不是一座普通的村落和邑聚，而是古蜀国的都城。

三星堆遗址是一处都城遗址，这首先表现在它庞大的规模上。通过半个世纪以来特别是20世纪80年代的一系列考古发掘，考古学家们对三星堆遗址分布范围有了比较明晰的认识。其"东起回龙村，西至大堰村，南迄米花村，北抵鸭子河，总面积达12平方公里。分布最集中，堆积最丰富的地点，有仁胜、真武、三星、回龙四村"[1]。从总的特点来看，这些"遗址主要分布在鸭子河和马牧河两岸的脊背形台地上"[2]。通过几次系统调查，鸭子河南岸马牧河两侧的高台地上，已发现60多处文化层露头处，至少可以确定30个文化点。最集中的地带呈梯形，东西长约3公里，南北宽约2公里，面积达6平方公里以上。溯鸭子河南岸近1公里长到东胜寺一带，也有密集的遗址分布。其中最重要的是马牧河南侧的"三星堆"周围，马牧河与鸭子河之间中央的"月亮湾"，遗址群东侧的"狮子闹"、西侧的"横梁子"，鸭子河南岸的"西泉坎"等处，加上"东胜寺"一带，形成6个大的区域，共同组成了总面积达12平方公

❶ 屈小强、李殿元、段渝主编：《三星堆文化》，四川人民出版社，1993，第112页。

❷ 陈德安：《三星堆遗址》，《四川文物》1991年第1期，第63页。

留存至今的三星堆古城遗址

三星堆古城西城墙

里的大型遗址群。各点的文化内涵基本相似，又有区别，均属于同一文化体系，共同构成了一个“与社会分工、社会关系分化相适应的中心遗址”，成为四川古代最大且最重要的一处古文化遗址[1]。

其次，是三星堆城墙的发现和确认。20 世纪 80 年代以来，考古工作者对三星堆遗址内的东、西、南三面至今仍然耸立在地表的宽阔的土埂进行了全面调查和试掘，探明了这是与三星堆遗址同时期的城墙。据调查和试掘者记述，城址主要分布在真武、三星两村，呈南宽北窄的梯形布局，现存面积 2.6 平方公里，构成以城垣和河流互相结合的防御体系。东城墙和西城墙横跨鸭子河与马牧河之间，东城墙长 1800 余米，北偏东 12° ，西城墙被鸭子河河水冲刷毁坏，残存 800 余米，北偏东 25° 。南城墙筑在马牧河“几”字形弯道上，长约 210 米。北面未发现城墙，可能是以鸭子河为天然屏障。东城墙和南城墙经试掘，其结构由主城墙、内侧墙和外侧墙三部分组成，系用五花夯土采用分段夯筑法筑成。主城墙多夯筑成平行夯层，内侧墙和外侧墙多为斜行夯层。在主城墙上，已出现 36 厘米 ×47 厘米 ×14 厘米的土坯作为城墙建筑材料。城墙外侧有壕沟。“根据地层叠压关系，可知城墙筑成时在商代早期，使用至西周早期，随着蜀文化逐渐向成都南移，这座城址逐渐被废弃。”[2]这

[1] 赵殿增：《三星堆考古发现与巴蜀古史研究》，《四川文物》1992 年“三星堆古蜀文化研究专辑”，第 3-4 页。

[2] 陈德安：《三星堆遗址》，《四川文物》1991 年第 1 期，第 63-65 页。

三星堆古城东城墙发掘现场

里需要指出的是，其他考古工作者在后来发表的文章中提及的城墙长度、高度、宽度等数据颇有出入，这可能是由于多次调查、论证、试掘进行了较长时间的缘故，从而对残存的城墙形成了几种记录。三星堆古城城墙的高度、宽度各处不一致，出现不同的记录是正常的。至于城墙长度，在确定南城墙前的几次调查，其数据有误，应以后来的数据为准。后来比较一致的看法是："调查和勘测结果表明，被城墙所围的城圈范围，东西长 1600 ～ 2100 米，南北宽 1400 米，现有总面积 2.6 平方公里，面积与郑州商城相当。"[1]

最后，是发现了比较密集的居住区。考古发掘显示，在城墙两侧分布着密集的居住遗址，在遗址群中发现有众多的房屋建筑基址，表明这里曾长期有大量先民居住。这些房屋有方形、长方形、圆形三种形式，而以长方形和方形者居多。其建造方法采用在地面上挖沟槽，在槽中立柱，其间以小木棒和竹棍作为墙骨，两侧抹草拌泥以成墙壁，然后墙壁经火烧烤，上为榫构梁架与屋顶。这些房屋开间一般较大，面积大都在 15 ～ 30 平方米。其中最大的一间进深 8.7 米，开间 23 米，面积达 200 平方米，而且数间相连，已超过一般居室的功用，可能是重要的公共活动场所。圆形房子一般直径为 3 ～ 4 米，其修造方

[1] 屈小强、李殿元、段渝主编:《三星堆文化》，四川人民出版社，1993，第 113 页。

法不挖沟槽，直接在地面上凿洞立柱围成一圆圈，中心立擎柱以支撑屋顶，屋内有火塘。这些房屋在建筑上显示出了比较浓郁的古蜀地域特色，说明了当时建筑技术的发达和社会生活的繁荣。

三星堆遗址分布范围达12平方公里的探明、三星堆城址的确认以及众多密集居住区的发现，充分显示出这里曾是古蜀时代一个非常重要的都城，是古代蜀人政治、经济、文化的中心。这里曾经有过一段相当长的繁荣昌盛的社会生活，后来由于某种我们尚不清楚的变故，致使这段辉煌的文明遭到了湮没。这里特别值得提到的是三星堆古城，无论是其面积还是修筑方法，在殷商时期都称得上是规模宏大的，城墙下层使用斜面拍夯法，在主城墙上面发现有使用土坯砖修筑的梁埂，在我国城

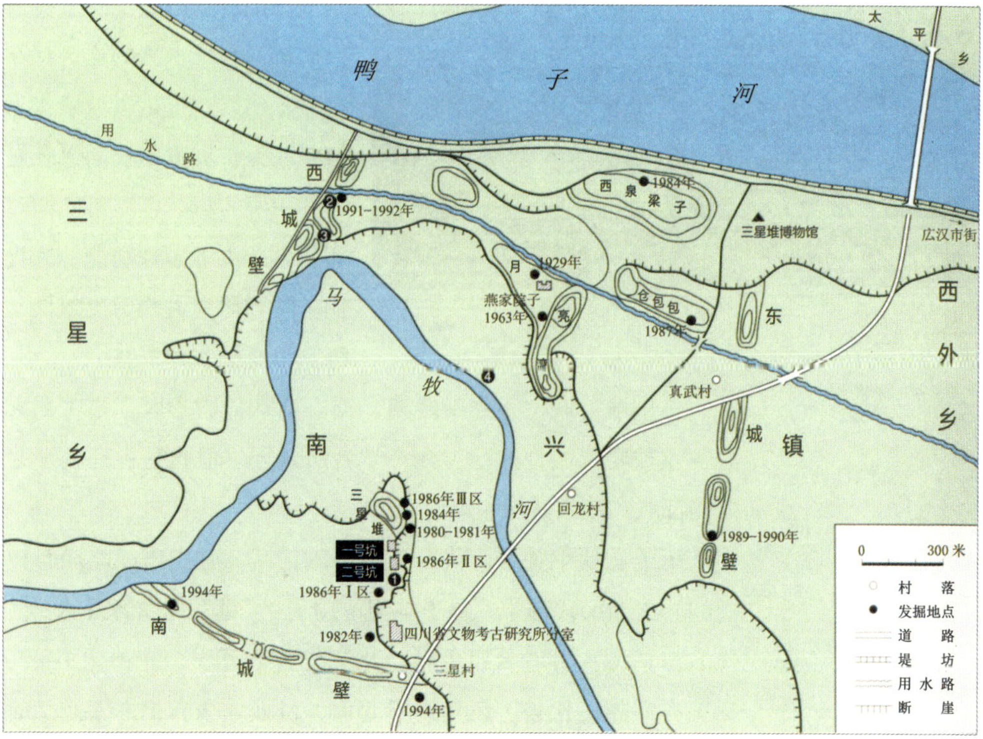

三星堆古城遗址平面分布与发掘图

郫县望丛祠

古丛帝之陵

墙建筑史上，这是使用土坯垒筑城墙年代最早的例证之一。三星堆古城的城墙北面以鸭子河为天然屏障，显示出了因地制宜的特点。在古城遗址的中轴线上，分布着三星堆、月亮湾、真武宫、西泉坎四处台地，考古发掘揭示这几处台地的文化堆积层都相当丰富和集中。最早发现的月亮湾玉石器坑和 1986 年发现的三星堆两个大型器物坑，都位于这一中轴线上，说明这个区域很可能是三星堆古蜀都城中的重要宫殿区。三星堆古城的建筑特点还显示出，这里是以城墙作为依托和保护屏障的长期兴旺发达的一座古城，古城可能同时还兼具防洪等多种功能，为我们了解和研究古蜀历史提供了极其重要的实物资料。

三星堆古城位于先秦时期古蜀人活动的中心区，是古蜀人的一座重要都城，这已为众多学者所认同。但它是古蜀哪个时期的都城，却依然扑朔迷离。

历史文献中关于历代蜀王故都的记载，是相当简略而且模糊的。比如汉代扬雄《蜀王本纪》中说：“蜀王之先名蚕丛，后代名曰柏濩，后者名曰鱼凫。此三代各数百岁，皆神化不死，其民亦颇随王化去。鱼凫田于湔山，得仙。今庙祀之于湔。时蜀民稀少。后有一男子，名曰杜宇，从天堕，止朱提。有一女子，名利，从江源井中出，为杜宇妻。乃自立为蜀王，号曰望帝，治汶山下邑，曰郫化，民往往复出。”其后又有鳖灵治水，禅让即位，建立开明王朝的故事[1]。通过这段具有浓郁神话色彩的记述，透露给我们的只是古蜀历史的梗概和传说。蚕丛、柏濩、鱼凫的都邑在什么地方，语焉不详。只有望帝杜宇的都邑比较明确，“治汶山下邑曰郫”。学者们对“郫”的地理位置曾有不同的解释，但与三星堆似乎并不是同一个地方。晋代常璩《华阳国志》则将古蜀历史纳入了中原王朝体系，将传说中年代悠久的古蜀王朝大为推迟。卷三《蜀志》说：“周失纲纪，蜀先称王。有蜀侯蚕丛，其目纵，始称王。死，作石棺石椁，国人从之，故俗以石棺椁为纵目人冢也。次王曰柏灌。次王曰鱼凫。鱼凫王田于湔山，忽得仙道，蜀人思之，为立祠。后有王曰杜宇，教民务农，一号杜主。时朱提有梁氏女利游江源，宇悦之，纳以为妃。移治郫邑，或治瞿上。七国称王，杜宇称帝，号曰望帝，更名蒲卑。”这段记载中同样没有说明蚕丛、柏灌、鱼凫的都邑在什么地方。关于杨雄《蜀王本纪》说的“柏濩”与常璩《华阳国志》说的“柏灌”，蒙文通先生认为“濩”是传抄之误，常璩说的“柏灌”是准确的。至于杜宇时期的郫邑、瞿上，刘琳先生认为郫邑“故址在今郫县城北二里，民间传说叫杜鹃城，即杜宇所都”。而瞿上，据《路史前纪》卷四罗苹注：“瞿上城在今双流县南十八里，县北有瞿上乡。”刘琳先生认为“按其方位，在今双流县南黄甲公社境牧马山上”[2]。任乃强先生则持另外一种观点，认为“蜀王所治郫邑，在今彭县西北二十余里，属九陇黄土丘陵部分”，到了汉代才“徙郫县治沱江之南（今郫县治），称旧邑为‘小郫’”。瞿上也在“今彭县北、海窝子之‘关口’是也”，“关口”也就是天彭门，或称天彭阙，“自阙下瞰成都平原，有如鹰隼翔视，故古称海窝子为‘瞿上’”[3]。这两种解释的出入是非常大的，由于古蜀历史的扑朔迷离，学者们对于古代文献记载的理解和解释也就难免仁者见仁、智者见

[1]《全汉文》卷五十三，（清）严可均校辑《全上古三代秦汉三国六朝文》第1册，中华书局影印本，1958，第414页。

[2]（晋）常璩撰，刘琳校注：《华阳国志校注》，巴蜀书社，1984，第183页注［三］。

[3]（晋）常璩撰，任乃强校注：《华阳国志校补图注》，上海古籍出版社，1987，第120页。

古望帝之陵

智了。

上面援引的古文献记载，显然不能确切地说明三星堆古城就是古蜀某个王朝的都城。相反，三星堆的科学考古发现，则为探索和揭开古蜀之谜提供了钥匙，使我们穿越时空看到了一个被湮没达数千年之久的古蜀灿烂文明的真实面貌。换一个角度看，古文献中传说色彩很浓的记载，对我们探索和研究三星堆古蜀文明，也有非常重要的参考和启发作用。从记载看，“鱼凫王田于湔山”，说明古蜀鱼凫时期已进入农耕阶段，到杜宇教民务农的时期，蜀地农业已进入蓬勃发展的阶段，经济文化和社会生活都已相当繁荣发达。常璩《华阳国志》卷三《蜀志》说杜宇称为望帝，“自以功德高诸王，乃以褒斜为前门，熊耳、灵关为后户，玉垒、峨眉为城郭，江、潜、绵、洛为池泽，以汶山为畜牧，南中为园苑”。拥有广阔的疆域和强盛的国力，与当时蜀地农业经济的繁荣发展显然是密不可分的。杜宇拥有郫邑、瞿上两座都邑，也就不足为奇了。成都平原在古蜀杜宇时期已经出现了城市文明的曙光，这是没有疑义的。但从古文献透露的历史信息，并结合考古发现来看，古蜀城邑的出现远在杜宇时期之前，在鱼凫王时期甚至更早的时候，水土丰茂宜于农耕的成都平原上就已经出现了城邑。那么，三星堆古城究竟是古蜀哪个王朝的都城呢？这无疑是一个非常有意义的问题，不少四川学者对此作了十分有益的探讨，现在就让我们看一看这些学者们的看法。

三星堆古城会不会是鱼凫王朝的都城？有的学者通过对古蜀三代历史的分析，认为蚕丛氏的年代，约在早商之前，与夏代相当。关于柏灌，在历代史籍记载中均语焉不详，很可能史籍中的“斟灌氏或即蜀王柏灌，被夏征服后，变为夏的同盟部族，一直随夏东迁……这样，我们可以解释一个问题，为什么蜀王柏灌，看不见他在蜀的事迹和踪影？第二代蜀王应该是有辉煌事迹的，现在却找不到有关他的史迹，原来他就是斟灌氏，迁到中原去了”[1]。这是非常独到的见解。这样，鱼凫王作为三代蜀王的最后一代，就成了早期蜀国的统一者，而成都平原则成为鱼凫氏活动的中心。所以，“三星堆遗址发现的早商时期

三星堆出土的陶鸟头勺把

蜀都城墙，属于三星堆文化第二期，应是鱼凫王统一蜀国后所筑”。持这种观点的学者进而指出：“三星堆文化二至四期出有大量鸟头勺把，长喙带钩，极似鱼鹰，一般认为与鱼凫氏有关。一号祭祀坑所出金杖上的图案，有人头、鸟、鱼，鸟的形象与勺把上的鸟头一致。因此，学术界普遍认为这是鱼凫氏的文化遗存。三星堆文化第二期约当夏商之际，第四期约当商周之际，二至四期一脉相传而又有所发展演进，正与鱼凫‘数百岁’相合。如此，鱼凫氏的年代约相当于有商一代（公元前 17 世纪—公元前 11 世纪）。”至于《蜀王本纪》和《华阳国志》所说鱼凫田于湔山，是指其军事行动，而忽得仙道则是隐括其败入湔山，当是被杜宇战败后退走湔山，并不是说鱼凫都于此”[2]。总而言之，鱼凫王在成都平原大地上建立了以其为统治核心的早

[1] 谭继和：《禹文化西兴东渐简论》，《四川文物》1998 年第 6 期，第 12 页。

[2] 段渝：《四川通史》第一册，四川大学出版社，1993，第 33-34 页。

期蜀王国，便定都于今广汉三星堆遗址，直至其政权被后来的杜宇王朝所取代。

这一观点得到了不少学者的赞同。同段渝先生一样，高大伦先生也认为三星堆一号坑的一些器物所透露出的信息，揭示出它与湮没无闻的“鱼凫氏”有某种联系，从出土的金杖图案分析，“联系到一号器物坑的主人为王者的特殊性质，则这批器物的主人就应是‘鱼凫’了”。高大伦先生进而将视野投向了更加广阔的区域，把三星堆与川东、鄂西、川南、川西、川北、汉中等地的考古发现联系起来，作了综合的归纳思考。认为从出土文物的分布范围来看，鱼凫氏极盛的夏商时期，地域曾东达川东、鄂西，西至成都平原边缘的雅安、汉源，也许还包括川北、汉中一部分，从地名上考察，川东、川南、川西很多地方都有与鱼凫相关的地名，大概也是其活动过的区域。要是以文化分布的中心区繁荣、边远地区落后的普遍规律来考察，恰恰应该是以成都平原三星堆为中心，辐射到川东、鄂西、汉中、宝鸡、乐山、宜宾等地的解释更为合理些。“概括起来说，经过十多年的考古发现和研究，古人感到茫然的鱼凫族历史，已渐渐浮出水面：鱼凫非人名而是族名，他们以一种善捕鱼的鸟为图腾，历数百年都沿用这一称呼不改。今天我们所能见到的鱼凫族遗物最早可以上推至夏代。在夏商时期中国的古城古国时代，鱼凫族在川西地区建立了国家，地域曾北达汉中、宝鸡，东到川东、鄂西，南到宜宾、乐山一带。至迟在商中期，已步入辉煌鼎盛阶段，建筑了城市，能铸造大型的、成批的青铜器，琢制出精美的玉石器，有了成套成列的礼器，并和中原文化有了频繁和快捷的交流。到商中期偏晚，鱼凫国灭，其后一部分人辗转北上到达宝鸡，建立了強国，和中原周王朝关系密切，渐被中原文化所融合。也有一部分鱼凫族人在川西地区留了下来，相信晚期蜀地居民中有一部分属于鱼凫族后裔。”[1]

四川另一位学者彭邦本先生也持相同看法，并提出了邦国

[1] 高大伦：《古蜀国鱼凫世钩沉》，《四川文物》1998年第3期，第23页。

三星堆二号坑出土的商铜鹰形铃

三星堆二号坑出土的青铜立鸟

共主的观点。他说，鱼凫，本是巴蜀先民驯养以捕鱼的一种带鹰钩嘴的水禽，又名鸬鹚。可见鱼凫氏大约是源于早期渔猎民族。广汉三星堆遗址的发掘，使鱼凫王传说得以印证。三星堆遗址分四期，依次相当于新石器时代晚期、夏代至商代前期、商代中期或略晚、商代晚期至西周早期。其中三、四期出土了数量可观的带鹰钩嘴鸟头形器柄，这种带有浓烈的信仰色彩的特征性器物，自然把传世文献中的鱼凫王朝与之联系在一起。“看来三星堆这座面积达 2.6 平方公里的古城，曾是雄极一时的蜀地共主——鱼凫王朝的都城。三星堆城墙始建于二期地层，暗示在鱼凫王朝之前，这座规模宏大的古城，可能已曾是更早的邦国联盟共主蚕丛或柏灌的都城。”[1]这种以地层年代和出土器物形态图案分析为根据，并结合传世文献对三星堆古城遗址作出的推测，在考古学上是比较有说服力的。但也有学者提出了其他不同的看法。

三星堆古城会不会是杜宇王朝的“瞿上”城邑遗址？考古学家冯汉骥先生和童恩正先生 20 世纪 70 年代曾“推测广汉遗址的时代在西周后期至春秋前期”，“很可能此处原来是古代蜀

[1] 彭邦本:《早期蜀史诸代的并存、相继关系及其共主秩序考略》,《徐中舒先生百年诞辰纪念文集》，巴蜀书社，1998，第 303 页。

三星堆二号坑出土的青铜鸟首

国一个重要的政治经济中心，而发现玉器的地点，即为其手工业作坊所在地”，并假设月亮湾古蜀国玉石器作坊的突然废弃，可能与开明氏取代杜宇氏这一历史事件有关[1]。也就是说，广汉遗址应是古蜀杜宇时期的一个重要的政治经济中心，后来由于开明氏夺取政权而废弃了。这个观点也得到了很多学者的赞同。有的考古工作者据此而认为：“在三星堆方圆6平方公里内，很可能是早期蜀国的一个重要都邑所在地。既然月亮湾玉石器作坊的突然废弃，与开明氏发动突然性政变，取代杜宇氏政权密切相关，那么，三星堆古都邑的突然放弃以及鸟头陶器的发现，就证明三星堆至月亮湾一带很可能是蜀王杜宇氏的‘瞿上’都城了。”他们认为常璩《华阳国志》中说杜宇“移治郫邑，或治瞿上”，瞿上在何处至今众说纷纭，既然三星堆至月亮湾一带发现了杜宇时期的古遗址，杜宇（杜鹃）又以鸟名作为自己的姓名，而三星堆正好发现大批鸟头陶器，所以这里应是蜀王杜宇的都城瞿上，则是无疑的了。他们还结合出土文物对古蜀历史作了追溯，认为三星堆“祭祀坑很可能是商末周初古蜀王鱼凫氏的遗物”，进而推测祭祀坑所在的三星堆一带可能“是蜀王鱼凫氏的故都”[2]。显而易见，他们认为三星堆古都就是杜宇的瞿上都城，而这座瞿上都城是由鱼凫王的故都发展而来的，延续到开明时期才被废弃。

对古蜀历史素有研究的龙晦先生也对“瞿上”作了深入的考证。他认为“瞿”字《说文》释为“鹰隼之视也”，而杜鹃在殷周的读音是“瞿”，实际上“瞿”字就是杜鹃，而杜鹃是四川少数民族氏族崇拜的图腾，后来杜鹃的得名是由杜宇的故事而来，广汉三星堆出土的长耳青铜面具便与氏族杜鹃图腾崇拜有

[1] 冯汉骥、童恩正：《记广汉出土的玉石器》，《四川大学学报》1979年第1期。

[2] 敖天照、刘雨涛：《广汉三星堆考古记略》，《巴蜀历史·民族·考古·文化》，巴蜀书社，1991，第332–338页。

着密切的关系。他指出，广汉三星堆遗址被发现后，考古界的部分专家们考虑到在双流与郫县境内都没有发现春秋战国时期的文物，因此他们认定三星堆至月亮湾一带应是瞿上。他认为这个看法是正确的，值得加以补充论证。他认为是“氐人在广汉建立了瞿上”，并认为瞿国很可能就是中原记述中的“鬼方”。他概括说：“在三千多年前，四川广汉就有氐人在这里建立了国家，有光辉的文化，以杜鹃为图腾，这个部族就是瞿国。它的地域东从瞿塘峡，沿大巴山、汉水而西，直到武都、天水，下到成都平原广汉，虽然不是同时跨有，也说不清哪个时间跨有，但它应该是一个大国，正由于它跨有一个比较长的地段，才有足够的物质基础，孕育出三星堆那样灿烂的古代文化。”[1]这种关于瞿上与瞿国的看法，是比较新颖的，体现了一种学术上的探索和创见。他们认为传世文献中的杜宇时期，三星堆文化已发展形成一种宏大而又辉煌的鼎盛局面，及至三星堆文化后来的湮没，皆与杜宇时期的兴衰有着密切关系。这在四川学术界可谓是比较有代表性的一种看法。

三星堆古城与开明王朝究竟是什么关系？不少学者认为，三星堆文明的突然湮没，与开明氏取代杜宇建立新的政权有关，如前面提到的冯汉骥先生、童恩正先生等学者便在相关文章中论述了这种看法。甚至包括三星堆两个器物坑的掩埋，有的学者认为也与开明、杜宇之间政权更替这一历史事件有关。扬雄《蜀王本纪》说鳖灵即位号曰开明帝，“开明帝下至五代有开明尚，始去帝号，复称王也”，“本治广都樊乡，徙居成都”[2]。《路史·余论》卷一则说：“开明子孙八代都郫，九世至开明尚，始去帝号称王，治成都。”常璩《华阳国志》卷三《蜀志》也说：“九世有开明帝，始立宗庙”，“开明王自梦郭移，乃徙治成都”。究竟是开明五世还是九世移治成都？学者们看法各异。段渝先生认为：“九世为五世之误，当以上引《蜀王本纪》为是。”[3]温少峰先生等人也认为：“由晋至宋的地志，凡引用抄录扬雄《蜀

[1] 龙晦：《广汉三星堆出土铜像考释》，《三星堆与巴蜀文化》，巴蜀书社，1993，第93-99页。

[2]《全汉文》卷五十三，（清）严可均校辑《全上古三代秦汉三国六朝文》第1册，中华书局影印本，1958，第414页。

[3] 段渝：《四川通史》第一册，四川大学出版社，1993，第67页。

成都十二桥遗址（商周时期古蜀建筑遗存）

王本纪》和常璩《华阳国志》的，都说‘始立宗庙’的开明尚是开明氏‘第五世’”，所以“说开明尚是开明氏第五代国君是正确的”[1]。由此可知，在开明五世之前，开明王朝仍以杜宇时期的故都为都城。从文献记载透露的信息看，这时的都城主要为郫邑，此外还有广都樊乡，刘琳先生认为樊乡在双流县（今双流区）境[2]。而没有提及瞿上，直至后来徙治成都。其原因，是由于“自梦郭移”，学者们对此亦有不同理解。有学者认为梦郭是地名，是开明王朝都城的名字，可能是把樊乡误读成了梦郭二字[3]。任乃强先生解释是：“或是先有此愿而成梦，或是托言梦其当移邑以推动其臣民。”[4]徐学书先生认为旧说“梦郭移”即梦见城郭迁移，“因梦而迁都之说令人怀疑”[5]。钱玉趾先生对此作了考证，认为“梦郭”中的“梦”是泽的意思，如《尔雅 · 释地》称楚有云梦二泽，江南为梦，北江为云，到了后世才淤成陆地。“鳖灵”是指楚人或是荆楚地域的人，所以开明王朝将泽称为“梦”，有其历史的民俗的缘由。“郭”是外城或外围之意，“梦郭移”就是周围变成了大泽，可知迁都“是由于

❶ 温少峰、陈光表：《成都建城史研究二题》，《成都文物》1989年第1期，第15页。

❷（晋）常璩撰，刘琳校注：《华阳国志校注》，巴蜀书社，1984，第187页注［八］。

❸ 段渝：《四川通史》第一册，四川大学出版社，1993，第60-61页。

❹（晋）常璩撰，任乃强校注：《华阳国志校补图注》，上海古籍出版社，1987，第125页注。

❺ 徐学书：《论述成都应有的历史地位》，《成都文物》1997年第3期，第6页。

大水灾的结果”[1]。这一看法，对我们探讨认识古蜀时期的城市营建与都邑迁徙是非常有益的。这里需要指出的是，在开明王朝五世之前，杜宇时期的故都郫邑仍是重要的都城，而瞿上则很可能被废弃了，这会不会就是三星堆文明被湮没的下限时间呢？

从考古方面来看，成都有十二桥遗址的重要发现以及羊子山建筑遗址的发现。这两处遗址，在年代上都晚于三星堆古城遗址。一般认为，成都城邑的营建，根据文献资料是从开明王朝开始的，但也有学者认为始于杜宇时期。如彭邦本先生就认为：“值得注意的是，大体在三星堆古城繁盛期的后段，今成都十二桥一带，并存着一个以干栏式大型木结构宫殿式建筑为突出表征、绵亘 2 ～ 3 公里的遗址群，出土器物表明其为在文化面貌上与三星堆有别的类型。这个以宫殿为公共权力标志的早期都邑，很可能就是文献记载中继鱼凫氏王朝的杜宇氏政权之所在。在其宫殿遗存所在的早期第十三层，约当商代早期，也出土有鸟头形器柄，揭示此期可能杜宇氏仍屈服于鱼凫氏共主。三星堆古城在四期后的衰落及十二桥遗址第十二、十一和十层已不见鸟头勺把，暗示其时共主秩序的破裂或解体趋势和杜宇氏的逐步取而代之。”直至后来杜宇氏“禅位于开明”，共主地位与都邑都归开明氏所有[2]。这也是一种比较有创见的看法。但考古学上的年代与传世文献的记载，还应作更深入地探讨和比较研究，以得出更加清晰准确的结论。

赵殿增先生在一篇论述三星堆考古发现与巴蜀古史研究的文章中也提到，关于杜宇族统治的王国，过去由于三星堆考古年代序列未建立起来，一般均将三星堆月亮湾遗址与彭县铜器群、新繁水观音遗址墓葬、羊子山土台联系在一起，认为它们都是杜宇族的文化遗存，年代在西周前后。三星堆考古收获以及成都十二桥、指挥街等遗址发掘，将问题深化了一步。近年来，有的学者将以三星堆为中心的古遗址群和成都地区古遗址

[1] 钱玉趾：《古蜀王徙治成都原因考释》，《四川文物》1998 年第 4 期，第 15 页。

[2] 彭邦本：《早期蜀史诸代的并存、相继关系及其共主秩序考略》，《徐中舒先生百年诞辰纪念文集》，巴蜀书社，1998，第 303 页。

群的器物作了排比，认为应分为两组，并排出各自的年代顺序，有人提出这是两个文化类型，即广汉三星堆类型和成都类型。这是考古研究对蜀史认识的深化。这种分类方法有一定的道理，它反映了某个重要社会问题。“从历史的角度，我们认为从这一现象所代表的政治关系可能是这两个区域分别为两个不同的部族所拥有，并先后建立了两个王国。三星堆为鱼凫族活动中心和王国都邑，成都地区为杜宇族活动场所和都邑所在地。两者不是简单的并列，更不是两个共存的中心，它们有一个相互交错的时期（商代晚期），又有前后衔接关系。西周初期，三星堆被废弃，成都地区迅速发展起来，这一过程可能正是古代杜宇族兴起并逐步取代鱼凫族统治的历史体现。成都平原上这两组巴蜀陶器群所代表的就是鱼凫、杜宇这两个氏族部落的物质文化史和王朝兴衰史。”[1]这段重要的论述中有一个非常明显的问题，就是将广汉三星堆与成都两个文化类型都归于古蜀鱼凫、杜宇时期，而将开明王朝排除在外。这是否出于考古学年代排列上的考虑？而从传世文献记载来看，开明王朝的兴衰，与成都城邑的营建发展是有着非常密切关系的。而三星堆文明的突然湮没，不少学者认为也与开明王朝取代杜宇政权这一历史变故有关。显而易见，这里面还有一个值得商榷和需要更加深入研究的问题。

实际上，考古发现揭示三星堆文化经历了三个阶段，前后延续达2000年。“三星堆遗址，是蜀人从原始社会到阶级社会长达2000年的物质发展过程的遗留。”[2]三星堆古城从地层看，始筑于三星堆文化遗存的第二期文化初期，延续使用长达600～1000年，说明三星堆并不单纯是古蜀某个时期的遗存。作为一个重要都邑，它经历了古蜀几个时期，曾经有过一个很长的稳定繁荣时期。出土的众多精美器物，更是说明了这一重要都邑所在地的文明所达到的灿烂辉煌的程度。三星堆文化的分期，我们在第一章已经列举了众多学者的研究看法，虽然有

[1] 赵殿增：《三星堆考古发现与巴蜀古史研究》，《四川文物》1992年“三星堆古蜀文化研究专辑”，第8页。

[2] 陈德安：《三星堆遗址》，《四川文物》1991年第1期，第66页。

各种不同观点，但在年代序列上大多数还是比较一致的。对于三星堆古城，目前学术界也已有了许多有益的探讨。它很可能营建于鱼凫时期，并成为杜宇时期的重要都邑，后来由于政权变更和都邑的迁徙而在开明时期被废弃。换一种说法，在古蜀历史上的鱼凫时期，成都平原已经形成了早期城市文明，这一城市文明以三星堆古城为政治、经济、文化中心，在农耕繁荣发达的杜宇时期发展到了鼎盛阶段。这个时期蜀地灿烂的青铜文化，无论是成熟高超的铸造技艺，还是绚丽多彩的风格特点，完全可以媲美于中原地区和世界其他古老文明区域的青铜文化。这一古蜀城市文明在三星堆古城被废弃后，似乎是突然湮没了。但它并没有中断，而是在开明王朝统治蜀地期间，随着治水和迁都等历史事件的发生，进入了新的发展阶段。成都作为古蜀历史上三星堆古城之后又一座新兴的都城，成了蜀地新的政治、经济、文化中心，从而在城市文明发展史上掀开了新的一页。

宝墩文化古城址的启示

在三星堆灿烂的青铜文明之前，古代蜀国的政治、经济、文化又是一种什么面貌呢？在富庶的岷江流域和成都平原上，还有没有比三星堆古城更早的古城遗址呢？正是这些诱人的疑问和思考，促使四川的考古工作者在被称为“天府之国”的成都平原上，开始了范围更加广阔的调查和寻找。

功夫不负有心人，成都市文物考古工作队在经过长时间不辞辛劳地奔波调查之后，于 1995 年底，终于发现了早于三星堆文化的新津宝墩古城遗址。发掘出土的陶片和器形所揭示的文化特征说明这是一座比三星堆遗址年代更早的古城，给了考古工作者一个极大的惊喜。在这一重大发现的鼓舞下，成都市文物考古工作队全力以赴，继续进行更大范围的考古调查，在很短的时间内又奇迹般地相继发现和证实了温江鱼凫城、郫县古城、都江堰芒城、崇州双河古城等早期古城址。考古资料揭示，这些古城的年代都早于三星堆古城，据测定距今有 4500 年左右。显而易见，成都平原上这几座早期古城址的发现，为我们了解夏商时期三星堆文化和古蜀城市文明的渊源关系提供了直接证据，对探索长江上游地区的文明起源更具有十分重要的意义。这是四川考古界继确认三星堆古城遗址之后，又一重大发

成都平原发现的早期古城址——宝墩遗址（北侧城墙）

现。消息传出后，立即引起了海内外学术界的高度重视，并被国家文物局评选为 1996 年全国十大考古新发现之一。刊登评选揭晓结果的《中国文物报》对此给予了很高的评价："1995 年底和 1996 年 9—12 月，由四川成都市文物考古工作队与四川联合大学考古专业等单位在新津、都江堰、温江、郫县、崇州等县市调查和发掘，在成都平原首次发现 5 座相当于中原地区龙山时代、距今约四五千年前的古城址……这 5 座古城建筑技术相同，文化面貌一致，均属同一考古学文化，但相互间存在时间早晚的差异。它们是继广汉三星堆窖藏坑之后四川地区又一重要发现。"[1]

现在就让我们来看一看成都平原上的这 5 座早期古城址。

新津宝墩遗址位于四川新津县城西北约 5 公里的龙马乡宝墩村，其地理位置处于成都平原的西南边缘。这处古老的遗址被湮没已久，但仍可以看到地面上有明显的围成长方形的土垣，

[1]《中国文物报》，1997 年 2 月 2 日第 1 版。

新津宝墩遗址（东侧城墙）

尤以东面与北面的土垣最为明显，其宽度在 10 ～ 25 米，最高处约 5 米。经考古发掘确认了城圈的范围，整个城址呈东北—西南向的长方形，长约 1000 米，宽约 600 米，面积在 60 万平方米以上。通过对北垣的解剖发掘，可知其城墙系采用斜坡堆筑的形式人工夯筑而成。这座古城营建于何时，以前一直是个谜，什么时候被废弃也很难推断，其使用延续的时间也许相当漫长，当地老百姓习惯称其为“龙马古城”，甚至有民间传说这就是诸葛亮七擒孟获的“孟获城”。这些扑朔迷离的传说，为这次重要的考古调查增添了不少色彩。从城内试掘探方和城垣中出土的陶片，证实了该城址的年代远比传说和想象的要早，使考古发掘者始料未及，大为惊喜。参与此次考古调查工作的江章华先生记述说：“出土的陶片以灰白陶为主，器形多为绳纹花边口罐、锯齿喇叭口高领罐、壶、盘口圈足尊、敞口圈足尊、宽沿平底尊等，这与三星堆遗址二期以后的文化特征明显不同，而与三星堆遗址最下层以灰白陶为主的文化遗存（三星堆遗址一期）颇为相似。这一新发现令发掘者感到城址的年代比原来估计在春秋战国的时间要早。”[1]也就是说，宝墩古城遗址的年代距今有 4500 年左右。如今我们面对那些经历了 4000 多年风雨沧桑保存下来的残垣，仍足以想象这座早期古城的宏伟高大。

芒城遗址位于都江堰市南郊约 12 公里的青城乡芒城村，这里抬头北望便是苍翠连绵的青城山，南面则是呈扇形展开的富饶丰腴的成都平原。这座处于成都平原西部边缘的古城址，经过考古调查和发掘揭示，其平面布局近于方形，分为内、外两

[1] 江章华：《成都平原的史前城址与史前文化》，《寻根》1997 年第 4 期，第 10 页。

圈城垣，外圈与内圈相距约20米，以内圈保存较好，外圈保存较差。内圈南北长约300米，东西宽约240米，现存内圈城垣地面宽5～20米，残高1～2.2米不等。现存外圈城垣，北垣保存约180米，南垣保存约130米，残宽7～15米，残高1～2.5米不等。推算整个城址面积大约为10.5万平方米。其内、外两圈城垣之间，可以明显看出地势较低，如同城壕，也许是就地取土筑城所致。城垣修筑方式，亦是采用斜坡夯筑。当地老百姓传说，明末张献忠曾于此匆忙修建该城，以驻扎军队人马，所以又称“忙城”。考古工作者于1996年11月和1997年3月在这里先后进行了两次试掘，根据出土的陶器和石器，均与宝墩遗址一致，属同一考古学文化。而与宝墩遗址略有差异的是，芒城遗址以泥质灰黄陶为主，夹砂褐陶也有所增加。从遗址的位置和面积分析，这座早期古城很可能是古代蜀族走出山地，尚未进入平原腹心区域而修建的都邑。其两圈城垣的

都江堰芒城遗址

温江鱼凫村遗址

温江鱼凫古城城垣

布局，更显示了这座古城与众不同而又耐人寻味的特色。

鱼凫村遗址位于温江县城北面约 5.5 公里的万春乡鱼凫村，其地理位置处于成都平原的腹心地带，相传古蜀传说中鱼凫王朝的都城就在这里，当地习惯称之为“鱼凫城”。考古工作者以前在该处也曾进行过多次地面调查，采集到的大都为汉代至唐宋时期的遗物，因此并未引起重视。宝墩遗址经考古发掘确定为早期古城址之后，考古工作者于 1996 年春天再次来到鱼凫村，对传说中的鱼凫城址进行考古调查，在南垣断壁上发现了一些碎陶片，上面的纹饰清晰可辨，显示了这座古城址年代的久远。考古工作者怀着兴奋的心情，于 1996 年 10—12 月在这里又进行了详细的调查和试掘。经过钻探发掘，揭示出该古城址呈不规则的多边形，从地面上尚可看到留存至今的南、西、北三面较直的城垣，南垣地面保存得较完整，长约 600 米，西垣长约 37 米，东北垣长约 280 米。东面城垣已湮没无存，钻探弄清了其呈外弧形，长约 440 米。整个城址面积约 32 万平方米，城垣周长约 2110 米，现存残垣高约 2 米，宽 15 ～ 20 米。对东面残垣南段进行解剖发掘发现，城垣的修筑与宝墩遗址一样，也是采用斜坡堆筑方式夯筑而成。在该古城址内发掘出土了大量的石器和陶器，其文化特征与宝墩遗址出土的器物群相

郫县古城遗址

同，属于同一文化期，差异之处是其陶质以夹砂褐陶为主。值得注意的是，该遗址上层则大量出现三星堆文化的因素，说明了其早于三星堆文化又与三星堆文化相衔接的关系。

郫县古城址位于郫县城北约 9 公里的古城乡，同鱼凫城一样都处于成都平原的腹心地带。当地民间传说三国时期诸葛亮曾在此养马，故又称之为“养马城”。考古工作者以前曾对其做过多次地面调查，因为没有采集到遗物，所以对其年代始终不敢确认。宝墩遗址经考古发掘确认了年代之后，考古工作者于 1996 年 12 月又来到郫县古城址进行深入的考古调查。经钻探发掘揭示，该城址呈西北—东南向的长方形，测量其长约 637 米，宽约 487 米，整个面积约 31 万平方米。同其他遗址相较而言，该城垣保存是比较良好的，现存残垣高约 3 米，底宽 15 ～ 25 米，顶宽 7 米左右，也是采用斜坡堆筑而成。出土的大量陶器与石器，其总体文化面貌与宝墩遗址一致。不同的是，该遗址出土的陶器中褐陶数量较多，与宝墩遗址略有差异。在发掘中还发现了木骨泥墙的墙基以及面积约 550 平方米的大型建筑基址[1]。这对揭示该城的性质和探索古蜀文明的渊源发展无疑具有十分重要的价值。

崇州双河古城址位于崇州市北面与都江堰交界的上元乡双河村，经考古调查和发掘揭示，该城址整个面积约 10 万平方米。同都江堰芒城遗址一样，其城垣也分内外、两圈，外圈与内圈之间相距约 15 米。该城址现存三面有城垣，残存的城垣以东垣内圈保存较好，长约 450 米，残垣最高达 4 米。考古工作者于 1997 年 10—11 月对该城址进行了调查试掘，出土了大量陶器与石器，其文化特征与都江堰芒城遗址以及郫县古城址相一致。特别是从城垣的结构和夯筑方式看，均和芒城遗址相似，时代应属同一文化时期。值得注意的是，从地理位置上看，芒城遗址位于文井江古河道的上游，双河古城址则位于文井江古河道中游的味江与泊江河汇合处。文井江古代又称“西河”，是岷江流经成都平原的一条重要支流。再往下游，宝墩遗址便位于西河即将汇入岷江处的附近。如果我们将这几座古城遗址在文井江流域的分布联系起来考察，无疑会开启我们探索研究的思路。

在崇州双河古城址附近还有紫竹古城址。据考古工作者的初步调查，这很可能也是属于宝墩遗址同一考古学文化类型的古城址。由于尚未进行正式考古发掘，故暂不论及。不过这仍是非常重要的信息，我们由此可以推测，成都平原上的早期古城址很可能不是 5 座而是更多，随着进一步的考古调查，相信还会有新的发现。

成都平原上的史前考古，可以说一直是个薄弱环节，1995 年以前基本上没有什么发现。虽然有三星堆遗址一期遗存可以上溯至史前时期，但出土遗物较少，很难作出较为全面且清晰的描述。这对于探索和了解长江上游古蜀文明的起源，不能不说是一种遗憾。经过成都市文物考古工作队的努力，在成都平

[1]《郫县古城发掘取得重大收获》，《中国文物报》1998 年 3 月 18 日第 1 版。

原上进行了大范围的考古调查，终于在史前考古这一领域有了开拓性的进展，取得了令人惊喜的成果。他们从 1995 年以来相继调查和证实的新津宝墩古城、温江鱼凫城、郫县古城、都江堰芒城、崇州双河古城等遗址，都是早于三星堆遗址的早期古城址，为了解和研究三星堆文化之前的古蜀文明提供了极其宝贵和重要的考古资料。他们认为，这些古城址“在时代上虽然互有早晚，但文化总体面貌基本一致，既区别于同一区域的三星堆文化，与同一时期的周邻其他考古学文化也明显不同，已建议命名为‘宝墩文化’，其绝对年代参照相关遗址的碳 -14 年代测定结合遗物分析，初步推定在距今 4500 ～ 3700 年，并初步分为四期”[1]。

他们认为：“关于上述城址的年代关系，就目前所掌握的材料而言，没有明确的层位依据，只有依据其较为清楚的演进脉络加以推定。”[2]也就是说，出土的陶器和石器是推定这些史前古城址的重要依据。从上述古城址出土的大量陶片揭示，“该文化的陶器制法主要是手制加慢轮修整，陶系分夹砂和泥质两类。泥质陶所占比例较大，几与夹砂陶相若。夹砂陶多羼白色石英砂，陶色分灰、褐、外褐内灰等。泥质陶分灰白、灰黄、褐和一定数量的黑衣陶。夹砂陶的纹饰以绳纹为主，其次是戳印纹、附加堆纹，少量的划纹和弦纹，器口喜作绳压花边。泥质陶中以划纹、戳印纹、附加泥条戳印纹和黑色陶衣为主，少量的细线纹、瓦楞纹和弦纹，划纹中的水波纹很有特色。早期的喇叭口高领罐多锯齿花边。夹砂陶的器形有绳纹花边罐、敞口尊、盘口尊、圈足罐、深腹罐等。泥质陶中有喇叭口高领罐、壶、宽沿平底尊、宽沿盆、浅盘豆、钵、敛口瓮、窄沿罐等”。再看出土的石器与生产工具：“生产工具以通体磨制的小型石器为主，器类以斧、锛、凿为主，少量的刀、铲、镞、矛。陶质生产工具有纺轮和网坠。”[3]

现在我们来看各处古城址出土陶器的差异以及考古发掘

[1] 王毅、蒋成、江章华：《成都地区近年考古综述》，《四川文物》1999 年第 4 期“成都市文物考古专辑”，第 3 页。

[2] 江章华：《成都平原的史前城址与史前文化》，《寻根》1997 年第 4 期，第 12 页。

[3] 王毅、蒋成、江章华：《成都地区近年考古综述》，《四川文物》1999 年第 4 期“成都市文物考古专辑”，第 3 页。

者对这些古城址年代关系的分析和推测。他们认为，宝墩遗址特征比较突出，是以灰白陶为主的时期，而且泥质陶所占比例较大。郫县古城址和鱼凫村遗址的文化面貌比较接近，是以褐陶为主的时期，泥质陶明显减少，尤其是灰白陶已不多见。芒城遗址正好是介于上述二者之间的一个时期，最明显的特征是泥质陶中的灰黄陶比例较大，夹砂褐陶已开始增多，泥质灰白陶明显减少。依据宝墩遗址的早晚发展趋势分析，泥质灰黄陶有明显增多的趋势，陶质较软、表面呈粉末状的灰白陶在晚期阶段也有增多的趋势，相对应芒城遗址的陶质以泥质灰黄陶为主，灰白陶中多陶质较软、表面呈粉末状者。宝墩遗址的纹饰发展有逐渐变简单粗陋的趋势，而芒城遗址的纹饰已远不如宝墩遗址的发达。宝墩遗址中数量较多的锯齿状喇叭口高领罐晚期阶段有减少的趋势，而芒城遗址中就很少见，从宝墩遗址晚期阶段开始出现的外叠唇喇叭口高领罐，在芒城遗址就成了最主要的器物之一，而芒城遗址中的浅盘豆和筒形器在宝墩遗址中主要见于晚期阶段。宝墩遗址早期圈足上方形镂孔所占比例较大，晚期则明显减小，有绝迹的趋势，而圆形镂孔增多；芒城遗址就几乎不见方形镂孔，全是圆形镂孔。以上诸端充分反映出芒城遗址的年代应紧接宝墩遗址之后。既然从文化面貌看，芒城遗址是介于宝墩遗址与郫县古城址和鱼凫村遗址之间，确立了芒城遗址的年代应紧接宝墩遗址之后，那么郫县古城址和鱼凫村遗址自然应放在芒城之后。这从文化发展趋势上也可证明，如芒城遗址的夹砂褐陶开始增多，灰陶减少，而郫县古城址和鱼凫村遗址就以夹砂褐陶为主。鱼凫村遗址早期的一个地层 H71 所见的外叠唇喇叭口高领罐和宽沿罐就与芒城遗址的接近。更为重要的是，在鱼凫村遗址的最晚阶段已出现三星堆文化的因素。"依据上述可确立几座城的早晚关系为：宝墩古城—芒城—郫县古城和鱼凫村古城，加之后来紧接着的三星堆古城，便构成了一部古蜀早期古城古国发展史。如果我们弄清了这些城址的布局、功能、性质，就能揭示出这一区域各个时期的社会组织、社会结构和性质，文明起源与发展历程。”[1]

正是根据对出土的大量陶器与石器的整理，使他们对成都平原上这些古城址群的文化内涵有了较为清晰的认识，从而提出了将宝墩文化的早晚关系划分为“四期七段”的观点：“一期，以宝墩遗址为代表，分早、晚两段。二期，以芒城遗址为代表。三期，分三段，早段以鱼凫村遗址早段和郫县古城址早段为代表，中段以鱼凫村遗址中段为代表，晚期以郫县古城址晚段为代表。四期，以鱼凫村遗址晚段为代表。”从整体上来说，他们基于出土器物的文化特征和碳-14 测年数据，推定宝墩文化年代范围为距今 4500 ～ 3700 年，前后发展 800 年左右。他们认为这一时期的人们过着定居的农业生活，兼营采集、渔猎；居住的小型房屋大都为方形地面木骨泥墙建筑，同时已开始修筑高大的城垣，其构筑方法为采用斜坡堆积拍打夯筑而成；生产工具以磨制的斧、锛、凿、铲、刀等一些小型石器为主，并发现有少量的箭镞和矛；陶器制作方法为手制与慢轮修整，器形多宽沿大翻口风格，以小平底器和圈足器为主。简而言之，他们认为内涵独特的宝墩文化“是一个以成都平原为中心，同时也波及周邻一些地区的相当于中原龙山时代的地方性文化”，而“宝墩文化在时间上先于三星堆文化是无可辩驳的事实”，时间上的衔接关系也十分明确，如果说“三星堆夏商古城呈现的高度发达的青铜文化显示其早已进入文明社会，而宝墩等古城址群所处的却正是文明的孕育时期”[2]。

从我们援引的上述论说来看，参加实地调查和发掘的考古工作者认为这些古城址属于同一考古学文化，同时又认为它们在年代关系上是有早晚先后之分的。也就是说，这些古城址的兴衰与古代蜀人在成都平原上的迁移有关。按照他们的分期，换一种说法，古代蜀人进入成都平原后，最先修筑的是宝墩古城和芒城。后来由于社会方面的原因（如政权变更）和自然方

[1] 江章华：《成都平原的史前城址与史前文化》，《寻根》1997 年第 4 期，第 12 页。

[2] 江章华、颜劲松、李明斌：《成都平原的早期古城址群——宝墩文化初记》，《中华文化论坛》1997 年第 4 期，第 9–12 页。

面的原因（如洪涝灾害），古代蜀人从成都平原边缘地带移居到成都平原的腹心地域，放弃了以前的城邑，相继修筑了温江鱼凫村古城和郫县三道堰古城。随着时间的推移，再往后便是三星堆古城的崛起和兴盛。由于古城在文明孕育发展过程中突出而重要的性质与作用，这些在当时相当宏伟壮观的古城址，可能同三星堆古城一样也扮演着都邑的角色，当然是宝墩文化前后 700 年间不同时期的都邑。以上仅仅是考古学上的一种探讨和推测。因为我们目前对这些古城址获得的考古材料还是比较有限的，而传世文献对古蜀历史的记载又极其简略和模糊，所以提出的不过是一种初步且粗略的看法。尽管如此，这种成都平原早期古城址兴废迁移的推测以及关于宝墩文化分期的论说，在考古界尚未引起大的争鸣，反而获得了不少学者的赞同，可以说已形成一种比较有代表性的观点。不少学者在论述探讨古蜀时期的古国、古城以及古蜀文明的文章著述中，都引用了上述的考古资料与分析看法。

从事巴蜀考古多年的林向教授也认为，宝墩文化可分为四期。第一期以新津宝墩遗址（含城址）为代表，其文化内涵与

郫县古城遗存考古发掘现场

广汉三星堆遗址第一期相同，碳-14测定年代约为公元前2400年，已超出夏代（一般认为夏代相当于公元前2100年—公元前1600年）纪年，与古史传说五帝中的虞舜时期相当。第二期以都江堰芒城遗址为代表。第三期以郫县古城遗址和温江鱼凫村遗址的前段为代表。第四期以温江鱼凫村遗址后段为代表，其文化内涵与三星堆遗址第二期相接近，后者的碳-14测定年代为公元前1700年，这大概是宝墩文化年代的下限，已进入夏代纪年的后期了。林向先生说的宝墩文化年代范围为距今4400～3700年，前后为700年左右，与考古发掘者推定的宝墩文化年代范围略有出入，但总的来说还是一致的。林向先生在新近发表的文章中还对宝墩文化与三星堆文化的关系作了论述，认为由宝墩文化直接发展为三星堆文化，中间似无间断，所以可把宝墩文化看作是古蜀文化的开端。他还认为可把《蜀王本纪》《华阳国志》等所记古史传说的蜀国世系，分为三世：一是蚕丛、柏濩为开国之世，进入成都平原发展成早期国家（或曰“酋邦”），成都平原的古城群及其遗迹。相当于中国古史传说时代的五帝后期到夏禹开创的夏代。二是鱼凫、杜宇为鼎盛之世，标志着以三星堆都城为中心的古蜀文化圈的形成。相当于中原夏商之际到周初。三是开明（鳖灵）为扩展之世，巴人受楚迫西进，与蜀文化相冲突、融合，形成传统意义上的“巴蜀文化”，新都马家出土“邵之食鼎”的“甲”字形土坑木椁墓，被认为是荆人鳖灵之后开明世某王的陵墓，是有道理的。相当于中原西周至东周[1]。关于古蜀文化的地域分布，林向先生认为是相当辽阔的。他在先前发表的另一篇文章中指出，以宝墩古城为代表的龙山时代蜀文化及以三星堆古城为代表的夏商时期蜀文化以成都平原为轴心，西至川西山地的雅安到攀枝花一线（如沙溪、狮子山等遗址），南到云南昭通一带（如闸心场遗址等），北到汉中盆地（如白马石类型遗址及城固铜器群），东到鄂西峡江地区（如罐釜类型诸遗址，或称白庙类型）。这个范

[1] 林向：《蜀与夏——从考古新发现看蜀与夏的关系》，《中华文化论坛》1998年第4期，第64-65页。

围大体与《汉书·地理志》所述秦汉时“与巴蜀同俗”的区域相当。值得注意的是，各遗址含有三星堆古蜀文化因素的多寡，与该遗址到成都平原的距离成正比，呈现古蜀文化向外传播的波圈现象。林向先生还进一步指出，四川盆地由于独特的地理环境造成大小不等的串珠状冲积平原——坝子，形成一串连绵不断又互相间隔的农业社区与人烟村镇，于是，“坝子文化”成为古蜀文化区特有的人文地理景观。蒙文通先生研究发现古巴蜀境内就有数百个小部落、小诸侯“戎伯”。司马错说：“夫蜀，西僻之国，而戎狄之长。”“蜀”就是这些戎伯的首领。古蜀文化区就是这种“坝子文化”“戎伯文化”的集合体。“正因为有了成都平原这个高度发达的古蜀文化为核心，带动这些小坝子上的发展不平衡的文化综合体的氏族部落，才形成了一个在华夏文化圈内独特的经济文化区域。”[1]林向先生关于“酋邦”“坝子文化”与“戎伯文化”的看法，都是很有创见的观点，为深入探讨研究古蜀文明的起源发展提供了一种很有启发性的思路。

古蜀早期城址兴衰迁移说作为一种学术观点，虽然在学术界得到了许多学者的赞同，但也有提出不同看法的。比较有代表性的便是彭邦本先生的早期蜀地邦国共主说。彭邦本先生认为：“早期蜀地邦国林立的状况由来已久。最近在成都周围发现的宝墩等5座距今4000多年的古城，最大的达60万平方米，最小的则10多万平方米。其出土资料在文化上既相似又相异，说明它们在川西这片不大的平原上，既交流密切，又各为不同的共同体。尤其城墙这一防御性设施的存在，无疑是当时社会矛盾尖锐和冲突频繁加剧的鲜明标志。尽管尚不能完全排除它们中有的在时间上容或有某种差异的可能，其整体面貌也还有待进一步发掘加以揭示，但其规模上的悬殊，已呈现发展不平衡的对比，预示着强大者演化为雄长的必然性，蜀地共主秩序漫长历史进程的帷幕正在开启。”[2]这也是一种很有见地的看法。不论是从传世文献记载，还是从考古发现资料来看，此说法都

[1] 林向：《古蜀文化的发现与研究》，《寻根》1997年第4期，第9页。

[2] 彭邦本：《早期蜀史诸代的并存、相继关系及其共主秩序考略》，《徐中舒先生百年诞辰纪念文集》，巴蜀书社，1998，第303-304页。

将我们带入了一个新的角度，对古蜀文明起源发展的真实面貌进行更加全面深入的思考和探讨。

客观地说，对古蜀文明的起源、形成、发展、内涵与特点以及与周边区域文明的交流等方面进行的探索和研究，随着三星堆与成都平原上一批早期古城址的考古发现，比起 20 世纪 80 年代之前学者们的研究已有较大的突破，目前已进入一个新的阶段。但同时我们也要看到，目前的学术研究还是比较有限的，已有的学术收获仅仅意味着一个新的开端，还有许多扑朔迷离的古蜀之谜等待着我们去破解，在学术领域还有许多重要课题需要我们花更多的心血和力气去进行深入而认真的探讨。

显而易见，宝墩文化与三星堆文化具有极其丰富多彩的内涵，有着与周边区域文明不同的鲜明特点。成都平原上一批古蜀早期城址的发现，带给我们的启示和思索也是多方面的，对我们了解和描述古蜀文明具有十分重要的意义。

古蜀王都与其他早期城市

按照学术界流行的说法，城邑的出现是文明起源、形成、发展过程中的重要标志和组成要素之一。学者们通常认为，文明（Civilization）一词来自拉丁文 *Civis* 和 *Civatas*，即指城市居民与社会，有城市的形成等含义。当人类进入农耕社会，随着城市的出现和形成，原先的村落生活方式与史前生产方式便逐渐结束，而新的生产方式、社会组织和城市生活方式则得到确立，从而意味着文明时代的来临。同时，城邑与都市也是早期国家形态及其权力结构的物化形式。而将国家的出现作为文明社会到来的共同标志已成为目前学术界一种新的共识。当然，"由于各古代文明所处的生态地理环境和社会环境的不同，其文明到来时的现象即文明的因素及其表现形式，自然也就不尽一致，它体现了各地文明社会演进格局的多样性"[1]。

对古城址的发掘和研究，在世界考古史上一直占据着非常重要的地位。19 世纪的欧洲考古学家们就是通过对特洛亚古城址、迈锡尼古城址、克里特岛王宫和城市等古遗址的考古发掘，来揭示古希腊米诺斯文明与迈锡尼文明的。西亚是世界上最古老的文明发祥地之一，区域包括伊朗高原、两河流域、小亚细亚和阿拉伯半岛。这个区域内古代城址的发掘对揭示西亚古代

[1] 李学勤主编:《中国古代文明与国家形成研究》，云南人民出版社，1997，第 6 页。

文明的发展状况也起到了至关重要的作用。例如，20世纪初在伊拉克南部对欧贝德遗址的发掘，证明美索不达米亚南部地区在公元前4300年—公元前3500年已进入欧贝德文化时期，以神殿为中心，已开始出现初期的城镇。对幼发拉底河畔乌鲁克古城址的发掘，则证明美索不达米亚地区在公元前3500年—公元前3100年已进入乌鲁克文化时期，聚落面积已扩大近1平方公里，开始向城市发展。此外，对基什、拉格什、马里、海法吉等城市遗址的发掘，则证实两河流域从公元前2900年开始就已出现了最初的城市国家。还有20世纪初对巴比伦城址和阿苏尔城址等重要遗址的发掘，揭示了汉谟拉比统一两河流域后的巴比伦王朝以及亚述帝国时期的极其丰富而又真实的状况。现在陈列在法国巴黎卢浮宫博物馆内的著名的《汉谟拉比法典碑》，就是1901年法国考古队在伊朗境内发掘苏萨城址时发现的。在印度的考古也一样，印度河流域在公元前2500年—公元前1500年形成的独特的古代城市文明，是通过对摩亨佐达罗城址、哈拉巴城址等重要遗迹的发掘揭示的。

古老的中华民族从原始社会走进文明社会，城市的形成与发展同样起着至关重要的作用。20世纪以来，考古工作者在我国南北广阔的区域内发现了许多早期城址，揭示了中华文明多元一体的起源发展格局。用学术的眼光看，在黄河流域如果没有安阳殷墟的发掘，如果没有偃师商城、郑州商城等遗址的考古发现，我们对中原商代历史文化的了解将不可避免地留下许多空白。在长江中游，黄陂盘龙城商代城址的发掘则为我们了解商代方国都城的面貌提供了重要依据。此外，在长江中游还有江陵楚郢都故址纪南城、当阳季家湖楚城、宜城楚皇城等遗址的考古发掘，为我们了解春秋、战国时期楚国的社会经济和文化发展提供了丰富的实物资料。在成都平原上，三星堆古城遗址和宝墩文化遗址的考古发掘，则从时间和空间上将古蜀文明的起源发展和鼎盛时期的灿烂辉煌真实而又生动地展现在了我们面前。

当我们放开视野，从更加广阔的角度来审视这些考古发现揭示的古城址时，我们会发现它们既有相同之处，更有许多显著的不同特点。这对我们认识和探讨区域文明的差异和相互间的文化交流，无疑提供了一种重要的比较和思考。现在就让我们来看看古蜀早期城址和中原等地区早期城址的比较。

先看三星堆古城，这座营造在岷江流域冲积平原腹心地带的古蜀城址，总面积约 2.6 平方公里。同时期位于黄河流域的商代早期都城偃师商城总面积只有 1.9 平方公里[1]，商代中期都城郑州商城的总面积也只有 2 平方公里左右[2]，而作为商代方国都城的湖北黄陂盘龙城总面积仅 7 万平方米[3]，山西夏县东下冯商代方国城址残存南垣约长 400 米，总面积也甚小[4]。由此可知，作为殷商时期古蜀国都邑的三星堆古城，其规模大大超过了商代的方国都城，而且大于商早期都城，与商中期都城不相上下。这说明了什么呢？我们知道，根据《尚书》《周礼》《左传》等古代典籍记载，殷商王朝在内外服制度和匠人营国之制方面有一整套严格而又明确的规定，方国都邑必须小于王都，不能逾越。如果蜀国是殷商的一个方国的话，其都邑规模显然是一种严重逾制的行为，在当时是绝对不能允许的。正如段渝先生所说："如将蜀国纳入商代外服体制，显然是严重逾制，在当时根本无法想象。只能表明蜀国都制与商王朝都制分属于两个不同的政权体系，二者之间不存在权力大小的区别。由此可见，蜀国没有成为商王朝的外服方国，这与卜辞中绝不称蜀为方是恰相吻合的。"[5]考古资料告诉我们，事实上蜀国并没有成为商王朝的外服方国，蜀国都制与商王朝都制显而易见是分属于两个不同的政权体系，二者不存在隶属关系，也就没有权力大小的区别，在营建都邑的规模方面也就可以各行其是。

三星堆古城址的发现和研究为我们了解蜀国和殷商的关系提供了丰富翔实的证据，说明地处内陆的蜀国在当时是一个独立发展的富饶繁荣的王国，无论是在政治上、经济上、文化上，

[1] 黄石林、赵芝荃：《偃师商城的发现及其意义》，《光明日报》1984 年 4 月 4 日。

[2]《郑州商代城址发掘报告》，《文物资料丛刊》第一辑，文物出版社，1977。

[3]《盘龙城一九七四年度田野考古纪要》，《文物》1976 年第 2 期。

[4]《山西夏县东下冯遗址东区、中区发掘简报》，《考古》1980 年第 2 期。

[5] 段渝：《四川通史》第一册，四川大学出版社，1993，第 47 页。

还是在宗教礼仪和社会生活习俗方面，都与其他区域不同，有着自己的鲜明特点。但这并不排斥它和黄河流域殷商王朝以及周边其他区域在经济上的交往和文化上的相互影响。我们从三星堆遗址和一号坑、二号坑出土的众多精美文物中可以看出，大量的青铜雕像和青铜面具、高大的青铜立人像和巨大的青铜神树无不显示出浓郁而又神奇的古蜀文化特色，而其中青铜礼器中的尊、罍以及玉石器中的璧、璋、戈等形制，则反映了商文化对蜀文化的影响和融合。三星堆古城并不是一座孤立的都邑，考古发现告诉我们在其周围12平方公里的范围内分布着十多处密集的古遗址群。从发掘清理的房屋遗迹看，既有平民百姓居住的木骨泥墙小房舍，又有王公权贵们居住的穿斗抬梁结构的大厅堂，展示出当时社会各阶层的生活状况。建造三星堆古城这样规模宏大的都邑，不仅需要丰富的自然资源和社会财

北川石纽（附近有禹王沟，传说为兴于西羌的大禹出生地）

山东嘉祥武梁祠西壁大禹画像（传说大禹治水就是从岷江开始的）

富，而且需要高度统一的控制和管理，这充分表明古蜀国这个时期的繁荣发达。三星堆古城展示的灿烂的青铜文明，还调整了人们有关商代中国的概念，说明殷商在青铜时代并不是唯一的文明中心，商王朝的周边地区也并非都是蛮夷落后之地。这对我们更加全面客观真实地认识中华文明的起源和发展，显然具有十分重要的意义。

现在让我们来看宝墩等遗址。这些散布在成都平原上的古蜀早期城址，面积最大的是温江宝墩古城遗址，达 60 多万平方米；其次为郫县古城和温江鱼凫村古城址，其面积均在 30 多万平方米；较小的是都江堰市芒城与崇州双河古城址，其面积也都在 10 万平方米以上。而位于黄河流域的史前城址面积，却普遍偏小。比如，在中原地区目前发现最早的史前城址为仰韶文化晚期的郑州西山古城，距今 5300 ～ 4800 年，面积就很小。其次为山东滕州西康留古城，属于大汶口文化晚期，距今 5000 年左右，面积约 3.5 万平方米。属于龙山文化时期的黄河中下游史前城址发现的数量较多，面积大小不等。如河南淮阳平粮台古城址长宽均为 185 米，面积为 3.4 万平方米；河南郾城郝家台古城址南北长 222 米，东西宽 148 米，面积为 3.2 万平方米；山东寿光边线王村古城址外城每边长约 240 米，面积约 5.7 万平方米；山东茌平大尉古城址面积约 3 万平方米；山东茌平尚庄古城址面积约 4 万平方米；山东东阿王集古城址面积约 3.8 万平方米。面积较大的有著名的山东章丘城子崖古城址，其南北长 450 米，东西宽 390 米，面积为 17 万平方米；山东邹平丁村古城址，其南北长 390 米，东西宽 350 米，面积为 13.6 万平方米；河南辉县孟庄古城址，其面积约 16 万平方米；河南新密古城寨新近发现的古城址，其面积约 18 万平方米；山东临淄田旺村古城址，其面积约 18 万平方米；山东五莲丹土古城址，其面积约 25 万平方米；山东阳谷于 1994 年发现的景阳冈古城址，其面积约 35 万平方米。长江流域的史前城址，如属于屈家岭文化的湖南澧县城头山古城址，平面近圆形，直径 310 多米，面积约 7.5 万平方米；湖南澧县鸡叫城古城址，平面亦呈圆形，直径东西 400 米，南北 370 米，面积为 11 万平方米；湖北江陵阴湘城古城址，东西长约 580 米，南北残宽约 350 米，面积约 20 万平方米；湖北荆门马家垸古城址，平面呈梯形，东墙长 640 米，西墙长 740 米，南墙长 440 米，北墙长约 250 米，面积约 23 万平方米；1998 年发现的湖北应城门板湾古城址，南北长 550 米，东西宽 400 米，面积为 22 万平方米[1]；等等。从上面列举的考古资料看，黄河流域的早期古城址面积都明显小于宝墩等古城遗址，长江中游的史前城址也大都如此。这无疑显示了中华文明在黄河流域、长江流域中上游和成都平原等区域发展进程中的不同特点。

宝墩等古城遗址大都是依据自然的地势修筑而成，其地形选择的是与河流平行的垄岗状台地，这与黄河流域一些早期城址在地形的选择方面有相似之处，都是充分利用台地和河流，这样既便于筑城，又易于发挥城市功能和为人们的生活提供便利。但在筑城的方式上，两者又有着明显的不同。宝墩等古城址大都采用平地起建斜坡堆筑的形式，用拍打的方法夯筑，因而夯层厚薄不均，显示出了一定的随意性，而筑成的城垣便保持着这种斜坡状。黄河流域的古城垣则多挖有墙基槽，采用版筑方法分段、逐层填土夯筑而成。例如，著名的城子崖古城址，位于山东章丘龙山镇东侧武源河边的一个高台上，宽 10.6 米的城墙下就有宽 13.8 米、深 1.5 米的基槽，即系层层填土夯筑而成。又如在河南登封王城岗发现的一座龙山文化时期古城址，位于颍河与五渡河交汇处的高岗台地上，东西两城并列，筑法都是先挖城墙基槽，然后填土逐层夯筑。再如河南淮阳平粮台古城址，城墙下也挖有基槽，用小版筑法建成。最典型的

[1] 孙广清:《中国史前城址与古代文明》,《中原文物》1999 年第 2 期。

是 1984 年在山东寿光边线王村北发现的一座龙山文化城址，坐落在弥河两古道之间的高岗台地上，分为内城和外城，外城的城墙下挖有上宽下窄呈梯形的基槽，宽 7 ～ 8 米，深 5 ～ 7 米，槽内夯土坚硬，夯层清楚，每层厚薄不一，有 5 ～ 10 厘米，有的夯面还铺有细砂。其内城与外城，与都江堰市的芒城分内、外两圈城垣颇为相似，但修筑方式与功能却又有着明显的不同。黄河流域筑城的防御功能是十分显著的，高大陡峭的城墙易于防守，城墙中间有缺口，应为可供出入的城门，有的城外有明显的护城河遗迹，如河南辉县孟庄古城址的城墙外侧便有一周护城河，河底距地表深达 5.7 米。而成都平原上宝墩等古城址斜坡状的城垣显示出其防御功能似乎并不重要，与黄河流域夏商时期的古城有着很大的不同 。

宝墩等古城址另一个非常有意思的特点是，城垣正中没有城门缺口。有的古城址个别拐角处发现有缺口，如宝墩古城的东北角、芒城的西南角，但这些缺口显然不能与城门简单地画等号。将这些城垣的斜坡状形式联系起来思考，就格外耐人寻味了。有学者认为，这种没有城门缺口呈斜坡状的城垣犹如堤岸，很可能与古蜀时期防备水患有关。按照地质学和人类学的说法，古人类在经历了艰苦的冰期之后，大致在 7500 年前进入了气候温暖的大西洋期，促使了全球性原始农业与文化的发展，创造出灿烂的新石器时代文明。大约在 4000 年前，气候又转入不稳定的剧烈波动期，青藏高原、阿尔卑斯和北美等地均出现了新冰期，冰川以外的广大地域则持续干旱，并伴以强烈风灾和突发性洪水。从传世文献的记载中看，传说中黄帝和尧舜禹汤时期，烈日、大风、洪水交替出现，便是这个时期各种剧烈灾变气候的反应。例如，《吕氏春秋 · 顺民篇》记载：“昔者汤克夏而正天下，天大旱，五年不收，汤乃以身祷于桑林……以身为牺牲，用祈福于上帝，民乃甚说，雨乃大至。”又如，《论衡 · 感虚篇》说：“儒者传书言，尧之时，十日并出，万物焦枯……洪水之时，流滥中国，为民大害。”于是便有了射日治水的传说故事。这种长期持续干旱继而又洪水泛滥成灾的情形，正表现出一种典型的大陆性灾变气候的基本特征。地质考察揭示的水文变化，殷墟出土甲骨上大量的祈雨刻辞，也都证实了这种情形。四川盆地亦不例外，这个时期曾发生空前规模的大面积干旱以及间发性的暴雨和洪水肆虐，最典型的便是杜宇时期的水灾。扬雄《蜀王本纪》说：“时玉山出水，若尧之洪水，望帝不能治，使鳖灵决玉山，民得安处。”[1]常璩《华阳国志》卷三《蜀志》说杜宇时期“会有水灾，其相开明决玉垒山以除水害，帝遂委以政事，法尧、舜禅授之义，遂禅位于开明，帝升西山隐焉”。由于洪水成灾和治水的结果而导致了古蜀两个王朝政权的更替，这也可以说是古代蜀人社会生活过程中的一个典型的缩影。在这样的古气候环境条件背景下，古蜀时期修筑具有防洪功能的围堤性质的城垣，就不难理解了。

从地形与地理环境方面看，成都平原位于四川盆地的西部，四周被高峻连绵起伏的山脉以及丘陵所包围，是一个西北高、东南低的复合冲积扇平原。正如一些著述指出的，来自平原西部山区的河流一出山口后即呈扇形散开，使整个平原河网密布。同时，受盆地地形的影响，河水不易外泄，遇上低洼之处，便积水成湖，或成沼泽，洪水一来更是一片汪洋。所以，几千年前的成都平原是一个洪水到处泛滥、河网湖沼遍布的地区。这正如常璩《华阳国志》所载：“江、潜、绵、洛为池泽。”这种地理环境显然对人类的聚居相当不利，“这就决定了蜀人的祖先在进入成都平原时，必须首先同洪水和湖沼作顽强的斗争，也就必然有一个辗转迁徙治水的过程。事实也是如此，最早进入成都平原的古蜀族，就是在不断治水的过程中逐渐从岷江上游沿江而下进入成都平原腹心地区的”[2]。谭继和先生等学者也认为，古蜀时期岷江进入成都平原后的水流是散漫的，平原遍布沼泽，难以农耕。古蜀人自蚕丛、柏灌、鱼凫到杜宇等各个

[1]《全汉文》卷五十三，（清）严可均校辑：《全上古三代秦汉三国六朝文》第1册，中华书局影印本，1958，第414页。

[2] 四川省文史研究馆：《成都城市与水利研究》，四川人民出版社，1997，第40页。

时期，长时期内主要是与水患作斗争，在排水泄水、治理沼泽的过程中逐渐发展出农耕文明。最近考古新发现的成都平原新石器时代晚期的宝墩文化，包括新津的宝墩、都江堰市的芒城、郫县的古城、温江区的鱼凫城、崇州市的双河和紫竹6座古城遗址，多分布在成都平原的西部和西南部到腹心一带，说明“古蜀人为了寻找合适的城市聚落生长点，经历了长时期的发展过程。先从平原西南部边缘治水建城起，然后再逐渐推进到平原腹心地带。这批古城代表着成都平原地带最早诞生的城市文明”[1]。上面引文说明，他们都认为成都平原上古蜀早期城址的营建与治水有着极其密切的关系。这些古城的分布地点以及独特的围堤形式的城垣都显示出了这一鲜明特点。如果我们换一个角度思考，这些古城的废弃很可能也与洪水泛滥有很大的关系。当暴雨成灾，河流改道，致使位于冲积平原上滨河而建的古城遭到毁灭性破坏的时候，便只有迁地另筑新城了。也许正是这个缘故，再加上改朝换代的因素，从而构成了史前时期成都平原上的古蜀流动筑城史。

长年从事地质考察研究和科普工作的刘兴诗先生在其发表的一篇文章中说：“1996年，笔者与故友童恩正最后一次考察新津龙马古城时，发现洪水痕迹，对他提出古城‘兴于洪水，废于洪水’的观点，他接受了。嗣后，在温江鱼凫古城发现穿城而过的古河床，三星堆古城亦有曲折穿城流过的马牧河，愈益坚信这一观念。马牧河流贯三星堆古城是极不正常的，应是古城的‘杀手’，鱼凫城内古河床亦然。在时有洪水灾害的情况下，当时人们决不可能引水入城或夹河而居。从发掘资料可知，当时城内不仅有屋室，尚有大面积农田分布，生活生产均赖围堤或城墙保护。一旦冲积平原上的河流改道，或洪水泛滥破城，便会予古城以毁灭性打击。人力既无法回天，迫使河流返回原有河道，便只有迁地为良，在附近另筑新城。古城因防洪而筑，又因洪水破城而废，勾绘出一幅清晰的图示。这合理解释了两

[1] 冯举、谭继和、冯广宏主编：《成都府南两河史话》，四川民族出版社，1998，第2页。

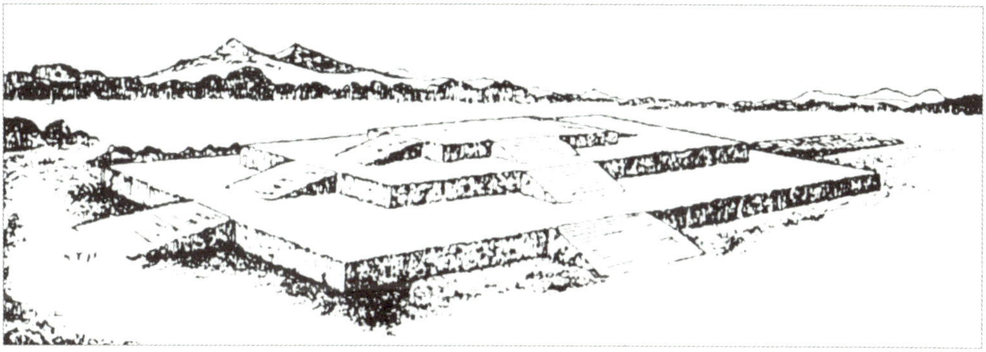

成都羊子山土台遗址（复原图）

个考古学的疑谜。为何在当时人口稀少的情况下，成都平原小范围内有大量古城遗址密集分布？何以一些古城内的居住和种植历史突然中断？……由于洪水威胁，史前时期成都平原的流动筑城史，也就十分清晰地呈现出来了。”[1]刘兴诗先生在这篇文章中还引用了许多他自己掌握的古气候资料，对成都平原夏商时期的洪水与古城兴废作了分析探讨，提出了一些很有创见的看法，并建议研究马牧河变迁史，为“三星堆古城毁亡在于马牧河改道”提供关键性的证据。这些看法与一些学者的“防洪说”观点基本是一致的，无疑为我们深入真实客观地弄清古蜀城址的兴废缘由提供了一种很有启发性的思路。

林向先生也认为，根据古气候学研究，从距今 8000 年开始，长江上游进入暖热阶段，雨量充沛，年平均气温比现在高 2 ～ 3℃，一直延续到距今 3000 年进入第一冷期为止。成都平原夏秋季雨量集中，据常年统计，四川西部在每年 5—10 月的降雨量占全年的 85% ～ 90%，故素有“西蜀天漏”之称。一旦夏雨集中，水流宣泄不畅，必酿洪灾。“特大洪灾还引发了政权更迭，改朝换代。所以，筑城防洪肯定是古蜀政权要首先考虑的。”林向先生还指出：“从地下发现看，成都平原当时至少有 2 ～ 3 个古城是同时并存的，还不计那些已破坏无存的、埋藏地下尚未被发现的……在相当于虞夏时期有如此密集的城址，其

[1] 刘兴诗：《成都平原古城群兴废与古气候问题》，《四川文物》1998 年第 4 期，第 37 页。

功能的多样性，是值得研究的。”[1]意思是说，成都平原上的古蜀城址除了防洪还有其他多样功能，也是我们在研究这些古城址时不应忽略的。

古代筑城防洪并不是成都平原特有的现象，其实在黄河流域等其他地区也同样存在。徐中舒先生就指出：“古代黄河下游广大平原半穴居的村落，必须在地面上构筑城垣，以防河水泛滥时的侵入。《北史·勿吉传》说：‘其地下湿，筑城穴居。’这就是城子崖遗址最好的说明。”[2]只不过与成都平原上古蜀时期那些斜坡状不留城门的古城遗址相比，其防御洪水的功能显得更为典型和突出，并由此而形成了一种鲜明的地域特色。这也正是黄河流域和长江流域在城市文明发展进程中的相同与差异之处。

针对古蜀城垣的防御说与防洪说，也有学者提出了完全不同的看法，他们认为宽大的城墙具有祭台的功能。段渝先生便是提出祭台说的学者之一。他指出：“大型礼仪中心是举行各种大规模宗教仪式和祀典的场所。蜀的大型礼仪中心，商代三星堆古城是其中最重要的一处，兴建于晚商并连续使用到战国时代的成都羊子山土台是又一重要之处……这些礼仪在华北商周王朝一般是在宗庙举行，但蜀王国却在祭坛举行。三星堆未发现祭坛，也许是在城墙上或在广场上举行。”[3]在1991年底武汉举行的“长江文化研究规划与协商会议”上，段渝先生也讲述了这个观点。他说：“从新近的资料看，长江流域的早期城市，无论其规划、布局还是功能体系方面，并不与华北早期城市完全相同。”比如，三星堆古城并不是一座大规模的设防城市，三星堆城墙固然高大坚厚，但它内、外两面却都是斜坡形的，横截面呈梯形，根本不可能用于战争防御，与郑州商城完全不同，考古发掘很少见到兵器，却出土了大量宗教礼仪性制品，“表明三星堆这座早期城市的起源和形成，同宗教有密切关系”[4]。在此后参与撰写《三星堆文化》中，段渝先生进一步论述了他

❶ 林向：《蜀与夏——从考古新发现看蜀与夏的关系》，《中华文化论坛》1998年第4期，第64页。

❷ 徐中舒：《论巴蜀文化》，四川人民出版社，1982，第60页。

❸ 段渝：《四川通史》第一册，四川大学出版社，1993，第183-184页。

❹ 段渝：《关于长江文化研究的几点思考》，《东南文化》1992年第1期，第12页。

的观点，分析了三星堆古蜀王朝的城市聚合模式，认为内、外两面都是斜坡的城墙不可能用于战争防御，夹河营建格局也谈不上防御洪水，因而他认为“城墙既不能构成防御体系，又不能用作御水堤防，就只能合理地解释为宗教性建筑；神权统治者通过它来炫耀宗教至高无上的权威，并使王权在神权的庇护下达到充分合法化，以便建立起新的统治秩序，而将严酷的阶级统治实质掩藏在宗教的迷雾之中。联系到南城墙外的‘祭祀坑’来看，大型宗教礼仪性活动，便是在宽阔的城墙顶上举行的。这种情形，与美索不达米亚和中美洲古代文明、印加文明的城堡、城墙的功能，竟恰巧相同，毫无二致”[1]。段渝先生的观点，目前虽未获得更多学者的赞同，但也是很有创见的一家之言，为我们对古蜀城市聚合模式的探索提供了深入而有益的思考。

古代城邑是人类社会生活发展到一定阶段的产物，根据传世文献透露的信息，城的出现可上溯至夏代之前乃至传说中的黄帝时期。《史记·封禅书》便有“黄帝时为五城十二楼”之说，《吕氏春秋·君守篇》则有“夏鲧作城”的说法，《世本·作篇》也有“鲧作城郭”的记载。据闻一多先生《天问疏证》考证，认为“鲧作城”即龟作城，指鲧在成都平原上作城。谭继和先生将闻一多先生的考证作进一步探讨，认为鲧作城“在成都平原上一定经过了一个作城迁徙的时代”，结合考古发现来看，宝墩等“六座古城呈现从平原西部和西南部边缘，向平原腹心发展的走向，这正与这一传说相合，时代亦相当于新石器时代晚期”，所以成都平原古城遗址文化“应该称为先夏文化”，这对研究夏禹文化西兴东渐提供了重要线索[2]。著名学者徐中舒先生也对传世文献记述做过考证，认为“鲧是夏禹的父亲，为夏之所自出。西汉人屡称‘大禹出西羌’，而《世本》又言‘夏鲧作城郭’，是城郭之建筑，在居于山岳地带的姜姓或羌族中，也必然有悠久的历史。城垣的修建，在低地穴居则为防

[1] 屈小强、李殿元、段渝主编：《三星堆文化》，四川人民出版社，1993，第126–127页。

[2] 谭继和：《禹文化西兴东渐简论》，《四川文物》1998年第6期，第12页。

水的必要设施，在山岳地带也为防御猛兽侵袭的屏障。这都是我们祖先在与自然作斗争中积累下来的丰富经验。在阶级社会中，统治者就利用这样的工事，作为保护他们自己和他们家属、部族，并为镇压居住在他们四周原野上的被征服部族之用”[1]。孙华先生也对“夏鲧作城”作了考证，认为“根据先秦文献，鲧是城郭的发明制作者”，实际上“城垣在古时形制和功用都与堤防相似，鲧作城也就是鲧作堤。鲧在先秦时期在人们的心目中同禹一样，是治水英雄，要治理洪水，当然需要修筑堤防”，而且认为古蜀治水的“鳖灵与鲧是同一天神的不同名称，因此在传说中鲧活动地区和鳖灵活动地区，都留下了相同或相近的传说”[2]。孙华先生所说“鲧作城”起源于治水修筑堤防，这与我们前面提到的宝墩等古城址斜坡状城垣的防洪功能基本是一致的。这里还应特别提到都江堰市的芒城与崇州双河古城两座古城址，它们都是“回”字形的双圈城垣，这在黄河流域的早期城址中是比较罕见的。林向先生认为这种成都平原上独特的建城特征，“肯定与‘夏鲧始筑城郭’的传说有关系”[3]。综上所述，不论是传世文献记载还是考古发现，都说明了长江流域上游的成都平原是中华城市文明的最早起源地之一，并在发展过程中形成了自己的鲜明特色。

用历史唯物主义的眼光看，古代城邑的出现与人类社会生产力的发展、私有制的产生也是分不开的。与城邑起源密切相关的，便是阶级的产生和国家的出现。《世本》张澍补注转引《吴越春秋》说：“鲧筑城以卫君，造郭以守民，此城郭之始也。”[4]这说明早期城址的出现，一是卫君，二是守民，都是为了保护统治阶级以及聚落城邦和整个方国的利益。伴随着这些城邑的涌现，便有了青铜器的铸造使用和文字的出现，以及宗教和礼制的发展。黄河流域夏商早期城址便清晰地展示了这种发展规律。长江流域和成都平原上的古蜀早期城址也遵循着这一发展规律，同时又显示出自己的一些特点。从宝墩等古城址

[1] 徐中舒:《论巴蜀文化》，四川人民出版社，1982，第86-87页。

[2] 孙华:《鳖灵名义考——兼论鳖灵与蜀开明氏的关系》,《四川文物》1989年第5期，第20页。

[3] 林向:《蜀与夏——从考古新发现看蜀与夏的关系》,《中华文化论坛》1998年第4期，第64页。

[4]（汉）赵晔著，张觉译注:《吴越春秋全译·吴越春秋佚文》，贵州人民出版社，1993，第444页。

成都十二桥遗址，“干栏式木构建筑”（复原图）

到规模宏大的三星堆古城遗址，便充分表现出了早期蜀王国农业和手工业生产的发展以及社会等级的分化，表现出了王权与神权的日渐强化和广泛行使。要修建三星堆古城这样宏大的都城，不仅需要充裕的物力和财力，而且需要统一的调度和指挥，这说明早期蜀王国就已形成了一个权力强大的统治集团，而且已经建立了比较稳固的统治秩序，以蜀王和权贵们组成的王权神权中心便居住在都城里统治着整个王国。由三星堆遗址反映出来的高度社会控制以及占据着特殊地位的浓郁的王权、神权色彩，“说明蜀王国的王权行使范围和程度都已远远超出早期部落制国家的酋长权力，达到国家君主阶段”[1]。在三星堆王权中心之外，显然各边缘地区还有一些次级中心，形成蜀王国在各地进行统治的基础和支柱，考古发现在这方面已为我们提供了较多的资料。

这里需要指出的是，宗教神权和祭祀活动在古蜀国的统治以及城邑的聚合过程中显然起着至关重要的作用。三星堆两个器物坑出土的大量青铜面具、青铜头像、青铜立人像以及黄金权杖和各种礼仪玉石制品清楚地说明了这一点。同时，也说明了古蜀宗教神权和祭祀活动与黄河流域中原地区以及其他区域

[1] 段渝：《四川通史》第一册，四川大学出版社，1993，第41页。

的神权祭祀在内容和形式上都存在着许多差异，具有浓郁的古蜀特色。蜀王很可能就是集王权与神权于一身的统治者，神权既是蜀王权力的最高象征，又是统治古蜀国最有效的手段，这与中原殷商王朝通过军事征伐体现其强大显而易见有着很大的不同。古蜀宗教性礼仪活动和重大祭典等，其举行地点和方式是一个非常值得深入探讨的问题。我们并不能排除其在宽大的城墙上举行的可能性，但更大的可能是在大型的祭台上举行的，比如，三星堆很可能就是利用自然地势加以人工垒筑而成的大型祭台。

到开明王朝迁都成都的时候，古蜀时期的神权和王权已有了很大的发展和变化。成都十二桥遗址考古发掘揭示的商周时期大型木结构建筑群，既有宫殿廊庑，又有干栏式建筑，相互连接，错落有致，分布范围约 1 万平方米。在成都羊子山发现了高 10 米以上，面积达 1 万多平方米的土台，这个三级四方形、用土总量估计在 7 万立方米以上的土台很可能是举行礼仪活动或大型祭典用的。在成都指挥街遗址春秋文化层发现了木柱桩和竹编拦沙筐，显然是城市治水用的。而成都方池街遗址第四文化层发现的黄泥卵石砌筑成的数条石埂，则无疑是春秋战国时期成都的一处防洪排泄工程。这些都表明了成都这座古城的庞大规模和它在较长时期内的繁荣发展。成都十二桥和羊子山两处建筑遗址告诉我们，无论是从建筑学还是从社会人类学的角度分析，这两处遗址的建成均需要动员组织大量的人力、物力、财力，需要大批的建筑者、运输者、手工业者、一定的技术人员和管理者以及为他们提供食物的大批农业生产者，显示当时有一个强大的权力政治中心支配指挥着这一切，并由此而反映出了一个早期文明社会的广阔的时代背景。从另一方面看，工商业的兴盛、人口的增长和城市规模的扩大，也显示了成都在城市聚合模式上与三星堆古城以及宝墩等古蜀城邑的不同，显示了它在继承古蜀城邑一些重要特点基础上的许多新的发展。

比如，没有封闭的坚固城墙，基本上没有城防体系，这使成都成了一座古代自由都市。这种开放的格局从商周延续到秦朝灭蜀后，仍遗风犹存。

古蜀时期众多古城遗址的发掘以及异彩纷呈的大量出土器物为我们揭示了古蜀文化的源远流长和兴旺发达，与同时期长江中下游和黄河流域基本处在同一发展水平线上，构成了中华文明满天星斗的发展格局。如果说宝墩等古城遗址所处的时期尚是古蜀文明的孕育时期的话，那么在宝墩文化基础上脱胎发展而来的规模宏大的三星堆古城和高度发达的青铜文化则显示出古蜀国在这个时期已完全进入文明社会，形成了具有强烈地方色彩的可以同殷商中原文明和西亚文明以及世界上其他青铜文明相媲美的文明形态。而成都这座大规模城市的形成和发展，则使古蜀文明进入了更加繁荣兴旺的时期。

总而言之，成都平原上的这些古蜀城址不仅为我们研究、探讨中华城市文明起源发展提供了重要而珍贵的资料，同时也在世界城市文明发展史上谱写了灿烂辉煌的篇章。

叁

人间王国与神灵世界

第三章

神秘的群巫集团

三星堆遗址半个多世纪以来考古发掘出土的大量珍贵文物，为研究者提供了丰富翔实的资料，将湮没达数千年之久的古蜀时期的灿烂文化真实地展现在了我们面前。而其中最神奇、最令人惊叹的便是 1986 年一号器物坑与二号器物坑出土的众多青铜造像了。这些青铜造像铸造精美，形态各异，既有庞大夸张的造型，又有优美细腻的写真，组成了一个千姿百态、栩栩如生的神秘群体。它们不仅以丰富的文化内涵和非凡的艺术魅力感染和震撼着我们，同时也向我们透露了大量的古蜀信息，为我们破译扑朔迷离的古蜀之谜提供了钥匙。通过这些神奇的青铜造像，我们看到了古蜀时期青铜文明的灿烂辉煌，看到了古代蜀人绚丽多彩的精神世界。每当走进三星堆博物馆，站在风格别致的展厅里，面对着灯光辉映下那些精美璀璨的青铜造像群时，我们便会涌起一种赞叹之感，仿佛穿越时空，又重新走进了辉煌的古蜀时期。

三星堆遗址出土的青铜造像群的种类形态，发掘简报和发掘报告已有介绍，这里为了便于探讨，也为了方便读者理解，仍需作一些简明形象的描述。按其造型大致可作如下分类：

第一类为青铜人像。整体造型均为圆雕或半圆雕，包括高大的青铜立人像、青铜小人像、青铜跪坐人像等。

大型青铜立人像1尊，二号坑出土，是雕像群中最为高大而又精美神奇的造像。头戴华美的冠冕，身着龙纹左衽长襟衣，粗眉大眼，方颐大耳，右臂上举，左臂平举，双手夸张地握成环形，赤足佩脚镯立于双层方座之上。立人像戴冠高180厘米（花冠高17厘米，冠下至足底人高163厘米），座高80.8厘米，通高260.8厘米。整个造型高贵雍容，生动精美。特别是炯炯的大眼睛和坚毅的阔嘴，显得气质非凡。而其华美的高冠和龙纹长衣以及纹饰奇异供其站立的方座，更显示出了其非同凡响的身份。尤其引人注目的是立人像的双手，大得出奇，夸张到了与身体不成比例的程度。双手中空，呈执物状。所执何物，费人猜思，学者们对此提出了几种看法，可谓众说纷纭。有的认为"这件青铜立人像手中所执物应是琮"，因为在二号坑中曾发现有一件执琮的小青铜人像，为此提供了佐证，而玉琮是祭祀天地的礼器，所以这件高大的青铜立人像"双手执琮，琮的孔中或可能还插有'通天地'的木柱……它象征的应是在这里主持祭祀的巫师"[1]。有的认为青铜立人像"左肩右斜饰以方格形法带"，呈"双手作掐指一算状"，赤脚站立的方座四周刻有许多花纹，花纹下有类似饕餮的猛兽形象，形制庄严典重，这个"方座可能是巫师作法时专用的法坛，整个人物造型均显示出作法的形状"[2]。钱玉趾先生不同意以上看法，认为青铜立人像双手握琮的看法难以说通，因为玉琮内圆外方，而立人像双手为环形圈，与玉琮外形不符，而且出土的玉琮外形尺寸都小于铜像双手的环形圈，如何能够握住？何况铜像双手环形圈大小相同，却倾斜不在一条直线上，如握琮必须握2件，双手却呈握一件圆柱形物的姿势，这些都否定了握琮的可能性。他经过较长时间的研究，

三星堆二号坑出土的大型青铜立人像

❶ 沈仲常：《三星堆二号祭祀坑青铜立人像初记》，《文物》1987年第10期，第17页。

❷ 陈显丹：《三星堆一、二号坑几个问题的研究》，《四川文物》1989年"广汉三星堆遗址研究专辑"，第17页。

认为“青铜立人像应该是古蜀人的宗教首领（兼部族首领）像，铜像双手所握应是类似彝族毕摩的法具神筒。神筒为杉木或竹筒制作，其圆筒形外径与铜像双手握成的环形内径确能相配相合，其长度也能满足铜像相距的双手握持，也可以右手握筒帽，左手握筒体”。而铜像上的“法带”可能就是神筒的背带，由于“神筒是杉木或竹制品，火烧以后化为灰烬，不可能留存，所以，铜像双手环状圈内空空无物”[1]。钱玉趾先生在对古代蜀族与彝族的关系作了比较深入的探讨之后提出的这一看法，似乎有较多的合理性。但除了以上诸说，也有人认为青铜立人像双手所执的这件物体可能是根象牙。巴纳德先生说：“立人像双手的位置几乎不可能抓牢像琮这样的末端呈圆形、外壁端直的物体。它必定是一件弯曲的物体。由于上手握孔的直径要大一些，又因双手的位置清楚地表明所执物体必须有一定的弯度，因此我们推测执于立人像双手中的物体可能是一支牙尖朝下的象牙。”[2]段渝先生和笔者交谈时也说到，他亦认为青铜立人像双手所握的东西很可能是弯曲的象牙[3]。美国的罗伯特先生也认为：“二号坑青铜立人像的大手，从手姿上看可能是举握象牙，由此推断立人像可能代表巫师，但难以想象的是巫师怎能与他使用的祭品一起埋入坑内？”[4]从青铜立人像双手握孔的直径和位置，联系到二号坑出土物中有数十根象牙来看，此说无疑是一种比较合情合理的推测。但这里又有一个问题，青铜立人像双手握象牙的含义是什么？从象牙的功能与用途分析，究竟有没有这种可能性？江玉祥先生认为三星堆一、二号坑出土的象牙“不大可能是祭品”，很可能“是作为厌胜的灵物而埋入土中的”[5]。对此，我们在后面的篇章中还会作进一步探讨。

与青铜立人像类似的还有一件残断的小型青铜人像，其亦为二号坑出土，双手握孔，腰以下残断，从上身看，其姿势和造型与青铜立人像极为相像。不同的是其头上戴的冠，呈抽象而夸张的兽首状，冠顶朝前开有巨大的方口，两侧有两只长而

[1] 钱玉趾：《三星堆青铜立人像考》，《四川文物》1992年“三星堆古蜀文化研究专辑”，第52页。

[2] ［澳］诺埃尔·巴纳德：《对广汉埋葬坑青铜器及其他器物之意义的初步认识》，雷雨、罗亚平译，《南方民族考古》第五辑，四川科技出版社，1993，第30页。

[3] 黄剑华：《三星堆青铜造像》，《寻根》1997年第4期，第14页、第18页注②。

[4] ［美］罗伯特·W.贝格勒：《四川商城》，雷雨、罗亚平译，《三星堆与巴蜀文化》，巴蜀书社，1993，第72页。

[5] 江玉祥：《广汉三星堆遗址出土的象牙》，《三星堆与巴蜀文化》，巴蜀书社，1993，第203页。

大的兽耳耸立，中间有一如同象鼻卷曲状的装饰物，显得极其奇异。这件青铜人像残高只有40.2厘米，手中所握何物，同样费人猜思。从其双手相距较近，握孔明显错位来看，也有可能握的是两件东西，或者干脆就是一种手势。最近在台湾印行的图册说明是"两臂平抬，两手呈握物状，手中似握有琮"[1]。但参照对大型青铜立人像的研究，"有人主张，他双手执琮，以通天地，是大巫。其实拳曲的双手不成一条直线，无法容纳玉琮"[2]。说明握琮的可能并不大，也许握的是其他东西。在二号坑出土器物中，还有神坛上的大小两种人像，一种手势握拳成圆形，另一种握成长方形，这些人像手中所握何物，除神坛上的两种小人像手中握物被保存下来外，其余的已不复存在了。神坛上的小人像中，小的一种握的是二号祭祀坑中常见的前端射部呈禾芽状的璋，大的一种握的物体与藤状物的瑞草很相似。这对探讨青铜立人像与戴大象头冠的青铜人像手中究竟所执何物，无疑是很重要的参照。研究者因而认为："手中握的不论是璋还是瑞枝祥草，其意义都是一致的。从而可以推测，青铜立人像手中握的应是和小人像手中的物品为同一性质的祭品或祭器。"[3]

三星堆二号坑出土的兽首冠青铜人像

虽然对青铜立人像双手所执何物众说纷纭，目前尚未形成定论，但认为它是商周时期的"铜像之王"则是一致的。这尊通高2.6米、重达180多千克的青铜铸像，形体高大，制作精美，在中国出土的商周文物中是独一无二的，是我国迄今为止发现的最早和最大的青铜造像，它比史书记载秦始皇收集天下兵器在咸阳铸造的"金人十二，重各千石"[4]要早约8个世纪，

[1]《三星堆传奇——华夏古文明的探索》，台湾太平洋文化基金会，1999，第96页。

[2] 杜正胜：《人间神国——三星堆古蜀文明巡礼》，台湾太平洋文化基金会，1999，第23页。

[3] 陈德安、魏学峰、李伟纲：《三星堆——长江上游文明中心探索》，四川人民出版社，1998，第25–26页。

[4]（汉）司马迁：《史记·秦始皇本纪》，中华书局点校本，1959，第239页、第281页。

三星堆二号坑出土的戴皮冠的小型侧跪青铜人像

三星堆二号坑出土的小型青铜跪坐人像

三星堆二号坑出土的Ⅱ号青铜神树底座上跪姿青铜人像

比起陕西临潼秦始皇兵马俑坑出土的大量陶人俑和陶马俑（尚未发现有青铜兵马俑）在时间上就更早了，在考古史上可谓“史无前例”。在世界考古发现中，古埃及和古希腊等文明古国这一时期也未发现有如此巨大精美的青铜雕像，堪称是人类古代文明史上的“世界之最”。

青铜小人像 8 尊，二号坑出土，为半圆雕造型。据发掘简报介绍，其中最有代表性的 1 尊通高 13.3 厘米，头戴平顶双角冠，粗眉大眼，高鼻阔嘴，方面硕耳，脖颈粗短，身着对襟长服，腰间束带，双手抚按腹部，下半身微侧，左腿蹲屈，右腿单膝跪地，赤裸的两脚上各有一小圆穿孔，可能为系挂固定之用。从其造型看，好像是在禀报或辞拜，十分形象地显示了古蜀的一种礼仪，与高大尊贵的青铜立人像形成了对照，它们显然代表着不同的身份。值得注意的是，这尊小人像的双眉、眼眶、眼球及颞部涂有黑彩，在地下埋藏了 3000 多年依然保持着黑亮的色泽，使其神态显得更为生动和神妙。在二号坑出土的小铜人像中，还有 2 尊为正面跪坐造型，其头上戴的平顶双角冠和身上穿的对襟衣以及五官形象和双手抚按腹部的姿势，均与上述侧跪人像一样。不同的是这2尊为双膝跪地，呈正面跪坐。发掘整理者认为，这几件跪坐人像几乎一致的面部特征显示，是被铸成了戴面罩的造像。这对探讨这些青铜跪坐人像所代表的身份和礼仪含义应是一个比较重要的切入点。在二号坑出土的Ⅱ号青铜神树底座的三面也分别铸有这种戴面具的正面跪坐小铜人像，但姿势有差别，残断的双臂可能是平举的，也可能参照神坛上的小人像是握有某种东西的，因尚未修复不得而知。这说明了三星堆青铜人像中跪坐姿势的多样性，也说明这是古蜀一种很重要的礼仪习惯。在中原殷墟遗址，也出土有多件玉石制成的类似这种跪坐人像，过去多解释为奴隶和奴隶主的形象，而忽略了宗教礼仪方面的含义。其实，跪坐是中国很古老的礼仪习俗，可以上溯至夏代，夏人和夷人都有这种习惯。正如有的学者指出，在尚鬼的商朝统治阶级中，跪坐已成为起居法，并演化成了一种供奉祖先、祭祀神天以及招待宾客的礼貌。三星堆二号坑出土的跪坐小人像，特别是Ⅱ号青铜神树底座上的跪坐小人像，有学者认为“应是在祈求神灵保佑，这几件青铜跪坐人像可能是‘祝’的形象”。甲骨文中的“祝”字形，便是戴假面跪坐作祈祷状的形象，正与青铜小人像跪坐戴面具的造型相合，所以，“从三星堆出土的跪坐人像身份来看，可能在神事活动中”[1]。

这里需要指出的是，三星堆出土的青铜跪坐小人像不同的跪坐姿势以及不同的手势和造型上的差异，显然表示了它们不同的身份，也显示了礼仪上的不同含义。它们中间可能有“祝”的象征，但并非全都是“祝”。有的是跪坐祈祷状，有的则是禀告辞拜状，具有比较明确的礼节含义，还有的是跪献状，显示出浓郁的装饰意味。三星堆二号坑出土的一件喇叭座顶尊跪坐青铜小人像，便是典型的跪献状造型。这件青铜制品由喇叭座和跪坐顶尊人像两部分组成，直径10厘米，座高5.3厘米，通

[1] 陈德安:《三星堆祭祀坑出土青铜面具研究》,《四川文物》1992年“三星堆古蜀文化研究专辑”，第41页。

高 15.6 厘米。喇叭座造型奇异，有镂空的花纹和等距的扉棱，座圈上有 3 个等距的支钉。人像跪坐在座顶上，长眉大眼，高鼻阔口，方面圆耳，下身穿裙，腰间系带，上身裸露，硕胸前显出一对突出的乳头，双臂上举捧住头顶上的一只圈足尊。整个造型线条优雅，制作精美，特别是人物裸露的身体和跪献顶尊的姿势，显得极为生动。从圈座和整个造型看，这件制品很像是器物的盖。其人物造型显示出了比较明显的女性特征，因而有学者认为这是“一尊突出双乳的青铜女人像饰件”，具有坦荡写实的风格和神秘的内涵[1]。说明这尊青铜跪献人像具有古蜀女神崇拜传统的特征，是一件具有浓郁装饰意味的饰件。

还有一尊比较独特的青铜跪坐人像，为一号坑出土，高 14.6 厘米，宽 8.2 厘米，宽脸方颐大耳，上身穿右衽交领长袖短衣，腰间系带，下身穿犊鼻裤，双手扶膝，跪坐姿势。其形态与一、二号坑出土的其他青铜造像有明显的不同，引人注目的是其发型，先由前向后梳，又向前卷竖起来，显得非常奇特。加上其张口露齿、双目圆睁、神态惊恐的样子，很容易使人联想到异族俘虏，或是犯了过错惊慌失措的仆役造型。不论是其五官容貌，还是发式形态，都与青铜立人像和其他众多青铜造像所展示的造型特征有较大的差别，很可能象征着不同的族属，代表着不同的身份。其双手扶膝跪坐，与二号坑出土的几尊小铜人像双手抚按腹部侧跪或正面跪坐，也显示出了礼仪形式上的不同。这种不同是否蕴含着不同族属与不同地域礼仪习俗方面的差异呢？我们从 1976 年河南安阳殷墟 5 号墓出土器物中可以看到 2 件玉雕人物跪坐像，都是典型的双手扶膝跪坐[2]。其富有特色的发式、服饰以及形态特征均可与三星堆一号坑出土的这尊青铜跪坐人像互作参照。殷墟出土的玉雕跪坐像神态从容，三星堆这尊青铜跪坐人像则神情惊恐，这是否正说明了这尊青铜跪坐人像是被古蜀国俘获审问的外来商人象征呢？这只是一种推测。此外，还可以从宗教礼仪和美术考古方面进行

[1] 谭继和:《三星堆神祼文化探秘》,《四川文物》1998 年第 3 期，第 4 页。

[2]《中国雕塑史图录》第一卷，上海人民美术出版社，1983，第 44 页、第 45 页。

三星堆二号坑出土的青铜喇叭座顶尊跪坐人像

更深入的探讨。李安民先生也注意到了这尊青铜跪坐人像与殷墟出土玉人在上衣右衽方面的相同性，认为“一号坑跪坐人像的族属当与殷人的某一支系有关”。这与二号坑出土立人像衣服左衽其族属当为蜀人的区别是显而易见的。从形态看，一号坑人像为圆眼，眼珠外凸，其圆眼风格与马厂、仰韶、河姆渡人面像以及《商周彝器通考》中一商代铜鼓上的人面神怪、江西新干商墓中的青铜双面人神器中人像一致；而且一号坑人像是直接跪坐，与商代出土的双手扶膝跪坐石像、玉人风格相同，这些都显示了“与商人的文化传统有关”。他还指出，商代所发现的双手扶膝的跪坐人像，学术界均认为是“坐食者”，与跪坐双手反缚的奴隶身份迥然有别，所以他认为“一号坑双手扶膝

三星堆一号坑出土的青铜跪坐人像（正面）

三星堆一号坑出土的青铜跪坐人像（背面）

跪坐与设尸祭祀有关”，“跪坐青铜人像的地位很高，足可以为一号坑之部族的代表”[1]。对一号坑出土的这尊青铜跪坐人像的看法中，涉及三星堆文化与中原殷商文化的关系，我们将在后面的篇章中作更深入的探讨。

河南安阳殷墟妇好墓出土的玉雕跪坐人像

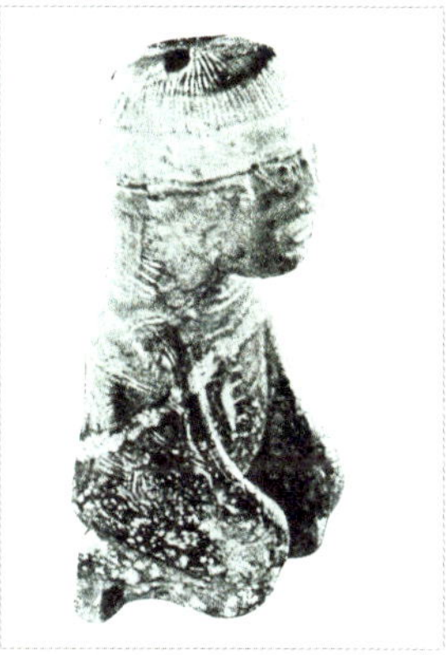

河南安阳殷墟5号墓出土的玉雕跪坐人像

第二类为青铜人头像，为圆雕头部造型。

青铜人头像，一号坑出土13件，二号坑出土44件，共计57件，是在三星堆两个坑出土的雕像群中数量最多的造像。这些众多的人头像，形式多样，装扮各异。从形态与装饰方面看，它们既有共同风格，又各具特点，千姿百态，绝不雷同。按造型分类，它们有平顶脑后梳辫者，有平顶戴帽或头戴“回”字纹平顶冠者，有圆头顶无帽或将发辫盘于头上或于脑后戴蝴蝶形花笄者，有头戴双角形头盔者，还有头上部为子母口型、原应套接顶饰或冠帽者。从面相特征看，这些人头像大都为浓眉大眼，高鼻阔嘴，方面硕耳，下颌似有短胡直达耳后，显得神态威武，洋溢着粗犷豪放的风格。其中也有线条圆润、五官俊秀的造型，如一号坑出土的A型青铜人头像，其线条柔和的脸庞衬托着杏状大眼和端丽的鼻梁，加上入鬓的双眉和细腻的双唇，显得优雅而又自然，充满了青春女性之美，推测应是群像中的“公主”或巾帼人物。与洋溢着浓郁的阳刚英雄气概的其他雕像不同，显示出了另一种含蓄秀丽之美。但这类雕像在三星堆群像中数量很少，反映出三星堆时期的古蜀国是一个男性占据统治地位的社会，同时也有一些巾帼不让须眉的人物，在古蜀国中与男性一样具有较高的社会地位，并在祭

[1] 李安民：《论广汉三星堆一、二号祭祀坑非同一民族所为及相关问题》，《三星堆与巴蜀文化》，巴蜀书社，1993，第153-155页。

祀等活动中发挥着相当重要的作用。

发掘者在对这些青铜人头像进行整理后，将一号坑出土的13件分为A、B、C三型，将二号坑出土的44件分为A、B、C、D四型（发掘简报则分为三型）。这种划分主要是按照发式冠带形态和造型特征方面的差异来归纳的，有其合理性，也有明显的局限性。其最突出的一点就是对这些青铜人头像面相特征的看法，有的研究者认为大多数人头像面部都戴有面罩，当然也有一些是完全自然写实的造型，看不出有面罩的铸痕。如果真是这样，那就应该归纳为两大类，一类是戴面罩的人头像，一类是不戴面罩的人头像。从学术探讨的角度看，面具往往是与原始宗教和古代巫术密切联系在一起的神秘道具，古代蜀人为什么铸造如此众多戴面罩的人头像？仅仅是为了装饰，还是有着更加深奥的含义，这确实是一个发人深省的问题。正是由于这些依稀可辨的面罩，使这些青铜人头像增添了更加神秘的色彩。

这里还需要特别提到的是，一号坑出土有用纯金皮模压成与青铜人头像面部大小相似的黄金面罩，二号坑出土有数尊戴黄金面罩的青铜人头像。黄金面罩用金箔制成，大小与造型和青铜人头像面部特征相同，双眉、双眼镂空，鼻部凸起，用土漆和石灰作黏合剂，将黄金面罩粘贴于青铜人头像上。这些青铜人头像由于粘贴了金灿灿的黄金面罩，更增添了一种威严尊贵的气势，给人以神奇和赏心悦目之感。在世界考古史上，古埃及与古希腊均出土有黄金面罩，如公元前15世纪古希腊迈锡尼城址墓圈A出土的有唇须的黄金面罩、公元前14世纪古埃及第18王朝国王图坦卡蒙墓中出土的形象逼真的纯金面罩等[1]。这些著名的黄金面罩出土时大都罩于死者或木乃伊面部，其用意显然在于保护和再现死者面孔，体现了古代西方人的丧葬习俗和等级观念，并带有明显的原始宗教色彩。有学者认为，广汉三星堆出土的黄金面罩与古埃及、古希腊的有所不同，它不是施于死者脸上，而是粘贴于青铜头像的面部。它们所反映的

[1]《中国大百科全书·考古学》，中国大百科全书出版社，1986，第314页、第536页，彩图插页第78页、第79页。

三星堆二号坑出土的有发辫的青铜人头像

三星堆一号坑出土的戴帽的青铜人头像

三星堆二号坑出土的戴帽的青铜人头像

三星堆二号坑出土的将发辫盘于头上的青铜人头像

三星堆二号坑出土的头戴装饰的青铜人头像

三星堆一号坑出土的戴盔的青铜人头像

三星堆一号坑出土的子母口形青铜人头像

三星堆一号坑出土的巾帼人物青铜人头像

三星堆一号坑出土的黄金面罩

应是古蜀人的魂灵观念与等级观念。罩有黄金面罩的青铜头像的身份显然与其他头像有别，可能是古蜀人祭祀的祖先偶像。三星堆出土的这些“金面罩双眉、双眼及嘴部镂空，目的或许就是让它所覆盖的祖先偶像的眼睛能够观看到司祭者的形象与祭祀场景，嘴能自由活动，与司祭者‘密语交谈’。而且，金面罩以其黄灿灿的光芒，令人油然而生敬意。将其罩于祖先偶像上，可增强祭场的庄严气氛，更能感召祖先魂灵。另外，金面罩的质地永远黄亮，光彩夺目，这能使祖先魂灵降生人间时不受邪气干扰，含有驱鬼避邪的功能……后世的巫师服饰和作法器具大多是黄色，原因可能即在于此”[1]。这对于三星堆青铜头像上的黄金面罩，应该说是一种比较合理的解释。

这里需要指出的是，黄金面罩的使用以及金杖和其他金器饰件的出土，说明古代蜀人已能熟练地加工使用黄金。不过当时黄金生产的数量还相当有限，远不如青铜那样可以大量冶炼铸造，所以仅有个别青铜头像粘贴了黄金面罩。从出土时皱成

[1] 邱登成：《广汉三星堆出土金器管窥》，《三星堆与巴蜀文化》，巴蜀书社，1993，第195页。

三星堆二号坑出土的 A 型金面罩青铜人头像

三星堆二号坑出土的戴黄金面罩的青铜人头像

三星堆二号坑出土的戴黄金面罩的青铜人头像

三星堆二号坑出土的 B 型金面罩的青铜人头像

古希腊迈锡尼墓葬中出土的阿伽门农黄金面具

古埃及图坦卡蒙黄金面具

一团的金面罩来看，说明这种制作和粘贴的过程还在继续，应有相应的青铜头像相配。进而思考，高大威武且具有王者尊贵气象的青铜立人像没有粘贴黄金面罩，神奇无比的青铜纵目人面像也没有粘贴黄金面罩，而只有青铜头像中与其他头像相比并无显著不同之处的几尊粘贴了黄金面罩，这是否说明了黄金面罩并不象征身份，而主要是为了在青铜头像上突出一种装饰效果？当然，我们也绝不能忽略了古代蜀人通过这种装饰，而力图表达的习俗、观念、用意和情趣。也有学者认为：“从三星堆青铜头像上包贴金面罩的情况来看，早在商代，蜀人就知道黄金为尊，所以他们才在铜头像上再包贴金面罩，其目的并非仅仅为了美观，而是为了得到神灵的欢娱，以使铜头像代表的神灵更灵验一些。”[1]总而言之，青铜头像上的黄金面罩，不仅表现出华丽而神秘的审美效果，更传达了有待于深入探讨的无比丰富的含义。

三星堆一号坑出土的小型青铜人面像

第三类为青铜人面像，为半圆雕面具类造型。

青铜人面像，一号坑出土 1 件，二号坑出土 20 件，其中完整者 14 件。发掘报告称其为人面具。一号坑出土的是件小型面具，高约 7 厘米，宽 9.2 厘米，厚 0.4 厘米，其形态为宽脸圆下颌，长眉大眼，尖鼻圆耳，鼻梁两侧眼袋下的“八”字形纹痕与两端向上微弯的嘴唇，给人以含有笑意之感，额以上似戴有浅“V”字形薄顶冠帽，整个造型显示出一种神态祥和的风格。结合一号坑的年代分期，这应是三星堆文化早期面具，其简朴写实的特点，与二号坑出土的面具夸张豪放的风格有着明显的区别。但其弯刀形的长眉和杏状大眼突棱眼球以及鼻梁两侧“八”字形纹痕，则是一脉相承的，体现了浓郁的古蜀风格。二号坑出土的 20 件青铜人面像，均为半圆形，大小不一，同青铜人头像一样神态威武粗犷豪放，洋溢着英雄阳刚之气，同时在

[1] 陈德安、魏学峰、李伟纲：《三星堆——长江上游文明中心探索》，四川人民出版社，1998，第 46 页。

形态造型上体现了更为丰富的想象力。发掘简报中根据形态将它们分为A、B、C三型，发掘报告中则分为A、B、C、D四型。其中A型、B型各1件，C型12件，D型6件。它们都是方面宽额，长直大耳，刀形粗眉，杏状大眼，高鼻阔嘴，有着典型的凸起的目棱和鼻棱，两边颧骨上下凹痕之间也形成飞扬的棱线，显得威严而又生动。其尺寸有宽60.5厘米、高40.3厘米，宽40.8厘米、高26厘米，宽19厘米、高15.2厘米不等。C型与D型的区别是，D型的脸形略显瘦长一些，下颌稍窄。而且D型中的一些眉部和眼眶眼珠等处，显示出曾用黑色颜料描绘过，出土时颜料色泽仍清晰可辨，还有的唇缝中涂有朱色颜料。这些颜料色彩的使用，显然也是为了突出一种装饰效果，使这些青铜人面像显示出更加精美动人的神秘力量。

在二号坑出土的青铜人面像中，最引人注目的是三件纵目人面像[1]，它们不仅体型庞大，而且眼球明显凸出眼眶，双耳更是极尽夸张，长而大，形似兽耳，大嘴亦阔至耳根。那凸起的圆柱状眼球和“猪八戒式”左右张开的大耳，简直匪夷所思，使人感觉到一种难以形容的惊讶和奇异。而它们唇吻三重、嘴角上翘直达耳际的样子，又好似微笑状，给人以神秘和亲切之感。其中最大的一件通高66厘米，宽138厘米，斜长的双眼眶中凸起的圆柱形眼珠直径13.5厘米，凸出眼眶达16.5厘米，柱形眼珠中间像是将眼肌拉出形成了一圈圆箍，额际双眉之间有一方孔，似为用来镶接某种饰物。推测原物应戴有额饰，很可能在掩埋时遗失。另外2件纵目人面像造型与大小基本相同，通常展出与介绍最多的其中1件宽77.4厘米，圆柱状眼珠凸出眼眶9厘米，鼻梁上方镶竖有高达68.1厘米的好似卷云纹形状又如同夔龙状的装饰物，通高达82.5厘米，显得无比夸张和神奇。其唇吻三重，也有人认为是阔口微张舌微外吐，与其橄榄核状的立眼和望远镜头般的双目相映衬，呈现出一种奇特而又复杂的表情。最为怪诞诡异的是鼻梁上端额间高竖的装饰物，

[1] 关于这三件青铜人面像曾有几种称法：《广汉三星堆遗址二号祭祀坑发掘简报》称其为“人面像A型”，见《文物》1989年第5期；巴蜀书社于1992年3月出版的《三星堆祭祀坑出土文物选》称其为“纵目人面像”，见该书图十六Ⅰ式与图十七Ⅱ式；陈德安在《三星堆祭祀坑出土青铜面具研究》一文中则称其为“青铜兽面具”，见《四川文物》1992年“三星堆古蜀文化研究专辑”；《三星堆祭祀坑发掘报告》中也称其为“铜兽面具”，分为A型与B型。台湾出版的《三星堆传奇——华夏古文明的探索》亦称其为“铜兽面具”，而杜正胜在《人间神国——三星堆古蜀文明巡礼》中则称其为“纵目面具”；等等。笔者认为还是称其为“纵目人面像”比较恰当。

三星堆二号坑出土的 A 型青铜人面像

三星堆二号坑出土的 B 型青铜人面像

三星堆二号坑出土的 C 型青铜人面像

三星堆二号坑出土的 D 型青铜人面像

三星堆二号坑出土的 D 型青铜人面像

既像通天的卷云纹，又像长有羽翼翘尾卷角势欲腾飞的夔龙状，为这类糅合了人、兽特点的硕大纵目青铜面具增添了煊赫的气势和丰富的含义。仔细观察，这类纵目青铜人面像亦有眼眉描黛、口唇涂朱的痕迹，显然同样是为了突出装饰效果，表达它们非凡的神秘力量。在这些青铜面具的耳根上、下两侧均有方孔，可能是作安装固定之用，也有可能用于悬挂。

这类大型纵目青铜面具，无论是造型装饰，或形态风格，都蕴含着古代蜀人的崇尚观念和审美意识，显示了神秘的宗教信仰含义。它们究竟象征着什么？学术界对此提出了一些不同的看法和解释。有的学者根据《山海经·大荒北经》中有关烛龙的记载，认为是烛龙的形象，是神话传说中千里眼和顺风耳的综合体[1]。有的学者根据常璩《华阳国志·蜀志》中“有蜀侯蚕丛，其目纵”的记载，认为该面具正是古史传说中蚕丛氏

[1] 陈显丹：《神奇的青铜纵目面像》，《广汉信息报》1988 年 2 月 16 日第 3 版。

三星堆二号坑出土的青铜纵目人面像

“纵目”的写照，是作为蜀人的祖先、神灵偶像供祭祀用的[1]。有的学者认为“纵目的青铜人面像表现了一个神、鬼、人的集合体”，很可能与蜀图腾关系密切，是对以纵目为特征的古蜀图腾崇拜的象征[2]。甚至还有人认为纵目人面像的模样如此神奇，也许只有外星人才有这样大的眼睛和这么长的耳朵，确实有点像“天外来客”[3]。虽然诸说纷纭，但认为它们是用于祭祀的神灵偶像或崇拜象征，则大体是一致的。也就是说，它们所要表达的是神秘的大型祭祀场面。或者说它们和众多的青铜人头像、青铜人像都是古蜀时期大型祭祀活动中的重要供奉和道具，体现了不同的象征含义和使用目的，共同形成一个宏大壮观、神奇精彩的祭祀场面。

三星堆二号坑出土的糅合了人、兽特点的青铜纵目人面像

第四类为青铜兽面像，为平面浮雕面具类造型。

青铜兽面像皆为三星堆二号坑出土。根据公布的资料，这些兽面像按形态可分三种类型，每种类型 3 件，共 9 件[4]。它们皆为薄片状，采用浅浮雕手法铸造而成。其面部大都为长眉直鼻，大眼中鼓着硕大的眼珠，阔长的口中露出两排方整的牙齿，这些都显示出了夸张的人面特征。而其头上两侧一对宽长上卷的弯角、头顶额上较宽的叉状剑峰与两边一对小外卷角装饰，以及有的铸有两只尖长而又上端向下勾垂的耳朵，则展现出了神奇的动物形态。有的兽面像颐下还铸有两条头部相向的夔龙，构成了一种将兽面拱起的生动造型。综观这些似兽非兽、似人非人的兽面像，那狰狞威武的形态、龇牙咧嘴瞪目而视的表情、奇异的装饰和夸张的造型，无不给人以惊奇之感。既有粗犷的风格，又有细致的刻画。其狰狞严峻之中又透露出了几分质朴和善良。这些极富想象力的糅合了人面与兽面特征的面具，同

[1] 徐学书：《关于三星堆出土青铜人面神像之探讨》，《四川文物》1989 年“广汉三星堆遗址研究专辑”，第 51 页。

[2] 范小平：《广汉商代纵目青铜面像研究》，《四川文物》1989 年“广汉三星堆遗址研究专辑”，第 59-60 页。

[3] 白建钢：《“天外来客”——四川广汉县三千年前稀世出土文物目睹记之四》，《光明日报》1987 年 2 月 23 日；《广汉三星堆遗址资料选编》(一)，四川省广汉市文化局 1988 年 5 月编印，第 42 页。

[4]《三星堆文物》，三星堆博物馆 1998 年编印，第 25 页。

三星堆二号坑出土的给人以惊奇之感的 A 型青铜兽面像

三星堆二号坑出土的给人以惊奇之感的 B 型青铜兽面像

三星堆二号坑出土的 B 型青铜兽面像

三星堆二号坑出土的形似鬼脸与假面的 C 型青铜兽面像

三星堆二号坑出土的 C 型青铜兽面像

三星堆二号坑出土的 C 型青铜兽面像

出土的其他青铜面具一样，显然也是古代蜀人社会意识与宗教观念的生动展示。其夸张神秘的风格，同样体现了浓郁的古代蜀族特征。从造型尺寸看，这些青铜兽面像有宽 27.8 厘米、高 12.3 厘米，宽 39 厘米、高 21.6 厘米，宽 26.4 厘米、高 20.8 厘米，宽 29.6 厘米、高 18 厘米不等大小，四边有小圆孔，似为系戴所用。它们以人的五官特征为主，加以夸张变形，显得轻巧精美，具有较强的实用性。同时，又灌注了浓郁的原始神秘色彩，形似鬼脸与假面，推测其用途可能为祭祀时巫师所佩戴，也可能是祭祀活动中使用的装饰物。

三星堆出土的青铜造像，除上述的几类之外，还有小神树残断枝头上的人面鸟身像、残断的高达 81.4 厘米的青铜鸟爪人像、人身形铜牌饰、青铜神树残枝花蕾上的立鸟、各种造型的铜鸟和铜鸟头、青铜虎形器和镶嵌绿松石的铜虎、爬龙柱形器、青铜神树上的游龙、铜蛇以及众多的青铜铸造的飞禽走兽等。它们以各种生动的形态，同青铜人像、人头像、人面像、兽面像共同组成了丰富多彩的青铜造像群，向我们展示了古代蜀人的世俗生活和精神世界，展示了古代蜀人的宗教观念和审美意识，展示了他们高超的铸造技术和丰富的想象力，更展示了一个被湮没了数千年的璀璨的文明。

对于三星堆青铜造像群中的青铜人像、青铜人头像、青铜人面像、青铜兽面像，学者们在探讨研究中，虽然有各种不同的认识和解释，但认为它们都是使用于祭祀活动中的供奉和道具，既是崇拜的神灵偶像，又是体现某种观念习俗或特殊身份者的象征，共同组成宏大神秘的祭祀场面，则是比较一致的看法。而众多的鸟、虎、龙、蛇与各种飞禽走兽的青铜造像，表

三星堆二号坑出土的青铜人首鸟身像

三星堆二号坑出土的青铜人身形牌饰

现的则是神物大合唱的情景，也与祭祀活动有着密切关系，很可能就是盛大祭祀场面的组成部分。这些丰富的出土器物告诉我们，祭祀活动在古代蜀人的社会生活中是非常重要的，很可能也是古蜀国事活动中的一件头等大事。我们知道，古代祭祀活动总是和巫术联系在一起。如果说高大的青铜立人像是大巫或群巫之长的象征，那么众多的青铜人头像和青铜人面具可能就是古蜀国群巫集团的生动写照了。当我们仔细观赏这些神奇的青铜造像群时，它们告诉我们的，也许还不仅仅是这些。现在就让我们换一个角度，继续作更深入的探讨。

王权和神权的象征

古代蜀国如何举行祭祀活动，其形式和内容究竟怎样？传世文献中缺少记载，难以详考。庆幸的是，考古发现为我们提供了丰富的资料，使我们推测描述古蜀宗教祭祀活动有了真实可信的依据。但这种推测仍有较大的局限性，例如，我们可以推测三星堆古蜀时期的祭祀场面、祭祀方式和祭祀内容，却无法准确推测其祭祀的季节和每年祭祀的次数，也无法详细推测其每次祭祀活动参加的人员状况和人数。此外，我们也无法细致地推测其祭祀过程。如举行了哪些仪式？持续了多长时间？是一天还是几天或是更久？在祭祀过程中是否发生过某些事件？或者是在祭祀活动开始或终结的时候是否发生了某些意想不到的事情？等等。也许正是因为我们无法推测和弄清这些问题，因而才有了关于“祭祀坑”性质的争论。总之，推测毕竟是推测，我们不能束缚自己的分析探讨，也不能过分放纵自己的想象。应该强调的是，严谨的学术态度、客观而又实事求是的分析，对推测是极其重要的，也只有这样，我们的推测才会得出比较可信的结论。

在三星堆青铜造像群中，站立在方座上的高大威严、华贵雍容的青铜立人像，在祭祀活动中的使用方式应该说是比较明

朝鲜半岛出土的具有“黄金四目”特征的方相氏面具

江西新干大洋洲商墓出土的双面神人青铜头像

确的，推测其应摆放在祭祀场面中一个重要而煊赫的位置上。作为独立而又完整的雕像，可以移动和稳当地摆放，这是一目了然的，尚未弄清的则是其双手究竟所执何物。问题在于众多的青铜人头像、青铜人面像和青铜兽面像，在祭祀活动中采用的又是什么使用方式呢？这似乎就不那么明确了，显得有些神秘莫测。

让我们先看众多青铜人头像的造型，它们的颈部无一例外都铸成了“V”字形（一号坑出土的有几尊颈部以下残断或呈熔化痕迹，从铸造手法和风格看是一致的），如果立放在地上或土台上，显然无法摆稳，除非将尖锐部分插入土中，或者是倒放。发掘简报中对这种奇特的造型解释为与商代祭祀活动中的“人祭”和“杀牲祭”有关，认为广汉三星堆一号祭祀坑内出土的铜人头像，颈部铸成倒三角形，出土时有的内装海贝，有的内插象牙，均被火烧过。这种情况，“不像是作为祭祀对象——‘神祇’，而像是作为祭品——‘人祭’的代用品。颈部作成倒三角形，很可能用它们象征被杀的‘人牲’”[1]。也就是说，发掘者根据头像颈部铸成倒三角形而推测头像可能是象征祭祀用

[1]《广汉三星堆遗址一号祭祀坑发掘简报》，《文物》1987年第10期，第13–14页。

陕西城固出土的青铜面具

陕西沣西丰镐遗址西周墓葬出土的兽面形玉饰

的砍头的牺牲，但后来发掘整理者又否定了这一看法，认为大多数青铜人头像是铸成戴有面具的形态，“面具代表着神灵，戴有面具的造像而作为牺牲，从宗教感情上是讲不通的”。人头像颈部铸成倒三角形，可能是省略了“V”字形颈部以下的衣服部分，为了凸显辫发，所以颈后的倒尖角比颈前的长得多，加之二号坑出土的一件铜人头像一侧铸有一小穿孔，给人以重要启示，这些都说明“铜头像是另有木柱或身躯之类的附属物配合使用的”[1]。也就是说，“这些颈以下铸成倒尖角形的人头像，在使用时还必须有另外的身躯或衣饰之类的附件配合安装固定后，才能使用”[2]。这些配合安装使用的身躯，有可能是木制的，也可能是泥塑的。因无出土实物，这当然只是一种推测，根据观察研究，似有一定的合理性。难以推测的则是其身躯的姿势与高度，是采取一致的立式，还是如同小铜人像那样的跪坐，或其他形态？其高度估计不会超过大立人像，也不会全都一般高矮。推测将它们安装摆放后，很可能形成一种错落有致、气势煊赫的蔚然景观。

现在来看青铜人面像，除一号坑出土的1件比较轻巧外，

[1] 陈德安：《三星堆祭祀坑出土青铜面具研究》，《四川文物》1992年“三星堆古蜀文化研究专辑”，第41-42页。

[2] 陈德安、魏学峰、李伟纲：《三星堆——长江上游文明中心探索》，四川人民出版社，1998，第30页。

二号坑出土的20件都较大，这些厚重的面具显然都不适合戴在人的面部。那么，它们的使用方式又如何呢？学者们对此也提出了多种推测，归纳起来大致有以下几种意见：①有的学者认为是用双手捧举作为巫觋舞蹈使用的面具[1]。②有的学者认为这些青铜人面像的额头与两耳旁都有用于悬挂或固定的孔，应是固定在泥制或木制偶像上发挥特殊的装饰作用，而作为偶像的面具，即一种图腾化的艺术形象，但并不象征祭祀者或被祭祀者[2]。③也有学者认为这些青铜人面像是作为祭祀对象悬挂使用，或是多件串起来当作图腾柱使用[3]。④有的学者认为这些面具两侧有4个长方形榫眼，似为安装在大型器件上[4]或组装在大型柱状的建筑或构件上，被高高地供奉起来，因此，凸眼类与平眼类的面具，都是受人膜拜的神像[5]。⑤关于硕大的青铜纵目人面像，有的学者认为与身躯相配的可能性不大，"就其形式来说，它本身就是作为大人头偶像的面具功用"[6]，也可能直接摆放在土台或祭坛上使用。除上述的几种意见外，还有一些大同小异的推测。

陈德安先生对几种假设作了分析，认为厚重的面具不宜佩戴，也不宜手捧着舞蹈使用，而面具的孔眼从大小和布局来看，都不宜作为悬挂使用，而只适宜作镶嵌固定使用，特别是额正中的方孔不是全部都有，显然不是为了悬挂而是为了安装饰物。此外，面具内侧凹凸不平、宽窄不一，也"不适宜穿套在类似图腾柱一类的木柱上"，因此，他认为镶嵌在泥塑身躯上的可能性较大。他这一判断，还基于对铜面具内存留泥痕的仔细观察。他发现铜面具内侧存有红褐色范土，但有的并不全是范土，比如，在铆嵌的钉疤上也有这种坚硬的红褐色泥土，说明这种红褐色泥土是面具铸造打磨加工后敷上去的。因此，他"推测铜面具是配合着泥塑的身躯使用的可能性较大，联系到铜面具两侧的穿孔，推测面具可能是镶嵌在以木棍为骨架的泥塑身躯上的。但由于材料太少，还未发现成块的泥塑身躯，这种推测是

[1] 陈显丹：《三星堆一、二号坑几个问题的研究》，《四川文物》1989年"广汉三星堆遗址研究专辑"，第21页。

[2] 范小平：《广汉商代纵目青铜面像研究》，《四川文物》1989年"广汉三星堆遗址研究专辑"，第61页。

[3] 陈德安：《三星堆祭祀坑出土青铜面具研究》，《四川文物》1992年"三星堆古蜀文化研究专辑"，第39页。

[4] 赵殿增：《近年巴蜀文化考古综述》，《四川文物》1989年"广汉三星堆遗址研究专辑"，第7页。

[5] 赵殿增：《三星堆祭祀坑文物研究》，《三星堆与巴蜀文化》，巴蜀书社，1993，第85页。

[6] 范小平：《广汉商代纵目青铜面像研究》，《四川文物》1989年"广汉三星堆遗址研究专辑"，第61页。

否可靠，尚待将来出土材料证明”[1]。

在后来出版的著述中，陈德安先生等人对青铜面具的使用方式作了进一步阐述，认为“根据面具本身特点分析，多数学者主张铜面具原来是镶嵌在木质或泥质的身躯或建筑物上使用的可能性较大。从而我们就可推测，这些面具不论是配以其他质料的身躯陈设在庙堂中，还是被镶嵌在宗庙或神庙的建筑物上，其在宗教活动中应主要是用于祈祷，而不是用于驱邪逐疫的表演”[2]。这里他们已经扩大了推测的范围。

流行于川滇黔等地的傩戏面具

综合上述诸种推测和分析可知，三星堆青铜人面像的使用方式很有可能是配以木质或泥塑身躯陈设使用的，也有可能是镶嵌在宗教祭祀性质的建筑物上，此外也不能排除直接摆放在祭祀场所的土台或祭坛上使用的可能性。至于祭祀的场所，是在宗庙或神庙内？或是在露天的祭台上？或是在空旷的广场上？还是在高大宽阔的城墙上？或者在三星堆那样的土堆上？尚需作进一步更深入的探讨。更重要的则是祭祀的内容，包括祭祀对象和祭祀者以及祭祀的方式，也是一个需要深入探讨的问题。

具有浓郁神秘气息的面具，无疑是我们探讨这些问题的一条至关重要的线索。三星堆高大的青铜立人像，众多的青铜人

[1] 陈德安:《三星堆祭祀坑出土青铜面具研究》,《四川文物》1992年“三星堆古蜀文化研究专辑”，第40页。

[2] 陈德安、魏学峰、李伟纲:《三星堆——长江上游文明中心探索》，四川人民出版社，1998，第31页。

贵州“撮泰吉”面具群像

头像、青铜小人像，甚至包括人首鸟身像，都被铸成戴面具的形象，这绝非古代蜀人的随意发挥或游戏之作，很明显灌注了古代蜀人的某种崇拜习俗和信仰观念，赋予了强烈的象征含义。在中国传世文献中，很早就有关于面具的记载。如《周礼·夏官》中记述：“方相氏，掌蒙熊皮，黄金四目，玄衣朱裳，执戈扬盾，帅百隶而时难，以索室欧疫。”《周礼注疏》中说其意就是“惊欧疫厉之鬼，如今魌头也”，“时难”就是“四时作方相氏以难却凶恶也”[1]。在甲骨文和钟鼎文中，有不少“魌”的象形字，都有明显的人戴面具的造型特征。这说明戴面具进行祭祀活动的习俗是相当久远的，商周时期曾兴盛于黄河流域，并同样盛行于长江流域，特别是长江上游成都平原古蜀地区。

商周以后，以戴面具为主要特征的傩祭、傩舞和由此发展而成的傩戏曾继续流行，在部分地区一直延续至今。唐代段安节《乐府杂录·驱傩》中说：“侲子五百，小儿为之，衣朱褶、素襦，戴面具，以晦日于紫宸殿前傩。”由此可知当时傩祭、傩舞的规模。现在贵州等地流行的傩戏面具、四川西北部白马藏族地区流行的“曹盖”面具等，已经在时间的流淌中有了许多新的内容和较大的发展，但从中依然可以看出上古神话和原始巫教的痕迹，保留了不少古老的人格化的鬼怪形象和图腾化的动物形象。无论是从时间还是区域环境来看，古老的三星堆青铜面具显然对四川盆地周边区域流行的面具文化遗俗产生过重要而又深远的影响。商周时期，三星堆辉煌文明的影响和灿烂文化的传播，对邻近的周边地区特别是西南诸夷所起的积极作

[1]（清）阮元校刻:《十三经注疏》上册，中华书局影印本，1980，第851页。

用，是显而易见的。由此来看，周边地区的面具文化遗俗，其源流关系应该是比较明确的。那么，这些古老面具文化遗俗的祭舞方式和内容，对我们探讨三星堆青铜面具，无疑有着一定的参考和启发作用。例如，贵州“撮泰吉”面具，是一种至今留存在贵州西北高寒山区彝族村寨的巫术仪式，其中心内容便是借助代表祖先的面具向神灵祈祷谷物丰收，面具共 5 幅，制作大刀阔斧，不事雕饰，“分别代表 5 个千岁以上的先祖魂灵，通过对本民族迁徙、耕种、收获等情节的表演，向上苍祈求丰收。表演动作和演员发声都带有明显的动物图腾意味，伴奏也是简单的锣声、鼓点……一切都统一在古朴、单纯和凝重之中”。面具虽然表情冷漠而单一，但在演出中却表现出了十分强烈的视觉效果，观者无不觉得它们有一种攫人心魂的力量。而四川西北部白马藏族地区的“曹盖”面具则雕凿粗放，极力强调某些具有威胁性的因素，如鼓目、巨口、獠牙等，平时悬于白马人历尽沧桑的老屋残壁之上，到了宗教祭舞时，“气氛森严而狂热，面具更平添了一层神圣的宗教色彩，呈现出一种震撼心灵的狰狞之美”[1]。我们由此想象，在遥远的古蜀时期，三星堆青铜面具在古代蜀人的祭祀活动中，所欲表现的是否也是一种攫人心魂的力量和震撼心灵的狰狞之美呢？当然，三星堆青铜面具与留存至今的傩面具或“曹盖”面具无论是内涵还是形式上都有着很大的不同。三星堆青铜面具不仅数量众多，组成了宏大壮观的祭祀场面，而且大小不一，造型丰富多样，具有更为复杂的内涵和深刻的象征意义。

从更广阔的范围来看，面具是世界人类文明发展史上一种特殊的宗教文化产物。世界许多民族都认为，面具是神灵、精魂的寄居之所，或认为面具是神灵、权力、地位的象征。过去曾有人认为面具是愚昧落后的产物，“事实上，面具全都产生在古代文明最发达的国家和地区，如古埃及、古希腊、古罗马以及古代的中国和印度。就连中美洲也是欧洲殖民者入侵之前美

[1] 周林生：《中国面具艺术初析》，《世界面具艺术》，人民美术出版社，1994，第 6–7 页。

洲文化最发达的地区”[1]。三星堆青铜面具，更是一个极好的例证。当我们对遍布于世界各地的面具作广泛综合的观察思考时，我们会发现世界各部族的面具都有自己的风格特点，在人类文明的共性之外展现出了各部族的不同特色。它们的共性是无一例外都包含了人类学、民俗学、宗教学、文化学、历史学等方面的丰富内容，为我们在这些综合学科方面的研究提供了重要而珍贵的资料。它们的不同特色体现了各部族在信仰观念、审美意义与文化传统等方面的差异。古埃及的法老和古希腊的统治者用大量黄金制作的肖形面具、特奥蒂瓦坎的王侯们用彩石装饰的镶嵌面具以及贝宁王国的国王们用象牙雕刻的欧巴面具，大都是显赫王权的象征。而亚洲、美洲、非洲、大洋洲等各种类型的面具，更多的是被用来代表神灵。三星堆青铜面具也不例外，显示出具有代表神灵的内涵。但这样来理解三星堆青铜面具的内涵，未免过于简单化了。

古代面具代表神灵，或借助面具与神灵对话交往，是中国一个古老的习俗。曾有学者指出，在甲骨文等古文字中，就有不少戴面具的字符。陈梦家先生指出，甲骨文“鬼”字的形符就是一个戴面具的祈祷者，孙开德先生对此也有相似论说[2]。由这个象形字符，我们可以想象古代巫师戴着面具请鬼神附体的情形。古代的祭祀活动是个大范畴，包罗很多内容，戴着面具祈祷则是其中的重要内容之一。张衡《东京赋》中曾提到“卒岁大傩，殴逐群厉。方相秉钺，巫觋操茢”[3]，说明戴面具的方相氏和巫觋，都是汉代之前大傩的参与者。大傩是祭祀活动的一种，女性的巫和男性的觋在其中扮演着重要的角色。《酉阳杂俎》记述古人曾认为面具有“存亡者魂气”的作用。“鬼”字被画成巫师戴着面具跪于地上的形象，应是商代先民表现亡灵或灵魂的一种手法。显而易见，巫师戴上面具是为了招引祖先亡灵与上神的降临，与之沟通，向祖先亡灵与上神祈祷。进一步说，巫师戴上代表祖先神灵的面具之后，也就获得了超自然的转变，与神灵融

[1] 沈福馨：《人类宗教文化的综合载体——面具》，《世界面具艺术》，人民美术出版社，1994，第1页。

[2] 陈梦家：《商代的神话与巫觋》，《燕京学报》第十九卷，第325页。

[3]（宋）李昉等撰：《太平御览》卷五三〇，第3册，中华书局影印本，1960，第2406页。

为一体，甚至可以代表神灵讲话。所以，巫师一旦戴上面具就成了鬼神的代言人，使其人间世俗生活中的特殊身份又蒙上了一层神秘光彩，拥有了无穷的神力。美国学者伊利莎白·C.约翰逊在谈及这方面的研究心得时说，商代人们对上帝与祖先灵魂的万能影响有着很深的崇拜与信仰，而影响与神灵沟通的基本表现是祈祷和牺牲，实际上类似于萨满教。某些由商王执掌的仪式就显示出这一种倾向。如祓除仪式“禦”，祈雨舞蹈“舞”，还愿仪式“宾”，乞灵仪式“祝”。与最后的仪式有关的是一个变体文字“[illegible]”，这个与“祝”字有关系的具有祈祷意义的字形即是“一个跪着的拜祭者（[illegible]）位于祖先祭坛（示）之前，头戴一鬼面具（[illegible]）”的形象。在写成文字为“[illegible]”的祈祷仪式中，“[illegible]”符具有象征鬼魂的意义。鬼魂被画成这样一种形象，萨满王头戴一个鬼面罩，跪在地上。从图像上看，“‘鬼’字显示出来商人是如何想象以物质的形式来表现灵魂的，即一个神王借助于祖先形象的面具，用咒语祈求祖先与他融为一体。这个象形字的意义，也就是靠戴面具获得超自然转变，通过这一过程而乞灵于祖先的鬼魂”[1]。这里需要说明的是，卜辞中跪着的拜祭者或戴面具的祈祷者，无论是萨满王还是神王，或是巫师，其实都身兼同样的职能。通常主持大型祭祀活动的王者，也就是一个大巫师，而群巫之长其实就是神王。虽然卜辞中记录的是殷墟习俗，与古蜀有一定的差异，但对我们探讨三星堆铸成戴面具形态的青铜造像群仍有非常重要的启示作用。

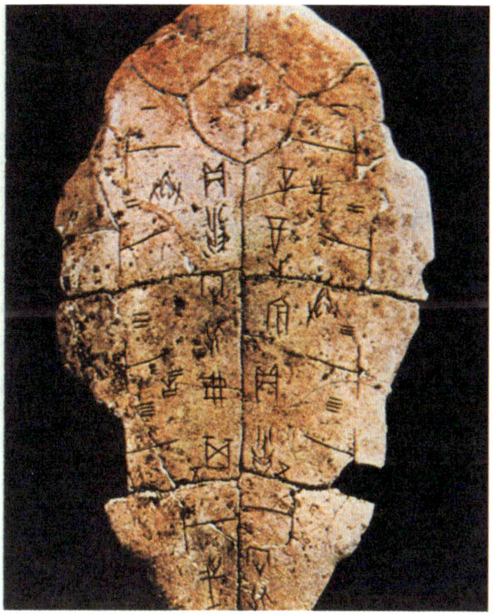
殷墟出土刻有文字的商代龟甲

三星堆青铜造像群中那些头戴面具的造型显然都带有巫的特点，是它们作为祭祀者的象征，不是单纯的面具，而是面具与人像或人头像的合铸，而且数量众多、规模可观，展现了多

[1] ［美］伊利莎白·C.约翰逊：《商人礼仪艺术中的萨满教特征及对四川广汉三星堆新近发现的推测》，石应平译，《南方民族考古》第二辑，四川科技出版社，1990，第65–66页。

商代牛骨刻辞

层次的丰富含义。

从第一层象征含义来说，它们代表着古蜀国巫祝的身份，象征着古蜀国的一个群巫集团，应是古蜀国神权的象征。我们前面已经说过，在殷商时期和三星堆古蜀时期先民们的社会生活里，只有巫祝才有资格和鬼神打交道，做向神灵奉献的工作，在各种祭祀活动中起着至关重要的主持作用。三星堆出土的青铜立人像双手作握物奉献状，其双手所握之物是奉献给神灵的祭品也好，或是祭祀用的器具也好，均表明其特殊的身份象征，应是能够沟通天地，传达上帝鬼神旨意之类的人物。如果说青铜立人像象征着主持祭祀活动最大的巫，那么众多的可能套在或镶嵌在木制或泥塑身躯上使用的青铜人头像和青铜面具象征的就是陪祭的巫了，它们代表的应是古蜀族和古蜀国宗教的首领阶层。

从第二层象征含义来说，它们也是古蜀国统治阶层的象征，既代表着神权，同时又是王权的化身。在文明的早期阶段，神权和王权通常是融合在一起的，统治者往往通过宗教神权来加强和体现其王权，而行使宗教神权者也总是执掌王权的统治阶层。三星堆古蜀时期的宗教祭祀活动便具有强化神权和王权统治的重要作用。学者们大都认为，高大的青铜立人像，头戴冠冕，身穿华服，形态尊贵，可能象征着古代至高无上的蜀王与大巫师。而其他众多的青铜人头像和人面像，个个气概英武，可能代表着古代西南地区各个部落杰出的首领以及由他们组成的古蜀国统治阶层。赵殿增先生就认为，大铜人全身铜铸，高踞方形祭台上，应为群巫之长，也就是国王。其他铜像颈下呈三角形尖形，应是装在木质身体之上的，他们的地位低于大铜像，可能代表了各氏族部落。从头像特征看，可能属于同一民族集团，“所表现的是参加盟会的各部落首长首领的形象，同时也是各自的宗教首领（巫师）”[1]。他认为，青铜立人像从那华贵的头饰、神奇的服装、雄伟的高台、特殊的动作和庄重的神情中表明他是一位具有特殊身份的显贵人物，而青铜人头像的地位略低于立人像。从各种不同的脸型、头饰上还反映出他们之间也存在着等级和族属的差别，可能分别代表不同的民族、部落，不同社会阶层的巫师和首领，共同构成了一个巫师群体。有几件青铜头像面部还装有用纯金装饰的面罩，显示他们具有特别尊贵的地位，也可能是用这种方法来表示他们是早已仙逝了的著名首领和巫师。这样一个庞大的巫师群体汇集在三星堆古城之中，围绕在群巫之长青铜立人像周围，可能“正在进行一次非同寻常的重大祭祀活动”[2]。段渝先生也认为，三星堆出土的青铜人物雕像群，衣、冠、发式各异，表现出不同部族的集合，都是各部族的代表人物。同出于祭祀坑，表明都是宗教偶像，是各部族祖先崇拜的产物，也就是各部族先公先王的神主，其关系反映了宗教上的多元一体结构。“青铜大立人既有王者之风，又有大巫之仪，地位最高，是雕像人物群的核心。他既是一代蜀王，又是群巫之长。其他稍小和较小的雕像，地位均等而下之，应是蜀王治下的各级统治者，同时又是各地各族的首领，稍小或较小的群巫。在他们中间，也应有层次和等级之别。”[3]其他还有不少学者对此也作了类似的分析与论述。

显而易见，三星堆青铜人物雕像群显示的是类似于神的面容，体现的则是人的精神。以祖先崇拜、神灵崇拜为主要内容的大型祭祀活动，成为团结凝聚古蜀国各部族、各阶层的重要形式和有效手段，其核心则是多元一体结构的高度融合的神权和王权统治。也就是说，古蜀国的宗教结构和社会结构具有非常重要的一致性，已形成层次分明的等级观念和相应的制度，在宗教信仰上有众帝与诸神，在祭祀活动中有大巫与群巫，在

[1] 赵殿增:《三星堆考古发现与巴蜀古史研究》,《四川文物》1992年“三星堆古蜀文化研究专辑”，第11页。

[2] 赵殿增:《人神交往的途径——三星堆文物研究》,《四川考古论文集》，文物出版社，1996，第96页。

[3] 段渝:《四川通史》第一册，四川大学出版社，1993，第179页。

社会阶层方面则有蜀王与各部族首领。执掌神权和王权的古蜀国统治阶层，正是依靠这种富有地域特色的宗教号召力、等级结构和凝聚方式，从而有效地统治着古蜀国各部族的臣民。

从第三层象征含义来讲，神奇的青铜纵目人面像既有人的特点，更有神与鬼的夸张，显示出了浓郁的图腾、神灵意味，象征的可能是古代蜀人的崇拜偶像。也就是说，在三星堆青铜人物雕像群中，并非千篇一律都是祭祀者的象征，其中也有被祭祀者奉为神灵偶像的写照，数件青铜纵目人面像便是典型的例子。很多学者认为，纵目人面像表现的可能是蜀人祖先崇拜的象征。查考传世文献记载，扬雄《蜀王本纪》说："蜀之先称王者，有蚕丛、柏濩、鱼凫……此三代各数百岁，皆神化不死。其民亦颇随王化去。鱼凫田于湔山，得仙。今庙祀之于湔。"[1]其中便透露了古代蜀人祖先崇拜和神灵崇拜的信息。而纵目正是传说中蚕丛氏的特征。常璩《华阳国志》卷三《蜀志》说："有蜀侯蚕丛，其目纵，始称王。死，作石棺石椁，国人从之，故俗以石棺椁为纵目人冢也。"罗泌《路史前纪》卷四亦说："蚕丛纵目，王瞿上。"[2]有学者认为青铜纵目人面像着力表现的眼球凸出这一特征很可能正是古史传说中蚕丛氏"纵目"的写照。由于蚕丛氏是开创蜀国的第一代蜀王，所以也就成为后世历代蜀人共宗之祖先神，并受到祭祀，如《太平寰宇记》就有"成都圣寿寺有青衣神祠，神即蚕丛氏"的记述，说明这一对祖先神的祭祀习俗从古蜀时期一直延续到了中世纪。在古代各民族中，由于对祖先神灵的崇拜，认为祖先神既能保佑赐福又能降灾于子孙后代，具有无上的法力，故祖先神偶像的形象在人们心目中往往被神化并表现为具有人、兽合一特征。对此偶像的崇拜祭祀即是对祖先神的崇拜祭祀。从三星堆二号坑出土物来看，应为一次隆重的祭祀场面。"这一巨大的，具有蚕丛氏蜀人体质特征，并为蚕丛氏之后第三代蜀王鱼凫氏崇祀的，人、兽形象合一的偶像，应是此次祭祀中被祭的历代蜀人所共

[1]《全汉文》卷五十三，(清)严可均校辑：《全上古三代秦汉三国六朝文》第1册，中华书局影印本，1958，第414页。

[2]（晋）常璩撰，刘琳校注：《华阳国志校注》，巴蜀书社，1984，第183页注［三］。

宗之祖先神——蚕丛神。而青铜立人像，当是此次祭祀的主祭者。其余众多的青铜人像，当为参加祭祀的民众。”[1]也有学者认为，考察巴蜀古史及古蜀神话，结合三星堆发现的眼球外凸的青铜像，可以说，纵目就是眼球外凸，纵目人就是眼球外凸的一个种族的图腾，其实质就是对“纵目”的崇拜与“蜀”的崇拜，青铜像本身与上古蜀族有必然联系，因此，这尊青铜人面像可能与蜀图腾关系密切。换句话说，纵目的青铜人面像可能包含了关于蜀族始祖的若干个神话。总之，作为传说中古蜀各部族图腾的“这些‘纵目人’是一类‘被神话’了的事物的集合体”[2]。但也有学者不赞同“纵目即是图腾画像”的解释，认为三星堆二号坑出土的青铜纵目人面像可能说明在蜀人的传说中，他们的祖先就是这么一个样子，在不同的部落内，可能有过以“纵目”人种的“蚕丛”以及“鱼凫”“杜鹃”等作为图腾崇拜的时期，但蜀人的图腾崇拜在到达该遗址所反映的时期时，已经从全盛期走向衰败，也即开始从图腾崇拜转向神灵崇拜了。因此，该遗址内出土的“纵目”人像、鱼凫、杜鹃等方面的材料，最多只能说明蜀人有过以这些材料为图腾的历史，他们在遗址内所代表的含义已非真正为图腾崇拜的原意，而是被神化了的祖先。观一、二号坑之情况，可见其祭祀对象之一是享祭先王，以求其祖先对其庇护。总之，三星堆时期“蜀人有了系统的神灵思想，有了完整的祭祀礼仪，图腾崇拜已衰败转变成对神灵的崇拜，祖先崇拜也较为盛行，所有一切，把蜀人推向了一个鬼神统治着一切的世界之中”[3]。我们还可以举出几位学者的看法，龙晦先生认为，青铜纵目人面具有两只长而大的耳朵，“事实上那不是人类的耳朵，而是杜鹃鸟的两只翅膀”，杜鹃是古蜀西北部“氐族崇

三星堆二号坑出土的青铜人面像

[1] 徐学书：《关于三星堆出土青铜人面神像之探讨》，《四川文物》1989 年“广汉三星堆遗址研究专辑”，第 51 页。

[2] 范小平：《广汉商代纵目青铜面像研究》，《四川文物》1989 年“广汉三星堆遗址研究专辑”，第 59-60 页。

[3] 巴家云：《三星堆遗址所反映的蜀人一些宗教问题的研究》，《四川文物》1989 年“广汉三星堆遗址研究专辑”，第 55-57 页。

拜的图腾”，氐人在广汉建立了瞿上，也许就是中原殷人所称的鬼方，而且很可能是“商王朝在长期敌对下对氐人图腾的一种蔑称”[1]。赵殿增先生认为，如果说立人像、人头像为真实生活中人的写照，那么人面具就是想象中的神的化身。因此，凸眼类与平眼类的面具都是受人膜拜的神像。青铜纵目人面像便是将蜀人始祖“蚕丛”塑造成祖先神的具体形象，“其崇拜对象即为三星堆古蜀居民的始祖神——蚕丛。《华阳国志》等书，正是收集了古人对这种神像的传述，而名之曰‘纵目’。三星堆祭祀坑铜像群的发现，不仅将蚕丛纵目形象准确地表现出来，而且证实古蜀人对祖先神的崇拜是当时极为重要的一种信仰”[2]。

上述一些学者的看法虽在图腾崇拜或祖先崇拜、神灵崇拜方面略有分歧，但认为青铜纵目人面像是三星堆古蜀时期的崇拜偶像，则是比较一致的。作为古代蜀人的崇拜象征，青铜纵目人面像既有兽的某些特征（长而尖的兽耳、咧至耳根吐舌的阔嘴、涡旋状隼喙或牛鼻似的鼻子等），又有人的五官脸部造型，还有神灵的想象（额际卷云纹装饰），显示了其象征含义上的复杂性和丰富性，可能融合了图腾崇拜、祖先崇拜、神灵崇拜等多重内涵。或者说是以祖先崇拜和神灵崇拜为主，同时又保留了图腾崇拜的某些意味，也可以说是展现了从自然崇拜向拟人形态的社会神过渡的中间形态所应有的特点。国外有的文化人类学者曾把面具的发展分为三个阶段：“首先是动物的面具，而后是神的面具，最后是传说中英雄的面具。”[3]

如果说三星堆青铜纵目人面像展示的是神的面具，同时又保留了动物面具的一些特征，那么青铜立人像和众多的青铜人头像显示的则大都是传说中英雄的面具特点了。这无疑说明了三星堆文明的发展程度以及三星堆文化的悠久。朱狄先生指出，原始人的装束之所以显得怪诞，从本质上说并不是由所谓的“审美趣味”决定的，而是由他们希望与神灵交往决定的。“面具所代表的不是人们通常所熟悉的面孔，它是一种常人没有的

[1] 龙晦：《广汉三星堆出土铜像考释》，《三星堆与巴蜀文化》，巴蜀书社，1993，第93-99页。

[2] 赵殿增：《三星堆祭祀坑文物研究》，《三星堆与巴蜀文化》，巴蜀书社，1993，第85-86页。

[3] 朱狄：《原始文化研究》，生活·读书·新知三联书店，1988，第518页。

面孔，它要引起的是陌生感而不是亲切感，因为面具所代表的不是人的表情，而是神秘世界中某种神灵可能有的表情。正因为它要引起陌生感甚至恐惧感，因此它是不受人脸五官比例的支配的。它可以按照它的创造者的意图任意夸大某一部分或缩小某一部分。只有这样它才像是另一个世界中的神灵。”[1]这对我们认识和探讨三星堆青铜人物雕像群中面具的象征含义，是有启发作用的。众多青铜面具所力图表现的可能正是古蜀人根据传说并加以想象的神灵的表情。它所要产生的便是恐惧感和震撼心灵的效果，从而达到对这些神灵偶像发自内心的崇拜。

综上所述，三星堆青铜人物雕像群具有极其丰富的象征含义。其中既有祭祀者的形象塑造，又有被祭祀的祖先神祇和神灵偶像的神奇写照。在祭祀者中，既有雍容华贵、气度非凡的蜀王和群巫之长，更有数量众多、威武豪放的部族首领和群巫。它们既是群巫集团，又是古蜀国统治阶层的象征，是神权和王权的代表和化身。这在青铜人物雕像群所表现的规模宏大的祭祀场面中，很明显占据着主导性的重要地位。它们向神灵偶像的崇拜祭祀，是为了得到祖先和众神的庇护，加强神权和王权的影响和统治。显而易见，这些精美非凡的青铜群像向我们展现的不仅是一个令人叹为观止的祭祀场面，更是古蜀人间王国和神灵世界精彩生动的展示。

[1] 朱狄：《原始文化研究》，生活·读书·新知三联书店，1988，第498页、第500页。

古代蜀人的通天神树

如果说三星堆青铜雕像群表现的是古蜀国盛大的祭祀活动场面，那么，三星堆青铜神树展示的就是古代蜀人神奇的通天观念了。在古代蜀人绚丽多彩的精神世界里，“人神交往”这一主题观念始终占据着显著的地位，青铜雕像群表现的祭祀场面便灌注了人神交往的象征含义，青铜神树更是人神交往观念的精彩体现。

无论是在中国考古史上，还是在世界各地载入史册的重大考古发现中，三星堆古蜀遗址出土的青铜神树都称得上是一件绝无仅有的奇妙器物。第一次走进三星堆博物馆的参观者，都会对螺旋形结构中央天井里那棵冲天直上的神树留下深刻难忘的印象。它是那么的匪夷所思，而又那么宏伟壮观，无论是其穹隆形的底座，或是三层九枝上神奇的花果和立鸟，以及树干上那条奇异的神龙，都显示出某种浓郁的象征意义，使人惊讶和赞叹。这件无与伦比的杰作是放大了3.5倍的仿制品，出土的原件陈列在楼上的精品厅内。可以说，在经过数千年漫长的湮没之后，青铜神树蕴含的信息已变得非常遥远和模糊，高明的布展者放大了这些信息，从而使参观者获得身临其境的绝妙体验，对青铜神树巨大的魅力才会有如此深切的感受。

当我们面对青铜神树仔细观赏的时候，惊叹之余会引起这样的思考：古代蜀人采用极其高超的青铜制造工艺和造型艺术技巧，铸造的这件充满着神奇想象力的青铜神树，究竟是做什么用的呢？在我国古籍中，神树常被描述成极其神奇的植物，是日月出没的场所和沟通宇宙的象征。东方的扶桑、中央的建木和西方的若木，便是古代传说中三棵这样的神树。

三星堆二号坑出土的体现人神交往观念的青铜神树（一号）

首先，看扶桑。《山海经·海外东经》说："汤谷上有扶桑，十日所浴，在黑齿北。居水中，有大木，九日居下枝，一日居上枝。"扶桑又名扶木，如《文选·月赋》注引说："汤谷上有扶木，郭璞曰：扶木，扶桑也。"说明扶木是扶桑的别称。《山海经·大荒东经》也有一段记述："汤谷上有扶木，一日方至，一日方出，皆载于乌。"又说"上有扶木，柱三百里，其叶如芥"，可知扶木是棵极高的参天神树。关于它的形状，《文选·思玄赋》注引《十洲记》有段描述："叶似桑树，长数千丈，大二千围，两两同根生，更相依倚，是以名之扶桑。"[1]这些记述告诉我们，扶桑是古代传说中生长在东极的一棵太阳神树，是每天早晨太阳神鸟升起准备飞翔时盘桓的地方。我国远古神话传说，天上的太阳共有十个，都是帝俊与羲和的儿子，扶桑下面的汤谷也就是羲和浴日的场所。《山海经·大荒南经》对此有一段记述："东南海之外，甘

[1] 袁珂：《山海经校注》（增补修订本），巴蜀书社，1993，第308页。

水之间，有羲和之国。有女子名曰羲和，方日浴于甘渊。羲和者，帝俊之妻，生十日。”羲和所生的十个太阳，每天是轮流升起的，每当一个太阳由东向西运行的时候，其余九个太阳就栖息在扶桑的树枝上。这大概是世界上最富有想象力的太阳神话了，同时也充分显示了中国古代先民们关于树与鸟的神奇联想。

其次，是若木。《山海经·大荒北经》说：“大荒之中，有衡石山、九阴山、洞野之山，上有赤树，青叶，赤华，名曰若木。”《山海经·海内经》说：“南海之外，黑水青水之间，有木名曰若木，若水出焉。”据《文选·月赋》注引古本《山海经》称若木为“日之所入处”。《淮南子·墬形训》说：“若木在建木西，末有十日，其华照下地。”《水经注》卷三十六引用古本记载称若木是“生昆仑山西附西极”的一棵神树。《离骚》中有“折若木以拂日兮”的描述，王逸注亦称：“若木在昆仑西极，其华照下地。”据袁珂先生考证，古本《山海经·大荒北经》原文中本有若木“生昆仑西附西极，其华光赤下照地”的记述，后人误入注文之中[1]。通过这些记述，可以知道传说中若木生长的地点是在遥远的西方，是西极的一棵太阳神树，为日入之处，是太阳下山的地方。《初学记》卷一引《淮南子·天文训》对此有一段描述，“日出于旸谷，浴于咸池，拂于扶桑，是谓晨明；登于扶桑，爰始将行，是谓朏明”；经一天的运行之后，“日西垂景在树端，谓之桑榆”。也就是说，每天早晨太阳从东方扶桑神树上升起，到了晚上太阳便落在西方若木神树上。正如萧兵先生所说：“东方有太阳神树扶桑，供太阳神鸟初翔时盘桓，西方也可以有太阳神树，供太阳神鸟降落时歇息。”[2]这些都表现了东方神话系统中关于太阳神树的丰富想象。值得注意的是，《山海经·海内经》提到了黑水青水之间的若木附近“有灵山，有赤蛇在木上”；《山海经·大荒西经》也提到了大荒之中若木附近有一座灵山，是“十巫从此升降，百药爰在”的场所。这些

[1] 袁珂：《山海经校注》（增补修订本），巴蜀书社，1993，第498页、第499页、第507页。

[2] 萧兵：《楚辞的文化破译》，湖北人民出版社，1991，第141页。

带有相当浓郁的神话传说色彩的记述，很显然向我们透露出了太阳神树和灵山与原始巫教的关系。灵山无疑是先民们心目中一座十分重要的西方神山，是以十巫为代表的原始巫教举行重要活动的地方。而这似乎正是古代蜀人“人神交往”观念的体现。

再者，是建木，《山海经》中亦有几处神奇的记述。《山海经·海内南经》说：“有木，其状如牛，引之有皮，若缨、黄蛇。其叶如罗，其实如栾，其木若蓲，其名曰建木。在窫窳西弱水上。”袁珂先生认为这里所说的“弱水”，可能就是《山海经·大荒北经》中“昆仑之丘……其下有弱水之渊环之”的地方[1]。《山海经·海内经》说：“南海之外，黑水青水之间……有九丘，以水络之，名曰陶唐之丘、有叔得之丘、孟盈之丘、昆吾之丘、黑白之丘、赤望之丘、参卫之丘、武夫之丘、神民之丘。有木，青叶紫茎，玄华黄实，名曰建木，百仞无枝，上有九欘，下有九枸，其实如麻，其叶如芒。大皞爰过，黄帝所为。”可知传说中的建木是一棵盘根错节、极其茂盛的通天神树，它拔地而起，直上九霄，长满了层层叠叠的果实和树叶。这棵奇异的通天神树究竟有多高？只能用想象来形容了。这里所说的“大皞”，也就是庖羲，或称伏羲，是先民们传说中的上古帝王。黄帝是我们比较熟悉的一位远古伟大人物，是新石器时代中华民族的部落联盟领袖，也是东方神话传说中的宇宙最高统治者。《山海经·海内经》说建木是“黄帝所为”，郭璞解释“为”乃“治护”之意，袁珂先生认为此处的“为”应是“造作施为”的意思[2]。也就是说，是宇宙最高统治者黄帝为先民们造作了这棵被称为建木的通天神树，由此而更加充分地显示出了建木的非同凡响，在先民们心目中占有特殊的神圣地位。

建木这棵通天神树究竟是做什么用的？它究竟位于什么地方？这是非常值得探讨的两个问题。西汉淮南王刘安主持宾客学者编撰的《淮南子·墬地训》对此有一段很好的说明：“建木

[1] 袁珂：《山海经校注》（增补修订本），巴蜀书社，1993，第329—330页。

[2] 袁珂：《山海经校注》（增补修订本），巴蜀书社，1993，第509页、第513页。

《山海经》中的十巫

在都广，众帝所自上下，日中无景，呼而无响，盖天地之中也。”这段文字，将两个问题都包含在里面了，可以说是汉代学者对此作出的一种解释。吴任臣《山海经广注》引《游氏臆见》则对建木所在之地作了另一种注解：“建木在西，若水滨，盐长之国，九丘之上。”[1]我们先说它的地理位置这个问题，位于天地之中的都广，究竟指的是哪里呢？《山海经·海内经》对这个地方有一段记述：“西南黑水之间，有都广之野，后稷葬焉。爰有膏菽、膏稻、膏黍、膏稷，百谷自生，冬夏播琴。鸾鸟自歌，凤鸟自儛，灵寿实华，草木所聚。爰有百兽，相群爰处。此草也，冬夏不死。”这段生动的文字所描述的地理环境的膏腴、气候的湿润、五谷的丰饶、草木的茂盛和鸟兽的众多，与古代成都平原的情形是多么相似。值得提及的是，在不同的版本中，有的写作都广，有的则写作广都，可知都广也就是广都，指的是同一个地方。明代学者杨慎在《山海经补注》中认为：“黑水广都，今之成都也。”根据常璩《华阳国志·蜀志》记载，汉武帝元朔二年（公元前127年）在蜀郡设置了广都县，明代曹学佺《蜀中名胜记》中说广都县在成都附近的双流县（今双流区）境内，而古蜀时期的瞿上城也在这个范围内。这绝非是一种偶然的巧合，而是透露了古代蜀人与《山海经》中都广之野建木神树的特殊关系。蒙文通先生曾对《山海经》作过深入的考证和研究，认为《山海经·海内经》四篇所说的“天下之中”是指今四川西部地区，“都广即是广都，今四川双流县，在四川西部”，《大荒经》以下五篇也是以四川西部为“天下之中”，讲述的“属西南文化系统”[2]。这里还应

[1] 袁珂：《山海经校注》（增补修订本），巴蜀书社，1993，第510页注［八］。

[2] 蒙文通：《巴蜀古史论述》，四川人民出版社，1981，第162–163页。

提到《太平御览》引《蜀王本纪》中的一段话："蜀王据有巴蜀之地，本治广都樊乡，徙居成都。"[1]说明广都不仅是古蜀蚕丛、杜宇的瞿上城所在之地[2]，也是开明王朝前期建都的地方。而称为建木的通天神树，就出自古蜀国的都广之野。至于《山海经·海内经》所说的九丘，很可能是古蜀时期与蜀族结盟的西南各部族所居之处的写照，显示了他们不同的族别，同时又说明了这些部族同蜀族一样，都与建木通天神树有着特殊的密切关系。

现在我们来说第二个问题，看一下古人传说中建木这棵通天神树的用途。《淮南子·墬形训》中说"众帝所自上下"的意思是很清楚的，"众帝"就是众神，"所自上下"也就是上下天庭的场所。传说中的众神或者仙人以及具有人神交往无穷法力的巫师们，通过建木而往来于天上人间，可见建木是一座神奇的天梯。传说中的上古帝王庖羲，就是通过建木这座天梯而登上天界的。《山海经》中讲述了许多奇异的神树，如三桑、寻木、若木、扶桑，"虽皆长数百丈、数千丈乃至千里之大树，然未闻可以缘之以登天也"，"至于树之天梯，则古籍中可考者唯此建木"[3]。也就是说，神树中作为天梯象征的只有位于天地之中的建木这棵通天神树。此外，远古神话传说中的昆仑也是一座可以登天的天梯，灵山也是群巫们往来于神人之间的天梯。《山海经·西山经》说："昆仑之丘，实惟帝之下都。"《山海经·海内西经》说："海内昆仑之虚，在西北，帝之下都。昆仑之虚，方八百里，高万仞……面（上）有九门，门有开明兽守之，百神之所在。"《穆天子传》卷二记述有"吉日辛酉，天子升于昆仑之丘，以观黄帝之宫"的传说。《淮南子·墬形训》则说得更为详细："昆仑之丘，或上倍之，是谓凉风之山，登之而不死。或上倍之，是谓悬圃，登之乃灵，能使风雨。或上倍之，乃维上天，登之乃神，是谓太帝之居。"这些记述告诉我们，由昆仑可以登上天庭，一旦到了天帝居住的地方，便成了神仙。

[1]（宋）李昉等撰：《太平御览》卷八，中华书局影印本，1960，第3945页。

[2]《路史·前纪》卷四说，"蚕丛纵目，王瞿上"。《华阳国志·蜀志》说，杜宇"移治郫邑，或治瞿上"。

[3] 袁珂：《山海经校注》（增补修订本），巴蜀书社，1993，第512页。

西亚两河流域乌尔古代通天台遗址（复原图）

而灵山有“十巫，从此升降，百药爰在”，说明神巫们可以通过灵山上下于天，“宣达神旨人情”[1]，而且可以采集神药，为人医病疗疾。由此可知，昆仑与灵山，尤其是古蜀国都广之野上的建木，都是先民们心目中神奇的天梯。这也显示了远古时期神话传说的一个特色，登天亦必循阶而登，所以便有了天梯的神奇想象，不像后来发展了的神话传说中神仙可以腾云驾雾、翱翔云天那么任意。从神话考古和文化人类学的角度看，这种将昆仑、灵山、建木作为众神与群巫往来于天上人间之天梯的神话传说，不仅反映了远古时期人们对世界与宇宙的认识和理解，也充分显示了先民们的自然崇拜观念。

从地域上看，建木位于古蜀国都广之野，灵山很可能也在古蜀国范围之内，与岷山有关。西方的昆仑也离岷山不远，可知关于天梯的神话传说与古代蜀人有着十分密切的关系，具有浓郁的古蜀特色。从更加广阔的范围来看，在世界其他民族的神话传说中，也有对天梯的想象。西亚两河流域的古代巴比伦人，曾企望建造一座通天神塔，《圣经》中记叙了这个神奇故

[1] 袁珂：《山海经校注》（增补修订本），巴蜀书社，1993，第353页注文。

事，称为“巴别大塔”。《旧约·创世记》中说，大洪水过后，住在巴比伦的人们决心“要建造一座城和一座塔，塔顶通天”，上帝耶和华得知后很不高兴，担心以后他们会无事不成，于是就“变乱他们的口音，使他们的言语彼此不通”，“使他们从那里分散在各地上，他们就停工不造那城了”[1]，从而阻挠了巴比伦通天神塔的建成。这是希伯来人对巴比伦通天神塔的一种记述，或者说是希伯来人通过巴别塔神话对世界语言何以各不相同的原因作出的解释。根据考古发现，在古巴比伦城的废墟中发现有古代塔庙遗迹，还发现有波西帕塔庙残垣，也许便与神话传说中的巴别塔有关[2]。有的学者认为新巴比伦城内玛尔杜克神庙中有一座古代吉库拉塔，便是《圣经》中的“巴别大塔”。它的巨大地基上建有三座楼梯，平台上面是六层大塔，高达90米，顶部还有一座用蓝色琉璃砖砌成的小神庙，“在阳光照耀下显得光彩夺目，所以历史上一直把这里视为引导人间走向天国的‘圣地’”[3]。西方著名学者赫胥黎《进化论与伦理学》中则记述了一个“杰克和豆秆”的故事，说一棵豆苗一个劲儿地长，一直长入了云霄，直达天堂，主人公顺着豆秆爬了上去，发现上面是另一个新奇的世界[4]。如果说“巴别大塔”是被基督教中的上帝阻挠而未能建成的通天神塔，那么“杰克和豆秆”则成功地实现了登上天堂的梦想。世界东方的建木与西方的豆秆都展示了以自然植物为天梯的丰富想象力。相比之下，豆秆是西方平民世俗生活中偶然性的天梯，建木则是东方黄帝建造作为专供众神往来于天上人间的一个非常神奇庄严的场所。它们所展示的，也正是东西方两种神话传说之间的不同特点吧！

还有太阳神话也是世界各民族所共有的，在不同的文明区域和不同的民族中同样显示出各自鲜明的特点。古希腊神话中有太阳神阿波罗，中国古代有十日神话传说。先民们心目中的十个太阳既有人的特征，又被想象成是会飞翔的鸟儿，是金乌的化身。我们在大量的汉代画像石、画像砖上，在长沙马王堆

❶ 见《新旧约全书·旧约·创世记》第11章，第9页，中国基督教协会印发，1994年南京。

❷《圣经百科辞典》，辽宁人民出版社，1990，第34-35页。

❸ 朱伯雄主编：《世界美术史》第二卷，山东美术出版社，1988，第79页，第52页图27。《中国大百科全书·美术》第一册第43页词条对此塔也作了介绍，称其“是引导地面上的人类走向‘天国’接近诸神的圣地，这座大塔为后来《圣经》中有关故事提供了根据”。

❹［英］赫胥黎：《进化论与伦理学》，科学出版社，1971，第32页。

汉墓出土的帛画上，都可以看到画有金乌的太阳，这便是先秦十日神话传说的流传。殷商时期，长江上游的古蜀国也同样流传着浓郁而富有特色的太阳神话。我们从三星堆古蜀遗址出土的大量遗物中，可以看到许多与太阳神话有着密切关系的珍贵文物。比如，神奇的青铜太阳形器，与传说中的金乌十分相似的铜鸟，数量众多的中间有圆球凸起的菱形装饰铜片，以及青铜神殿屋盖上的太阳形装饰图案等。而其中最为典型和突出的便是居于显著地位给人留下深刻印象的青铜神树了。让我们参考《山海经》等古籍中的有关记述，再仔细观赏一下这棵神奇的青铜神树，它那高大茂盛直冲云霄的形状，以及栖息在树枝上栩栩如生的神鸟，不就是传说中那棵活灵活现的扶桑神树吗？青铜神树分为三层的树枝上共栖息着九只神鸟，这显然正是“九日居下枝”的写照。在青铜神树的顶部，还有出土时已断裂尚未复原的部分，推测还应有象征“一日居上枝”的一只神鸟。在三星堆二号坑同时出土的尚有造型极其奇妙地立在花蕾上的铜鸟、人首鸟身像等，会不会就是其中的一件呢？非常有意思的是，栖息在青铜神树上的九只神鸟都长着鹰喙与杜鹃的身子。这种具有复合特征的神鸟，大概就是古代蜀人心目中的太阳精魂日中金乌的形象吧，与后来汉代画像图案中广为流传的“日中踆乌”在形态上有着明显的不同，从时间上看应是最初的太阳神鸟原型，而从地域上看则显示出了浓郁的古蜀特色。

值得特别注意的是，三星堆青铜神树的底部，在圆形圈足上面是如同山丘一样隆起的底座，这很容易使我们联想到《山海经》中的记述，多么像是供群巫在此升降的灵山啊。而根据《海内经》与《大荒西经》中所说，灵山位于若木附近，说明灵山与若木有着非常密切的关系。这棵底座铸成灵山形状的青铜神树，似乎又是西方太阳神树若木的象征。这里还应提到三星堆二号坑出土的另一件小型青铜神树，出土时已残断，从保存较为完整的底座看，更像是隆起的山丘，三面有分跪着的小铜人，分明就是升降于天地之间的巫师。这就更加清楚地显示了青铜神树的丰富内涵，说明青铜神树具有比单纯的太阳神话更加绚丽复杂的含义。

三星堆青铜神树显然是一棵具有复合特征的通天神树，它不仅是神话传说中扶桑与若木的象征，而且也是天地之中建木的生动写照。那繁茂的树枝和花朵果实，不就是“玄华黄实，名曰建木”的缩影吗？那条攀缘在青铜神树之上，尾在上头朝下的神龙，也有丰富的含义，应是一条自天而降的神龙。既然神龙能从天上经过神树而来到人间，古籍记述中经常乘龙而行的众神自然也能通过神树上天下地，自由地往来于天上人间。由此可见，青铜神树不仅与太阳神话有着密切关系，同时也奇妙地展现了“建木在都广，众帝所自上下”的情景。前面已经说过，学者们认为“都广”（也就是“广都”）指的是古蜀时期的成都平原，所以从地域上看也是吻合的。古代蜀人制作的这棵

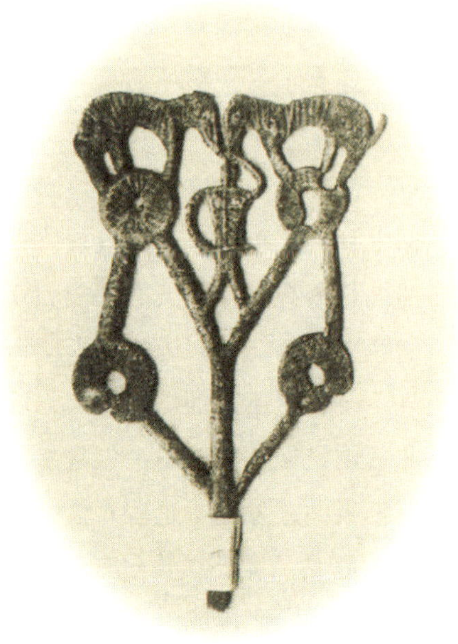

四川盐源县出土的青铜枝片（1）

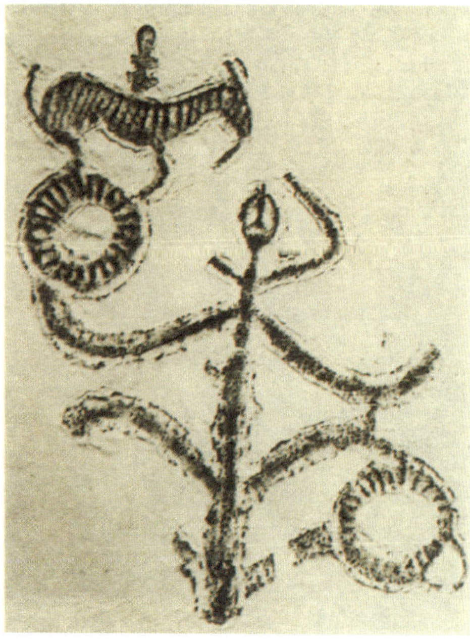

四川盐源县出土的青铜枝片（2）

具有丰富象征含义的青铜神树，也可以说是古代蜀人神树崇拜观念的一种形象体现。在古代蜀人的心目中，这个世界是非常广阔的，水土丰茂的成都平原和繁荣昌盛的古蜀国是他们世俗生活的中心，王国之外是遥远的周边区域，而在这个世俗世界之上，他们认为还有一个未可知的神灵居住的天上世界。所以，想象力极其丰富的古代蜀人便设想了一棵通天神树，作为沟通地上世俗世界与天上虚幻世界的阶梯。古代蜀人将通天神树的奇异想象和盛行于东方世界的太阳神话结合在一起，运用高超的雕塑造型技艺和娴熟的青铜铸造技术，通过铸造得极其精美而又神奇无比的青铜神树，将其形象而又生动地表现出来，这无疑是古代蜀人的一大创造。这棵具有复合特征和丰富内涵的青铜神树，在古代蜀人的精神世界里，显然占据着非常重要的位置。在由众多的青铜造像表现的盛大祭祀场面中，这棵青铜神树很可能被摆放在中央最显著的地方，作为沟通人神往来的重要体现。正因为有了这棵青铜神树，古代蜀人便拥有了一种精神追求和信仰崇拜的象征。在以后漫长的历史岁月里，古代蜀人的这种精神追求和信仰崇拜有了更进一步的发展。古代蜀人希望有一座登天之梯能和众神们往来，而众神们居住的天堂据说是一个长生不老的美妙世界，后来在岷山之域的鹤鸣山中创教立派的道家吸纳并发扬了这些观念，并由此而形成了本土宗教的崛起。由此可知，岷山之域成为道教发源的祖庭，绝不是一种偶然的现象。

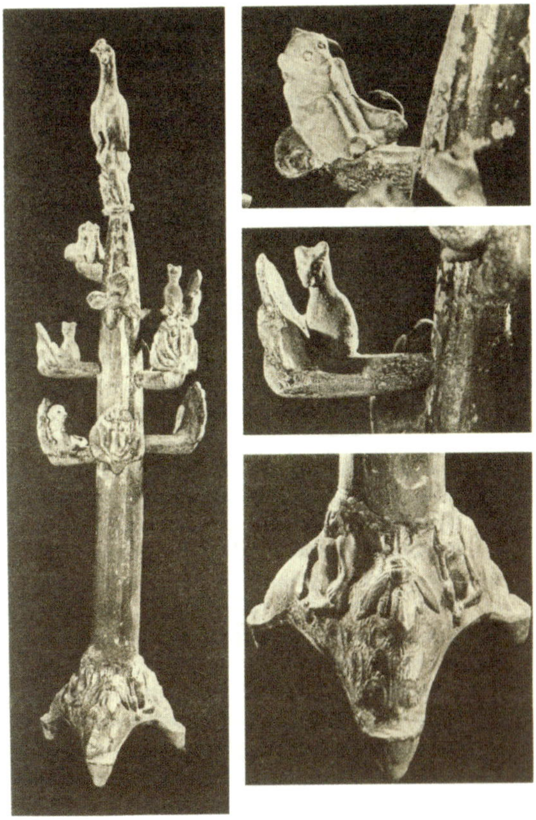

河南济源县出土的陶都树及其细部

如果我们作更深入的探讨，三星堆出土的青铜神树也可以说是古蜀时期的一棵宇宙树。我们知道，在科学尚不发达的古代，先民们通常认为天圆地方，大地是向东南西北延伸的平面，天空好似穹隆形的圆盖，这是先民们对世界和宇宙的一种朴素的认识。古代蜀人的宇宙观与世界观中，也同样具有这种朴素的认识。顶天立地、硕大无比的宇宙树，便是对先民们这种朴素认识的一种形象展示。有学者指出："遍观世界各地的宗教或民间信仰中，几乎无一例外地都有所谓的'宇宙树'或'世界树'；此词用英语表达，亦即'Cosmic Tree'。通常说来，宇宙树基本上乃是人们之宇宙观的具体反映，这是以形象的神话形式表示了古人对于整个宇宙构造的认识。""世界各地的宇宙树，都以其高大无比、通天入地为重要特征；但是，它们另一个或许是更为重要的特征，则是几乎都位于世界的中央，以及几乎毫无例外地位于高峻的山上。"[1]在古印度和古埃及以及早期美索不达米亚等地区，都有宇宙树的信仰和神话传说。在北欧的神话中，整个宇宙是以一棵通天入地的巨树为中心发展而成的，这棵宇宙树的上部则位于一座名为阿斯加德的山上，此山乃是众神的居所。而在古代中国，《山海经》中记述的建木亦是一棵典型的通天宇宙树。首先，是它的庞大，《海内经》说建木高达"百仞"以上，有人认为"百仞"不过是一种笼统的说法。吴任臣《山海经广注》卷十引敬括《建木赋》云："广都有建木焉，大五千围，生不知始；高八千尺，仰不见巅。"可见其庞大到了令人不可思议的地步，而且在世界之初就已存在了。其次，是它可上通天庭，是《淮南子·墬地训》中所说"众帝所自上下"的登天之梯，是沟通地上人间与诸神天堂的象征。最后，是它位于"天地之中"，也就是先民们心目中的"世界中心"或"宇宙中心"。《荀子·大略》说"故王者必居天下之中"，中原地区是殷商的天下之中，而古蜀国则将都广之野成都平原视为自己的天下之中。

[1] 芮传明、余太山：《中西纹饰比较》，上海古籍出版社，1995，第231页、第239页。

还有神话传说中的昆仑，由于它奇高无比，是天帝和百神之居所，也认为是居天地之中的世界中心，被《海内十洲记》（相传为汉代东方朔所撰）称为“此乃天地之根纽，万度之纲柄”。《大荒西经》说昆仑之丘“其下有弱水之渊环之”，《海内南经》说“建木在窫窳西弱水上”，《海内经》说“西南黑水之间，有都广之野”，广义地看可知是在同一地域范围内，流传的也是同一种神话传说。建木不论是在都广之野的“天地之中”，还是在昆仑的“天地之中”，其实质则是一致的，都显示了它是天地中央的一棵宇宙树。三星堆出土的青铜神树作为建木通天神树的象征，显然也就是一棵无与伦比的宇宙树，不仅显示了古代蜀人对宇宙与世界的认识和想象，更是古代蜀人精神观念的一种体现和张扬。

还有学者认为，建木具有图腾柱的特征，并与古人对日影的观察有关。闻一多先生就认为：“直立如建表，故曰‘建木’，表所以测日影，故曰‘日中无影’。”[1]萧兵先生也认为：“原始人生产简陋，知识贫乏，生活单调，‘日出而作，日入而息’，他们往往用高山、大树等为坐标，测量太阳的相对位置以计时，所以《山海经》《楚辞》《淮南子》里都记载着很多‘日出之山’、‘日没之山’和太阳神树（至今我们还说‘日出三竿’‘太阳落山’等）。《史记·夏本纪》引《禹本纪》就说昆仑山是‘日、月相避隐为光明’之所。而扶桑及其枝桠的若木就是从测量太阳相对位置的‘标杆’生长起来的所谓‘太阳神树’。”[2]陆思贤先生则对建木的图腾柱特征作了深入探讨，认为《海内南经》与《海内经》中记述的这棵多元复合体的神树结构很复杂。“其状如牛，引之有皮，若缨，黄蛇”，说明牛头与龙蛇都是图腾柱上的重要装饰。“大皞爰过，黄帝所为”，说明大皞、黄帝也本源于图腾柱上的图腾神。还有“都广义为中心广场”，可知天地之中的建木“确有图腾柱的神性”。并认为先民们重视太阳运动的观察，以图腾柱用作立杆以测日影，所以图腾柱和太阳神话

[1] 闻一多：《天问疏证》，生活·读书·新知三联书店，1980，第42页。

[2] 萧兵：《楚辞的文化破译》，湖北人民出版社，1991，第137–138页。

也就有了密切的关系，十日神话便表现了先民们对日出之景与日落之景的观察，“帝俊亦为立杆测影用的图腾柱、图腾神名”。“但图腾柱的树立并非为了满足立杆测影，作为氏族的象征，首先是为了满足一个氏族共同崇拜与信仰上的需要，但当图腾柱具有立杆测影的意义以后，方位神、节令神、岁神等，都能在图腾柱上找到解释的依据，图腾神也就升格为各种天神。”[1]这些很有创见的看法对我们多方面探讨建木的象征含义，深入研究三星堆青铜神树的丰富内涵，无疑是有启发作用的。

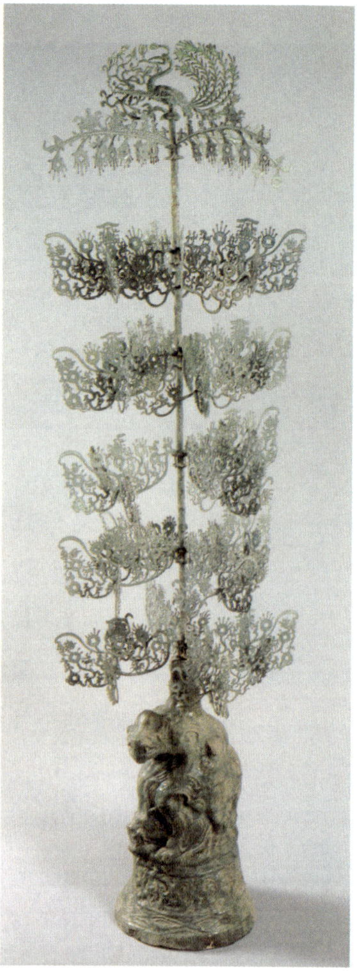
四川出土的汉代摇钱树

总之，三星堆出土的青铜神树不仅显示了古代蜀人对现实世界的认识，也表达了古代蜀人对虚幻世界的想象。它是古蜀国盛大祭祀活动中的通天神树，也是古代蜀人将远古神话传说变成形象之物的一棵无与伦比的宇宙树。值得我们特别注意的是，根据文献考证和出土资料的印证，《山海经》中许多神话传说显示的南方地域特色，说明通天神树的传说很可能肇始于古蜀，然后才流传到中原和其他地区。蒙文通先生曾指出，“《山海经》和《世本》不论在人物世系上或事物的创造发明上，两书都各有一套互不相同的说法”，《世本》和《竹书纪年》《五帝德》《帝系姓》《史记》等书“这些作品都是产生于中原地区，是代表中原文化传统的说法”，而“《山海经》是另一个文化传统的产物”，“春秋战国时代，各国都有它所流传的代表它的传统文化的古籍……巴、蜀之地也当有它自己的书，《山海经》就可能是巴、蜀地域所流传的代表巴、蜀文化的古籍”[2]。时间相当于中原殷商后期的广汉三星堆二号坑出土的青铜神树，对此便是一个有力的印证。至今我们尚未在其他区域文明的同时期考古发掘中发现有类似的青铜神树，这也说明了青铜神树是古蜀神话传说

[1] 陆思贤：《神话考古》，文物出版社，1995，第10页、第89页、第177页、第181页。

[2] 蒙文通：《巴蜀古史论述》，四川人民出版社，1981，第153-154页、第183页。

汉代摇钱树（局部）

的独特产物，是具有浓郁古蜀特色的崇拜象征。

这里值得提到的是，1988年，在位于雅砻江下游古代“南方丝绸之路”川滇走廊上的四川盐源县境内，考古工作者在对县城周围和泸沽湖畔一批战国至西汉初的土坑墓和石棺葬进行清理发掘时，出土了一批早期铜鼓和彩绘陶双耳罐等文物，并在当地征集到一批造型奇特的人兽纹青铜祭祀枝片。这些枝片在造型上均作镂空树枝形，其外形乍看与我国西南地区东汉墓中常见的“摇钱树”枝酷似，但造型和铸造工艺更为简单粗犷和古朴。这些出土于墓葬中的枝片据推测“主要用于某些目的有限的较为单一的祭祀行为，似仅与丧葬祭祀有关”，而从民俗学的角度讲，这恰好反映出“墓主所属民族对某一特定树木持有一种特殊感情，这就是人们通常所说的神树崇拜”[1]。有学者认为，盐源县出土的战国时期不少枝形铜器和一根铜杖与三星堆神树显然有着一定的联系。上古传说因若木而得名的若水曾是黄帝之子昌意的封地，也就是现在的雅砻江流域。《山海经》中的若木很可能就是该流域最常见的植物——攀枝花，盐源县出土的青铜枝形器可能反映了当地部族对若木的崇拜，进而“根据这种枝形器奇特的造型，笔者认为它也是一种通天的神树，也是人神相通的天梯。树端所立之人，即能登天沟通天地人的巫师，上古时期的巫师有男有女，枝形器上的人物给予了这个史实确凿的证明。巫师牵引的双马双兽也立于树端，应是巫师升天的坐骑，即跷。枝端的璧形物可能代表太阳，一株枝形器上有多个璧形物，或与‘端有十日’有关”，并臆测三星堆神树的源头应在若水之滨[2]。其实，三星堆神树出

[1] 刘世旭：《四川盐源县出土的人兽纹青铜祭祀枝片考释》，《四川文物》1998年第5期，第12页、第15页、第16页。

[2] 刘弘：《若木·神树·鸡杖》，《四川文物》1998年第5期，第8页。

土于相当于殷商时期的古蜀遗址，在时间上远早于盐源县出土于战国至西汉初墓葬中的青铜枝形器。在古蜀时期，蜀族是古蜀国的主体民族，成都平原是其中心区域，而与蜀族结盟的其他部族则居于平原周缘的西南地区。结合文献记载和考古资料看，古蜀时期的灿烂文明曾对西南地区的少数民族产生过重要而深远的影响。显而易见，无论是从考古学的角度，还是用民族学和人类文化学的眼光，都可以清楚地看出，盐源县出土的青铜枝形器是三星堆青铜神树流传到这里部族中的反映，同时流传到这里的当然还有神树崇拜观念和绚丽多彩的太阳神话。

三星堆青铜神树所代表的肇始于古蜀国的通天神树传说和神树崇拜观念，对西南地区产生过重要影响，盐源县出土的青铜枝形器无疑是一个很好的例证。从这些青铜枝形器上我们还可以看出，古蜀时期浓郁的通天神树特征已经掺入了一些新的因素，比如，以写实性较强的马取代了夸张神奇的龙，枝端的璧形物也接近和类似于东汉摇钱树上的方孔圆钱，似乎是介于通天神树和摇钱树之间的一种过渡形态。我们可以说，汉代在四川等地区曾广泛流行的摇钱树，显然也是以三星堆青铜神树为代表的古蜀通天神树观念的流传、影响和演变。三星堆时期灿烂的古蜀文明虽然在商周之际就被湮没了，但三星堆青铜神树非同凡响的影响和魅力，历经商周之后，在中华文明日趋统一的汉代依然显露出浓郁的流风余韵。三星堆青铜神树的影响，当然不仅仅限于巴、蜀和西南地区，也流传到了中原和其他地区。1969 年，河南济源县（今济源市）西汉晚期墓葬中出土了一棵陶制的树木，郭沫若先生认为是扶桑木，或是桃都树。树顶站立的一只鸟可能象征阳乌或天鸡，根据《古小说钩沉》所辑《玄中记》与《古玉图谱》记述，又认为“这显然是传说上的变异，可以明白地看出桃都树是从扶桑树演化出来的”[1]。有学者认为这棵陶树底部分成 3 个支杈，树干上部有 9 个分枝，各分枝上有猿、鸟或蝉，树的顶部则蹲着一只禽鸟，“就其九枝

[1] 郭沫若：《出土文物二三事》，图版十二，人民出版社，1973，第 49–50 页。

而言，却与建木之‘九欘’相合，故而视之为宇宙树‘建木’的模型，亦未尝不可”[1]。如果我们将这棵陶树同三星堆青铜神树联系起来看，问题就清楚了。河南济源县西汉晚期墓葬中出土的这棵陶树，无论是造型还是内涵，同样显示了古蜀通天神树观念的影响和演变，是三星堆青铜神树历经商周之后在汉代中原地区的流风余韵。如果从古代文化交流与传播的角度看，古蜀通天神树观念很可能是随着巴蜀文化典籍《山海经》的广泛传播而流传于中原和其他地区的。四川各地汉代墓葬中出土的摇钱树，数量比较多，也受到了古蜀通天神树观念的影响，同时又掺入了早期佛教与道教的观念，以及民间辟邪趋吉习俗和对财富的崇尚。

关于三星堆青铜神树，我们已经尽可能作了比较深入的探讨，但对其丰富多彩的内涵而言，这些探讨还是相当有限的。这里还应提到的是，青铜神树底座上的群巫全都呈跪式祈祷状，似乎说明了他们的身份不是神灵而是凡人，但又是不同于普通凡人的一些“超人”，他们是神灵和凡人之间能起到特殊沟通作用的媒介。在造型风格上，同三星堆出土的青铜造像群完全一致，是典型的古蜀国群巫形象。这说明了古代蜀人的宇宙观和世界观中具有相当浓郁的巫的成分，或者说古代蜀人关于群巫的想象在他们对天地万物的认识理解中占据着极为重要的地位。古蜀时期的原始巫术大概就是这样产生并日渐盛行的吧。正是由于这种原始巫术，而使古代蜀人的宇宙观显示出了诡异神奇的特色。

[1] 芮传明、余太山：《中西纹饰比较》，上海古籍出版社，1995，第254页。

太阳神话的反映

由于太阳和自然万物的密切关系，远古时期先民们就有了太阳崇拜的观念，在世界各民族中都流传着绚丽多彩的太阳神话。

在古希腊神话中，阿波罗是众所周知的太阳神，是宙斯和女神勒托的儿子。他们都住在奥林波斯神山上，宙斯是众神领袖、最高神祇，掌管雷电、主宰天空并统治着天国和人间，太阳神阿波罗同时还是音乐之神、医神和祛灾之神，阿波罗的孪生姐姐阿尔忒弥斯（罗马称狄安娜）则是丰产女神、狩猎女神和月亮女神。他们的神话故事和英雄传说在《荷马史诗》中有生动的描述，并随着《荷马史诗》的传播而广为流传。据学者们考证，对太阳神阿波罗的崇拜起源于远古时期的小亚细亚，在迈锡尼时期传入希腊，后来传入罗马，奥古斯都皇帝曾宣布阿波罗为自己的保护神，并在罗马修建了富丽堂皇的阿波罗神庙[1]。古希腊人和古罗马人曾塑造了许多阿波罗雕像，最古老的阿波罗形象是位端庄匀称、长发无须、风度翩翩的裸体少年。这是典型的拟人化手法，通过古代雕塑艺术家们的想象和创作，将神话传说中的阿波罗塑造成了一位极富人格魅力的神灵。同样，古希腊神话传说中的其他神灵也都是有血、有肉、有情感

[1] ［苏联］H.M.鲍特义尼克等编著：《神话辞典》，黄鸿森、温乃铮译，商务印书馆，1985，第2-3页。

的化身。希腊神话的这些显著特点，不仅显示了古希腊和古罗马的精神观念和文化特色，而且对后世产生了广泛的影响，在整个欧洲的文学与美术中都有充分的反映。

在中国远古时期的许多神话传说中，同样显示出拟人化的浓郁特色，比如，创世神话、西王母神话以及涉及各部族起源的图腾神话等。这一特色越往后，越为明显，展现了与西方神话传说的异曲同工之妙。但相同之外毕竟又有着许多的不同，东西方区域文明的差异必将在各自的精神世界中折射出来。中国的十日神话便是一个具有典型意义的很好的说明。根据《山海经》中的记述，十日神话中的十个太阳是帝俊与羲和的儿子，说明他们同阿波罗一样具有人的特征，同时又具有神性。

帝俊的身份如同宙斯，是东方的天帝，亦有多位妻子，与羲和生十日，和常羲生十二月，同娥皇生三身之国，除此之外还有许多后裔。例如,《大荒东经》中就记述有“帝俊生中容”“帝俊生帝鸿”“帝俊生黑齿”,《大荒南经》中记述有“帝俊生季釐”,《大荒西经》中记述有“帝俊生后稷”,《海内经》中记述有“帝俊生禺号”“帝俊生晏龙”“帝俊有子八人，是始为歌舞”等。这已经构成了一个帝俊神话传说的体系。值得注意的是，帝俊神话中显示出了相当浓郁的南方地域特色。如果说中原传世文献中记述的黄帝是黄河流域远古先民们心目中掌管天庭和人间的最高统治者，那么《山海经》中的帝俊就是中国南方文化系统中主宰宇宙和世界的天帝了。最有意思的便是《大荒西经》中“帝俊生后稷”的记述，有学者据《大戴礼记·帝系篇》中说“帝喾上妃姜嫄氏产后稷”,《世本·王侯大夫谱》中说“帝喾次妃，娵訾氏之女曰常仪”，与《大荒西经》所述“帝俊妻

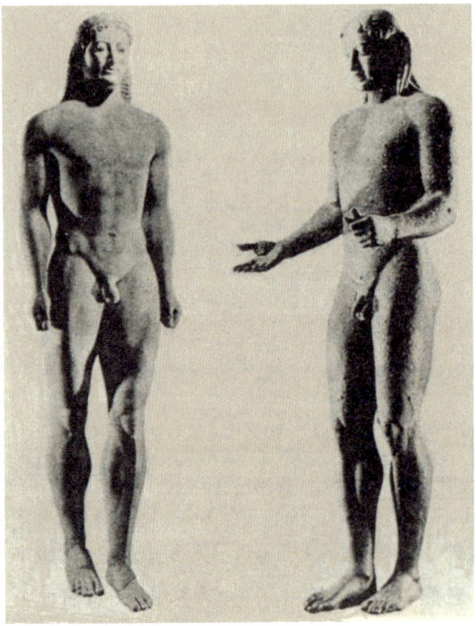

雅典出土的阿波罗青铜雕像

河南唐河县出土的东汉画像石上的三足乌

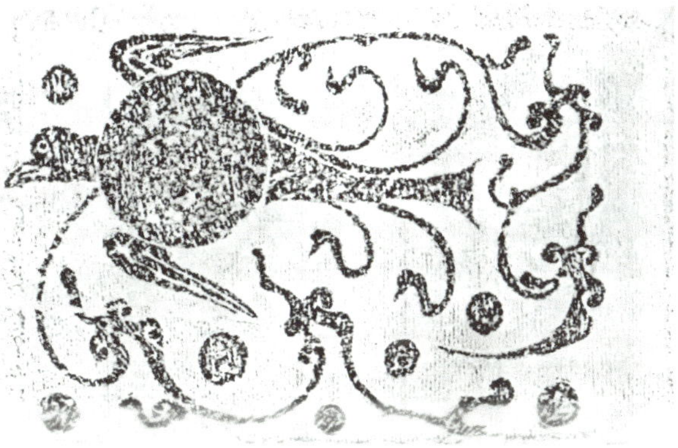

河南南阳出土的汉代画像石，金乌背负日轮展翅飞翔的情景

常羲”相合，以及《初学记》卷九引《帝王世纪》云“帝喾自言其名曰夋”，认为帝俊也就是帝喾，袁珂先生对这一看法亦深表赞同[1]。显而易见，这也展现了两种神话体系的交错和吸纳附会。后稷在黄帝神话体系中是西方民族奉祀的农神，而在帝俊神话体系中同样有“帝俊生后稷，稷降以百谷”(《大荒西经》)、“后稷是播百谷，稷之孙曰叔均，是始作牛耕”(《海内经》)的记述。《海内经》还记载了“西南黑水之间，有都广之野，后稷葬焉”，这无疑又透露了帝俊神话与古蜀先民的关系。

另一个非常值得注意的是，帝俊神话传说中与神鸟的关系。《山海经》中帝俊之裔大都有“使四鸟”的记述，《大荒东经》中说“有五采之鸟，相乡弃沙，惟帝俊下友。帝下两坛，采鸟是司”。这些五采鸟据《大荒西经》所说“一曰皇鸟，一曰鸾鸟，一曰凤鸟”，也就是鸾凤之属，它们既是帝俊之友，又为帝俊守护神坛，与帝俊有着非同寻常的关系。实际上，帝俊也就是南方文化系统中玄鸟的化身。据袁珂先生考证，史书有“天命玄鸟，降而生商”之说，所以益为古代殷商民族之祖宗神；而“帝俊即殷墟卜辞所称‘高祖夋’者”，“夋”在甲骨文中是一鸟头人身的象形字，“古既有‘玄鸟生商’之说，其鸟头者亦当为玄鸟之头无疑矣”，所以帝俊与益一样，“帝俊之神，本为玄鸟”[2]。

[1] 袁珂：《山海经校注》(增补修订本)，巴蜀书社，1993，第427页、第450页。

[2] 袁珂：《山海经校注》(增补修订本)，巴蜀书社，1993，第396-397页、第410页。

这里同样显示了两个神话系统的相互交错与吸纳附会。其实，在远古时期，中国许多地方都有鸟的神话传说，并将鸟作为部族图腾，殷商与古蜀便是最为典型和显著的例子。而远古时期的鸟图腾与鸟的神话传说，又通常与太阳崇拜和太阳神话有着极其密切的关系。而在这方面，古蜀则尤为突出，《山海经》中的有关记述和三星堆考古发现提供的丰富资料便是最好的说明。

帝俊作为南方神话系统中玄鸟的化身，所以帝俊的子裔都和神奇的鸟儿结下了不解之缘。比起那些奉神鸟为部族图腾和有“使四鸟”传说的帝俊凡间子裔来说，帝俊与羲和生的儿子就更为神奇了，他们是天上的十个太阳，既有人与神的特征，又是金乌的化身，是长有三足的踆乌，会飞翔的太阳神鸟。《大荒东经》说：“汤谷上有扶木，一日方至，一日方出，皆载于乌。”《淮南子・精神篇》说：“日中有踆乌。”郭璞注解说：“中有三足乌。”这些便是对太阳作为金乌化身的说明和解释。也有解释为金乌乃日之精魂，或者如《洞冥记》中将三足乌说成是“日驭”，其基本意思则是一致的。我们在大量的汉代画像石、画像砖上，在长沙马王堆汉墓出土的帛画上，都可以看到画有

四川新都出土的汉代画像砖上的日轮金乌图

长沙马王堆汉墓出土的帛画上的金乌

三星堆二号坑出土的凤冠铜鸟

三星堆二号坑出土的青铜凤鸟

三星堆二号坑出土的青铜鸟

三星堆二号坑出土的A型青铜鸟形饰

金乌的太阳，这些便是十日神话广为流传的形象写照。它们在汤谷中洗浴并栖息在扶桑树上，每天轮流从东方的太阳神树扶桑飞向西方的太阳神树若木。这种形象而又神奇的景观，不仅显示了先民们附于神话之中的对日出日落的观察和感受，更充分展现了先民们关于树与鸟的丰富想象。值得提到的是，在《初学记》卷一引《淮南子·天文训》中，记述太阳由东向西运行，有“爰止羲和，爰息六螭，是谓悬车”之说，高诱注释这是“日乘车驾以六龙，羲和御之”，在黄昏前羲和至此而迴六螭的意思。袁珂先生指出，“羲和在《山海经》为日母，在《淮南子》又一变而为日御”，“至《洞冥记》乃又演变为三足乌驾日车”，这些都说明了神话的演变[1]。而这种不断演变广为流传的十日神话，则又透露出了先民们驭龙而行的想象，以及这种天马行空的想象与太阳神话的密切关系。

现在让我们再来看三星堆出土的青铜神树。这棵具有复合特征的古蜀盛大祭祀活动中的通天神树，不仅在树枝上铸出了“九日居下枝，一日居上枝”的太阳神鸟的生动造型，而且在树干上铸造了一条姿态矫健的神龙。这条具有丰富内涵的神龙，显而易见与太阳神话也有着非同寻常的关系。在三星堆

[1] 袁珂:《山海经校注》(增补修订本)，巴蜀书社，1993，第440–441页。

金沙遗址出土的太阳神鸟金箔饰

古蜀遗址出土的大量珍贵文物中，还有许多神奇的青铜鸟造型。其中有类似于青铜神树上太阳神鸟形态的立于花蕾之上的羽冠铜鸟，有立于铜座之上昂首扬羽其状如鸦的铜鸟，有长着方形冠羽和啄木鸟式尖喙的铜鸟，有鹰首状锐目勾状利喙的鸟头和鹰头状的铜铃，有生动逼真的铜鸡，还有神奇无比的立于树枝花果之上的人首鸟身像。此外，还有众多造型丰富多样的铜鸟形纹饰，在铜尊与铜罍上也铸造了众多的铜鸟，在铜人身形牌饰上则有线刻方式的变形鸟形纹饰。在一号坑出土的金杖上面平雕纹饰图案中，也有两对被箭穿颈的鸟，它们的形态与青铜神树上的神鸟十分相似，这显然说明了它们既有鸟图腾的含义，又与太阳神话关系密切。有不少学者推测，金杖上的图案，"在鱼的头部和鸟的颈部上压有一支箭，似表现鸟驮负着被箭射中的鱼飞翔而来的场面"[1]。"关于这幅鱼鸟图的解释，一般多指向蜀王鱼凫……射穿凫颈和鱼头，是不是在述说鱼凫败亡的故事呢？"[2]"杖上线刻四组鱼鸟草叶纹图案，可能是部族的图腾。"[3]三星堆出土的众多禽鸟中以凤鸟为最多，而凤鸟又是从玄鸟演化来的。这些鸟多为钩喙圆眼，形似鱼鹰，如果说青铜神"树上的飞鸟既是来往于人神之间的精灵，又可能代表着太阳和光明（金乌、踆乌），还可能是被崇拜的图腾标志"，那么"联系到金杖上的四组鱼鸟纹图案，我们认为这种鹰鸟可能是三星堆古人信奉的主要图腾之一，被作为氏族部落的标志和保佑神灵的代表"[4]。我们在前面已说过，同"商人有崇拜鸟的信仰，并将玄鸟奉为始祖"一样，"在这个时期蜀的柏灌、鱼凫、杜宇三氏君王都是崇拜鸟的，并以鸟为图腾，因而鸟在蜀人心目中有至尊神的地位"[5]。此外，不少学者还注意到，从考古文化分期上看，在这些铜鸟之前，三星堆文化已出现陶制的"鸟头形把勺"，其造型与

[1]《三星堆传奇——华夏古文明的探索》，台湾太平洋文化基金会，1999，第128页。

[2] 杜正胜：《人间神国——三星堆古蜀文明巡礼》，台湾太平洋文化基金会，1999，第33—34页。

[3] 赵殿增：《近年巴蜀文化考古综述》，《四川文物》1989年"广汉三星堆遗址研究专辑"，第7页。

[4] 赵殿增：《人神交往的途径——三星堆文物研究》，《四川考古论文集》，文物出版社，1996，第100页。

[5] 陈德安、魏学峰、李伟纲：《三星堆——长江上游文明中心探索》，四川人民出版社，1998，第50页。

青铜神树枝上所站之鸟极其相似，“其柄所刻之鸟实为‘凫’，代表凤凰，亦代表太阳鸟”[1]。

上面引述的这些看法，说明很多学者都注意到了凤鸟与太阳鸟在古代蜀人精神观念中的特殊地位。如果我们将《山海经》中记述的帝俊神话体系与三星堆古蜀遗址的考古发现结合起来进行探讨思索，问题就相当清楚了。古蜀时期的南方部族既然大都是帝俊的子裔，而帝俊又是南方神话中玄鸟的化身与十个太阳的父亲，所以便有了自成体系的十日神话以及与之密切相关的鸟崇拜观念。三星堆古蜀遗址出土的青铜神树与众多的铜鸟造型便是十日神话和鸟崇拜观念的形象展现。显而易见，这种自成体系的十日神话和浓郁的鸟崇拜观念并非来自殷商或东夷，而具有古蜀的显著特色。金杖上的鱼鸟图案以及神奇诡异的人首鸟身像便是极好的印证。

三星堆二号坑出土的青铜人首鸟身像（古代蜀人的绝妙创造）

金沙遗址出土的太阳神鸟金箔饰采用了精湛的切割技术，表现了四只神鸟绕日飞行的绝妙情景，如同一幅均匀对称的剪纸图案。《山海经》中帝俊的后裔都特别崇尚神鸟，大都有“使四鸟”的记述，在这些神话色彩很浓的传说记述中，除了十日神话与崇鸟观念，似乎还反映了一种驱使和驾驭太阳神鸟的想象，透露了古代先民们战胜自然的气概与希望。金沙遗址太阳神鸟金箔饰上刻画的绕日翱翔的四只飞鸟，显然就是“使四鸟”的生动写照了。制作者和使用者大约是以此来表明他们都是帝俊的后裔，以及他们对太阳神的无限崇奉之情。

三星堆二号坑出土的人首鸟身像，造型极其神异。其面部如同青铜小神树底座上的几尊跪坐小铜人像以及其他一些青铜

[1] 胡昌钰、蔡革：《鱼凫考——也谈三星堆遗址》，《四川文物》1992年“三星堆古蜀文化研究专辑”，第29页。

大汶口文化遗址出土陶器上的日出图案

大汶口文化遗址出土陶器上的日落图案

造像，风格一致，亦为戴面罩的形态，方面大眼，高鼻阔口，头上戴着奇异的冠，额间有饰件（已脱落）。但其眼球外凸和耳尖向外展出如同兽耳，又有点像青铜纵目人面像的特点。其身子则为鸟身凤尾造型，宽长的翅羽上下卷曲，尾羽好似孔雀开屏状，粗腿尖爪站立于枝头花果之上。据资料介绍，“此像是二号祭祀坑出土的小神树残件部分”[1]。值得注意的是人首鸟身像胸前的双圆圈图案，活脱脱是一个圆日的形状。如此奇异的造型，在考古史上是从未有过的发现，堪称是古代蜀人的绝妙创造。青铜小神树虽尚未修复，但参照青铜神树，两者除了有大小的区别，其造型和功能应是基本一致的。既然青铜神树上的铜鸟为“九日居下枝”的写照，那么神奇的人首鸟身像亦应为太阳神鸟的象征，也许就是“一日居上枝”的那只太阳神鸟。它那奇异的鸟身和羽翅，说明它是禽鸟中的精灵，是凤鸟和金乌的化身，而戴面罩的人面造型则显示出它具有神与人的特征。它那外凸的眼球和弯长的兽耳，又具有作为古蜀各部族祖先神灵象征的青铜纵目人面像的特征，表明它在古蜀盛大的祭祀活动中占有突出的地位，也是古蜀各部族崇拜的重要对象。其实，它就是古代蜀人运用丰富的想象力和高超的青铜铸造技艺精心塑造的太阳神形象。它同青铜神树一样，具有复合特征和丰富的内涵，显示了浓郁的古蜀特色。三星堆出土的青铜神坛上层亦有人首鸟身像，对此也是一个很好的印证，很可能具有相同的含义。

三星堆青铜人首鸟身像胸前的圆日图案，显然不是一种简单的纹饰，而具有明确的含义，很容易使我们联想到考古发现远古先民们留下来的太阳符号。在黄河下游地区大汶口文化遗址出土的陶器上，就发现有刻画的太阳符号，例如，山东莒县陵阳河出土的大汶口文化类型陶尊上就刻画着一个用圆圈表示的太阳，圆日下面是火焰云气纹和耸峙着的山峰[2]。此后，又多

❶《三星堆传奇——华夏古文明的探索》，台湾太平洋文化基金会，1999，第99页。

❷《中国大百科全书·考古学》，中国大百科全书出版社，1986，第83页图。

河南郑州大河村出土彩陶上的太阳纹（1）

河南郑州大河村出土彩陶上的太阳纹（2）

次发现圆日与火焰云气纹的刻画图像[1]。有的学者认为这是最古老的象形陶尊文字，“表示原始时代的‘日出而作，日入而息’，即前一个字（）表示太阳在熊熊火焰般的云霞中升起，后一个字（）表示太阳伴随着熊熊火焰般的云霞从山顶上落下去，这是合乎原始先民们对太阳视觉的形象说明”[2]。这些圆日刻画图像，不仅展现了先民们对太阳运动天象的观察，形象地摹画了日出之景与日落之景，还反映了远古时期已有“寅宾出日”与“寅饯纳日”的祭仪[3]，包含有“祈祷农业丰收，庆祝春季到来，摹画对太阳神举行祭祀场面”等多重意思[4]。在黄河上游辛店文化类型的彩陶上也发现有较多的太阳纹和圆日图像，例如，甘肃“东乡出土的一件双肩耳罐上共画了十二个太阳，而郑州大河村出土的仰韶文化晚期的彩陶罐上也画有十二个太阳，是否当时已有将一年分成十二个单元的观念，或是纯属巧合，有待更多的考古资料来证实”[5]。彩陶上的十二个太阳图像确实是非常有意思的现象，应是远古时期先民们对太阳观念的真实表现。先民们的太阳观念中很可能包含了太阳崇拜与太阳神话，也许向我们透露了这样的信息：远古时期不仅有十日神话，也有十二日神话。就像古代各种太阳历法中的差异一样，例如，

[1]《山东文物纵横谈》，中国广播电视出版社1992，第20-23页。

[2] 陆思贤：《神话考古》，文物出版社，1995，第78-79页。

[3] 陆思贤：《神话考古》，文物出版社，1995，第82页。

[4]《山东文物纵横谈》，中国广播电视出版社，1992，第23页。

[5] 张朋川：《中国彩陶图谱》，文物出版社，1990，第73页。

三星堆二号坑出土的青铜太阳轮器

远古羌戎创造了“十月太阳历”曾在夏代与后来的彝族中使用并流传，远古由亚洲经白令海峡迁去美洲的印第安人部落族系之一的墨西哥玛雅人创制了十八个月的太阳历[1]，古埃及、古印度、古巴比伦、古罗马等许多地方则使用十二个月的太阳历，而这些古代历法都源于先民们对太阳与天象自然的观察，那么远古时期出现与形成不同的太阳神话也就不足为奇了。此外，我们在各地远古时期遗留下来的崖画上也能看到大量的太阳图像，展示了先民们丰富多彩的有关太阳的观察、感受、想象、尊崇和敬畏、祈祷与祭祀，以及赋予原始宗教含义的各种形象摹画和艺术表现。

正如叶舒宪先生在论述神话思维的空间观念时所指出的：“人类自新石器时代进化到农牧定居阶段以后，原始宗教的重心便从狩猎巫术和图腾崇拜转向了自然崇拜。”而在各种自然现象中，对人类生活和思想影响最大的便是太阳。“因此，在大多数脱离了以狩猎和采集为主要生活方式的文化区域中，都不约而同地产生了对太阳的崇拜。伴随着新石器时代向铜器时代过渡的文明史进程，先民们留下的早期精神遗产之中，与太阳崇拜相关的神话、传说、史诗、歌谣、仪式、礼俗、建筑、历法、象形文字、造型艺术、歌舞表演等，几乎随处可见。”[2]苏联学者谢·亚·托卡列夫也指出：青铜时代确有太阳崇拜之风，发现的太阳形象“或呈现为盘状，或呈现为轮形（带有光束或并无光束），或呈现为圆形，中有‘十’字，如此等等”，并认为“青铜时代的太阳崇拜，其萌生显然为农业经济趋于繁盛所致；据民间观察，太阳为丰饶的主要赐予者。另一方面，太阳崇拜又是社会分化的反映，氏族—部落贵族此时已分离而出——而依据可供类比的民族志材料推知，氏族—部落贵族自命为太阳神的后裔”[3]。也就是说，产生太阳崇拜有两大原因：一是太阳充当了农业丰产的赐予者；二是氏族部落中分化出来的贵族阶

❶ 刘尧汉：《彝夏太阳历在世界文化史上的地位和展望》，《西南民族研究》（二），四川民族出版社，1987，第385-427页。

❷ 叶舒宪：《中国神话哲学》，中国社会科学出版社，1992，第201页。

❸［苏联］谢·亚·托卡列夫：《世界各民族历史上的宗教》，魏庆征译，中国社会科学出版社，1985，第39页。

三星堆二号坑出土的圆日形铜挂饰

三星堆二号坑出土的圆形铜挂饰

三星堆二号坑出土的圆形铜挂饰

三星堆出土的神殿（修复前的顶部与屋盖）

广西花山岩画中的祭日场面

广西花山岩画描绘的祭日场景

层出于与太阳神攀亲的需要。叶舒宪先生认为，太阳崇拜原始的“本质的原因在于人类通过太阳的运动规则确立了最初的空间意识和思维结构”[1]。结合到三星堆的考古发现来看，古蜀国这个时期农业已相当发达，青铜文明高度繁荣，社会阶层也已有了明显的分化，精神世界更是绚丽多彩，太阳神话与太阳崇拜观念也顺理成章地展现出空前昌盛的情形。不仅有青铜神树和铜鸟作为十日神话的形象体现，而且三星堆还出土了许多与太阳神话和太阳崇拜观念有密切关系的器物，比如，青铜太阳轮（又称“铜太阳形器”）、圆日形状的青铜菱形眼形器、有圆日图像的青铜圆形挂饰、四面坡状神殿屋盖上的圆日图像、胸前有圆日图像的人首鸟身像等。非常有意思的是，神殿屋盖上的圆日图像，呈现为带有光束的轮形，每边三个，四边共十二个，与彩陶上的十二日图像十分相似，无疑有着重要的启示意义，说明古蜀时期的太阳神话与太阳崇拜观念是极其绚丽多彩的。其中很可能也包含了古代蜀人通过对太阳天象的观察而产生的对季节的感受，展示了古代蜀人的空间意识和思维结构。

这里我们又要提到人首鸟身像胸前的圆日图像，弄清它的象征含义对我们探讨和认识三星堆出土的其他器物将有非常重要的作用。许多学者通过对出土文物上面太阳图案与太阳纹饰的研究后指出，先民们最初描绘的太阳神形象大都是写实的圆

[1] 叶舒宪：《中国神话哲学》，中国社会科学出版社，1992，第202页。

日形状。而由于想象和观察的差异，先民们摹画的圆日形状各地并不完全一样，甚至同一幅图案中的圆日形状也不一致。有的是画一个圆圈象征太阳神，有的圆圈内还画有一黑点，有的则画为双圆圈或多圆圈，有的在圆圈周边以短直线画出了光芒，还有的画为半圆形，四周有光束，如朝阳初升状。黄河流域上游与中游出土的辛店文化与仰韶文化彩陶以及青海、广西、内蒙古、江苏等地远古时期遗留下来的岩画，在这方面为我们提供了丰富的图案资料。而“人面形太阳神形象是拟人化、抽象化的产物，是较高一级的太阳神形象”[1]。例如，内蒙古贺兰山岩画中，便有许多人面形太阳神形象，“大多数的神像，头上光芒四射的灵光，颇似太阳光，有的简直像一个金光万道的太阳的形象，只是中心部分有人的五官，这种形象兼用了人和太阳的形象，即太阳的人格化和人的太阳化，将两者巧妙地糅合在一起了”[2]。联系到三星堆出土金杖图案中的人面形象，那圆日形的脸与光芒状的头冠，不也同样是人面形太阳神的形象吗？而那呈现微笑状的五官，与众多的青铜造像面部表情不同，似乎带有外来文化的因素。在先民们崇拜太阳的观念中，太阳不仅是农牧业丰产之日神，也是一些民族和王权的保护神，此外，还是光明正大、明察秋毫之神[3]。具有丰富象征含义的三星堆金杖，图案中的人面形太阳神似乎也正显示了这多层意思。当然，更为清楚的则是青铜人首鸟身像胸前的圆日图像，与彩陶和岩画上的表现形式完全一样，应是对太阳的如实摹画。其用义显然是为了更加突出青铜人首鸟身像的神奇身份，明确无误地告诉人们青铜人首鸟身像是古蜀国太阳神的象征。

与青铜人首鸟身像胸前圆日图案相印证的是青铜太阳轮的造型，中间为圆凸形，周围是呈放射状的五芒，芒外有一周圆晕圈，也是采用双圆圈形式对太阳的形象摹画。三星堆出土的数件直径达 85 厘米的青铜太阳轮，其用途和象征含义起初一直是个谜。二号坑发掘简报中称其为“车形器”[4]。林向先生认

[1] 何星亮：《中国自然神与自然崇拜》，生活·读书·新知三联书店，1992，第 163 页。

[2] 盖山林：《内蒙古贺兰山北部的人面形岩画》，《中央民族大学学报》1982 年第 2 期。

[3] 何星亮：《中国自然神与自然崇拜》，生活·读书·新知三联书店，1992，第 150–155 页。

[4]《广汉三星堆遗址二号祭祀坑发掘简报》，《文物》1989 年第 5 期，第 2 页。

为："车形器"可能是"轮形器"之误[1]。陈显丹先生在1990年发表的一篇文章中则称之为"车轮"[2]。这种简单而牵强的定名，说明发掘整理三星堆出土器物的文物工作者尚未深入探讨和弄清其内涵。直至相隔数年后，在一些出版的图册中才改称为"铜太阳形器"。在此期间，林向先生结合出土材料与文献记载，对这些奇妙的"轮形器"作了探讨，认为"此'轮形器'不是'车轮'，而可能是干盾的铜饰"，"总之，三星堆出土的'轮形器'，从形制的横向比较，或源流演化来考察，很可能是青铜盾饰。希望以后的田野发掘中，注意易朽物品漆、木、藤、革之类的盾牌遗迹。目前，不好解释的是，这种三星堆圆盾太重，手执作战有困难。考虑到它是作为宗教仪式舞蹈中的陈设，还是可能的"[3]。不能说林向先生的考证没有道理，作为古蜀祭祀活动中的陈设装饰的推测应该是成立的。但这种推测只限于其用途方面的可能性，却没有说清其性质和内涵。随着学者们研究探讨的深入，现在对这些"铜太阳形器"的认识已经比较清楚了。它们同样是古蜀太阳崇拜观念的产物，是祭祀活动中用于表现这种浓郁的太阳崇拜观念的一种非常重要而形象的装饰器物。

值得我们注意的是，三星堆还出土了大量青铜菱形或三角形装饰器物。这些菱形器物（三角形可由两个或四个拼成菱形）最突出的特征便是中间的圆凸形和"铜太阳形器"中间的圆凸形完全一样。发掘整理者将它们称为"铜菱形眼形器"。若将它们与三星堆青铜造像群橄榄核状立眼或杏状立眼以及纵目人面像圆柱状眼相比较，差异是相当明显的。其实，它们也是圆日形状，是太阳崇拜观念的形象表现。它们四角有安装固定使用的圆穿孔，显示了它们在祭祀活动中的装饰作用。无论是尺寸还是造型，它们并非都是组合成铜像的眼睛，而是直接安装在木板、墙壁、土台等上面使用的祭祀装饰器物。日本学者林巳奈夫在《帝舜考》中曾论述了"重瞳"与太阳神话的关

[1] 林向：《巴蜀文化新论·蜀盾新考》，成都出版社，1995，第147页。

[2] 陈显丹：《广汉三星堆青铜器研究》，《四川文物》1990年第6期，第26页。

[3] 林向：《巴蜀文化新论·蜀盾新考》，成都出版社，1995，第147页、第159页。

三星堆二号坑出土的青铜菱形眼形器

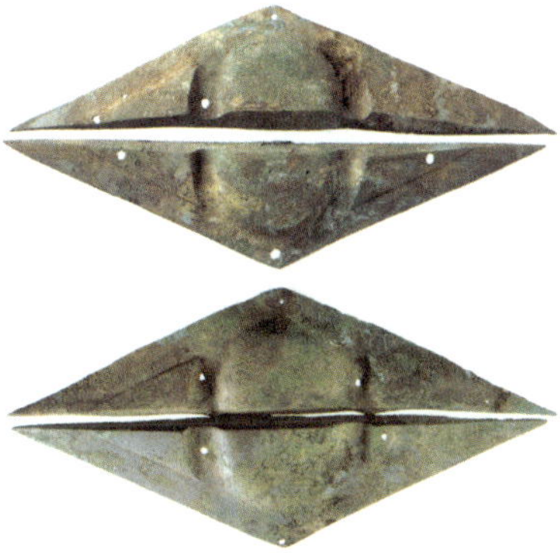

三星堆二号坑出土的青铜菱形眼形器

三星堆二号坑出土的青铜菱形眼形器

三星堆二号坑出土的青铜菱形眼形器

系，萧兵先生也指出：“原始思维每以‘眼睛’为太阳的意象或象征。”[1]由此来看，三星堆出土的菱形或三角形装饰器物，即使给人以好像眼睛的感觉，其表现的依然是太阳的意象或象征。这说明古蜀时期的太阳崇拜观念确实是极其昌盛的。让我们想象一下，古蜀国盛大的祭祀场面装饰着如此众多的圆日图像，加上与太阳神话密切相关的丰富多彩的造型器物，势必造成强烈的震撼，给人以无比神奇的感觉。而这显然正是古代蜀人大量创造并使用它们所希望达到的一种祭祀效果。

在太阳神话的起源和流传过程中，我们还应提到射日的神话传说。帝俊和羲和所生的十个太阳轮流运行，为世界带来了光明和温暖。如果十日并出，便会造成灾难。由于太阳是金乌的化身，在久旱不雨的远古时期，先民们便有了射日的想象。据东汉王充《论衡·感虚篇》中记述说：“儒者传书言，尧之

[1] 萧兵：《楚辞的文化破译》，湖北人民出版社，1991，第 81 页。

《山海经》中持彤弓素矰“弹乌解羽”的羿

时，十日并出，万物焦枯。尧上射十日，九日去，一日常出。”所谓儒者传书，可能是指《庄子·齐物论》中已有“昔者十日并出，万物皆照”（此四字郭璞引文作“草木焦枯”）的记述，说明这一传说由来已久。在西汉刘安《淮南子·本经训》中，对此另有一段比较详细的记述，“尧之时，十日并出，焦禾稼，杀草木，而民无所食，尧乃使羿射十日，中其九日，日中乌尽死”，于是天下又恢复了正常，“万民皆喜，置尧以为天子”。由这些记述可知尧与羿都是古代传说中射日的英雄，而羿射日的神话传说在后来流传得更为广泛。据袁珂先生考证，“关于射日除害神话，初本有两种民间传说，一属之尧，一属之羿。属之羿者更占优势，后人乃于古本《淮南子》‘尧乃’下增‘使羿’二字，以为今本状态，于是尧射日之神话遂泯，羿射日之神话独昌焉”[1]。我们在汉代画像石、画像砖上便能看到表现神话传说中羿射日的画面。这些画面中通常刻画有一棵高大葱郁的扶桑太阳神树，以栖息在上面的金乌象征九日，羿在树下弯弓射日，姿态极其神武。如果说起源于远古时期的太阳神话反映的是先民们对宇宙的一种想象和认识，那么射日的传说透露的则是战胜自然灾害的强烈愿望了，而这正是华夏先民们精神世界中的一大鲜明特色。

射日神话与南方神话传说有着极其密切的关系，根据先秦典籍中的有关记述来看，很可能就是南方神话传说的产物。《山海经·海内经》说：“帝俊赐羿彤弓素矰，以扶下国，羿是始去恤下地之百艰。”袁珂先生认为，这段记述非常重要，实及“羿神话之大要”，文中一曰“下国”，再曰“下地”，表明了“羿初本天神”的身份，到《淮南子·本经训》中详述了羿除诸害，

[1] 袁珂：《山海经校注》（增补修订本），巴蜀书社，1993，第310页。

上射九日的传说，可以说“羿之主要功业亦毕于此，然所记之羿已非天神而为尧臣，盖已由天神变为神性英雄”[1]。值得提到的是，唐代西华法师成玄英注疏《庄子·秋水篇》曾引用古本“《山海经》云，羿射九日，落为沃焦”[2]，今本《山海经》中没有这段文字，应是成玄英见过的古本，说明羿射日除害本是远古神话，早在《淮南子》之前就已广为流传。这在《楚辞·天问》中也可得到有力的印证：“羿焉彃日？乌焉解羽？”可知成书于战国时期的屈赋中已记述了羿射日的传说。萧兵先生认为《天问》与当时的壁画题铭有着密切关系，以“谜”和“题”的方式记录了那些古老的问题[3]。《楚辞·天问》中还有一句很重要的记述：“帝降夷羿，革孽夏民。”这里所说的帝，应该就是《山海经·海内经》中赐羿彤弓素矰的帝俊。而对夷羿却有不同的解释，或认为羿乃东夷民族的主神故称夷羿，或将羿与传说中的夏代有穷后羿混为一谈。实际上，羿是神话中的英雄之神，后羿是《左传》等记述的历史上的诸侯，并非一人。

羿射九日图（局部）

河南南阳出土的汉代画像石上的羿射九日图

关于“夷”，商周时期已形成“四夷”观念，如《尚书·大禹谟》“无怠无荒，四夷来王”，《尚书·毕命》“四夷左衽”，是中原华夏族对四方民族或部族的统称，并不一定专指东夷，更多的则是指西南夷。譬如，《史记》与《汉书》皆称西南地区的各民族为西南夷，而称沿海地区为吴、越，对于南方则称南蛮为滇越或骆越，可知“夷”主要是指长江流域上游地区。上古夷人就以制造弓矢而出名，有学者认为“夷”字的写法就表示

[1] 袁珂：《中国神话传说词典》，上海辞书出版社，1985，第308页。

[2] 郭庆藩：《庄子集释》第3册，中华书局，1961，第565页。

[3] 萧兵：《楚辞文化破译》，湖北人民出版社，1991，第841页、第843页、第870页、第981页。

一个背着弓箭的人。任乃强先生认为："'夷'字，本取负弓引矢，狩猎民族之义。《西南夷》之夷字，用此义；非同《尔雅》'东方曰夷'之义。"[1]可见西南夷擅长狩猎，很早就以制作弓箭闻名于世了。

蒙文通先生在深入研究《山海经》后曾指出："我认为《海内经》这部分可能是出于古蜀国的作品，""《大荒经》部分可能就是巴国的作品。至于《五藏山经》《海外经》等九篇……就很可能是接受巴、蜀文化以后的楚国作品了。"[2]显而易见，《海内经》既然是古蜀国的作品，记述的帝俊与羿同古蜀国自然有着非同寻常的密切关系。袁珂先生在这方面则持不同看法，认为"《山海经》是楚人所作"[3]，帝俊"本是殷民族奉祀的始祖神，殷亡后有关他的神话可能还流传在殷后裔的宋人口中"，因宋楚接壤而流入楚国，而"楚人本是夏人的旁支，故黄帝、颛顼亦为所共祖。这就是《山海经》成书最早的《大荒经》以下五篇兼记了大量有关帝俊和黄帝、颛顼等人神话的缘由"[4]。茅盾先生也曾作过探讨："古史上是没有帝俊的，""从帝俊有妻娥皇这一点而观，俊也许就是舜。总之，这是一个悬案。"但帝俊在《山海经》中享有"主神"的资格则是肯定的。至于羿，茅盾先生认为，《山海经》与《淮南子》记述的"神性的羿实是希腊神话中建立十二大功的赫拉克勒斯那样的半神的英雄。我们看羿诛凿齿，杀九婴，缴九凤，射十日，杀猰貐、修蛇、封豨，无往而不胜利，正和希腊的赫拉克勒斯之无往而不胜一样。在历史初期，这个羿一定是民间艳称的半神的英雄，'妻雒嫔'一定也是羿神话中的一个恋爱故事，正和赫拉克勒斯一样。后世史家将这神话的羿来历史化，就成为尧之臣的羿，再变而为有穷后羿了"[5]。

综合以上多种看法，我认为蒙文通先生的观点是相当精辟的，三星堆考古发现揭示了古蜀国昌盛的太阳神话和太阳崇拜观念，展现了与帝俊神话体系密切的关系，便是很好的印证。

[1]（晋）常璩撰，任乃强校注：《华阳国志校补图注》，上海古籍出版社，1987，第231页注③。

[2] 蒙文通：《巴蜀古史论述》，四川人民出版社，1981，第168-169页。

[3] 袁珂：《神话论文集》，上海古籍出版社，1982，第2页。

[4] 袁珂：《中国神话通论》，巴蜀书社，1993，第180-181页。

[5] 茅盾：《神话研究》，百花文艺出版社，1981，第215-220页。

茅盾先生也强调了帝俊在《山海经》中所记述的南方神话体系中的重要性，而对羿的分析也十分精彩。我们也由此可知，十日神话与射日的传说皆起源于长江上游和蜀地，应该是不争的事实。属于帝俊神话体系的羿的传说，很可能起源于《山海经》，而后在长江流域和许多地区都有了广泛的流传。古蜀国与周边区域自然也包含在射日神话广为流传的范围之内。三星堆出土的金杖上有羽箭穿过鸟颈的图案，会不会就是射日神话的一种反映呢？尽管这只不过是一种分析和猜测，但金杖图案已生动形象地透露了古蜀国制造和使用羽箭的信息，说明早在3000多年前的商周时期甚至更早，古蜀先民就已经能熟练地使用弓箭了。弓箭可以射猎鸟兽或射鱼，也可以武装军队，展现强悍的力量。由于上古时期发生了严重的旱灾，思维活跃、富于创造的古蜀先民们因之而产生射日的想象和传说，也是很自然的事情。

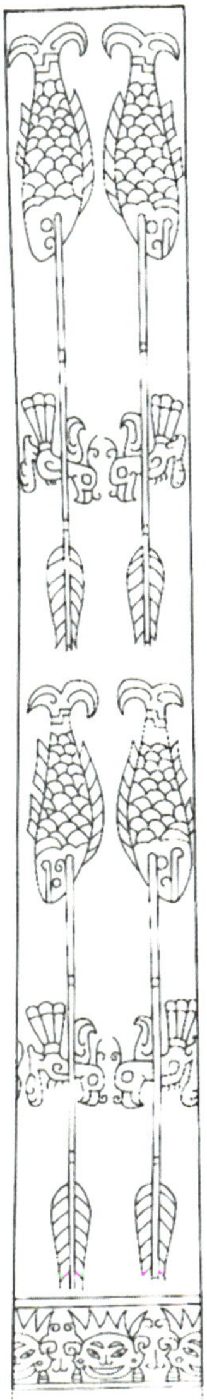

三星堆一号坑出土的金杖与图案

鲁迅先生在论述神话与传说时曾指出："昔者初民，见天地万物，变异不常，其诸现象，又出于人力所能以上，则自造众说以解释之：凡所解释，今谓之神话。神话大抵以一'神格'为中枢，又推演为叙说，而于所叙说之神，之事，又从而信仰敬畏之，于是歌颂其威灵，致美于坛庙，久而愈进，文物遂繁。故神话不特为宗教之萌芽，美术所由起，且实为文章之渊源。"[1]茅盾先生也指出："各民族的神话是各民族在上古时代（或原始时代）的生活

[1] 鲁迅：《中国小说史略》，《鲁迅全集》第9卷，人民文学出版社，1981，第17页。

广西花山岩画中的英雄崇拜

云南沧源岩画中的太阳崇拜

和思想的产物。”《山海经》中所包含的神话材料便显示了“初民的知识的积累，其中有初民的宇宙观，宗教思想，道德标准，民族历史最初期的传说，并对于自然界的认识等等”[1]。三星堆考古发现所揭示的古蜀时期绚丽多彩的太阳神话便正是如此，亦是古代蜀人生活与精神观念的精彩反映，而且通过造型艺术给予了充分的展示，成为古蜀国盛大祭祀活动中的重要内容。曾有学者指出：“日与鸟合而为一，或把鸟作为太阳的象征，正是图腾崇拜与自然崇拜相互整合的结果。”[2]如果说三星堆出土的太阳神鸟和通天神树显示了古代蜀人崇拜观念中丰富多彩的内涵，那么射日的神话传说则透露出这种崇拜观念的发展和演变，在昌盛的太阳崇拜和通天神树崇拜之外还盛行着英雄崇拜。正如有的学者所述：“射日神话广泛流传于我国南方各少数民族中，表明它原是南方初民所始创。随着南方与北方的人们的交融，到战国时，射日神话流传到北方，羿除害神话流传到南方，人们才使羿有了射日之举。”“但神话极其夸张旱热，目的在于突出射日英雄即上古人民的大无畏精神。”[3]三星堆出土的金杖图案中那四支贯穿鱼鸟的利箭，便洋溢着强烈的大无畏精神，给人以英雄豪放之感，而这种英雄豪放的气概，更是三星堆青铜造像群的显著风格，是古蜀国的能工巧匠们着意塑造表现的一种精神面貌。这些都显示了英雄崇拜观念的盛行，和射日神话所要表现的英雄精神可以说是完全一致的。联系到金杖图案中

[1] 茅盾：《神话研究》，百花文艺出版社，1981，第127页。

[2] 何星亮：《中国自然神与自然崇拜》，生活·读书·新知三联书店，1992，第166页。

[3] 刘城淮：《羿与后羿》，《中国神话》第一集，中国民间文艺出版社，1987，第214页。

那表情豪放欢快的人面像，会不会就是无往而不胜的射日英雄的写照呢？这和我们前面推测其为人面形太阳神的形象并不矛盾，有不少学者认为，射日的羿即是中国的阿波罗太阳神[1]。

总而言之，古代蜀人的精神观念有着极其丰富的内涵。三星堆考古发现所揭示的太阳崇拜观念和太阳神话传说以及前面已论述的神树崇拜等，都是其中的重要组成部分。除此之外，还有神仙崇拜、龙凤虎蚕等动物图腾崇拜、浓郁的原始巫教色彩等，构成了复杂而又庞大的系统。

[1] 唐愍：《我国上古的太阳神》，《中国神话》第一集，中国民间文艺出版社，1987，第 232–234 页。

神山祭祀与天门观念

三星堆考古发现告诉我们，古蜀国举行盛大的祭祀活动，有着丰富多彩的祭祀内容和祭祀形式。古代蜀人的祭祀对象包括祭祀天神、祭祀祖先亡灵和各种自然神灵，也包括祭山、祭天、祭地、祭日等。虽然传世文献在这方面没有详载，但从出土器物看，殷商时期青铜文明已经相当发达的古蜀国，不仅有一整套宗教礼仪用品和宗庙用器，而且反映出古蜀国已经有了较为发达的宗教礼仪制度。

如果说三星堆青铜造像群表现的是古蜀国规模宏大的祭祀场面，代表的是蜀王和各部族首领组成的群巫集团，以展示出占据主导地位具有震撼效果的神权与王权的象征，那么出土的铜尊、铜罍等青铜器物，则属于祭祀用品了。而种类繁多的玉石器如璋、璧、琮、瑗、环、戈之类，显然也是礼仪用器。它们数量众多，有专门加工的作坊，在祭祀活动中很可能是作为向神灵奉献的祭品。还有出土的象牙、海贝、铜贝之类，也很可能是祭祀活动中奉献给神灵的祭品。此外，还有一些器物，例如，有些学者认为“出土的金杖、刻有人物图案的‘边璋’等，可能与巫术有关，应归类于法器”[1]。

古蜀国的祭祀活动，其整个进行过程究竟分为几个步骤？

[1] 陈德安、魏学峰、李伟纲:《三星堆——长江上游文明中心探索》，四川人民出版社，1998，第 21 页。

进行多长时间？或有哪些项目和仪式？由于缺乏原始文字记载，我们很难作清晰的描述。如果探讨其祭祀形式，大致推测可能有群巫集团主持下的巫师作法、祈祷、献祭等。从出土资料看，献祭的方式又有多种。第一种方式是用手握执祭品向神灵奉献，青铜造像群中便有许多这类造型，最有代表性的是二号坑出土的执璋跪坐小铜人，便是典型的双手执握铜璋向神灵奉献状。第二种方式是头顶礼器向神灵奉献，二号坑出土的一尊喇叭底座跪坐顶尊青铜人像，其形态姿势便是对这种奉献方式最好的形象说明。第三种方式是将祭品放入青铜容器或陶器内奉献给神灵，例如，一号坑出土的龙虎尊、二号坑出土的高圈足尊内都分别装有海贝、玉环、玉管、玉珠等祭品，显然是作献祭用的。第四种方式是埋放祭品用于奉献神灵，三星堆出土的许多埋藏于不同地点的玉石器，很可能与这种献祭方式有关；而最为生动形象的是一件“边璋”上刻画的图案中有埋放的玉璋和象牙的形象，便是对这种献祭方式最好的图释。此外，在古蜀国规模宏大而又丰富多样的祭祀活动中，很可能还有“燎祭”的形式。如一号坑发掘简报中便提到坑内有很厚一层烧骨渣，里面掺杂有竹木灰烬，发掘整理者推测“这些骨渣是将用于祭祀的牺牲‘燔燎’的结果”，并指出甲骨文中有关“燎祭”的卜辞屡见不鲜。联系到一号坑出土的金器、青铜器、玉石器、陶器、象牙、贝等均用火烧过，因而认为“这些遗物是在举行一次规模浩大、祭典隆重的‘燎祭’活动后瘗埋下的”[1]。二号坑发掘简报中也认为：“二号坑出土的遗物均有火烧过的痕迹。结合文献

三星堆一号坑出土的玉璋

三星堆二号坑出土的玉璋

[1]《广汉三星堆遗址一号祭祀坑发掘简报》，《文物》1987 年第 10 期，第 4 页、第 14 页。

三星堆二号坑出土的小型持璋铜人像

记载，我们推测，当时的祭祀应有‘燔燎’祭天、‘瘗埋’祭地、‘悬庪’祭山等形式，二号坑正是一次重大综合祭祀活动的遗存。”[1]从文献资料看，《礼记·祭法》曰：“燔柴于泰坛，祭天也；瘗埋于泰折，祭地也。”《尔雅·释天》云：“祭天曰燔柴，祭地曰瘗埋，祭山曰庪悬，祭川曰浮沉。”《说文》中也有“烧柴尞祭天”与“尞柴祭天”之说，注释为周礼祭天神之义。参照甲骨文中有关的卜辞，可知这是商周时期中原地区的重要祭祀方式。古蜀与殷商有文化交往，在祭祀方式上也很可能受到中原的一定影响。但如果简单套用中原文献，过分夸大“燎祭”在古蜀国祭祀活动中的性质和作用，又未免过于牵强，显然是不恰当的。三星堆的考古发现告诉我们，古蜀国盛大的祭祀活动不论内容还是形式上都显示出与中原不同的鲜明特色。如果说一、二号坑内的大量器物皆是“燎祭”活动后瘗埋下的，显然与古蜀国丰富多彩的祭祀内容和祭祀形式不相吻合。这种情形即使在殷商王朝也“从未见一次祭祀要掩埋掉数百件青铜器以及金器与玉石器的例子”，在古蜀国“如果举行一次祭祀就要耗费掉近千件器物，其国力是否能够承受得了？”[2]很多学者都对此发表了不同的看法，我们在第一章探讨祭祀坑性质的时候已经有所论述。

这里需要特别提到的是，三星堆二号坑出土的“边璋”图案，究竟告诉了我们一些什么？这确实是一个非常值得深入探讨的问题。二号坑出土的这件长 54.2 厘米、宽 8.8 厘米呈刀形的“边璋”，上宽下窄，采用阴刻的艺术手法，对称性地刻画了两组非常奇妙的图案。在这些图案中，有不同姿势穿戴的人物，有隆起的大山，有平行线条和云气纹等装饰纹饰，有富于象征

[1]《广汉三星堆遗址二号祭祀坑发掘简报》，《文物》1989 年第 5 期，第 19 页。

[2] 张肖马：《“祭祀坑说”辨析》，《四川考古论文集》，文物出版社，1996，第 76 页。

意味的圆圈和方形符号，有竖立的牙璋与横置的象牙等，柄部还有圆孔。关于这件重要玉器的定名，发掘简报中将其称为“边璋”，此后许多文章著述图册中都沿用了这一名称。据陈德安先生解释：“清人吴大澂著《古玉图考》中将一种大约类似梯形的多孔石刀残片称作‘边璋’。简报将此璋亦称作‘边璋’，大概是缘于此。”[1]其实这个定名是值得推敲的，查吴大澂《古玉图考》原文中所说边璋乃是一种小型玉器：“所云边璋七寸射四寸是也。”又说：“郑康成曰于大山川则用大璋加文饰也，于中山川用中璋杀文饰也，于小山川用边璋半文饰也。”[2]

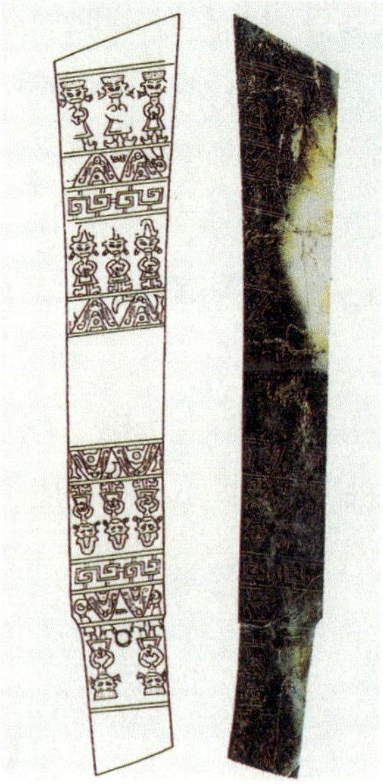

三星堆二号坑出土玉璋与图案

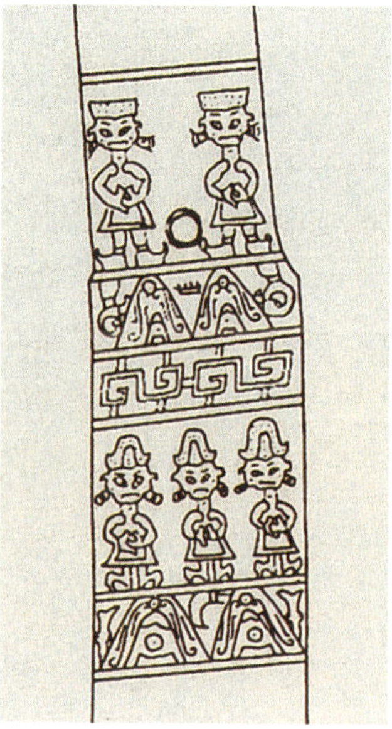

三星堆二号坑出土玉璋图案（局部）

这是郑玄对《周礼·冬官考工记·玉人》文中的一段注释[3]。以此来看三星堆这件玉璋，不论是尺寸或纹饰图案，都应是大璋而非边璋。有的学者也对此提出了疑问，认为从《周礼》所述和汉儒注解可以体会到大璋、中璋、边璋是根据形体大小确定的名称，边璋就是小璋，“被三星堆祭祀坑发掘者称为‘边璋’的器物，长度为54.2厘米，显然不能用‘小’来概括”[4]。在新近出版的《三星堆祭祀坑》综合发掘报告中已重新定名为“AB型玉璋”。此外，陈德安先生在文中提到这件玉璋为“青黑色，上有灰色斑纹，全器在燎祭的过程中经火燎变质而出现龟裂纹”，关于“燎祭”的说法也值得推敲。其实图案本身已对这类玉璋的使用方式作出了明确的说明，它们是邸（柄）端向下置放于山腰两侧，是祭祀山川的一种方式，与燎祭毫不相干。其烧痕当另有原因，显然与古蜀国的某种意外变故有关。

[1] 陈德安：《浅释三星堆二号祭祀坑出土的“边璋”图案》，《南方民族考古》第3辑，四川科技出版社，1991，第85页。

[2] 桑行之等编：《说玉》，上海科技教育出版社影印本，1993，第628页。

[3]（清）阮元校刻：《十三经注疏》上册，中华书局影印本，1980，第923页。

[4] 李天勇、谢丹：《璋的考辨——兼论三星堆玉器》，《四川文物》1992年“三星堆古蜀文化研究专辑”，第60页。

抛开这些可作推敲和商榷的几点疑问，客观来看，这确实是一件极其重要而独特的玉璋，尤其是上面刻画的神奇的图案，更显示出了浓郁的古蜀特色。不少学者都注意到了这一点，如香港中文大学的杨建芳就指出：“三星堆祭祀坑出土玉器中，为数较多而又最引人瞩目的，是仿中原的玉礼器（牙璋、边璋、琮及石璧）、玉武器（戈）和装饰品（有领环），这一现象充分显示中原玉雕对蜀人玉雕影响的强烈。然而，仔细观察分析，不难发现其中不少具有非中原玉雕的特点。这说明蜀人进行仿造时，并未严格按照中原玉雕的章法格式，或增加本地（族）特色，或创造新的款式”，“最特别的是一件边璋，其上雕有人物、山岳、牙璋、云气等形象。这些做法可能都有一定的用意，却与中原牙璋及边璋全为光素无纹饰的特点不符。”[1]这件玉璋图案是殷商考古和其他区域文明考古从未发现过的，它显示了极为丰富的内涵，不仅形象地刻画了古蜀国的祭祀情景，展现了古蜀时期的宗教习俗，更是古代蜀人精神观念的生动写照。图案中既有对人间社会与天地自然的如实描绘，更有对神灵世界的奇异想象。图案画面的排列组合以及由线条纹饰构成的图案布局，也同样具有丰富的含义。

玉璋图案中最显著的内容，一是人物，二是山川。几组画面所表现的都是两山和三人的组合格局。采用对称布局刻画的上下两幅图案，内容基本相同，差异之处在邸（柄）端一组图案，人物只刻了两人而非三人，推测可能是由于邸（柄）端较窄的缘故。图案中的人物形象分为立式与跪式两种姿势，穿戴上一种戴平顶帽，另一种戴的是“拿破仑式”的帽檐上卷的穹隆顶帽，似乎是巫祝和神灵的象征。图案中的山川，不仅着重刻画了两座高耸的山峰，而且在大山前又有小山，形成了山峦重叠之状。值得注意的是，在这些山峦的上部均刻画有“⊙”形符号，有的图圈中一点为一短横，并于符号左右两侧刻有云气纹。其“⊙”形符号显然是圆日的象征，与古蜀国昌盛的太

[1] 杨建芳：《早期蜀国玉雕初探——商代方国玉器研究之一》，《三星堆与巴蜀文化》，巴蜀书社，1993，第164–165页。

三星堆二号坑出土的象牙

金沙遗址象牙堆积坑

阳崇拜观念有关，而云气纹则表现的是山峦间云气缭绕的情形，以突出这些山峦的神秘感。这些山形与青铜神树座上的山形，造型一致，风格相同，显然也具有相似的象征含义。由此可知，玉璋图案中的山应是古代蜀人崇拜的神山或灵山。显而易见，图案中的画面描绘的是祭祀神山的情景。用多幅画面来表现这一情景，从艺术效果上看具有渲染和强调的作用，充分说明这是古蜀国一项非常重要的祭典，也可以说对神山的崇拜和祭祀在古代蜀人的社会生活与信仰观念中占有非常重要的地位。

图案内下组画面中刻画的置放于神山两侧的玉璋，也是对古蜀神山祭典的一种印证。从文献看，《周礼》中曾记载了西周春秋时期使用各种玉制礼器进行祭祀活动的礼仪制度，例如，《周礼·春官·典瑞》说“四圭有邸，以祀天、旅上帝。两圭有邸，以祀地、旅四望。祼圭有瓒，以肆先王，以祼宾客。圭璧，以祀日月星辰。璋邸射，以祀山川，以造赠宾客。土圭，以致四时日月，封国，则以土地。珍圭，以征守，以恤凶荒。牙璋，以起军旅，以治兵守”等。在《周礼·冬官·考工记》中更对这些玉制礼器的形制尺寸作了详述，并提到“璋邸射素功，以祀山川，以致稍饩”。据《十三经注疏》，“素功”就是“无琭饰也”[1]，也就是没有刻画纹饰图案的素面玉璋。从《周礼》的记载可知，这些主要是中原地区的礼仪制度，而且是西周春秋时期发展已经相当成熟完善的一整套礼仪制度。而古蜀国并未袭用这种模式，不论是宗教信仰观念或祭祀礼仪形式，均有较大的区别，显示出自己的鲜明特色。三星堆考古发现的玉石礼器主要有璋、戈、琮之类，而没有圭，便是很好的印证。但《周礼》中的有关记载，仍可作为我们探讨三星堆出土玉石礼器的参考。比如，《周礼》中关于“璋邸射素功以祀山川”的记述，便为我们判断三星堆玉璋图案中神山两侧玉璋的祭祀性质提供了依据。图案画面中刻画的玉璋，是作为祭祀山川的祭品使用的，也就是说，画面表现的是“插璋祭山”的情景，其使用方式是射端向上，邸（柄）端向下，置于神山两侧。有趣的是，画面中这种玉璋的射端如同植物新芽似的呈岔口刃状。自20世纪30年代以来，这种形制的玉璋在三星堆遗址多有发现，与其他区域考古发现的玉璋有比较明显的差异。中原传世文献说“半圭为璋”，三星堆这种迥然不同的玉璋显示了古代蜀人的发挥创造，其性质也并非用于军旅兵守的牙璋，而主要是用于祭祀神山沟通天地，具有浓郁的古蜀特色。在三星堆出土的青铜造像群中，亦有双手执握这种岔口刃状玉璋的跪坐小铜人，生动地展示了向神灵奉献的含义。以此来看，小青铜神树底座三面跪坐的小铜人像，其残断的双手很可能也是这种执握玉璋奉献于神灵的姿势。在他们身后那穹隆状的树座，显然就是玉璋图案中所刻画的神山的造型，而且采用阴刻纹饰与凸雕透雕等方式，铸造出了山峦重叠和云气缭绕之状。显而易见，玉璋图案与神树底座都形象地表达了神山祭祀的意思，说明这是古蜀国一项非常重要的祭典。

玉璋图案下边画面中，还刻画了悬置于左边神山内侧山峰处的一种粗大的弯尖状物，从形状上看，同三星堆出土的象牙

[1]（清）阮元校刻：《十三经注疏》上册，中华书局影印本，1980，第777–778页、第923页。

岷江上游的叠溪河谷

一样，可知刻画的应是象牙。古人很早就有使用象牙制作礼器的习俗，如《礼记·玉藻》说："笏，天子以球玉，诸侯以象。"殷墟卜辞中有"宾贞以象侑祖乙"，徐中舒先生主编的《甲骨文字典》释"象"为兽名，但究竟是以象牙为祭品或是以象为祭祀祖乙的牺牲，尚难判明。三星堆一、二号坑中均出土大量完整的象牙，后来金沙遗址考古发现了更多的象牙，在金沙遗址出土的玉璋残件上刻画了一人肩扛象牙做跪献状。这说明古蜀国确实有将象牙用于盛大祭祀活动的习俗，对殷墟卜辞中的有关记述也是一个很好的参照。玉璋图案中刻画的象牙更是对其祭祀用途的一种形象说明。为什么将象牙与玉璋一起用于神山祭祀？陈德安先生认为，是因为"象牙的色泽、质感与玉相同，在祭祀礼仪场合，将两者配合使用，作为祭祀山川神祇之用品"，所以图案中刻画的便是"悬插于山上、用于祭祀山神的

茂县营盘山遗址（考古人员在这里发现了大量石棺葬）

象牙”[1]。江玉祥先生则认为，三星堆出土的象牙“不大可能是祭品”，根据《周礼·秋官·壶涿氏》中的记载，有“贯象齿而沉之”，用象牙的魔力杀水神的巫术，而且这种巫术应用的范围可能远比现有文献记载广泛，很可能“用象牙殴杀水神之法，也可以用来殴杀山精、圹精、木石之精、新故丘墓之精等形形色色的精怪。巫山大溪文化遗址墓葬里人架头部枕着的大象牙，大概就具有殴杀圹精的巫术作用”。“三星堆一、二号祭祀坑内堆积的象牙，同巫山大溪文化遗址墓葬中的象牙一样，是作为厌胜的灵物而埋入土中的。”[2]江玉祥先生的看法，虽然指的是三星堆出土的象牙实物，但对我们探讨玉璋图案中的象牙性质仍有参考作用。关于古代祭祀山川的礼仪习俗，《通典》卷四十六说：“黄帝祭于山川，与为多焉。虞氏秩于山川，遍于群神。周制，四坎坛祭四方，以血祭祭五岳，以埋沈祭山林山泽，一岁凡四祭。”注文说：“祭山林曰埋，川泽曰沈，各顺其性之

[1] 陈德安：《浅释三星堆二号祭祀坑出土的“边璋”图案》，《南方民族考古》第3辑，四川科技出版社，1991，第87页。

[2] 江玉祥：《广汉三星堆遗址出土的象牙》，《三星堆与巴蜀文化》，巴蜀书社，1993，第202-203页。

含藏。”由此可知，祭祀山川由来已久，远古时期祭祀山川的形式已不可详考，到西周春秋时期则发展形成了一整套礼仪规定，祭山主要是用埋的方式。这与三星堆玉璋图案中刻画的祭山情景也是大致吻合的。但古蜀祭祀神山，采用置放玉璋和悬置象牙，则显示了对“埋”的方式的独特理解，具有鲜明的古蜀特色。

茂县牟托石棺葬墓地遗址

古代蜀人如此重视祭祀神山，显然与他们的精神观念有着非常重要的关系。在远古时期，自然崇拜是世界各民族历史上普遍存在过的宗教形式之一。对山川进行崇拜并加以祭祀，可以说是先民们早期宗教信仰的一种共同现象。蜀人的祖先是蜀山氏。司马迁《史记·五帝本纪》中就记述有黄帝与蜀山氏联姻的故事，常璩《华阳国志·蜀志》也说：“黄帝为其子昌意娶蜀山氏之女，生子高阳，是为帝（喾）〔颛顼〕，封其支庶于蜀，世为侯伯。”又说：“有蜀侯蚕丛，其目纵，始称王。死，作石棺石椁，国人从之。”[1]扬雄《蜀王本纪》说：蜀侯“蚕丛始居岷山石室中”[2]。考古工作者在岷江上游茂汶、理县境内，就发现有不少石棺墓。鱼凫王曾田于湔山，望帝杜宇禅位于开明后而隐入西山。这些都说明蜀族是兴起于岷江上游的一个古老氏族，与岷山有着特殊的密切关系，在蜀山氏之后才走出岷山栖居于成都平原。所以，古代蜀人将蜀山（也就是岷山）视作祖先起源的圣地而加以崇拜和祭祀。玉璋图案中刻画的神山显然就是古代蜀人所崇拜的蜀山。但这只是浅层的含义，如果深入探讨就会发现还有着更为丰富的内涵，图案中的神山同时也是古代蜀人心目中通往天界的灵山。青铜神树是古代蜀人举行盛大祭祀活动的通天神树，神树底座的灵山造型则是供群巫在此升降往来于天庭人间的象征。正如袁珂先生所说：“灵山盖山中天梯也”，是“十巫从此升降、百药爰在”

[1]（晋）常璩撰，刘琳校注：《华阳国志校注》，巴蜀书社，1984，第175页、第181页。

[2]（晋）常璩撰，刘琳校注：《华阳国志校注》，巴蜀书社，1984，第181页注［二］。

之处，也就是群巫们“从此上下于天，宣神旨、达民情”的地方[1]。《山海经》中的灵山，很可能就是蜀人崇拜的蜀山。在灵山西面有西王母之山，有昆仑之丘，显然也与古代蜀人有着密切关系。关于昆仑之丘，《山海经》内有一些神奇的记述，既是西王母的住所，又是通往天庭之路，称为天帝之下都，而且长有不死树与不死药。如《西山经》说：“西南四百里，曰昆仑之丘，是实惟帝之下都，神陆吾司之。”《海内西经》说：“海内昆仑之虚，在西北，帝之下都……西有九门，门有开明兽守之，百神之所在。”《淮南子·墬形训》中对由昆仑登上天庭而成为神仙有更详细的描述。关于昆仑之丘的这些神话传说，也可以说是古代蜀人神山崇拜和通天观念的一种体现。让我们敞开视野，拓宽思路，将《山海经》中的有关记述联系起来看三星堆玉璋图案，如果说下边画面中跪拜的人像、置放的玉璋和悬插的象牙表现的是祭祀神山的情景，那么上边的画面展现的则是通过灵山通往天界的含义了。在上边画面中神山两侧还刻画有自天而降的两只巨手，做握拳状，拇指触于山腰上，很可能是古代蜀人想象中作为天界神力的象征，或者是神灵助佑的展示。以此来看，这件具有如此丰富内涵的玉璋显然不是一般的祭祀用品，而是巫师在祭祀与祈祷活动中使用的法器。

在三星堆玉璋图案中特别值得注意的是，在上边画面两座神山之间还刻画了悬空的“”形。有学者称之为：“两山间有船形符号，船上有人。”[2]陈德安先生认为是“在两山谷之间的上方，有一船形物悬于空中，似做升腾状”，“似可释为船和船上站立的人”，“民族学的资料中，亦有将舟船作为运载死者灵魂的交通工具”，进而认为整个图案“反映了蜀人把蜀山看成是自己祖先图腾起源的圣地、死后灵魂又必须回到祖先图腾起源的圣地去的宗教观念”[3]。结论是不错的，但将“”形解释为船上有人，则未免过于牵强。还有学者认为刻画的是“一个表示祭品或祭名的文字”，玉璋图案“每座山的内部，都包藏

[1] 袁珂：《山海经校注》（增补修订本），巴蜀书社，1993，第454页。

[2] 陈德安、魏学峰、李伟纲：《三星堆——长江上游文明中心探索》，四川人民出版社，1998，第45页。

[3] 陈德安：《浅释三星堆二号祭祀坑出土的“边璋”图案》，《南方民族考古》第3辑，四川科技出版社，1991，第87-88页。

金沙遗址出土的兽面纹玉钺（A面）

金沙遗址出土的兽面纹玉钺（B面）

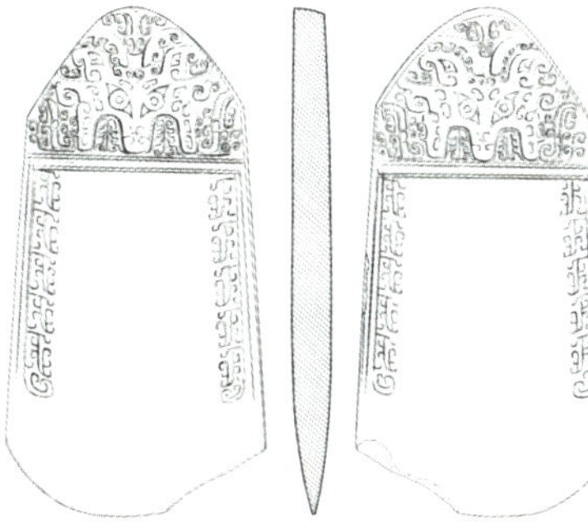

金沙遗址出土的兽面纹玉钺（线描图）

三星堆遗址出土的残断的玉柄形饰

着一个即将成熟的人形，犹如母腹之内即将脱胎而出的婴儿”，表现的是“蜀人出生神话的主题”[1]。这种推测和解释与图案内容不符，恐也难以成立。如果我们结合文献和图案作深入探讨，就会发现图案中刻画的其实是天门的象征。扬雄《蜀王本纪》说：“李冰以秦时为蜀守，谓汶山为天彭阙，号曰天彭门，云亡者悉过其中，鬼神精灵数见。”[2]这种天门或天阙的传说，并不是李冰时才有的，而是由来已久。《山海经·大荒西经》即有“天门，日月所入”的记述，《楚辞·九歌·大司命》则有“广开兮天门”的神奇想象，《淮南子·原道训》亦有“经纪山川，蹈腾昆仑，排阊阖，沦天门”的说法。这些记载说明，在古人的心目中，天门即为群神之阙，是进入天国的入口。2001年，在金沙遗址出土的一件兽面纹玉钺上，两面都刻画了奇特的兽面纹和边栏纹饰，画面中最与众不同的便是“门”字形边栏纹饰，它以最简洁的方式来表达复杂的用意，整个图像画面显得极其神奇，同时又给人以一目了然之感，表现的不就是天门敞开的象征意味吗？在三星堆出土的残断的玉柄形器上也刻有类似的纹饰。显而易见，金沙遗址玉兽面纹斧形器图案和三星堆玉璋图案都与古蜀的祭祀活动和精神崇尚有关，表达的都是古代蜀人的天门观念。

从文献记载和出土资料看，天门之说主要流行于岷山之

[1] 段渝：《四川通史》第一册，四川大学出版社，1993，第175页。

[2]《全汉文》卷五十三，（清）严可均校辑：《全上古三代秦汉三国六朝文》第1册，中华书局影印本，1958，第415页。

四川简阳鬼头山东汉崖墓出土石棺画像上的“天门”双阙

域和长江中上游地区，具有明显的地域特色。而将灵魂与天门观念联系在一起更是蜀地的一大习俗。《蜀王本纪》中所谓的“天彭阙”和“天彭门”，也就是天阙或天门的意思。这种魂归天门的观念主要流行于蜀地，在黄河流域和北方地区信奉的则是另一种说法。《三国志·乌丸传》注引《魏书》说，东胡乌丸人死后，葬则歌舞相送，取亡者所乘马与衣物及生时服饰，皆烧以送之，“使护死者神灵归乎赤山，赤山在辽东西北数千里，如中国人以死之魂魄归泰山也”[1]。这说明泰山是中原地区的神山，赤山是乌丸的神山，都被视为灵魂的归宿。而古代蜀人魂归天门的观念则有升天进入天国的含义，展示出地域和观念习俗上的差异，有着不同的特点。蒙文通先生指出：“古时中原说人死后魂魄归泰山，巴蜀说魂魄归天彭门，东北方面又说魂魄归赤山，这都是原始宗教巫师的说法，显然各为系统。从这一点来看，巴蜀神仙宗教说不妨是独立的，别自为系。”蒙文通先生还提到了古老的巴蜀文化对楚文化产生的广泛影响，认为“巴蜀和楚，从文化上说是同一类型”，提出了“始于巴蜀而流行于楚地”的精辟见解[2]。童恩正先生也指出，“在蜀地，神仙故事是特别流行的”，《山海经》记述的昆仑之虚等，便“是原蜀族的一些神话。总的说来，主要讲的是神仙、巫医的故事，充满了一种原始的神秘气氛。所谓‘身大类

[1] （晋）陈寿：《三国志》卷三十“乌丸鲜卑东夷传”，第3册，中华书局点校本，1959，第832页。

[2] 蒙文通：《巴蜀古史论述》，四川人民出版社，1981，第100页。

巫山东汉墓葬出土鎏金铜牌饰上的天门图案

四川合江县张家沟四号石棺上的“车临天门”画像

虎而九首’的开明兽，应该就是开明王朝名称的由来”。又说：“中原民族相信魂归泰山，东北民族相信魂归赤山，蜀族则有魂归岷山之说……凡此种种，都反映出蜀族的宗教信仰，意识形态和中原地区是有一定区别的。”[1]我们由此可知，殷商代表中原文化系统，巴蜀和楚属于南方文化系统，而源远流长的古蜀文化不论是发达的青铜文明还是浓郁的文化特色，都堪称是南方文化系统的代表。古蜀文化作为长江上游的重要文化，对整个长江流域和古蜀国的周边地区都有广泛的影响。《楚辞》中“广开兮天门”的想象，显然亦是受到了肇始于岷山之域古代蜀人天门观念的影响。

三星堆玉璋图案中刻画于上边两座神山之间的天门，应是一种比较原始和质朴的古蜀早期天门观念的象征。这种天门象征，随着历史的发展，后来演化为双阙的造型。1988 年 1 月，

[1] 童恩正：《古代的巴蜀》，四川人民出版社，1979，第 127–128 页。

简阳县（今简阳市）鬼头山东汉崖墓出土的三号石棺画像，由人物建筑和祥鸟瑞兽组成的画面中，中间即是一座单檐庑殿式双阙，左右阙顶有凤鸟昂首对立，阙内有一位戴冠着袍拱手相迎的人物，阙的上面极其醒目地镌刻了“天门”二字。这简洁的两个字，不仅说明了石棺画像上双阙的性质和象征含义，也是对古代蜀人魂归天门观念长期流行与演化发展的最好注释。20世纪80年代，在巫山东汉墓中出土的7件鎏金铜牌饰件上面有流畅的细线刻出的人物、鸟兽、高大的双阙和缭绕的云气图案，并用双勾笔法刻出了隶书“天门”二字[1]。这种天门榜题的铜牌饰，与简阳鬼头山崖墓三号石棺画像的含义如出一辙，说明了古代蜀人天门观念在巴蜀地区的长期流传。有的学者认为：“以上这些鎏金铜牌画像，构成了‘天门’双阙、西王母居中、‘四灵’力士守护、鸟狗双龙相伴、玉璧高悬、灵草繁茂、祥云缭绕的一组完整的天国胜景。”简阳石棺画像，根据画面及榜题文字分析，也是“一组对‘天门’之内天国景象的具体描绘”[2]。铜牌饰画面中雍容端坐的人物，无论是仙光祥云缭绕的天国神人，还是神话传说中的西王母，都说明古代蜀人的魂归天门观念已融入了羽化登仙的思想意识。而天门观念仍是这些画像中所着力表现的最核心的主题观念。正是有了这个主题观念，而使埋入地下的这些画像内容有了一种深层的内在联系，成为古代蜀人对死者进入幽冥之界的关怀象征。我们还应看到，天门观念亦是羽化登仙思想的一种信仰基础。随着秦汉时期羽化登仙思想在蜀地的广泛传播，从而为道教在岷山之域的崛起提供了很大的便利。

石棺画像和铜牌饰上表现的天门观念，使我们再次领略到古代蜀人绚丽多彩的精神世界和丰富的想象力。从一定意义上来讲，这种天门观念也可以看成三星堆通天神树观念的延伸。如果说通天神树体现的是古蜀时期以巫师作为媒介实现人与众神往来沟通的一种想象，那么画像上的天门则有了更加世俗化

[1]《四川文物》1990年第6期封二“天门图”。

[2] 赵殿增、袁曙光：《“天门考”——兼论四川汉画像砖（石）的组合与主题》，《四川文物》1990年第6期，第5页。

长沙马王堆一号汉墓出土的帛画

长沙马王堆一号汉墓出土的彩绘帛画（线描图）

长沙马王堆一号汉墓出土的彩绘帛画（局部临摹图）

的倾向，人神之间的关系已演化为灵魂与天国的联系。有了天门这样一个神奇的入口，灵魂就可以更加通畅地进入富丽堂皇的天堂了。

在对古蜀天门观念作深入探讨的时候，还应提到长沙马王堆西汉墓葬出土的彩绘帛画，通过对天上、人间、地下景象的描绘，同样表达了迎送墓主人升入天门的主题观念。这幅彩绘帛画和四川出土的石棺画像与铜牌饰画面有异曲同工之妙，但在画面内容和艺术表现手法上又显示出一些不同的特点。比如，整幅帛画将世界明确分成了天上、人间、地下三界。人间部分采用写实的手法描绘了墓主人日常生活情景，地下与天上部分则充满奇异的想象，以人首蛇身的女娲居于天界中央取代了西王母，天门有两位帝阍守护，地下有一裸体巨人脚踩大鱼，以头和双手托举着人间与天界[1]，这些内容反映了地域文化方面的一些不同特色。尽管有这些差异，蜀人的“魂归天门”和楚人的“引魂升天”在主题观念上的一致性仍是显而易见的。蒙文通先生曾指出巴蜀文化对楚文化的影响，随着考古出土资料的

[1] 对马王堆彩绘帛画中女娲、帝阍的定名，参见郭沫若：《出土文物二三事》，人民出版社，1972， 第54页，以及图版十四至图版二十一。

不断发现，使我们对此有了更加深入的认识。我们再来看三星堆玉璋图案中所展现的神山祭祀和天门观念，将其与简阳石棺画像、巫山铜牌饰、长沙马王堆彩绘帛画联系起来思考，无疑说明了古蜀时期天门观念由岷江流域向长江中游地区的传播。而且可知这种传播从春秋战国之前就开始了，到了汉代已成为具有南方文化系统特色的一种共同的信仰，而且有向中原地区传播的趋势。

河南新郑出土的“天门”画像砖

譬如，在河南新郑出土的一件东汉时期的画像砖上也发现有“天门”二字，其画面为一幢与阙颇为相似的双重楼阁，门前有站立的二门吏，门内正中是一匹体形健硕之马（公布的资料称其为犬，但从头部形态与高大的体量看应是马），“天门”二字就刻印于马首下方。当地的文物工作者解释画面内容说：“天门即天宫之门，是帝王宫殿的门。”[1]显然是误解了“天门”二字的象征含义。仔细观赏这件画像砖，整幅画面写实意味较浓，但构图不严谨，没有对仙界情景的描绘，刻画的门吏、马以及文字的位置，都有很大的随意性，与四川境内出土的天门画像有着明显的区别，但同样的榜题文字，说明东汉时期新郑地区画像制作者接受了来自巴蜀地区天门观念的影响，也是显而易见的。河南出土的汉代画像砖与画像石数量很多，但发现有“天门”榜题文字的，好像仅此一件，这说明巴蜀地区的天门观念对中原地区的影响不大。可见长江流域与中原北方地区，从上古到汉代在民俗民风方面都有各自的特点。

总之，天门观念是古代蜀人的一种主题观念，它不仅和通天神树崇拜、神山祭祀、太阳神话等共同构成了古代蜀人绚丽多彩的精神世界，而且对后世和整个南方文化系统都产生了深远的影响。三星堆玉璋图案的内涵是极其丰富的，那些生动的画面便是古代蜀人神山崇拜和天门观念的形象写照，而且展示

[1] 薛文灿、刘松根：《河南新郑汉代画像砖》，上海书画出版社，1993，第19页图。

了古代蜀人相信万物有灵与泛神信仰的精神崇尚。这件非同寻常的玉璋，无论是用于祭祀神山或祭祀祖先之类的大型祭典，还是用于隆重的葬礼以超度亡魂，都是供古蜀国巫师使用的一件重要法器。它为我们研究三星堆文化和探讨古代蜀人的精神世界提供了如此丰富的图像依据，在数千年之后仍发挥着它神奇的魔力，堪称是一件真正的无价之宝。

昌盛的泛灵崇拜

在三星堆出土的众多珍贵文物之中，各种动物造型占了相当的比例，透露出它们与古代蜀人世俗生活和精神观念的密切关系。例如，长着鹰喙和杜鹃身子的栖立于青铜神树上的铜鸟，应是古蜀十日神话中太阳神鸟的象征。而金杖图案中的羽箭和鱼鸟，不仅透露了和古蜀鱼凫族的神秘关系，而且很可能亦是射日神话的一种反映。我们在前面的章节中对此已经有所论述。此外，还有龙、虎、蚕的造型，具有异常丰富的内涵，亦应给予特别的关注，作一些深入的探讨。先说三星堆出土的龙，最具代表性的便是青铜神树上那条姿态矫健造型生动的神龙，其次是青铜柱形器上长有羊的弯角和胡须作昂首啸吼状的神龙。此外，还有铜龙头形饰件以及青铜龙虎尊上以高浮雕铸成的游龙。而在纹饰上，则有大量的夔龙纹，在装饰造型上极具神奇飞扬之态，给人以强烈的奇异之感，由此而产生丰富的联想。

我们知道，龙、凤、虎、蚕等动物造型在初民阶段最早是作为图腾形象出现的。学者们通常认为图腾是原始部族的一种宗教信仰，从 18 世纪末英国学者朗格（John Long）和 19 世纪中叶格来（Grey）开始，学术界对图腾进行了广泛的研究。摩尔根（L.H.Morgan）曾以图腾说明原始部族的社会结构及其习

三星堆一号坑出土的青铜爬龙柱形器

三星堆二号坑出土的 A 型青铜龙首形饰

三星堆二号坑出土的 B 型青铜龙首形饰

俗，弗洛伊德（S.Freud）也对图腾与原始部落中的宗教和社会制度作了研究。他指出：“图腾是什么？它多半是一种动物，也许是可食或无害的，也可能危险且恐怖的；较少见的图腾，可以是一种植物，或一种自然力量（雨、水），它与整个宗族有着某种奇特的关系。大抵说来，图腾总是宗族的祖先，同时也是其守护者。”“图腾崇信的缘起可能系传自母系，也可能来自父系”，“图腾并不局限于一个地方或区域，一个图腾内的各成员可能散居四处。”[1]中国较早研究图腾的学者岑家梧先生也指出：“详细地考察古代世界各民族的神话传说与遗留物品，任何民族，都可发现图腾制的痕迹。盖图腾制既为原始人类从事狩猎、采集的生产关系上必然产生的体制，一切民族无不经过狩猎、采集、经济生产的阶段，图腾制也应为世界民族共同具有的普遍现象了。”[2]何星亮先生则认为：“图腾文化是人类早期的混沌未分的一种文化现象，图腾文化既是宗教文化，也是社会文化”，“图腾文化包罗众多的文化因素，与后来的许多文化现象具有渊源关

[1] 弗洛伊德：《图腾与禁忌》，杨庸一译，中国民间文艺出版社，1986，第 14-15 页。

[2] 岑家梧：《图腾艺术史》，学林出版社，1986，第 5 页。

系。所以，它是一种混沌未分的文化现象。”[1]从考古发现看，中国黄河流域和长江流域都出土有丰富的图腾文化遗存，尤其是各种图腾纹饰，在彩陶上和各类青铜器上呈现出多姿多彩的情形。在中国原始图腾文化中占据主流地位的龙、凤、虎、蚕等图腾形象，后来逐渐演变为中华民族文化喜好的象征和吉祥物。其中尤以龙的影响最大，在宗教、政治、文学、艺术等各个领域都充当着重要角色。

《山海经》中左右手操蛇的洞庭怪神

根据考古资料揭示，早在新石器时代，中国的黄河流域和长江流域就已经形成了原始农业，北方黄土地以种植黍、稷、粟、麦等旱作物为主，南方已开始较为普遍地栽种稻谷了，至少都有七八千年的历史。中国自上古以来，便是一个多民族融合的国家，有着丰富多样的地域文化。黄河流域和中原北方地区是以旱作农业为主，长江流域和南方地区是以稻作农业为主，由此形成了不同族群生活方式的差异以及思想观念与崇尚习俗的差别，同时也形成了地域文化的不同特点。譬如神话传说方面，中原黄河流域和北方地区崇尚的主神是黄帝，长江流域和南方地区崇尚的主神是帝俊。对龙、蛇的崇尚，就与稻作农业有着密切的关系。后来，随着南北文化的交流融合，龙的影响不断扩大，也就成了长江流域和黄河流域炎黄各族的共同崇拜象征。

作为中华民族最早的标志，龙形图徽的出现可追溯到距今6000多年前，在河南濮阳西水坡仰韶文化遗址就发现了用蚌壳摆成的龙形图像，“龙昂首，曲颈，弓身，长尾，前爪爬，后爪蹬，状似腾飞”[2]。在湖北焦墩遗址也发现了用卵石块摆成的巨龙图像，“其态作长尾、昂首、张口吞舌，并作飞腾状，是一条长达4.6米，高2.21米的庞大的巨龙，时间距今五千到六千年”[3]。5000多年前的辽宁和内蒙古红山文化遗址则发现了玉猪龙和玉龙[4]，浙江余杭瑶山良渚文化遗址也出土了龙首玉镯[5]。

[1] 何星亮：《中国图腾文化》，中国社会科学出版社，1992，第22-23页。

[2]《河南濮阳西水坡遗址发掘简报》，《文物》1988年第3期。

[3] 石兴邦：《中国文化与文明形成和发展史的考古学探讨》，《亚洲文明》第三集，安徽教育出版社，1995，第9页。

[4]《文物》1984年第4期简报与文章。

[5]《余杭瑶山良渚文化祭坛遗址发掘简报》，《文物》1988年第1期。

三星堆二号坑出土的铜蛇

河南濮阳蚌塑龙遗迹

红山文化遗址出土的玉猪龙

良渚文化遗址出土的龙首玉镯

距今 4500 多年的山西陶寺文化遗址出土的彩陶盘中发现有彩绘的盘龙图像，以此联系起来看，陕西宝鸡北首岭仰韶文化半坡类型遗址出土的蒜头壶上所绘亦应是早期的龙纹[1]。这些众多的考古发现，充分说明了华夏民族对龙的观念由来已久，龙形图像的出现和演变与中华民族的形成和发展具有密切的关系。到了殷商时期，中国各地考古发现的龙形图像就更多了，不仅有玉石琢制的各种龙形，而且越来越多地出现在了青铜器物上，并被记录在了甲骨文和金文中[2]。

从传世文献看，亦有大量关于龙的记载。《山海经》中记述了神奇的应龙为黄帝所使而杀蚩尤与夸父，并记述了奇异的烛龙、鸟身龙首神、人面龙身神、夏后乘两龙、南方祝融兽身人面乘两龙、西方蓐收左耳有蛇乘两龙、东方句芒鸟身人面乘两龙、冰夷人面乘两龙等。《归藏・启筮》有“鲧死化为黄龙”之

❶ 该壶上图案曾被定名为“水鸟啄鱼纹”，也有学者认为是早期的龙纹。参见刘志雄、杨静荣:《龙与中国文化》，人民出版社，1992， 第 20-21 页，彩版图 2、图 5。

❷ 王大有、王双有:《图说中国图腾》，人民美术出版社，1998。

说，《楚辞·天问》有“应龙何画”，王逸注云“禹治洪水时，有神龙以尾画地，导水所注”，《拾遗记》等亦有黄龙协助大禹治水的记述。这些记述说明，上溯黄帝时已有龙的神话传说，在夏代已经形成了龙的观念形态，并已成为华夏各部族共信共仰的崇拜物。值得注意的是，《山海经》中有“夏后乘两龙”与其他众多乘龙而行的记述，《大戴礼·五帝德》有“颛顼乘龙而至四海”的说法，《楚辞·离骚》中有“乘玉虬”“驾飞龙”的叙述，古代占筮之书《周易》亦有“飞龙在天”和“见龙在田”的解释，《韩非子·说难》也说“夫龙之为虫，可狎而骑也”，可知骑龙腾空升天在古代是广为流传的一种想象和传说。龙形图像已不仅是远古时期的一种图腾标志，同时也是巫师和古代帝王之类权威人物沟通人神之间关系的神物象征，而到后世则进一步演化成为代表人间社会至尊皇帝的神化形象。正如一些学者所指出的，“在中国历史上，龙对中国政治权威的崛起起着最为重要的作用，这主要是因为龙在各族人民的心目中占有极其重要的地位”。“因此，在众多的图腾神中，龙成为至上神，受到最高的崇拜。”[1]所以众多古籍都记载了丰富多彩的龙的神话传说，“其中人骑龙，腾空升天，可以和古代人解脱之意念相吻合。中国古代超世解脱之法是脱离人间，借外界的神力以达神化境界的目的。在人们的意识中，龙是最具这种神力的役物”[2]。这种由来已久的“乘龙”观念，不仅显示了先民们对龙图腾神的崇拜，更体现了沟通天地的愿望和乘龙自由往来于天地之间的想象。“龙既然是沟通天地的使者，自然要担负起引导或负载人的灵魂升天的任务。”新石器时代的原龙纹便大多带有引导墓主人灵魂升天的含义，商代以降的龙纹亦继承了这一古老含义[3]。学者们认为，河南濮阳西水坡仰韶文化遗址墓葬中的蚌塑龙形图像便是当时人们埋葬墓主人举行巫术仪式的场景，体现了死后灵魂乘龙升天的思想。浙江余杭反山良渚文化遗址出土的大型玉琮上的浮雕神人兽面纹，亦是先民乘骑神兽通天

[1] 何星亮：《中国图腾文化》，中国社会科学出版社，1992，第391页。

[2] 石兴邦：《中国文化与文明形成和发展史的考古学探讨》，《亚洲文明》第三集，安徽教育出版社，1995，第10页。

[3] 刘志雄、杨静荣：《龙与中国文化》，人民出版社，1992，第120页。

观念的形象化表述。湖南长沙子弹库楚墓出土的帛画“人物驭龙图”，更是乘龙引魂升天的生动写照。在大量出土的汉代画像石、画像砖上，有许多仙人乘龙和驭龙驾车在天空飞行的神奇画面，显然也是先秦神人乘龙观念的流传。

总之，在先民的观念中，龙是一种奇异的神物，既是图腾形象又是共同信仰的崇拜物，同时还是沟通人神之间关系的象征。三星堆青铜神树上的神龙便是这种观念的形象体现。它造型生动，姿态矫健，与华夏民族的龙形象有许多相同之处，同

《山海经》中的人身龙首神

《山海经》中的人身龙首计蒙神

《山海经》中的有翼应龙

《山海经》中乘两龙的东方句芒

《山海经》中乘两龙的南方祝融

《山海经》中乘两龙的西方蓐收

湖南长沙楚墓出土的战国帛画（人物驭龙图）

四川新都出土的汉代画像砖（驭龙升天图）

时又显示出了古蜀时期浓郁的风格特色。我们知道，黄帝娶西陵氏女嫘祖为正妃，又为儿子昌意与蜀山氏联姻，大禹兴起于西羌，曾在蜀地导山治水，可见古代蜀人与华夏民族的密切关系，很早就有了龙的观念，并给予了充分的发挥和展现。它那游动的身躯，飞扬的羽翅，有力的爪牙，圆睁的大眼，显得夸张而又神奇，出色地体现了自由自在飞升遨游于天地之间的内涵。可以说，这也是古代蜀人天人合一观念的一种展示。神龙尾在上头朝下，神采奕奕而无狰狞之态，沿着通天神树从天上众神的世界来到了人间，这既是一条充满想象力和潇洒奔放的神龙，又是一条为人间社会带来美好希望的神龙。无论是造型的精美还是形态的高大，都堪称是青铜时代的杰作。

三星堆一号坑出土的青铜爬龙柱形器，也是一件具有浓郁古蜀特色的神奇的器物。整个器物高 41 厘米，宽 18.8 厘米，由器身和爬龙两部分组成。器身为上大下小的圆柱形，上端为平顶，下端露出中空，四面有半圆形缺口，缺口上方有圆形穿孔，器壁一侧有卷尾向上的夔龙纹饰件。在器顶上铸有昂首站立的爬龙，身尾垂于器壁，后爪紧抱器身，前爪粗壮如虎，显得孔武有力，昂起的龙头怒目张牙作啸吼状，最为奇异的是长着一

三星堆一号坑出土的青铜龙形饰

对弯长的巨耳，并长着羊的弯角和羊的胡须。发掘简报认为是“头上有犄角一对，犄角内侧又有小角一对”，而后来出版的一些图录和一些学者的文章中则称为“巨耳”或“长耳”，细观其形态确实应为“巨耳”，这和青铜纵目人面像极为夸张的“兽耳”风格是一致的。这条爬龙虽然身子细圆，但神奇的龙头和孔武的前爪则给人以威风凛凛之感，同青铜神树上的神龙相比，展示了古代蜀人对龙的形态的丰富多样的想象，是精心塑造的另一种造型风格的神龙。林向先生认为：“这是一条长着羊头的神龙。龙的形象或说像猪、像鳄等。而此龙则像羊，透露出的是与众不同的羊种民族的神龙传说。羌、姜均从‘羊’，相传‘禹兴于西羌’，如此看来，这正是兴于西羌的夏禹的亲族——蜀王所有的羊头龙金权杖！”林向先生关于羊头龙的考述是很有见地的，但将这件青铜爬龙柱形器与金杖安装在一起，认为“爬龙柱形器，其实就是一根杖头，它与金杖同出，很可能是一根权杖的两个部分”[1]，则与实物不相吻合。从尺寸上看，金杖长 143 厘米，直径只有 2.3 厘米，而青铜爬龙柱形器高 41 厘米，宽 18.8 厘米，直径出入何其大。一根细竹竿似的金杖，怎么会安装一件直径超出数倍的青铜杖头呢？笔者曾就此问题而专门请教过陈德安先生，陈德安先生的回答和笔者的看法基本是一致的，金杖和爬龙柱形器显然不是同一件器物的两个部分，如果说金杖有杖头的话，也应是一号坑同时出土的另一件小型青铜龙头形饰件。但这件小型青铜龙头形饰件如作为杖头也有疑问，因为从造型看，管状插口是向上的，或许是其他器物上的附件。金杖很可能就是一根单纯的金杖，无需杖头，杖身图案已展现出丰富的内涵。青铜爬龙柱

[1] 林向：《蜀与夏——从考古新发现看蜀与夏的关系》，《中华文化论坛》1998 年第 4 期，第 71 页。

形器从造型、尺寸与下端缺口圆孔看，很可能是安装在木棍或竹竿之类的圆柄上置放于宗庙或祭坛上使用的祭祀用品，也有可能是巫师双手执掌在祈祷或作法时使用的法器。如果说青铜神树上的神龙是沟通天地与人神关系的象征，那么青铜爬龙柱形器则是古代蜀人龙图腾观念的一种形象展现，它们都有丰富的内涵，在古蜀国盛大的祭祀活动中都是重要的祭祀对象和祭祀用品。

民间传说中的蚕母娘娘

有的学者对这件神奇的青铜爬龙柱形器还提出了一些新的解释。例如，有学者认为这条爬龙应是《山海经》中“烛龙”的造型，而柱形器则具有图腾柱的性质，或是由图腾树演化而来的“先前曾有过的图腾崇拜孑遗”[1]。也有学者认为爬龙柱形器“应是夏初或夏代前半期作为族标（信物）的铸制品，属于王族分封的册命礼器”；“这个‘龙护柱’族标或是太康失国之后，后羿当夏政的阶段，分封太康之族的子孙或弟兄的一支于巴蜀，而颁赐的王族信物”；“笔者怀疑所有这些作为氏族信物——分封之后传世三四百年的青铜铸制精品，可能在殷商之后，都随着夏王朝在巴蜀的残余势力的消亡，遭受了火毁之灾而埋弃于地下了”[2]。虽然有学者不同意这种比较新颖的看法，但仍不失为一家之言。屈小强先生则提出了青铜爬龙柱形器上那条“烛龙之身乃是蚕身”的看法，认为根据考古发现的大量巴蜀符号，“较为明显地演示出古羌—蜀人观念中，蚕化龙、化虎，蚕—龙—虎‘三位一体’的思维定式。因而我们回过头来对前述那件带有羊角的青铜爬龙柱形器进行再观察，就会明白此乃集烛龙、羊、蚕、虎等古羌—蜀族团在长达一两千年乃至两三千年以上的发生、发展史上曾拥有过的多种图腾于一体的复合图腾”[3]。此说是很有见地的，但也有值得商榷之处，比如称之为“烛龙”以及“古羌—蜀族团”的提法等。关于古蜀时期的复合图腾问题，也应作进一步深入探讨。

古代祭享先蚕

蚕与古蜀的密切关系，由来已久。从文献记述和考古资料看，中国的蚕桑文化可上溯至新石器时代晚期，可谓源远流

[1] 屈小强、李殿元、段渝：《三星堆文化》，四川人民出版社，1993，第182页、第212页。

[2] 骆宾基：《三星堆出土的古蜀“龙护柱”族标考》，《四川文物》1992年“三星堆古蜀文化研究专辑”，第35–36页。

[3] 屈小强：《三星伴明月——古蜀文明探源》，四川教育出版社，1996，第136–137页。

蚕女马头娘

长。而古蜀则是中国蚕桑文化的重要发祥地之一。我们知道，黄帝娶西陵氏之女嫘祖为正妃，又为儿子昌意与蜀山氏联姻，传说最早发明和推广育蚕技术的就是嫘祖。古本《淮南子》所引《蚕经》对此有一段记述：“《蚕经》云：黄帝元妃西陵氏始蚕。”[1]“始蚕”，就是蚕桑的起源开始。对于《蚕经》的年代，历来看法不一。段渝先生根据古籍资料详加考证，认为这条《蚕经》应为先秦旧史所传，并指出“中国桑、缫丝和丝绸的起源是在黄帝时代，‘西陵氏始蚕’‘治丝茧以供衣服’等古史之说有着充分的历史根据，并非后人向壁虚说”；“文献和考古研究表明，嫘祖、蚕女等中国丝绸史上的里程碑式人物，均与古代巴蜀有关，尤其与今四川盐亭县有着密切联系”[2]。也有学者认为，先秦古籍对西陵氏之女嫘祖育蚕缺少明确记载，直至《隋书·礼仪志二》始记南北朝后期的北周“以太牢亲祭，进奠先蚕西陵氏神”，后来南宋罗泌《路史》引北宋初年伪托的《淮南王蚕经》说“西陵氏劝蚕稼，亲蚕始此”。自然，这和“黄帝制五色衣裳”一样，是后人的一种附会。但如果不去专指其人，而把它理解为新石器时代晚期，稍后于麻纺织的一项发明，则还是与事实相当接近的[3]。

在传世文献中，《尚书·禹贡》中已有多种丝绸类型的记述。《淮南子·原道训》说：“禹合诸侯于涂山，执玉帛者万国。”玉帛即是我国古代丝绸和丝织物的总称，说明夏商时期中国丝绸已经发展到了相当高的水平。《礼记·礼运》有“后圣有作”，“治其麻丝，以为布帛，以养生送死，以事鬼神上帝”之

[1]（清）鄂尔泰、张廷玉等纂：《授时通考》卷七十二，乾隆七年（1742年）武英殿刻本。

[2] 段渝：《嫘祖文化研究——嫘祖与中国丝绸的起源和演进》，《成都文物》1997年第3期，第33页、第35页。

[3] 李仁溥：《中国古代纺织史稿》，岳麓书社，1983，第5页。

说[1]。《礼记·月令》则记述了每年季春之月“修蚕器，后妃斋戒，享先蚕，而躬桑以劝蚕事”的活动[2]，说明西周时期享祀先蚕已成为一项重要的礼仪制度。唐代杜佑《通典》和宋代郑樵《通志》也都记述了西周以来祭享先蚕这一礼仪制度，提到了后周“祭奠先蚕西陵氏神”的情景[3]。《路史·后纪》中说：“黄帝之妃西陵氏女曰嫘祖，以其始蚕，故又为先蚕。”《纲鉴易知录》中说：“西陵氏之女嫘祖……始教民育蚕，治丝蚕以供衣服……故后世祀为先蚕。”由此可知，西周以来祭祀的先蚕与西陵氏神，也就是嫘祖。

此外，《山海经·海外北经》有“欧丝之野在大踵东，一女子跪据树欧丝。三桑无枝，在欧丝东，其木长百仞”的记述，袁珂先生认为这是“‘蚕马’神话之雏形”[4]。古代蜀地曾长期流传蚕女马头娘的传说，这一传说变成文字记载的最早版本已不可深考，而转载的古籍则甚多。譬如《宋本方舆胜览》卷五十四就记载了这个传说：“【古迹】蚕女冢，在什邡、绵竹、德阳三县界。每岁祈蚕者云集。蜀之风俗，塑女像，披马皮，谓之马头娘，以祈蚕焉。初，高辛时，有女子父，为人所掠，所乘马。其母誓于众曰：‘有得父还者，以女嫁之。’马闻其言，振迅而去。数日，父乘马归。自此，马嘶鸣不已。父怒，射杀之，曝其皮于庭，蹶然而起，卷女飞去。旬日，皮挂桑上，女化为蚕，食叶，吐丝，成茧。一日，蚕女乘云驾马，谓父母曰：‘太上以我心不忘义，授以九宫仙嫔矣。’”[5]据《太平广记》卷四百七十九引《原化传拾遗》所说：“蚕女旧迹，今在广汉。”[6]记述的蚕女故事情节相同，而描述更为生动。故事发生在古代高辛帝时的蜀地，极其神奇感人，具有浓郁的神话色彩，并对后世影响甚广。正如茅盾先生所说：“蚕马的神话，是发生于西部的四川，至汉始为中国神话的一部分。”[7]任乃强先生认为，马头娘故事也与祭祀先蚕嫘祖和尊崇蚕丛氏为蚕神有关，故事中“仍称蜀人，远托于高辛氏时，其意犹指蜀山

[1]（清）阮元校刻：《十三经注疏》下册，中华书局影印本，1980，第1416页。

[2]（宋）李昉等撰：《太平御览》卷八二五，第4册，中华书局影印本，1960，第3675页。

[3]（唐）杜佑撰：《通典》第2册，中华书局校点本，1988，第1290页。

[4] 袁珂：《山海经校注》（增补修订本），巴蜀书社，1993，第290页。

[5]（宋）祝穆撰：《宋本方舆胜览》第11册，卷五十四，上海古籍出版社影印线装本，1986，第6-7页。

[6]（宋）李昉等编：《太平广记》第10册，中华书局，1961，第3944页。

[7] 茅盾：《神话研究》，百花文艺出版社，1981，第204页。

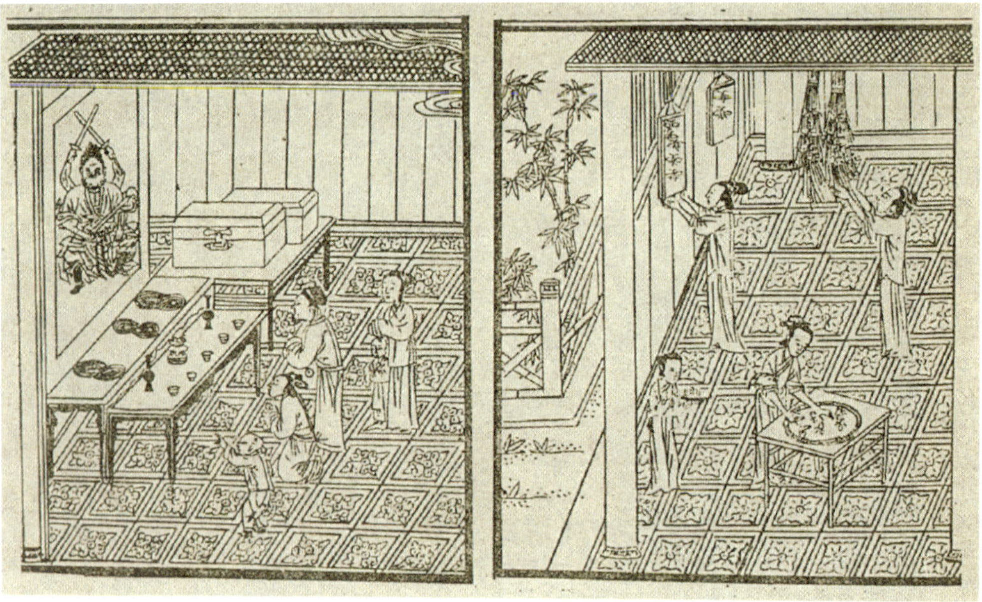
民间传说中的青衣神以及古代蜀地的祭祀习俗

氏也”[1]。

古代蜀地还有祭祀青衣神的传统习俗，据记载，青衣神便是教人养蚕的蚕丛氏。如《宋本方舆胜览》卷五十一中说：“蜀王蚕丛氏祠，今呼为青衣神，在圣寿寺。昔蚕丛氏教人养蚕，作金蚕数十，家给一蚕，后聚而弗给，瘞之江上为蚕墓。”《蜀中名胜记》卷十五中亦说：“青神者，以蚕丛衣青，而教民农事，人皆神之，是也。”[2]《宋本方舆胜览》还记述了“成都，古蚕丛之国，其民重蚕事，故一岁之中，二月望日鬻花木蚕器于其所者，号蚕市”[3]。《说郛》卷十引《传仙拾遗》中也说蚕丛氏教民养蚕，“所止之处，民则成市，蜀人因其遗事，年年春置蚕市也”。这些由来已久的习俗，不仅说明了蚕丛教民养蚕的事实与影响，也展示了自蚕丛以来古蜀时期蚕桑丝绸业发展和兴旺的情形。

蚕丛是古蜀历史上一个重要时期，古蜀由氐族部落而建立的古蜀国就是从蚕丛开始的。扬雄《蜀王本纪》中说“蜀之先

[1] 任乃强：《蚕丛考》，（晋）常璩撰，任乃强校注：《华阳国志校补图注》，上海古籍出版社，1987，第223页。

[2]（明）曹学佺：《蜀中名胜记》，重庆出版社，1984， 第24页、第219页。

[3]（宋）祝穆撰：《宋本方舆胜览》第11册，卷五十一，上海古籍出版社影印线装本，1986，第7页。

称王者，有蚕丛、柏濩、鱼凫”，又说“蜀王之先名蚕丛，后代名曰柏濩，后者名鱼凫，此三代各数百岁”。我们知道，蜀山氏是文献记载中古代蜀族最早的名称，是黄帝时期的一个重要部族。由蜀山氏这一名称转变为蚕丛氏，根据有关古籍记载考证，其年代大概在颛顼时期，而颛顼原名高阳，是黄帝的孙子。正因为蚕丛氏上承蜀山氏，所以建国称王之后仍以蜀作为氏族名称和国号，以后的历代蜀王也都继承了这一传统，袭蜀名而不改，保持了蜀的称号。学术界通常认为，古代的巴与蜀分别是以蛇和蚕作为图腾的两个部族。《说文》解释“蜀”字，就是“葵中蚕也”的意思，“上目象蜀头形，中象其身蜎蜎”。段注云：“葵，《尔雅释文》引作桑。”[1]以蚕作为族名，足以说明古代蜀人很早就发明和驯养桑蚕了。任乃强先生认为，蜀山氏是黄帝之世“最先重视野蚕，创造出拾茧制丝的氏族”，估计当时生活在岷江河谷的蜀山氏仍只以牧业为主，兼营狩猎和养殖，耕种业还很不发达，其出色的产业，在于拾野蚕茧制绵与抽丝，所以特以“蜀山”著名。西陵氏之女嫘祖始传蚕丝业于华夏，这也可能是向蜀山氏学得的。蚕丛氏承蜀山氏之后，在生产方面得到很大的发展，就表现在养蚕缫丝方面，“蚕丛氏始聚野蚕于一器而采桑饲养之，使便于管理……使制丝之术成为一次飞跃，故世遵行其法者敬之，颂为‘蚕丛氏’”。以此推断，蚕丛氏据有岷江上游的时间，与中原的唐尧、虞舜、夏禹之世相当。直至鱼凫氏时期，才从茂汶盆地进入成都平原[2]。邓少琴先生也指出：“巴蜀两国在古代均以虫命名，其字从虫。巴为蛇，而蜀为蚕，各以之作为图腾，

古代传说中的黄帝像

[1]（汉）许慎撰，（清）段玉裁注：《说文解字注》，上海古籍出版社，1988，第665页。

[2] 任乃强：《四川上古史新探》，四川人民出版社，1986，第45-58页。

岷江河谷的“蚕陵重镇”遗迹

三星堆一号坑出土的金虎

成为两个部族。最初以物名其地，并以称其人，此为巴蜀得名之由来。”又说：“野蚕经蚕丛氏之驯养而为家蚕，此为古代蜀人一大发明，故以蚕丛氏称之。”[1]正因为从拾野蚕茧抽丝制绵到植桑养蚕促进了蜀族的兴旺发展，所以蚕成了古代蜀人敬奉的图腾，而且以“桑中蚕”之意的“蜀”字作为族名。

从考古发现看，古代蜀人有着丰富多样的图腾观念，这与古蜀国昌盛的泛灵崇拜思想有着很大的关系，也与古蜀族和古蜀国的起源演进和形成发展密切相关。比如，三星堆出土的鱼、鸟、蛇、龙、虎、羊以及树和山等都有图腾的含义，而且可以给予比较合理的解释。但对蚕图腾的敬奉，无疑是古蜀族历史上占据主导地位的一种图腾观念。极具象形意义的“蜀”字便是这一图腾观念的充分概括和生动体现。《说文》对“蜀”字便是这样解释的。段玉裁引用《尔雅》《毛传》等也是这样注解的：“蜀似蚕也。”秦汉之前，“蜀”字已见于殷墟甲骨文，根据《说文》的解释，这应是殷人对蜀族符合古蜀国情特点的如实称呼。但也有学者认为，殷墟卜辞中的“蜀”字，很可能是商代统治者称呼古代蜀人的一种贱称[2]。

在造型艺术方面，古代蜀人的这一图腾观念也有生动形象的体现。由于早期蜀族是由岷江流域和西南地区部落间的“合并”和“融合”而形成的民族，称王建国的三代蜀王也并非一

❶ 邓少琴：《巴蜀史迹探索》，四川人民出版社，1983，第135页。

❷ 童恩正：《古代的巴蜀》，四川人民出版社，1979，第55页。

三星堆一号坑出土的青铜龙虎尊

三星堆一号坑出土的龙虎尊（虎口下人形图案拓片）

系相承的单一部落，而是部落有别，来源非一，所以“早期蜀族，实为一个复合型民族”[1]。更由于早期蜀族与黄帝子孙昌意、高阳支庶以及与夏禹的密切关系，接受了华夏民族的诸多影响，因而在图腾形象方面表现出丰富多样、兼容并存的情形。蚕图腾形象往往和龙图腾形象、虎图腾形象相互融合，或合而为一，整合在一起。这也可能是古代蜀人在多种图腾观念兼容并存情形下，在造型艺术表现方面给予了富有想象力的发挥。这样做的目的也可能是取长补短，将蚕的可敬可亲，同龙的神异和虎的威猛糅合在一起，以追求更加典型、强烈、富有震撼力的艺术效果。三星堆考古发现告诉我们，古代蜀人在造型艺术方面特别喜欢写实与夸张相结合的手法，而且运用得极其娴熟高超，比如，千姿百态的青铜造像群以及生动奇异的各种青铜鸟，可谓达到了出神入化的境界。龙、虎、蚕的图腾形象，也同样体现了这种风格境界，给人以形态奇妙和内涵丰富的神奇之感。

其实，在古人的观念意识中，龙与蚕是可以变化的。《管子·水地》中说：“龙生于水，被五色而游，故神；欲小则化为蚕蠋，欲大则藏于天下。”[2]《荀子·蚕赋》称蚕“其状，屡化

[1] 段渝：《四川通史》第一册，四川大学出版社，1993，第32页。

[2]《二十二子》，上海古籍出版社，1986，第147页。

三星堆一号坑出土的青铜虎形器

三星堆遗址出土的青铜虎（遍体嵌饰绿松石）

如神，功被天下，为万世文”。唐代杨倞注文引用东汉学者郑玄的说法：“故蚕书曰蚕为龙精。”[1]在《山海经》中，更有大量关于多种图腾组合形象的记述，例如，鸟身龙首、人面鸟身、人面龙身、人面蛇身、人面虎身、人面羊身、人面牛身、人面马身、人身龙首等，这些怪异的形象其实都是组合图腾的展示，是各地部落氏族丰富多样的图腾象征。以此来看，三星堆出土的青铜爬龙柱形器，其羊角龙首蚕身的神奇形态，是否就是古代蜀人对多种图腾形象兼容并存，以及龙与蚕可以相互变化观念的一种造型表现呢？类似的情形也表现在蚕与虎的组合图腾造型上，例如，有学者认为“三星堆遗址出土的金虎形饰，其实际兼具虎、蚕的特征，也可视之为‘一弯曲的蚕体’”[2]。张文先生指出：“在巴蜀铜器纹饰及巴蜀符号中，几乎所有的‘虎纹’都呈现这种蚕样的形状，而很少有真正的条状‘虎纹’。由此可见，蚕在巴蜀符号中是一个无所不在的神灵，既可幻化为蛇，也可神化为虎；所谓巴蛇、白虎云云，不过是蚕的不同隐语。如果作一番推测，蚕可能是巴人的母图腾，巴蛇、白虎则是其不同支系的子图腾。”[3]由于巴蜀在地域环境和经济文化诸方面的密切关系，相互接受图腾观念方面的影响是很自然的。在三星堆出土器物中，不仅一号坑出土的金虎是虎形蚕身，同坑出土的青铜龙虎尊上用高浮雕方法塑造的虎首也长着蚕身，

[1]《二十二子》，上海古籍出版社，1986，第 351 页。

[2] 屈小强：《三星伴明月——古蜀文明探源》，四川教育出版社，1996，第 137 页。

[3] 张文：《巴蜀符号琐谈》，《四川文物》1992 年第 2 期，第 18 页。

成都百花潭中学出土的虎纹铜戈

巴蜀地区出土的虎纽錞于

广汉出土的西周铜钲（刻有虎纹与三星）

郫县独柏树出土的铜戈（上有虎纹与巴蜀图语及铭文）

兼具虎与蚕的特征，而且造型构图表现为虎头双蚕身，更是充满了神奇的想象，展示出古代蜀人富有特色的图腾观念和浓郁的艺术魅力。

我们知道，从图腾文化研究的角度看，“崇奉多种图腾的现象并不鲜见，世界上不少氏族部落均以两种或两种以上的有生物或无生物为图腾，其中一个为主要图腾，其余则为次要图腾”[1]。比如，河南濮阳西水坡仰韶文化遗址墓葬中同时出土的，既有蚌壳摆塑的龙图案，又有虎图案，显示了墓主人部族崇龙又崇虎的图腾观念，透露了新石器时代南北文化的碰撞和吸纳，以及游牧文化与农业文化的整合。三星堆考古发现告诉我们，古蜀时期同样有主要图腾和次要图腾，同样展现出多种文化的兼容和整合。

在古代蜀人的图腾观念中，对虎的崇拜显然占有很重要的地位，三星堆一号坑出土的金虎、青铜虎形器、造型生动的青铜龙虎尊以及三星堆遗址出土的遍体嵌饰绿松石的青铜虎，对

[1] 何星亮:《中国图腾文化》，中国社会科学出版社，1992，第369页。

此便是一个很好的说明。巴人也是崇拜虎的部族，唐代樊绰《蛮书》卷十中说：“巴氏祭其祖，击鼓而歌，白虎之后也。”在考古发现的巴族器物中大都有虎纹装饰，在巴族墓葬中出土有虎纽錞于，在不少地方出土有巴式虎纹图形青铜戈。彝族也流行虎崇拜，且以黑为尊，崇奉的是黑虎图腾。《山海经·海外北经》中说：“有青兽焉，状如虎，名曰罗罗。”《天中记》中说，云南蛮人呼虎为罗罗[1]。彝族称虎为罗，自称为罗罗。可知《山海经》中所说青虎罗罗即是彝族的虎图腾。一些学者认为，古蜀人是古彝人先民之一。《史记·三代世表》正义说：“蚕丛国破，子孙居姚、嶲等处。”[2]姚，即今云南姚安；嶲，即今四川西昌一带，正好是中国西南部的彝族地区。在《元史·地理志》《大明一统志》《蜀中广记》《天下郡国利病书》《读史方舆纪要》等史籍中，都说彝族是仲牟由之裔。杜宇失国后，带着追随他的族人流亡到了凉山和云南，根据彝族从古至今的口碑流传，仲牟由即是杜宇的彝语音译，现在的彝族便是杜宇的后人。彝族崇奉黑虎，由此又联系到“蚕丛衣青”，教民养蚕，是古蜀祭祀的青衣神，可知古蜀有尚青的习俗。据常璩《华阳国志·蜀志》记述到开明九世可能才改为尚赤。而古蜀的尚青，可能与蓝色甚至黑色都比较接近。民国《邛崃县志》卷二中说：“蜀中古庙多有蓝面神像，面上磈礧如蚕，金色，头上额中有纵目，当即沿蚕丛之像。”[3]钱玉趾先生根据蜀族与彝族密切的族源关系认为，古蜀族崇尚的很可能也是黑虎图腾，与巴族的白虎图腾不同，“两族的图腾符号可谓黑白分明”[4]。无论是从人类学、民族学或考古学的角度看，崇拜虎，或以虎为图腾的部族、部落，在整个人类的原始时期是相当普遍的，这与先民们的狩猎活动和生存环境有着很重要的关系。而由于族系的不同和心理习俗等方面的差异，即使同样是崇拜虎和以虎为图腾，也显示出了不同的特色，从而形成了或宗白虎、或祖黑虎的情形。邓廷良先生也认为“虎崇拜，在北起甘青、南抵滇黔的整个横断

[1] 袁珂校注：《山海经校注》（增补修订本），巴蜀书社，1993，第294页、第295页注［四］。

[2]（汉）司马迁撰：《史记》第2册，中华书局校点本，1959，第507页。

[3]（晋）常璩撰，刘琳校注：《华阳国志校注》，巴蜀书社，1984，第181页注［二］。

[4] 钱玉趾：《巴族蜀族彝族之虎考辨》，《四川文物》1996年第4期，第7页。

湖南出土的商代虎食人卣

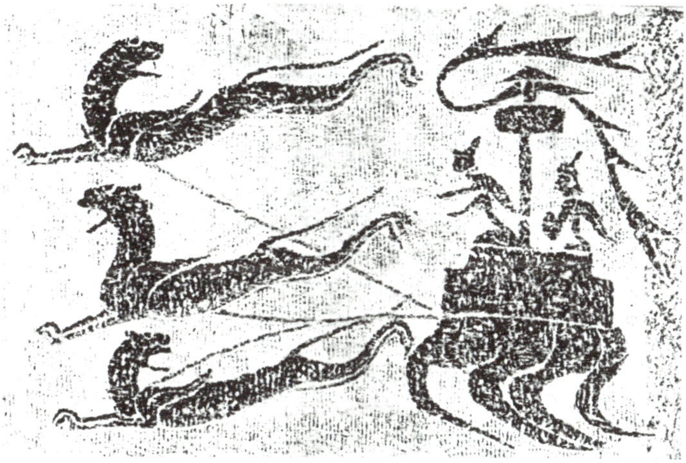

画像石上为雷公驾车的飞虎（河南南阳出土）

山区的部落为普遍”，尤其是在这一地区占据主导地位的出自古氐羌系的西南各部族，崇拜白虎或崇拜黑虎最为盛行。“虎之为图腾，在西南诸族文化，乃至整个华夏文化中，都有着极为重大的影响。”[1]从三星堆出土遗物看，青铜侧跪人像双眉和眼睛都被描成黛黑色，有一件巨头长尾、张口露齿、呈行进状的青铜虎通体嵌饰绿松石，有的为墨绿色绿松石，显示了古代蜀人对黛黑与墨绿色彩的崇尚心理。可知钱玉趾先生认为古蜀族崇奉黑虎图腾，是很有见地的。从云南的考古发现看，“在晋宁石寨山和江川李家山出土青铜器中，也有虎图腾崇拜的实物例证”，揭示了“虎在这里，不仅是部族的图腾，而且作为奴隶主的权威而存在”[2]。这对古代西南地区盛行虎图腾崇拜，亦是一个很好的说明。2001 年，金沙遗址也出土了多件石虎，同样展现了古代蜀人对虎的崇敬。在商周时期的中原地区出土文物中，也常见有玉虎之类，商周时期的青铜器上也铸有虎的造型，都表达了对虎的崇尚与敬畏。战国时期的兵符也制作成了虎的形态，赋予了特殊的寓意。汉代画像石与画像砖上，刻画的猛虎也有丰富的含义，比如，河南南阳出土的画像石上有为雷公驾

[1] 邓廷良：《黑虎女神》，《四川文物》1998 年第 1 期，第 36 页。

[2] 李昆声：《云南考古学论集》，云南人民出版社，1998，第 314 页。

车的飞虎，四川出土的汉代画像石、画像砖上有西王母的龙虎座，都是上古崇虎观念的延续。

总之，古代蜀人崇奉的蚕图腾、虎图腾和龙图腾都由来已久，在古蜀族丰富多样的图腾观念中呈现出兼容并存的状态。对蚕的崇拜可能是古蜀族最悠久的传统，但在黄帝族和夏禹族的龙图腾、古氐羌系各部族的虎图腾的强大影响下，古蜀族的蚕图腾也吸纳了龙虎图腾化，并在造型艺术上通过想象发挥而融化整合在了一起，创作了具有丰富内涵和鲜明古蜀特色的龙、虎形象。值得注意的是，古蜀族丰富多样的图腾文化大都带有比较浓郁的原始巫术色彩。一号坑出土的青铜爬龙柱形器，从形态和造型看，很可能是安装于竹木之类的圆柄之上，供巫师祭祀祈祷作法使用的用具或法器。二号坑出土的青铜神树上的神龙，已成为沟通天地和人神关系的象征，显示出古蜀族的龙图腾无论是形态还是内涵都有了较大的演变和发展。而在相当于中原殷商王朝的三星堆时期，古蜀族的图腾崇拜已经由盛而衰，占据主导地位的则是千姿百态的青铜造像群、具有多种复合特征和象征含义的青铜神树以及绚丽多彩的太阳神话等。说

秦国杜虎符

金沙遗址出土的石虎（一）

金沙遗址出土的石虎（二）

河南安阳殷墟出土的玉虎

河南洛阳北窑西周墓出土的玉虎

河南安阳殷墟武官村大墓出土的虎纹大石磬

宝鸡㢭国墓地出土的玉虎

画像砖上的西王母与龙虎座（四川新繁出土）

画像石上坐于龙虎座上的西王母（四川彭山出土）

明古蜀国已由图腾崇拜阶段进入了更加发达昌盛的青铜文明时代，对世界和宇宙也有了更为广阔的认知和了解，神权和王权已日益强化，在古代蜀人的社会生活中发挥了前所未有的重要作用。古蜀国盛大的祭祀活动，从本质上看，也成了神权和王权的一种展示和体现。

总而言之，古代蜀人的精神世界可谓五彩缤纷，洋洋大观，也可以说这是个复杂而又庞大的系统。其中既有神灵崇拜、神树崇拜、神山崇拜、太阳崇拜、龙凤虎蚕等图腾崇拜、祖先崇拜、英雄崇拜等，又有神仙思想和魂归天门观念，并融入了想象力极其丰富的神话传说，同时又具有强烈的原始巫教色彩。三星堆丰富的出土遗物告诉我们，古代蜀人的宇宙观和世界观在三星堆时期已由初民的原始思维发展到了比较成熟的阶段，与之密切相关的则是古蜀国内陆农业文明的繁荣发展。可以说，正是由于繁荣的物质文明和绚丽的精神世界两者之间的相互促进和完美组合，从而形成了灿烂辉煌的古蜀文明。而且，充满活力又富于创造性的古代蜀人将丰富的精神内涵与生动的造型艺术完美地结合在了一起，达到了一种空前的境界，至今仍向我们展现着超越时空的永恒魅力。

三星堆新出土的青铜有翼神兽

肆

丰富多彩的社会生活

第四章

王公贵族与平民阶层

考古发现告诉我们，三星堆时期，古蜀国已经有了在神权和王权统治下的秩序井然的社会分工，已经形成了不同的阶层和明显的阶级分化。可以说，古蜀国主要是由蜀王和群巫集团、王公贵族与广大平民组成的社会。执掌最高权力的蜀王和主持日常各类祭祀活动的群巫集团，是古蜀国的统治集团。这个集团自然也包括蜀王的亲属和以权臣为代表的王公贵族。他们统治着整个古蜀国，掌握着各种权力，享有和支配着整个社会创造提供的财富。广大平民阶层则分布在古蜀国的各个领域，从事农业生产、畜牧养殖、渔猎、商贸、陶器制作、青铜器冶铸、玉石器和金器加工、蚕桑纺织、修筑城墙堤坝祭坛房舍、其他各类生产和手工加工以及作为统治者的仆役等。古蜀国的能工巧匠很可能就出自平民阶层。他们是古蜀国的社会基础，也是古蜀国社会财富的直接创造者。

由于古蜀国是由蜀族为主体部族联盟了西南其他兄弟部族形成的“共主制”或“酋邦制”王国，所以在社会生活方面也同样展现出有别于中原和其他地区的丰富而浓郁的古蜀特色。石兴邦先生指出：“从各种迹象观察，我国文明形成过程中，可能曾存在过酋邦制的阶段。所谓‘酋邦制’，就是高度组织化的部落制度，是向国家过渡的一种组织形式，即我们常说的军事民主时期。在这种组织下，酋长的产生，是由氏族贵族中那些与直系祖先血统有密切联系的酋长中选出的。酋邦与各地方酋长之间的维系纽带，是共同始祖的血缘传统，在酋邦内分若干集团，每一集团有其首领，酋长主持公共活动的仪式，指挥军队，把各部落统一于一个整体。”[1]这种酋邦制可能在夏代就出现了，例如，古籍记载禹会诸侯于涂山，便极似酋邦制模式的一种体现。而作为维系纽带的血缘传统，夏、商、周时期的王族皆有血缘谱系可寻，即是例证，而且日渐发展为严格的血统观念。扬雄《蜀王本纪》与常璩《华阳国志》等记述蚕丛、柏灌、鱼凫都是上承蜀山氏的古蜀部族，杜宇、开明则情况有别，但仍与古蜀族有着密切关系。三星堆一号坑、二号坑出土的青铜造像群表现的便很像是古蜀族与所属部落酋邦盟会的情形，而这种盟会又是用盛大的祭祀活动形式来体现的。高大的青铜立人像显然象征着蜀王，同时又是群巫之长，众多的青铜人头像则代表着各部落的首领，它们戴面具的形态又表明兼具巫师之职。从青铜造像群的数量来看，古蜀国的联盟部落是很多的，所以蜀王的统治领域也相当宽广。常璩《华阳国志·蜀志》说，古蜀国“其地东接于巴，南接于越，北与秦分，西奄峨嶓”；又说杜宇时期“乃以褒斜为前门，熊耳、灵关为后户，玉垒、峨眉为城郭，江、潜、绵、洛为池泽，以汶山为畜牧，南中为园苑”。文中的“越”主要是指百越，“南中”则包括现在云南、贵州以及四川的凉山州和宜宾以南地区。由此可知，古蜀国地域的广阔。在如此广阔的范围内分布着众多的和蜀族联盟的部

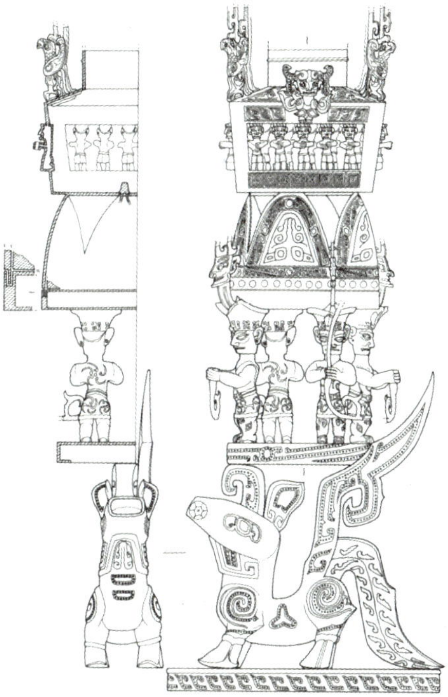

使人浮想联翩的三星堆青铜神坛（线描图）

[1] 石兴邦：《中国文化与文明形成和发展史的考古学探讨》，《亚洲文明》第三集，安徽教育出版社，1995，第22页。

落，也就不足为奇了。古蜀国的能工巧匠们铸造了众多的青铜造像以代表这些部落首领，不仅表现了酋邦盟会情形，在盛大的祭祀活动或供奉于宗庙之中作为神权和王权的象征，而且也灌注了团结一致的思想。可以推想，在这种历史背景下，古蜀国各部族之间的关系一定是比较融洽的，往来也是比较密切的。这对于古蜀国经济文化方面的发展，无疑发挥了有力的促进作用。

古蜀国虽然已进入了繁荣的青铜文明时代，但带有巫教色彩的祭祀活动在社会生活中仍占据着主导地位。由于缺少原始文字记载，我们不知道古蜀国是否像中原殷商王朝一样举行频繁的卜筮活动，但三星堆出土的遗物告诉我们，古蜀国的祭祀活动不但内涵无比丰富，而且规模宏大、形式多样。考古发现揭示的古蜀国祭祀内容有祭祀天地、祭祀神灵、祭祀祖先、祭祀神山、祭祀神树、祭祀太阳、祭祀亡魂、祭祀鬼神和各种自然神等。如此丰富的祭祀内容是不可能在一次祭祀活动中完成的，客观地看，古蜀国很可能是在不同的时间和地点经常举行不同内容的祭祀活动。三星堆一号坑、二号坑埋藏的大量祭品和祭祀用具，显然与古蜀国的某种突然变故有关。有些学者认为是一次大型燎祭活动的遗存，显然是不确切的。按常理推测，当古蜀国春天播种与秋天丰收的时候，当举行联盟仪式和国之庆典的时候，当王子出生或某个重要人物去世的时候，当准备征战或遇到灾变的时候，当城邑筑成或治理洪水取得成功的时候，很可能都会举行各种祭祀活动。这些祭祀活动，参加者一定众多，而巫师则是祭祀活动中最活跃也是最耀眼的人物。

古蜀国的巫师是一个特殊的阶层，在古蜀时期社会生活中扮演着奉祀鬼神、沟通天地、祭祀祖先、卜筮吉凶、主持丧葬的重要角色。他们以群巫之长蜀王为首，掌握着古蜀国意识形态的控制权，也掌握着社会财富的支配权。他们通过规模宏大、形式多样的祭祀活动，以维护神的权威，强化统治者的政治权

三星堆二号坑出土的青铜人面像

力。这在古蜀国的聚合模式与统治形式上，显然是传统久远、卓有成效的一种手段。如晚于三星堆时期的成都羊子山土台就是一座用于宗教祭祀的礼仪建筑[1]，而三星堆遗址出土的大批青铜器、金器、玉石器等宝贵财富都被集中用于祭祀活动，更充分显示出宗教神权的统治地位。羊子山土台“总面积约 10733 平方米，估计用泥砖 130 多万块，用土总量在 7 万立方米以上。若征发 2 万人修建，至少要 3 年或 4 年才能建成，足见宗教集团握有治民之权”[2]。以群巫之长蜀王为首的群巫集团，正是掌握和体现神权与王权合一的统治阶层，这也是古蜀国社会生活中占据主导地位的一个重要特色。他们住在王宫和豪宅里，过着富有的生活，享受着被统治阶层的各项贡献。他们的特殊地位和社会角色有世袭制度作为保障，都是世袭显贵。扬雄《蜀王本纪》说“蜀王之先名蚕丛，后代名曰柏濩，后者名鱼凫，此三代各数百岁”[3]；《古文苑》章樵注引《蜀纪》说“上古时，蜀之君长治国久长”，便是对古蜀国实行世袭制度的一个很好的说明。三星堆一号坑与二号坑的年代，据学者们认为，“一号坑相当于商文化的殷墟早期，二号坑相当于殷墟晚期”[4]，两坑年

[1] 林向：《巴蜀文化新论》，成都出版社，1995，第 144 页。

[2] 段渝：《四川通史》第一册，四川大学出版社，1993，第 42 页。

[3]《全汉文》卷五十三，（清）严可均校辑：《全上古三代秦汉三国六朝文》第 1 册，中华书局影印本，1958，第 414 页。

[4] 李学勤：《三星堆饕餮纹的分析》，《三星堆与巴蜀文化》，巴蜀书社，1993，第 79 页。

三星堆一号坑出土的玉璋

代相差约百年以上，出土的青铜人像与人头像在衣冠、发式和造型上都基本一致，也是对古蜀国群巫集团和王公贵族阶层世袭制度的一个印证。

群巫集团在古蜀国社会生活中的地位和作用，正如有的学者所指出的：在我国国家形成问题上，专职巫师的出现，祭天通神手段的独占起了重要作用。无论社会财富的集中或是政治权力的垄断，都是以巫师集团为核心的，社会上层建筑和意识形态起了促进作用，而形成了神权与政权的合一，“能通神明的巫师，当然是先知先觉者，并拥有统治人间的智慧和权力。在初民社会里，一个成员把财富甚至自己的生命奉献给先知先觉的巫师（最后献给神灵），完全是一种自觉和虔诚的行为，不必一定是强制”。拥有这种特权的巫师自然就成了“兼部落首领或军事首长的氏族贵族”[1]。古蜀国的巫师集团对政治权力的垄断和社会财富的占有，显然也是通过他们掌握的神权实施的，对平民阶层的统治和剥削也就无须强制，而是通过对意识形态的控制而进行的。军事和征战在古蜀国可能很少进行，三星堆发现的玉戈之类大都为礼器而非实用兵器，也未发现像殷商王朝那样残酷杀奴殉祭的情形，显示了古蜀祭祀活动“温和”的特点。这与古蜀国多元一体的聚合模式、群巫集团神权与王权合一的统治方式以及联盟的各部族和谐相处，均有着重要关系。学术界通常认为，史前巫教属于自然宗教性

[1] 石兴邦：《中国文化与文明形成和发展史的考古学探讨》，《亚洲文明》第三集，安徽教育出版社，1995，第 17 页。

三星堆一号坑出土的玉戈

三星堆二号坑出土的玉刀

三星堆二号坑出土的玉璋

质，奴隶制社会的巫教已从自然宗教过渡到了人为宗教。三星堆时期的祭祀活动便体现了人为宗教的特点。这个时期的巫师们都被视为神的代言人：“巫教认为巫师能通神，可以同鬼神说话，上达民意，下传神旨，能预知吉凶祸福，能为人除灾祛病，从事预言、占卜、祭祀和招魂、驱鬼等巫术活动，于是巫师便成了人与鬼神的桥梁、媒介，具有半神半人的特点，这就是巫师的特殊性质和身份。”[1]考古资料告诉我们，古蜀国的巫师们在这些方面更显示出了了不起的能耐和神通，对广大平民阶层也就具有更大的蒙蔽性和号召力，从而对社会生活亦产生了更加重要的影响。

正由于群巫集团掌握并通过各种祭祀活动体现的神权，在古蜀国的特殊地位和作用，所以整个王国的玉石器加工、青铜器铸造、金器制作等，都是围绕着祭祀活动而进行的。也可以说，古蜀国集中了众多的手工作坊和大量的能工巧匠，其制作和生产

[1] 宋兆麟：《巫与巫术》，四川民族出版社，1989，第 33 页。

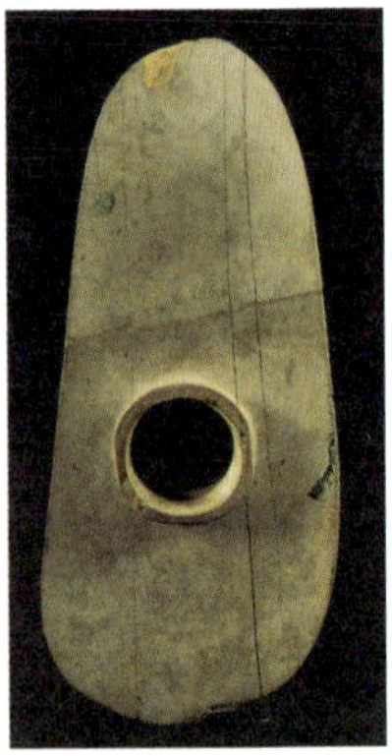
三星堆一号坑出土的威形玉璧

三星堆二号坑出土的玉璧

三星堆月亮湾出土的玉琮

的目的都是为张扬和强化神权而服务。甚至连远程商贸而获得的海贝也都成了奉献给神权的祭品。这对我们认识三星堆时期古蜀国生产资料的占有、生产力的支配和使用、生产的方式和性质均具有重要的意义。可以说，古代蜀人正是在这种服务于神权的器物制作和加工中发挥了丰富的想象力，在青铜器、玉石器和金器方面都创作出了许多非凡的杰作，从而促进了古蜀青铜文明的繁荣发展。世界上许多古老的文明，如古埃及文明、古希腊文明、古印度文明、两河流域美索不达米亚等古代文明，在起源和发展历程上都与原始宗教和神权有着千丝万缕的关系，展示了人类文明发展史的某些共性。三星堆古蜀文明也一样，但在共性之外更展现了许多与众不同的鲜明特色，在世界考古史上谱写了新的重要篇章，这也正是三星堆考古发现轰动世界的魅力所在。

三星堆考古发现的手工作坊，以加工玉石器为主，三星堆古城内外均有分布，显示了这一行业的兴旺和繁荣。古蜀国的玉石器加工十分发达，与经常举行祭祀活动需要大量玉石制作的礼器和祭品密切相关。揭开三星堆遗址考古发掘序幕就是从发现玉石器开始的。当地居民燕道诚于民国二十年（1931 年）春偶然发现的大小璧形石环即有数十件，还有石圭、石璧、玉琮、玉圈、石珠各若干[1]。后来有的著述中称燕氏发现的玉石器

[1] 郑德坤：《四川古代文化史》，华西大学博物馆民国三十五年（1946 年）七月印行，第 31 页。

三星堆一号坑出土的玉琮

三星堆遗址出土的陶瓮

三星堆遗址出土的陶罐

有 400 余件。1934 年，葛维汉和林名均又发掘出数十件玉石器。此后，先后于 1964 年、1974 年、1980 年、1986 年、1988 年都发现了玉石器坑，“60 年间的发掘，在三星堆古遗址内，共出土玉石礼器 1000 多件，其他石器数千件”[1]。最具代表性的便是“三星堆遗址一、二号坑内除发现大量的铜器外，还发现了近 400 件玉石器，其种类有玉璋、戈、珠、穿、瑗、璧、琮、圭、剑、凿、斧等”[2]。其中以璋为主的绝大多数玉石器都是祭祀用的礼器或祭品，另外有一些不同色彩质地的玉珠、玉管，用细绳可串联成玉项链之类，可能是供古蜀国王公贵族以显示华贵身份而穿戴使用的装饰品。加工制作这些种类众多、数量庞大、质地精美的玉石器需要多种工序相互配合，由于玉石坚硬，琢磨治、雕刻均非易事，更需相当数量的工匠在作坊里长时间劳作。玉石的开采和运输也需要大量的人员。可知从事玉石采集加工行业的平民是很多的，已形成一个专门行业，并听命于相关管理者以及负责玉石器形制和图案装饰的创作设计者。

三星堆遗址出土的陶片数量是十分庞大的，在城区内外还发现了一些制陶窑址，反映了陶器与古代蜀人日常生活的密切关系，说明从事制陶行业的人员也应有可观的数目。另一个非常重要的行业是青铜器铸造。从三星堆出土的数量众多的青铜器物来看，应有大型的冶炼和铸造场所。在这个行业中，也应

[1] 屈小强、李殿元、段渝：《三星堆文化》，四川人民出版社，1993，第 39 页、第 309 页。

[2] 陈显丹：《三星堆一、二号坑几个问题的研究》，《四川文物》1989 年“广汉三星堆遗址研究专辑”，第 16 页。

三星堆遗址出土的陶壶

三星堆遗址出土的陶瓶

三星堆遗址出土的陶杯

有明确的分工和密切的合作，从采矿、运输、冶炼、制范到采用多种工艺铸造成千姿百态的青铜造像群和丰富多样的青铜器物，应有大量的人员从事于这个行业，其中有很多都是经验丰富、技艺高超的能工巧匠。出土的青铜造像群和青铜器物充分说明了古蜀国青铜铸造业的高度发达，而这正是三星堆时期经济文化繁荣发展的反映。与之相适应的还有其他一些发达的制作行业，比如，金器的制作加工、丝绸棉麻的纺织和衣服的制作、农具和各种生产工具的制作、兵器之类的制作、日常生活用具和交换商品的制作、酒类的酿造等。这些行业的发达，我们都可以从大量的出土资料中得到印证。这就很清楚地表明，三星堆时期，手工业已从农业中分离出来，成为独立于农业之外的体系，形成了一大批专门从事各种手工制作的平民阶层，与从事农业生产和畜牧渔猎的劳动者在生产方式和生活情形等方面都有了很多不同。正是这种分化，促使了早期城邑的出现，加快了古蜀国从原始社会进入文明社会的步伐。

建筑业在三星堆时期也相当发达，显示出很高的水平。三星堆在历年的考古发掘中，曾发现有大量的房屋建筑遗址。据考古资料统计，自 1980 年以来，四川省文物管理委员会等单位在此连续进行了 8 次正式发掘，共计发掘面积 4000 多平方米，发现房屋基址40余间、陶窑1座、灰坑100多个、墓葬4座、大型器物坑2个、城墙建筑遗址3处，出土了数千件陶、石、金、铜、玉器和几万件标本。考古揭示，在城区内外分布着密集的居民区，已发掘的房屋基址有的单间面积达35平方米，并且是五六间连成一组，十分雄伟，可能已超出一般居室的功能。与之相适应的是气势宏伟、工程浩大的城墙的修筑，联系到发达的手工业作坊和曾多次进行大规模的祭祀活动，反映出“只有具有国家形式的政权，才能有这样的气魄、实力和组织能力。遗址中发现了2个双手被反缚跪地的石雕奴隶像，体现了奴隶制度的存在。从城墙上有二期文化层叠压的情况看，三星堆古城的建造年代至迟为商代早期，大约沿用到终商之世”[1]。林向先生认为：成都平原在商代已经形成巨大的城邑，三星堆有长2200米、宽1600米，墙体厚10～40米的堆土城墙围护的城邑。城内住着上层人物，基址叠压，建筑栉比，有面积10余平方米的木骨泥屋，也有面积超过60平方米的梁架厅堂。这些建筑物内出土了大量的饮食器、漆器、玉器、礼器与乐器，青铜与陶塑制品有猪、绵羊、水牛、虎、鸮、杜鹃、象、蟾蜍等高级消费品，还有双手反绑、双腿跪坐、头颅残缺的石跪人像。在南城墙外数十米处，则是神巫们举行“燔”、“燎”、“沉”、“埋”、郊祀的宗教活动圣地。祭祀埋藏坑中出土了成吨的青铜器，包括巨大的神像、人像、神树和多种礼仪器，罕见的黄金权杖、金面罩、金箔等，展示出三星堆遗址高度发展的工艺技巧和完善的原始宗教仪式。加上陶器上发现的刻画文字符号“”等，“雄辩地证明早期蜀文化在四千年前已具备文明社会的主要标志：城市、冶金、宗教礼仪、建筑和文字符号”[2]。成都十二桥发现了商周时期的大型干栏式宫殿建筑遗址，对古蜀城市文明的发展也是一个很好的印证。

在探讨中华多民族文化在各地的文明起源问题方面，考古界的一些学者曾提出了“古文化古城古国”的概念。苏秉琦先

[1] 赵殿增：《近年巴蜀文化考古综述》，《四川文物》1989年“广汉三星堆遗址研究专辑”，第4页、第6页。

[2] 林向：《三星堆遗址与殷商的西土》，《四川文物》1989年“广汉三星堆遗址研究专辑”，第24页。

生指出："古文化主要指原始文化；古城主要指城乡初步分化意义上的城和镇，并非指通常所理解的城市或都市；古国指高于氏族部落的、稳定的、独立的政治实体"，"把三者联系起来的是：与社会分工、社会关系分化相适应的、区别于一般村落遗址和墓地的中心遗址和墓地。"[1]赵殿增先生认为，三星堆遗址正是这样一个历经2000多年形成的"中心遗址"，代表了一个古国发展文明产生的完整过程，可以直接称之为"三星堆古文化古城古国遗址"。它有自己的政治、经济、文化、艺术特色，证明川西平原存在一个从原始社会到古国形成阶段的古文明中心[2]。也有学者认为，从整个成都平原的考古发现来看，根据十二桥大型建筑遗址和羊子山土台遗址等考古资料揭示，在商代前后，成都平原上形成了以广汉三星堆为中心和以成都市区西部为中心的两个中心城邑。"可以把它们分为'蜀文化'的两个类型。总的看来，成都类型以西南民族的土著文化成分占绝对优势，也有外来文化因素。三星堆类型就比较复杂。""外来民族与当地土著共同创造了灿烂文化，三星堆的文化，实际上是一种复合文化。"[3]关于三星堆文化中的外来文化因素，我们将在后面的章节中进行比较详细的探讨。以上这些看法，对我们认识三星堆时期古蜀国的社会情形，无疑是有启发意义的。

正是由于三星堆古城作为古蜀国一个极其重要的中心都邑，也由于它在宗教、政治等方面的突出地位，更由于它在经济、文化、艺术诸方面的高度繁荣，所以这个时期古代蜀人的社会生活呈现出绚丽多彩的情景。我们在前面已经谈到了手工业与农业的分化，随着手工业的兴旺，也必将带来商品贸易交换的发展，在客观上对周边区域的文化交流也起到了积极的促进作用。这座古蜀都城由于繁荣发达而声名远播，生活在这座城邑里的除了以蜀族为主的本地居民，可能经常还会有一些外来的族人。如鱼凫时期，"从天堕止"的杜宇娶朱提女子利为妻，就并非土族，后来的鳖灵也是外来的荆人，杜宇"乃自立为蜀王，

[1] 苏秉琦：《华人·龙的传人·中国人——考古寻根记》，辽宁大学出版社，1994，第77页；苏秉琦：《辽西古文化古城古国——兼谈当前田野工作的重点或大课题》，《文物》1986年第8期。

[2] 赵殿增：《三星堆考古发现与巴蜀古史研究》，《四川文物》1992年"三星堆古蜀文化研究专辑"，第12页。

[3] 罗开玉：《三星堆遗址与古代西南文化关系初论》，《四川文物》1989年"广汉三星堆遗址研究专辑"，第35-36页。

三星堆二号坑出土的青铜戈

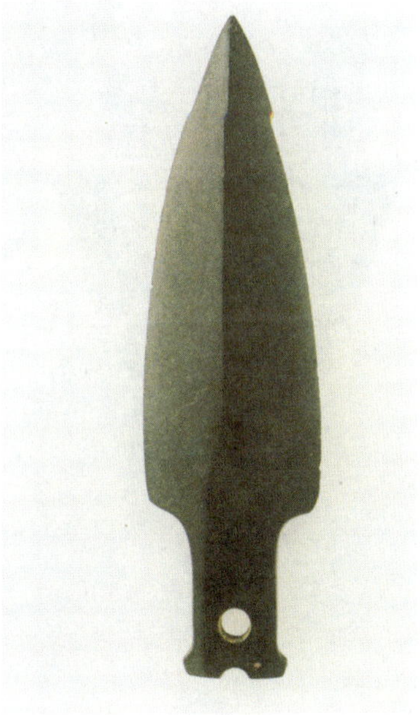

三星堆出土的石矛

号曰望帝”[1]，其后鳖灵也禅让即位号曰开明帝，他们都对古蜀历史产生过重要影响。当然也有一些单纯为了获得生产工具和日用商品之类而来进行贸易交换的外族人，他们可能来自联盟部落或周边部族，也可能来自更加遥远的区域。他们也带来了一些古蜀国没有的东西，例如，海贝之类以及青铜器和金器等制作工艺方面反映出的某些外来文化因素的影响。更重要的是，古蜀国在经济文化上的开放性使丰富多彩的社会生活充满了活力。

值得注意的是，三星堆时期古蜀国不同阶层的形成以及统治者与被统治者之间的阶级分化。有学者指出：“文明和国家起源的过程也是阶层和阶级产生的过程，大概没有哪一个文明和国家不是建立在阶层和阶级分化基础上的。”然而，考古资料揭示，在中国，阶级阶层的产生既不必依赖于商业和商品经济的发展，也未脱出家族结构，而是随着父权家族的出现而滋生，随着父权家族的发展而发展。“那些人口兴旺、经济繁荣、

[1] 扬雄:《蜀王本纪》,《全汉文》卷五十三,(清)严可均校辑:《全上古三代秦汉三国六朝文》第1册，中华书局影印本，1958，第414页。

三星堆一号坑出土的戴盔青铜人头像

军事实力雄厚的强大宗族，很容易被视为与传说中的氏族部落始祖或部落神有直系的血缘渊源，即是其直系后裔，从而确立其主支（即后来的大宗）和在部落中的领导地位，其宗族长即为部落酋长。我国历史上虞、夏、商、周、秦五代王族的谱系就与其部落始祖或部落神直接相联系。”[1]从考古发现看，三星堆时期已是一个高度父权氏族的社会，青铜造像群中那些充满阳刚威武气概的男性群巫兼部落首领造型，便是一个很好的说明。古蜀国中的宗族情形也是应该存在的，文献记述的蚕丛、柏灌、鱼凫都是蜀族发展过程中的强大宗族，杜宇自立为蜀王显然也是一个强大的宗族，后来建立开明王朝的鳖灵也是外来入蜀后发展起来的强大宗族。古蜀国中的王公贵族主要就是那些不同时期执掌神权与王权的强大宗族中的头面人物。三星堆青铜造像群风格一致的面部形态，似乎也是对古蜀国中宗族情形的一种印证。进而推测，也许正是由于宗族间激烈的冲突，当一个新崛起的强大宗族利用军事力量或政变（禅让）手段取而代之执掌王国神权与王权的时候，便将作为先前宗族象征的青铜造像群等国器重宝埋入了坑中。这种宗族间的冲突，往往导致政权的更替。也就是说，古蜀国各个时期朝代的兴废都与宗族间的激烈冲突有关。《蜀王本纪》说三代蜀王“皆神化不死，其民亦颇随王化去”，故鱼凫时期蜀民稀少，到杜宇时期“化民往往复出”[2]，便透露了古蜀时期宗族间激烈冲突的信息。

我们在前面说过，从三星堆遗址的考古资料看，军事征战在古蜀国可能很少进行，这主要是指从蜀族与联盟部落和周边部族之间的关系而言。但当宗族间激烈冲突涉及政权更替的时候，情况就不一样了，往往是胜者为王，而谁掌握的军事力量强大则是获胜的关键。三星堆出土有一些青铜戈，长度一般在20厘米左右，三角形戈援，两面刃部成锯齿状，中脊较厚有凸

[1] 李学勤：《中国古代文明与国家形成研究》，云南人民出版社，1997，第44-45页。

[2]《全汉文》卷五十三，（清）严可均校辑：《全上古三代秦汉三国六朝文》第1册，中华书局影印本，1958，第414页。

棱，阑部正中有一圆孔便于穿系捆扎在长杆上使用，很明显是实战用的兵器。有学者认为“说明蜀当时兵器制造业有较高的水平和一定的规模”。根据《尚书·牧誓》所记述，蜀王派军队参加过武王灭纣的战争，说明蜀王朝是建立了军队的。并认为“二号坑出土的青铜神树底座上，雕刻有一全身着铠甲的武士像”，“该像雕刻于神器的底部，作下跪祈求状，应为武士参加祭祀时的形象”[1]。蜀王朝建立有军队，从文献和考古资料都可获得印证，但军队的编制与规模则不得其详，恐很难用“强大”来形容。关于武士雕像的看法，可视作一家之言。段渝先生认为：“蜀国的统治者由国王、巫师、贵族、武士等组成，他们都是世袭显贵。”[2]将武士划入了统治阶级的行列。如果武士是指军事将领，当然是对的。但这一名称在中国通常是指古代宫廷卫士、武卒或有勇力的人，应属于征召于农民或平民阶层中的士兵。

三星堆二号坑出土的Ⅱ号青铜神树底座上跪姿青铜人像

三星堆时期古蜀国中还有许多我们不太清楚的问题，比如，国家管理机构和官制以及宗庙制度和礼乐问题等。还有关于奴隶也是一个值得探讨的问题。

在中原殷商王朝，至今已发现的 10 多万片甲骨卜辞中，记录了对官吏和诸侯的任免、对行政事务的处决、对臣僚的监察、对军权的统辖指挥、对司法权的掌握，反映出了完善的职官系统和军事编制以及残酷的刑法制度，传世文献对这些也有记载[3]。在古蜀国中，这一切由于缺少原始文字记载而不得其详。《蜀王本纪》说古代蜀人“椎髻左衽，不晓文字，未有礼乐”，反映了古蜀国在国家体制、管理制度、宗教信仰、思想观念、

[1] 晓昆：《三星堆遗址社会性质初探》，《四川文物》1989 年“广汉三星堆遗址研究专辑”，第 74–75 页。

[2] 段渝：《四川通史》第一册，四川大学出版社，1993，第 42 页。

[3] 李学勤：《中国古代文明与国家形成研究》，云南人民出版社，1997，第 409–447 页。

礼仪习俗、社会生活各方面都与中原殷商王朝有着很大的不同，但实际情形究竟如何则费人猜思。《蜀王本纪》又说在杜宇晚年，荆人鳖灵至郫与望帝相见，“望帝以鳖灵为相”，说明杜宇时期的古蜀国设有“相”这个重要职位。那么“相”之外有没有职官系统呢？鱼凫时期又是如何治理国家的呢？这些都不得而知。从考古资料反映的情况看，应是由强大的宗族执掌神权和王权的父权社会。正如我们前面所说的，三星堆时期所属的鱼凫和杜宇王朝很可能便是这样来治理王国的。常璩《华阳国志·蜀志》说：“九世有开明帝，始立宗庙，以酒曰醴，乐曰荆，人尚赤，帝称王。”[1]但此说并不正确，从三星堆考古发现看，青铜器中有尊、罍、彝之类，玉器中有璧、璋、琮等礼器，“说明早在开明王朝之前，蜀国已开始仿效中原礼制”[2]。正如有的学者所指出的，从三星堆出土文物的数量、种类、形制、布局等分析说明，相当于商代前期的一号坑时期，蜀人就有了规模可观的宗庙建筑作为经常性固定的宗庙祭祀活动场所。“早在商代，蜀人就有一整套宗教礼仪用品和宗庙用器，反映出蜀人有较为发达的宗教礼仪制度。”[3]

三星堆时期的祭祀内容我们已经有了比较深入的探讨，但古蜀国的礼乐究竟又是怎样的呢？研究图腾文化的学者曾指出：跳舞为激励宗教情感最有效的动作。图腾民族，从出生到死亡的仪式，无不以跳舞为重要科目。如果说图腾的跳舞为构成图腾仪式的一部分，则图腾音乐更为构成图腾跳舞之一要素；而于图腾集团间所担负的社会任务，正如其他图腾艺术同样轻重[4]。图腾音乐和图腾舞蹈又是图腾仪式不可或缺的项目，故每凡举行图腾仪式，必有舞蹈和音乐[5]。这在彩陶图案、岩画等以及传世文献中均有充分的反映。李泽厚先生也指出：“从烛龙、女娲到黄帝、蚩尤到后羿、尧舜，图腾神话由混沌世界进入了英雄时代。作为巫术礼仪的意义内核的原始神话不断人间化和理性化，那种含混多义不可能作合理解释的原始因素日渐削弱或减少，巫

[1] 亦有说是开明五世，如《路史·余论》卷一：“自开明五世尚始立宗庙于蜀”。见（晋）常璩撰，刘琳校注：《华阳国志校注》，巴蜀书社，1984，第185页、第186页注［四］。

[2]（晋）常璩撰，刘琳校注：《华阳国志校注》，巴蜀书社，1984，第186页注［四］。

[3] 陈德安、魏学峰、李伟纲：《三星堆——长江上游文明中心探索》，四川人民出版社，1998，第20-21页。

[4] 岑家梧：《图腾艺术史》，学林出版社，1986，第82页、第103页。

[5] 何星亮：《中国图腾文化》，中国社会科学出版社，1992，第323页。

术礼仪、原始图腾逐渐让位于政治和历史。这个过程的彻底完成，要到春秋战国之际。在这之前，原始歌舞的图腾活动仍然是笼罩着整个社会意识形态的巨大身影。”[1]这些图腾歌舞和音乐发展到一定的历史阶段便成为礼乐。屈小强先生认为，关于三星堆遗址出土的青铜面具、黄金面罩的功用，似乎还有一层尚未认识到，这就是它们同图腾音乐歌舞艺术的联系，三星堆青铜面具、面罩无疑也是古蜀人用以进行图腾音乐歌舞或言祭祀音乐歌舞的道具或道具的放大、缩小模型。“反映在三星堆古蜀人的艺术生活中，其‘原始歌舞的图腾活动’，应是与关于祖先崇拜、英雄崇拜、神灵崇拜等的音乐歌舞糅为一体的。”[2]并认为四川汉代傩舞便是三星堆古蜀人面具歌舞的延续，三星堆出土有玉石磬、铜铃，此外还有见于记载和考古发现的铜錞于，可能都是古蜀礼乐器。这些看法，都是很有见地的。但对古蜀国的礼乐，目前的认识仍有很大的局限，尚须作更加全面深入的探讨。

成都方池街遗址出土的石跪人像

关于古蜀国的奴隶问题，三星堆出土有 2 尊双手被反缚跪地的石质人像，林向先生认为是人牲石像。赵殿增先生认为是石雕奴隶像，体现了奴隶制度的存在。段渝先生也认为是石雕奴隶像，“说明统治阶级对奴隶握有生杀予夺之权。这些无疑是对早期蜀王国的奴隶制社会性质的极好证明”[3]。根据罗开玉先生将早期蜀文化分为两种类型的观点，青铜造像是三星堆复合文化的特征，石雕造像则应属于代表土著文化的成都类型。那么，三星堆出土的这两个石雕像会不会是宗族冲突的写照呢？或者是图腾文化中有猎头以祭习俗的一种遗存反映呢？我们这样说，是为了多一些探索三星堆文化内涵的思考，并非为了否定古蜀国奴隶社会的性质。在文明的发展进程中，古蜀国同中

❶ 李泽厚:《美的历程》，中国社会科学出版社，1984，第 17 页。

❷ 屈小强:《三星伴明月——古蜀文明探源》，四川教育出版社，1996，第 114-115 页。

❸ 段渝:《四川通史》第一册，四川大学出版社，1993，第 43 页。

金沙遗址出土的石雕人像之一

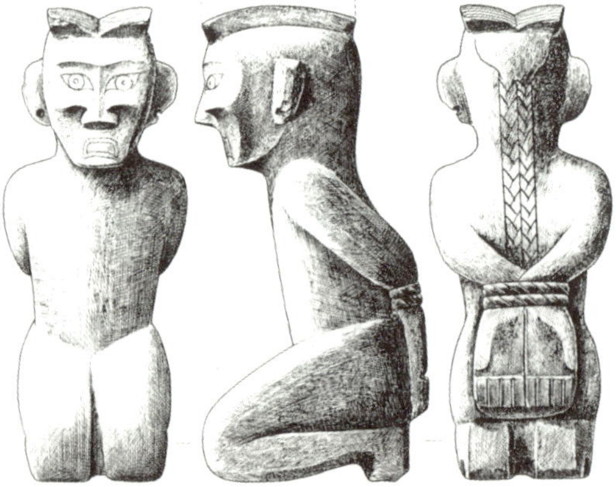

金沙遗址出土的石雕人像之一（线描图）

金沙遗址出土的石雕人像之二

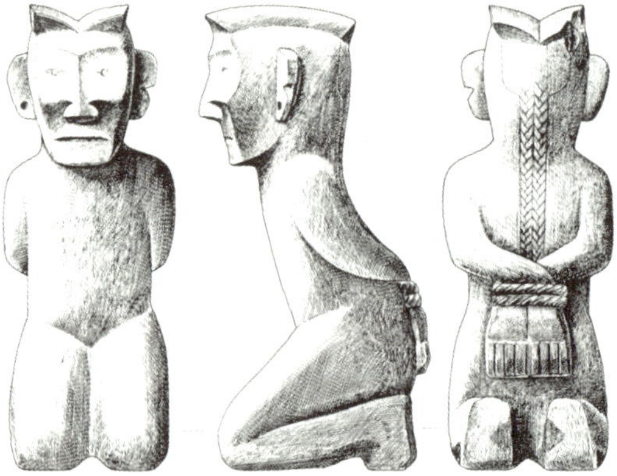

金沙遗址出土的石雕人像之二（线描图）

原殷商王朝一样，同样由原始社会进入了奴隶社会，由新石器时代进入了灿烂的青铜时代。但在社会结构、王国体制、统治形式、宗教礼仪习俗等诸方面，又有着许多的不同。对之作客观的分析和深入的探讨，是十分必要的。从而将更加充分地展示出三星堆古蜀文明的浓郁特色。

应该说明的是，在三星堆遗址范围内最早出土的那 2 尊石跪人像，可惜头部皆已损坏，形态表情不详，身躯的刻纹也已漫漶不清，但双手反缚的跪姿仍依稀可辨。有学者根据其姿态认为是奴隶或人牲，两种看法其实都是有疑问的。1983 年，在成都方池街遗址又出土了 1 尊石跪人像，有学者也认为是奴隶或人牲。由于这 3 尊石跪人像残损严重且数量甚少，学者们的研究分析受到了很大的局限。到了 2001 年，金沙遗址出土了 10 余尊石跪人像，提供了极其重要而丰富的实物资料，才使我们有了比较清晰和透彻的认识。这些石跪人像，既不是奴隶与人牲，双手反缚也与刑法无关，它们都是巫师的象征；裸体跪坐的造型和肃穆悲壮的神态，表现的都是具有巫术色彩的祭祀行为。由于干旱不雨或霖雨成灾而举行祭祀活动，曾是商周时期的重要祭典。《吕氏春秋·顺民篇》记述说："昔者汤克夏而正天下，天大旱，五年不收，汤乃以身祷于桑林，曰'余一人有罪，无及万夫；万夫有罪，在余一人，无以一人之不敏，使上帝鬼神伤民之命'。于是翦其发，鄜其手，以身为牺牲，用祈福于上帝，民乃甚说，雨乃大至。"在《墨子·兼爱下》《国语·周语上》《尸子·绰子》等中对此亦有类似记述。文中说的"翦其发"，就是将头发剪成奇异的发式。"鄜其手"，据毕沅、俞樾、陈奇猷等人的解释，是以木枊十指而缚之的意思[1]。商代的祈雨活动往往与巫术有关，出土的卜辞中对此有大量的记述。商朝求雨的方式主要有两种：一种是以舞求雨，另一种是焚巫尪求雨。卜辞中大量记录了所焚巫尪之名与具体地点，由此可知当时经常发生旱灾及焚巫尪祈雨习俗的盛行。有的在一片甲骨

[1] 陈奇猷校释：《吕氏春秋校释》第 2 册，学林出版社，1984，第 479 页、第 482 页。

上同时记有好几个焚巫尪的祭地，说明受灾范围很广。《吕氏春秋·顺民篇》与《淮南子》佚文记述的其实就是古代焚巫尪求雨的习俗，汤自“翦其发，鄌其手，以身为牺牲”，欲自焚以祭天求雨，正是一种亲自使用巫术的行为。这种“大旱而以人祷”的举动应是殷商确实发生过的故事，也是上古社会里常见的现象[1]。这种情况在后世仍然存在，并由焚巫尪求雨逐渐演变为暴巫尪求雨。《山海经》中记述的“女丑之尸”或“黄姬之尸”，有学者认为可能都是古代久旱不雨时用作祈雨的牺牲品。女丑即女巫，乃天旱求雨时的暴巫之象，或者是女丑饰为旱魃而被暴也[2]。根据文献记载和环境考古材料，商周时期不仅中原地区气候多变，成都平原、四川盆地也灾害频发，经常发生大旱和洪水泛滥。在这种时代背景下，古蜀族或古蜀王国的统治者很可能会像中原王朝一样经常举行求雨的祭祀仪式。金沙遗址出土的这些石跪人像在形态造型上“翦其发”“鄌其手”，便具有“以身为牺牲，用祈福于上帝”的寓意，显然就是暴巫尪求雨的形象写照。古蜀族用石质雕刻的跪坐人像来象征和取代巫尪应是具有浓郁古蜀特色的做法，其性质与三星堆青铜雕像群是一脉相承的，反映了古蜀社会共主政治秩序下祭祀活动不同于中原地区而独具特色的真实情形。

总之，三星堆考古发现为我们揭示了古蜀国丰富多彩的社会生活情景，是殷商时期长江上游一个灿烂辉煌的文明中心。这个文明中心有自己的鲜明特色，与其他区域文明相比，有许多不同之处。随着深入的探讨，我们对这个文明中心已经有了越来越多的了解，同时也还有许多尚未揭开和破译的古蜀之谜。而这些，也正是三星堆古蜀文明中心所具有的穿越时空的千古魅力之所在吧。

[1] 郑振铎：《汤祷篇》，《中国神话学文论选萃》上册，中国广播电视出版社，1994，第198-204页。

[2] 袁珂：《山海经校注》（增补修订本），巴蜀书社，1993，第262-263页。

经济形态与神祼文化

三星堆考古发现向我们展示的社会昌盛情形，与古蜀国农副业的兴旺发展密不可分。常璩《华阳国志·蜀志》说："杜宇教民务农，一号杜主。"又说蜀国"其宝则有璧玉、金、银、珠、碧、铁、铅、锡、赭、垩、锦、绣、罽、氂、犀、象、毡、毦、丹黄、空青、桑、漆、麻、纻之饶"，"其山林泽渔，园囿瓜果，四节代熟，靡不有焉"[1]。但古蜀国的农业并非从杜宇时代才开始的，《蜀王本纪》说"鱼凫田于湔山"，结合宝墩文化遗址等考古材料来看，可知早在鱼凫时期或者更早，古代蜀人就已由蜀山迁入成都平原并开始了农耕生产。到杜宇取代鱼凫的时候，古蜀国的农业、副业、手工业已经形成了相当可观的发展规模。可以说，正是这种经过长期发展而日益兴旺的农副业，为古蜀国提供了较为丰厚的社会经济基础，促使了古蜀社会各阶层的分化和早期城市文明的兴起，从而形成了三星堆时期内陆农业文明的辉煌。

古蜀国农业经济发展的主要特征是农产品的丰盛，这从三星堆遗址和宝墩文化遗址出土的大量陶器和陶片也可得到印证。陶器种类甚多，有各种炊器、食器、饮器、酒器，还有大量的贮器，用于贮放粮食和食物之类。这些复杂的器形，也

[1]（晋）常璩撰，刘琳校注：《华阳国志校注》，巴蜀书社，1984，第175页、第176页、第182页。

北川老县城广场上的大禹塑像（“5·12”地震前塑立）

汶川的大禹塑像（“5·12”地震后塑立）

反映了食物的多样性。而大量的贮器，则反映了农业产量的富余。通过这些与古代蜀人饮食生活有着极其密切关系的大量陶器，我们可以了解到当时农作物的种类也是比较多的。《山海经·海内经》说：“西南黑水之间，有都广之野，后稷葬焉。爰有膏菽、膏稻、膏黍、膏稷，百谷自生，冬夏播琴。”按照郭璞注解，“膏”是味好之意；“播琴”是播殖或播种之意，为方言或俗言[1]。根据蒙文通先生考证，《海内经》是出于古蜀国的作品，都广即是广都，指的是今四川西部地区[2]。在古本《山海经》中，这段引文中还有几句：“其城方三百里，盖天下之中，素女所出也。”[3]有学者认为：“这里所指的‘城’当指成都平原腹心之地的三星堆古城，方圆三百里，是一个夸张之数，犹如

[1] 袁珂：《山海经校注》（增补修订本），巴蜀书社，1993，第505页、第506页注[三]、第507页注[五]。

[2] 蒙文通：《巴蜀古史论述》，四川人民出版社，1981，第168页、第162页。

[3] 袁珂：《山海经校注》（增补修订本），巴蜀书社，1993，第506页。

'白发三千丈'之类。三星堆古城为古蜀王都，正是蜀国的'天下之中'，其使用年代，从早商一直延续到周初。这一方面说明，《山海经·海内经》关于蜀都的记载有其一定依据；另一方面则说明，它关于商周之际成都平原农业兴盛的记载也必然是有所根据，可以凭信的。"[1]这些推测是有一定道理的。由此可知，成都平原是个冬夏播种、百谷自生的地方，《海内经》所说的"膏菽、膏稻、膏黍、膏稷"，即是当时古蜀国的几种主要农作物品种。

根据考古资料，新石器时代黄河流域已经种植黍、稷、粟、麦等旱作物，长江流域则以种植水稻为主，至少都有七八千年的历史。自 20 世纪 50 年代至 80 年代末，在我国各地发现的新石器时代稻作遗存，据统计有 78 处左右。其中有 63 处属于长江流域，9 处属于黄（河）淮（河）流域，还有广东、福建、台湾各 2 处。关于中国稻作的起源，有起源于云贵高原、起源于华南、起源于长江下游、起源于黄河下游等多种看法。有学者认为，考虑现代用酶谱类型分析亚洲水稻的地理分布规律，"还是倾向于从西南的起源中心，分为西路沿金沙江进入四川长江上游，一直至陕西；中路从粤北桂北经湘赣至华中，然后至黄河中游；东路沿海则在太湖地区形成独特的内容丰富的中心"[2]。四川考古虽然尚未发现先秦时期的稻作遗存，但从文献记载来看，古蜀国同样是一个生产水稻的中心。常璩《华阳国志·蜀志》说秦灭蜀后，"司马错率巴、蜀众十万，大舶船万艘，米六百万斛，浮江伐楚，取商於之地为黔中郡"[3]。蒙文通先生认为："可知在李冰守蜀开二江灌溉之前，蜀已大量产米……在昭王二十七年，蜀已能输六百万斛出去，可见产量相当丰富。"[4]如此庞大的米产量，足以说明古蜀国生产水稻有着悠久的历史和可观的规模。水稻显然是古蜀国最主要的农产品。此外，还有其他多种农作物，使古蜀国农业经济呈现出百谷昌盛的情景。

三星堆时期古蜀国农业经济的繁荣与成都平原的气候、水

[1] 屈小强、李殿元、段渝：《三星堆文化》，四川人民出版社，1993，第 261–262 页。

[2] 游修龄：《太湖地区稻作起源及其传播和发展问题》，《太湖地区农史论文集》第一辑，1985 年。

[3]（晋）常璩撰，刘琳校注：《华阳国志校注》，巴蜀书社，1984，第 194 页。

[4] 蒙文通：《古族甄微》，巴蜀书社，1993，第 228 页。

燹公盨铭文

资源等优越的自然条件有着很大的关系。同时，对部族的聚居和早期城邑的出现，也起到了促进发展的作用。有学者指出，农业的稳定与聚落的稳定密不可分。聚落的稳定，一方面取决于土地的自然肥力，另一方面又与水源有关。“南方水田更无游耕的问题，所以中国史前聚落稳定性问题，除了战争、灾害等因素外，更主要的是水源问题。中国史前农耕聚落分布，每每呈现出缘小河而居的特点，这显然有用水方面的考虑。”[1]三星堆古城和宝墩文化遗址都滨临河流或距河流甚近，可能都与充分利用水源有关。据文献记载透露的信息，杜宇时期成都平原发生了严重的洪涝灾害，《蜀王本纪》说：“时玉山出水，若尧之洪水，望帝不能治，使鳖灵决玉山，民得安处。”《水经注·江水》说：“江水又东别为沱，开明之所凿也。”可知这是一次大规模的治水行动。在鳖灵治水期间，还发生了“望帝与其妻通，惭愧，自以德薄不如鳖灵，乃委国授之而去”的故事[2]，从而导致了政权的更替。治水并非从鳖灵才开始的，早在夏禹时期蜀地就开启了治水的先声。《尚书·禹贡》中就有“岷山导江，东别为沱”的记载。谭继和先生认为，兴于西羌的大禹，治水是始于岷山然后才扩及九州的，根据研究“证明禹文

[1] 李学勤：《中国古代文明与国家形成研究》，云南人民出版社，1997，第 85 页。

[2] 扬雄：《蜀王本纪》，《全汉文》卷五十三，（清）严可均校辑：《全上古三代秦汉三国六朝文》第 1 册，中华书局影印本，1958，第 414 页。

豳公盨铭文中关于大禹治水的记述

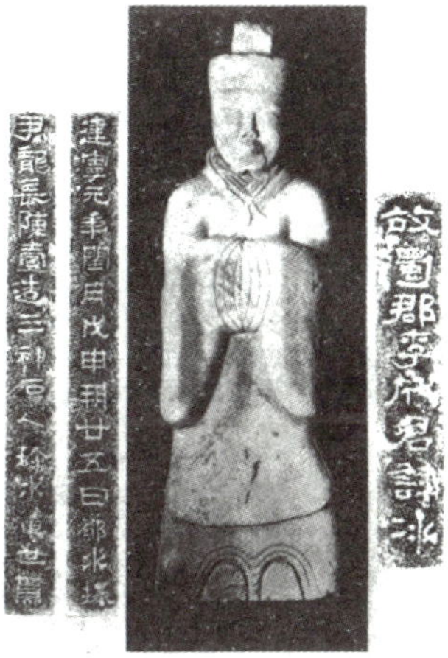

李冰像

化之初兴，实兴于西蜀治水”[1]。笔者在一篇文章中也提到，根据《禹贡》中多次记述大禹曾由“岷山之阳，至于衡山”，“岷嶓既艺，沱潜既道”，“岷山导江，东别为沱”等，说明大禹在治水过程中曾花了大量精力对岷江进行过治理。“我们有充足的理由认为，正是由于大禹最先治理岷江，使岷江西羌的文化发达起来，所以后人才把岷江视为长江的源头。”[2]可以想象，走出岷山迁入成都平原的古代蜀人一定踊跃参与了大禹对岷江的治理。古代蜀人这种历史悠久、长期不懈的治水传统，对发展农业，战胜水患，确保增产丰收，显然发挥了至关重要的积极作用。之后经过鳖灵对水灾的治理，后来又有李冰对岷江因势利导创建了都江堰，从而使成都平原成了名副其实的米粮仓。正如常璩《华阳国志·蜀志》所描述的：“灌溉三郡，开稻田。于是蜀沃野千里，号为‘陆海’。旱则引水浸润，雨则杜塞水门，故记曰：水旱从人，不知饥馑，时无荒年，天下谓之‘天府’也。”

三星堆时期农业生产的器具种类多样，从目前已有的考古资料看，成都平原早期蜀文化各个遗址中出土有大量的各种石器，如石斧、石刀、石锄、石凿、石矛、石杵、石锛之类，其

[1] 谭继和：《禹文化西兴东渐简论》，《四川文物》1998年第6期，第10–11页。

[2] 黄剑华：《文明从治水开始》，《四川文物》1999年第5期，第14页。

都江堰

中不少是农业生产工具。在中原商周遗址中曾出土有多种木制农具（如木耒、木耜之类）和石制、骨制农具一起使用的情形，据此推测，古蜀也可能有木制农具，同样存在石制农具和木制农具一起使用的情形。可惜蜀地潮湿，木质易朽，而难以存留。古蜀大量使用石刀之类农具，同当时水稻种植采取撒播方式有很大关系。因育秧移栽技术在汉代才出现，而之前的缦田撒播是无须用"耘田器"进行耕种的。所以石刀之类主要是用于收割，在农作物生长过程中也可能用于除草。值得注意的是，三星堆时期古蜀国有着高度发达的青铜铸造技术，但在出土的大量青铜器物中却少有青铜农具。这是个很有意思的现象。推测可能有两个原因：第一，三星堆一号坑、二号坑出土的主要是陈设于宗庙之中的青铜造像和祭祀用品，即使有青铜农具也不会埋入其中，而是散布在城邑之外的农业生产者手中。第二，从全国各地考古材料来看，商周时期并未普遍使用青铜农具，一些学者认为是由于"铜在当时是珍贵的，首先要用来铸造武器、工具和彝器"，使用青铜器是统治阶层的特权，所以不容许农业生产者用金属农具[1]。但也有学者认为："商周时期确实曾

[1] 此为陈梦家、于省吾等学者的意见，参见陈文华：《论农业考古》，江西教育出版社，1990，第125-126页。

经普遍地使用青铜农器。”[1]从三星堆出土有许多青铜戈等实用兵器来看，制造青铜农具应是比较简单的事。但由于少见实物，目前我们的看法只能是推测分析。

古蜀国的农副业也十分兴旺。首先，是家畜饲养业的发达，1996年秋冬之际，考古工作者曾对广汉三星堆遗址进行了环境考古调查，对“三星堆祭祀坑曾出土大量的动物骨骼残骸，如象牙……通过测量鉴定，以猪、牛、山羊骨骼为多”，另外还有野兔等动物骨骼[2]。三星堆出土的青铜尊，其肩部铸有3个羊头；出土的青铜罍，其肩外缘铸有4个牛头；还出土有青铜水牛头和栩栩如生的青铜公鸡之类。这些都是古蜀大量饲养家畜的印证，而牛、羊的造型和残骸则说明古蜀的畜牧业也相当兴旺。考古资料告诉我们，新石器时代人们已经饲养了马、牛、羊、鸡、犬、猪“六畜”。随着农业的进步，家畜的种类和数量以及饲养的方式和技术亦大为发展。三星堆时期的家畜饲养业，显然有着可观的规模，古蜀国已进入农业为主的社会，同时也保留着由古而来的兴旺的畜牧业。这个时期的养蚕植桑和其他多种养殖业也日益发展，比如，常璩《华阳国志·蜀志》记述的漆、麻、纻之类以及园囿瓜果等。此外，可能还养鱼，为古代蜀人提供了较为丰裕的食物来源。

三星堆时期，古蜀国中可能还有一定数量的人员从事着渔猎活动。一号坑出土的金杖图案中刻画了4支长杆羽箭贯穿鸟颈穿入鱼头的情景，应是古代蜀人现实生活中已使用弓箭、经常从事渔猎活动的写照。透过其蕴含的神话色彩和象征含义，折射和反映的则是世俗内容。一号坑出土的石矛、二号坑出土的青铜戈，可能是实战用的兵器，也不排除另一种可能，作为打猎时使用的武器。还有大量的玉戈，可用于祭祀活动，也可用于打猎活动。二号坑出土有数枚虎牙，很可能就是打猎捕获猛虎后，特地将虎牙作为装饰品。据出土卜辞记述，商代经常举行田猎活动。有学者通过研究后指出：“田猎在商代社会生活

[1] 唐兰：《中国古代社会使用青铜农器的初步研究》，《故宫博物院院刊》1960年第2期，第17页。

[2] 贺晓东：《广汉三星堆环境考古调查》，《四川文物》1997年第4期，第61页。

三星堆二号坑出土的青铜公鸡

三星堆二号坑出土的青铜水牛头

中是一项不可缺少的生产活动，是农牧业的补充经济”，除大量捕获猎物外，“可以说商代是将开辟农田、保护农作物和训练士卒通过田猎活动有机地结合起来”[1]。常璩《华阳国志·蜀志》有“周显王之世，蜀王有褒、汉之地，因猎谷中，与秦惠王遇”的记载，说的虽是开明王朝的事情，亦可知古蜀国是有大型打猎活动的。扬雄《蜀王本纪》对此也有记述，“蜀王从万余人东猎褒谷”，足见其规模之大，当不亚于商王朝的田猎活动。其性质也应相类似。在这种大规模的“田猎”活动中，使用青铜玉石制作的戈、矛之类的武器和弓箭，无疑是情理之中的事。古蜀国的“田猎”活动，既是农副业和畜牧业的补充，也是训练士卒带有军事色彩的一种活动。古蜀时期的这一风气，对后世亦有影响，司马迁《史记·货殖列传》说卓王孙“射猎之乐，拟于人君”，便是例证。

还有古蜀国的渔业也是社会经济生活中的一项重要内容。《汉书·地理志》说巴、蜀、广汉有“民食鱼稻”的传统。从

[1] 孟世凯：《商代田猎与军事训练的关系》，《先秦史论集》，中州古籍出版社，1989，第309页、第315页。

考古资料看，忠县㽏井沟新石器时代遗址就出土大量的鱼骨遗存及捕鱼用的网坠，大溪遗址亦发现有大量的鱼骨遗存和用于渔猎活动的骨镞、石镞、牙制鱼钩和网坠，在成都平原的一些遗址中也发现有数量可观而种类较多的鱼骨遗存。有学者认为，古蜀鱼凫族就是善于射猎与捕鱼的部族，“成都平原出土的鸟首形器物当是鱼凫王带领蜀民使用鱼鹰捕鱼的现实生活的反映”[1]。日本学者古贺登先生也认为：“大概鱼凫是养鸬鹚。‘田于湔山’正确说为‘狩于湔水’。”三星堆考古发现揭示的古蜀文明“是在伴随太阳信仰和养蚕、养鸬鹚的稻作文化基础上形成的”[2]。这些都是很有见地的看法。还有学者认为：“在秦入巴蜀前，巴蜀地区开发的耕地较少。即使在成都附近，仍有森林覆盖，仍有大面积的沼泽地带。”[3]这对古蜀的渔猎活动当然是比较有利的。这种情形，对我们客观地探讨和评价古蜀国的农业和畜牧业、渔猎副业，也是一个很重要的参考。

综上所述，三星堆时期古蜀国是以农业为主，并有着兴旺的家畜饲养业和畜牧业，有着多种养殖业和广泛的渔猎活动，加上发达的各种手工业，从而构成了繁荣的社会经济。灿烂的三星堆青铜文明就是在这种繁荣的社会经济基础上发展和形成的，并使之成为长江上游一个辉煌的农业文明中心。

值得注意的是，由于三星堆时期发达的农副业，古蜀国有着大量的粮食和丰富的农副产品，这对古蜀酿酒业的发展提供了极为有利的条件。而酿酒的兴盛，不但丰富了古代蜀人的世俗生活，还与古蜀国的祭祀活动和精神生活有着密切的联系。根据文献记载和考古资料，中国的谷物酿酒起源甚早，而且与农业的发展密不可分。《淮南子·说林训》便有“清醠之美，始于耒耜”之说，“醠”就是谷物酿成的一种清酒[4]。在河姆渡文化遗址中曾发现有温酒的陶盉、饮酒的陶杯等酒具，有的考古学者认为这是我国目前发现的最早的酒具。如果这一鉴定正确，则中国利用谷物酿酒的历史至少已有 7000 多年了。在大汶口文

[1] 姜世碧：《四川古代渔业述论》，《四川文物》1995 年第 8 期，第 11 页。

[2] ［日］古贺登：《古代长江流域文化和日本——从巴蜀和日本的建国传说所看到的》，《四川岷江上游历史文化研究》，四川大学出版社，1996，第 6 页、第 1 页。

[3] 罗开玉：《秦至蜀汉巴蜀地区的农林牧渔副业》，《四川文物》1994 年第 5 期，第 5 页。

[4]《二十二子》，上海古籍出版社，1986，第 1287 页。

化和龙山文化遗存中也发现有大批的酒器，夏代二里头遗址墓葬中出土陶器所占比例最大的也是酒器，其次才是炊器和食器。商代的酿酒业更为发达，已开始使用酒曲酿酒，“这种糖化与酒化紧密结合的‘复式’发酵法，与古代埃及人、巴比伦人或欧洲人用麦芽煮熟发酵酿造啤酒的方法有很大的区别”，是对世界酿造技术的一大贡献。在甲骨卜辞中，便可以见到商王用各种美酒祭祀鬼神及祖先的许多记载[1]。三星堆考古揭示，古蜀国的酿酒技术相当发达，酒事活动也同中原殷商王朝一样昌盛。常璩《华阳国志·蜀志》说开明九世“始立宗庙，以酒曰醴”，也向我们透露了蜀酒与古蜀国宗庙祭祀的重要关系。林向先生对此作了深入的研究，认为巴蜀地区自古以来农业发达，酿酒谷物来源丰富，有发达的农业生产为基础，就必有发达的酒文化，从遗址出土的陶器来分析，当时的酿酒技术不会低于中原。三星堆遗址出土的大量陶酒器有盉、杯、尖底盏、觚、壶、勺、缸、瓮等，还有酿酒用的陶罐。其中饮酒器以觚和杯为主，盛酒器则有瓮、缸、壶之类。此外，还出土有铜酒器，二号坑的铜酒器有尊和罍，还可能有方彝。“这些圆铜尊形体高大……有的里面已空无一物而有使用（盛酒?!）痕迹。在古人看来祭祀奉献的酒是‘琼浆玉液’，非常珍贵的饮料。在二号坑底出土两件头顶酒尊的铜人像，尊上有盖，双手过顶捧尊，站在镂花的座子上，作供献状。看来这些尊、罍都是置酒设供的重器。”[2]除三星堆外，彭县竹瓦街商周窖藏、成都百花潭与新都马家战国早期墓葬以及成都西郊土坑墓、大邑五龙船棺和土坑木椁墓等，都出土有巴蜀铜酒器。据初步统计，出土的巴蜀铜酒器已有100多件。这充分说明了古蜀酒文化的昌盛，同时也说明了蜀酒在古蜀祭祀活动中的重要作用。

三星堆出土的众多精美青铜酒器，特别是二号坑出土的喇叭座顶尊青铜人像，其裸胸露乳双手上捧头顶酒尊跪坐于缕云纹山形圆座上的造型，用于祭祀活动和作为献祭者的象征，是

[1] 傅允生、徐吉军、卢敦基:《中国酒文化》，中国广播电视出版社，1992，第2–4页。

[2] 林向:《蜀酒探原——巴蜀的“萨满式文化”研究之一》，《南方民族考古》第一辑，四川大学出版社，1987， 第76页、第77页、第78页、第80页。

显而易见的。但其献祭的对象以及祭祀的内涵，则是一个值得探讨的问题。谭继和先生对此提出了一些独到的见解，认为这尊具有典型意义的裸胸跪坐人像与古蜀生殖崇拜以及高禖祭祀活动有关。他说，细审该像，胸部裸露，风格是坦荡写实的；跪坐于神山之上，内涵又是神秘的；从3000年前的三星堆遗物到2000年前的彭山画像石，作为牝神崇拜的对象是一脉相承的，其共同特征是张大乳形。这与欧洲生殖女神“奶拿”和辽西牛河梁红山文化女神庙的女神均张大其乳是相类的，表现了对女性生殖崇拜的共同特征。生殖崇拜是原始文化的源头，古蜀地区既存在女性崇拜，更有男性崇拜，“三星堆男女群像所显示的文化内涵，正是古蜀同时并存‘姐’神崇拜和‘祖’神崇拜的表现”。他还指出，古蜀生殖崇拜是与杜主神禖文化联系在一起的，古蜀的社祭习俗实即祭先妣的高禖之祭。“古蜀人选择三星堆—月亮湾—竹瓦街这方圆20公里的地方建起了土城，筑起了土台，有巨大的寝殿，安置着各种神像和祭物。其中，高台中心竖立着巨型青铜立人像代表着蜀的神禖……每到高禖的盛大节日，部族众人或执玉帛，或执象牙，先向先妣敬献，祈求丰穰，祈求生育繁衍，接着唱歌跳舞，男女自由欢会，举行盛大的高禖祭祀活动。这是何等壮观的场面。”[1]

三星堆二号坑出土的青铜圆尊

在这种盛大的祭祀活动中，谷物酿成的蜀酒也是重要的献祭物品，而且部族众人会开怀痛饮，从而形成更加热烈的气氛。《商书·酒诰》曾历数殷商王室纵酒，《史记·殷本纪》也

[1] 谭继和：《三星堆神禖文化探秘》，《四川文物》1998年第3期，第4–9页。

说殷纣王“为长夜之饮”。从三星堆出土的大量陶制酒器、食器和青铜酒器来看，古蜀国的统治阶层很可能也有饮酒纵乐的风气。有的学者就认为，三星堆古蜀都城内的鱼凫王室，其礼仪、祭祀、巫术所用之酒，其骄奢淫逸所饮之酒，出土的众多酒器、食器便是很好的历史见证。由于鱼凫王朝沉湎酒色，其灭亡显然“与纵酒有着割不断的关系”[1]。这些对古蜀国高禖祭祀活动和饮酒纵乐之风导致政权更替的分析推测，对揭示古蜀神禖文化和酒文化的丰富而又复杂的内涵，无疑是很重要的一种看法。

高禖祭祀活动是文明之初许多古老部族都盛行的一种文化现象。它是先民们信仰观念和生活习俗的一种反映，与古代的生殖崇拜、土地崇拜、社祀活动等有着极其密切的关系。英国学者弗雷泽在他的名著《金枝》中，曾对许多民族播种生产和繁衍生育的各种风俗习惯与宗教巫术作过描述。朱狄先生曾引用柏拉图的话：“在多产和生殖中，并不是妇女为土地树立了榜样，而是土地为妇女树立了榜样。”认为辽宁喀左东山嘴曾出土红山文化的二尊裸体的“地母像”，为什么原始时期的人要把“地”与“母”联系在一起，并以此来象征丰产，原因也就在于此。他认为这些雕像都是一种“接触艺术”，它的效能并不仅仅通过视觉，而且还要通过一种抚摸和接触才能实现。“母”通过与“地”的联系获得了她的生殖能力，“人”又通过与“母”的接触而使自己获得生殖能力。所以在“地”—“母”—“人”三者之间是一种微妙的感应关系，这才是一个完整的丰产巫术的系列。朱狄先生还指出，《毛传》说“求有子，古者必立郊禖焉”，可见，所谓履大神之迹实际上是一种丰产巫术的遗迹，其中心内涵是“地”与“母”的直接接触，正因为这种接触是非常平常的，因此就需要一种特殊的“郊禖”仪式去强化这种接触，以便使不妊娠的妇女像土地长出庄稼那样能生儿育女 。也就是说，“‘郊禖’实际上就是柏拉图所说的那种意义：土地为妇女树立了榜样”[2]。萧兵和叶舒宪先生也指出，这反映了先民

[1] 屈小强、李殿元、段渝主编：《三星堆文化》，四川人民出版社，1993，第287页。

[2] 朱狄：《原始文化研究》，生活·读书·新知三联书店，1988，第763–765页。

四川彭县蒙阳镇竹瓦街出土的西周铜罍

时期大地母亲和“两种生产”的关系，这两种生产是互相联系、互相制约而互为补充、互为消长的；反映在原始思维和原始哲学、原始文学里，这“两种生产”又是互渗的，互相“比拟”的，“大地母亲”和“谷物神”的信仰与崇拜也由是萌生。农牧民族盛行母性崇拜、丰饶崇拜和土地崇拜，“借助于人类学家们的考察可以证实，土地崇拜并非地域性的宗教现象，在世界各地的农耕文化中，大都存有此类崇拜。因为这是同农业生产方式相应的人类经验的必然产物”[1]。这些论述，对我们探讨三星堆时期的古蜀神禖文化是有参考和启发意义的。

从文献记载和考古资料看，我国商代曾流行社树崇拜和社祀活动，古蜀也一样。俞伟超先生就指出，关于古代的社树崇拜，《论语·八佾》曾曰“夏后氏以松，殷人以柏，周人以栗”，可知商代是流行的。三星堆的早期蜀文化既然存在着很多商文化的因素，当时的蜀人同商人一样崇拜社树是很可能的。“社祀”是一种祭祀土地神的活动，古代的农业部落因为见到粮食是从土地中生长出来的，为了祈求农业丰收，所以普遍崇拜土地神，并把这种土地之神叫作“地母”（据大量民族志材料）。社树就是一种地母崇拜的体现物。当时的蜀人，既然已经以农业为生，当然会出现这种地母崇拜。“可以推知在蜀人的多种信仰中，土地崇拜占有最重要的地位。”[2]萧兵先生也指出，古人认为，国之大事，惟祀与戎。其中社的祭祀尤为重要和古老。最早的社祀主要内容是土地崇拜，又夹杂着生殖崇拜，跟农业生产关系很大。“高禖仪式的主要内容本来是男女的狂欢，是群婚时代的产物，为的是种族蕃庶，但有时也及于农事之生殖。高禖祭祀后来是为了祈子（种族蕃庶），但最初却是膜拜丰收和生殖女神。这种生殖女神往往也就是氏族和部落的女祖先兼大母神，例如姜嫄、简狄、女娲、涂山氏等。她们往往也兼为农业丰收土地女神……所以高禖和社祀可以合称为‘高禖社祭’。”[3]何新先生也指出，据古代文献记载，“社”是建在露天场所的一

[1] 萧兵、叶舒宪：《老子的文化解读——性与神话学之研究》，湖北人民出版社，1994，第696-701页。

[2] 俞伟超：《三星堆文化在我国文化总谱系中的位置、地望及其土地崇拜》，《四川考古论文集》，文物出版社，1996，第63页。

[3] 萧兵：《楚辞的文化破译》，湖北人民出版社，1991，第280页、第293页。

个方坛，社坛上有土堆起的高冢，应是地母乳房的象征，社神实际上是一位女神。所谓土神，其实就是地母之神，也即广义的万物之母神。这个母神又称作“高媒神”。“上古的‘社’祭，往往带有所谓‘高禖仪式’的内容或色彩。典型的高禖仪式常常表现着所谓‘沙特恩’（Saturn）节的情调或内涵，这正如恩格斯所说，是‘在一个短时期内重新恢复旧时的性交关系’。并且容许男女私奔自由交配。见诸记载的有所谓‘齐社’‘燕祖’‘云梦’‘桑林’莫不如此。”[1]通过摘引的这些论述，可知古代的社祀和高禖文化有着极为密切的关系，是先民社会生活中非常重要的一项内容。

三星堆包罗万象的考古材料告诉我们，生活在这个时期的古代蜀人，在发达的农副业和手工业生产基础上，创造出了灿烂的青铜文明，他们的精神生活和物质生活都有着极其丰富的内容。古代蜀人的精神世界是个庞大而又复杂的体系，其中既有自然崇拜、神树崇拜、神山崇拜、龙凤虎蚕等动物图腾崇拜、泛灵崇拜，又有祖先崇拜、英雄崇拜，还有神仙思想和天门观念，并融入了想象力极其丰富的神话传说，同时又具有强烈的原始巫教色彩。我们在前面的篇章中，对此已作了较为广泛的探讨。而古蜀国的社祭和神禖文化，显而易见也是当时社会生活的一项重要内容。古蜀的神禖社祭主要表现为祈求农业丰产和人口繁衍，是土地崇拜和生殖崇拜观念的展示，具有极其丰富的内涵。古蜀的神禖社祭活动与酒文化又有着异常密切的关系，展现出绚丽多彩的情景。由此可知，三星堆二号坑出土的喇叭座跪坐顶尊青铜人像，便正是这一情景的生动写照。

我们对古蜀神禖社祭活动所作的只是一些粗浅的探讨，要深入展示其丰富的内涵，尚有待于以后进行更加全面深入的研究。而这将是非常有意义的一项工作，对我们了解三星堆古蜀内陆农业文明将增添许多生动而重要的内容。

[1] 何新：《诸神的起源》，生活·读书·新知三联书店，1986，第125–136页。恩格斯所说，见《家庭、私有制和国家的起源》，人民出版社，1972，第47页。

日常穿戴与服饰文化

在人类文明发展史上，绚丽多彩的服饰文化具有极其丰富的内涵，不仅和各民族的文明起源和发展状况密切相关，同时也是各民族文化模式和审美心理以及社会形态、生活习俗最为生动形象的展示。郭沫若先生说："工艺美术是测定民族文化水平的标准，在这里艺术和生活是密切结合着的。古代服饰是工艺美术的主要组成部分，资料甚多，大可集中研究。于此可以考见民族文化发展的轨迹和各兄弟民族间的相互影响。历代生产方式、阶级关系、风俗习惯、文物制度等，大可一目了然，是绝好的史料。"[1]可谓道出了服饰文化研究的妙谛。

过去我们对古代蜀人的服饰文化知之甚少，仅从《蜀王本纪》"椎髻左衽"之类的记述中去推测未免过于笼统。三星堆考古发现在这方面提供了翔实而丰富的资料，为我们打开了了解古代蜀人服饰文化的方便之门。而对古代蜀人服饰文化的研究，也是深入探讨三星堆文化内涵，揭示灿烂的古蜀文明的一个非常重要的组成部分。

从三星堆青铜造像群看，古代蜀人的服饰文化在形式和内涵上都显得极其丰富多彩，不仅有形式多样的冠帽和头饰，而且有华丽的衣裳和多种材料样式的服装。此外，还有耳饰、手

[1] 沈从文：《中国古代服饰研究》（增订本），郭沫若序言，上海书店出版社，1997。

镯、足镯、项链之类的各种装饰品。这些采用丝帛、麻布等材料制作而成的丰富多样的衣裳服装，充分反映了古蜀国纺织行业的兴盛和缝纫技术的发达。推测在三星堆古城里，也应有不少专门的纺织缝纫手工作坊，其中有为群巫集团和王公贵族等统治阶层服务的，也有为商人、士兵和广大平民阶层制作的。从事这个行业的工匠可能主要是女性，同样有管理者和比较明确的分工。统治阶层穿用的衣裳服装，可能以丝绸为主，而广大平民阶层穿用的则大都是用葛麻之类“蜀布”制作的。由于蜀地湿润，丝织品和布织品都易朽，难以久存，在数千年之后已很难发现其遗存了。但三星堆青铜造像群提供的服饰文化资料，说明纺织缝纫手工作坊同其他行业众多的手工作坊一样，应该是存在的。而且纺织行业在古蜀国的社会生活中，所发挥

成都百花潭中学出土的战国宴乐攻战纹铜壶

成都百花潭中学出土的战国宴乐攻战纹铜壶纹饰图案（线描图）

故宫博物院收藏的战国青铜壶上的采桑图（摹本）

的重要作用也是显而易见的，呈现出一派日益繁荣的景象。与之相适应的则是蚕桑业的兴盛。1965 年，成都百花潭中学十号墓出土了一件战国时代的铜壶，上面嵌铸的多幅图像生动地展现了古代蜀人竞射、采桑、弋射、宴乐、攻战等社会生活内容。其中第一层右面为采桑图，共有 15 人，显然是当时大规模种植桑田、饲养家蚕的写照[1]。这种情形当然是由来已久的，对我们了解三星堆时期的蚕桑状况具有重要的参考意义。故宫博物院收藏的战国青铜壶上，也描绘有竞射、采桑的情景。湖南省博物馆收藏的蚕桑纹尊，上面有浮雕的栩栩如生的蚕，可见当时蚕桑业的兴旺。根据考古资料，成都平原许多遗址都出土有纺轮，三星堆遗址出土的纺轮数量多，种类亦多，既有石制的也有陶制的，制作都较为精细[2]。这对三星堆时期昌盛的蚕桑业和发达的纺织加工技术，也是很好的印证。这是三星堆古城内的情形，而在古蜀国范围内的广大农村，蚕桑纺织应是以家庭手工纺织为主，分散进行的。在手工作坊与农业的分化过程中，很可能正是这种广泛的家庭蚕桑养殖和手工纺织基础，而促使了古蜀国都城内纺织业的兴旺发展。

我们知道，蚕桑与蜀族有着悠久的密切关系。黄帝元妃西

❶《文物》1976 年第 3 期。此壶现藏于四川博物院。

❷《广汉县三星堆遗址》，《考古学报》1987 年第 2 期。

陵氏之女嫘祖被后世尊崇为“先蚕”，蚕女马头娘的传说也起源于蜀地，而后才在各地广为流传。据学者们考证，古代蜀人饲养家蚕从蚕丛时期就开始了，故教人养蚕的蚕丛被后人祭祀为青衣神。到鱼凫、杜宇时期，蜀地的蚕桑纺织自然有了更为兴旺的发展。三星堆青铜造像群就展现了这种情形，高大的青铜立人像所穿的龙纹长衣，无论从细腻的质地或精美的图案花纹来看，都应是华丽的高级丝织品。如果从全国范围的考古发现来看，1926 年，在山西夏县西阴村仰韶文化遗址发掘出土有一个半割的蚕茧，并发现有原始的纺丝工具——纺轮[1]。但也有学者对仰韶文化的养蚕业持疑问态度。不过“在与‘半个蚕茧’同时期或是差不多的遗址中，几乎都有石制或陶制纺轮及陶纺坠等，也有尖长有孔的骨针”[2]，则显示了早期纺织和缝纫技术的发展。1958 年，在浙江吴兴县钱山漾良渚文化遗址出土了装在竹筐中的一些丝织品。经鉴定为家蚕丝，采用先缫后织的方法织成。沈从文先生认为：“纺织品实物，多为天然有机材料所制成，本身易于朽腐毁灭，在漫长的历史岁月中极难保存下来。所以原始社会的皮、毛、麻、葛、丝绸遗物极为罕见。”钱山漾遗址出土的丝织品“距今约四千七百年，其保存程度之好是难以置信的……因此也使人蓄疑，却又难于做出解释。考古发掘偶尔也会出现万一奇迹的”[3]。如果抛开这些疑问，对我国缫丝织绸的悠久历史应是一个有力的印证，而且说明了古代长江流域蚕桑丝织技术的发达。

湖南省博物馆收藏的蚕桑纹尊

纺织技术的进步，必然促进丝绸服饰的发展。从考古材料看，“商代人民已经能织极薄的精细绸子和几种提花织物，在铜玉器上留下显明痕迹”[4]。相当于殷商时期的三星堆遗址出土的

[1] 赵翰生:《中国古代纺织与印染》，商务印书馆，1997，第 4 页。

[2] 华梅:《人类服饰文化学》，天津人民出版社，1995，第 21 页。

[3] 沈从文:《中国古代服饰研究》(增订本)，上海书店出版社，1997， 第 21 页、第 24 页。

[4] 沈从文:《中国古代服饰研究》(增订本)，上海书店出版社，1997，第 27 页。

成都曾家包汉墓出土的画像石（图中刻画了织锦的情景）

青铜立人像，那华贵精美的丝绸服饰对此也是一个很好的佐证。虽然三星堆遗址和更早的宝墩文化遗址没有发现像钱山漾良渚文化遗址出土的那类丝绸实物，但三星堆青铜造像群丰富多彩的服饰文化说明，在此之前，古蜀地区必然有一个绚丽灿烂的发展过程，蚕桑丝绸纺织的起源绝不会晚于良渚文化。最近三星堆考古又有了新的重大发现，在一号坑与二号坑附近，又发现了 6 个埋藏有文物的坑，出土了青铜面具、青铜方尊、青铜人像、金面具、大量的象牙等珍贵文物。特别值得关注的是，在细致的考古发掘过程中，发现了丝绸的遗迹，这是特别珍贵而又非常重要的古蜀丝绸实物资料，充分印证了史籍的记载，说明古蜀是中国丝绸的故乡。2021 年 3 月 20 日，央视直播报道了三星堆新的考古发现，举世瞩目，使三星堆与古蜀文明再次成了热门的话题。

在陕西宝鸡附近的強国墓地，曾发现有大量的丝织品和刺绣制品遗痕，经鉴定“原物可能是衾被之类，其地帛为平纹丝绢”，“是现知我国最早的刺绣文物”[1]。还发现有许多玉石制作的蚕形饰物，显示了墓葬主人对蚕图腾的尊崇。有学者认为，西周初期在渭水上游建立了一个独立方国的強氏族类，以其浓郁的早期蜀文化特征告诉我们，很可能是古代蜀人北迁的一个部族。段渝先生就认为：“从各种文化现象分析，強氏文化是古蜀人沿嘉陵江向北发展的一支，是古蜀国在渭水上游的一个拓殖点。”在強氏墓葬内发现的“这些丝织品其实就是巴蜀丝绸的蜀绣”[2]。这对古蜀蚕桑丝绸的发展、影响和传播，无疑是一个很好的说明。

在古蜀国的纺织生产加工行业中，除了占据主导地位的丝

❶ 卢连成、胡智生：《宝鸡強国墓地》上册，文物出版社，1988，第 656 页。

❷ 段渝：《嫘祖文化研究》（之四），《成都文物》1998 年第 2 期，第 52 页。

三星堆考古新发现的象牙与文物

绸，采用葛麻之类材料制作的蜀布也应有相当的规模，并对后世有很大的影响。汉武帝时张骞通西域，“在大夏时，见邛杖、蜀布”[1]。左思《蜀都赋》中有“黄润比筒”之说，司马相如《凡将篇》说“黄润纤美，宜制裈”，常璩《华阳国志·蜀志》说“安汉上下，朱邑出好麻，黄润细布，有羌筒盛”。刘琳先生认为“黄润细布”就是“蜀中特产的一种细麻布，亦称‘蜀布’，著名全国，并远销国外。张骞在大夏见有身毒（今印度）商人贩去的‘蜀布’，即此”[2]。任乃强先生认为：“所言‘蜀布’，确是蜀地当时特产的苎麻布。它是古代行销印缅等地数量最大的商品，与丝绸之路的丝绸，同样是导致打开中、西交通的动力。”[3]这虽是汉代人的记述，但参照常璩《华阳国志》引《禹贡》说巴地贡品有“织皮”，蜀地则有锦、绣、麻、苎之饶，《礼记·礼运》说后圣有作，“治其丝麻，以为布帛”，可知“蜀布”在先秦时期已是仅次于丝绸的重要纺织品。从三星堆青铜造像群的穿着服装看，其中有不少当为蜀布制作，说明蜀布在三星堆时期的服饰文化中发挥了重要的作用。

现在让我们来看三星堆时期古代蜀人的服饰特色，按照穿着装饰的表现形式大概可以划分为以下几大类，现分而述之。

❶（汉）司马迁撰：《史记》第10册，中华书局点校本，1959，第3166页。

❷（晋）常璩撰，刘琳校注：《华阳国志校注》，巴蜀书社，1984，第243页。

❸ 任乃强：《中西陆上古商道——蜀布之路》，《古代西南丝绸之路研究》，四川大学出版社，1990，第102页。

三星堆考古新发现的丝绸遗迹

身体部分所穿的衣裳服装，是最丰富多样的。有内衣、外衣、中衣、长衣、短衣、对襟衣、絮服、上衣下裳、长衣下裤、甲衣、法带和腰带等。

王服外衣。这是三星堆青铜立人像所穿的外衣，是古蜀国中最为华丽高贵的服装。二号坑发掘简报中称为“鸡心领左衽长襟衣，后摆呈燕尾形，衣上右侧和背部主要饰阴刻龙纹”，“左侧主要饰回字形纹和异兽纹”[1]。发掘整理者其后又称为“身作长襟‘燕尾’服，其上饰以凤鸟、兽面纹等”[2]。有些文章中亦有称之为“着左衽长袍，前裾过膝，后裾及地，长袍上饰云雷纹”[3]。或认为从“长襟‘燕尾’服上所饰的有起有伏的各种纹饰来看，蜀人至迟在三千多年前已较为熟练地掌握了刺绣和织锦方面的技艺，并为西周以后的蜀锦生产打下了良好的基础”[4]。上述关于王服外衣的质地为织锦刺绣的看法是很有见地的，但关于“长襟衣”的看法则不够准确。已有学者通过仔细地观察和深入研究，认为“经从两侧观察，可清楚地看出，它不是上衣下裳相连一体制式的深衣；也不是上下通裁的‘左衽长襟衣’；亦非秦汉式拼幅裙裳，而是衣、裳分开的形制”。其上面的外衣为单袖齐膝长衣，这是服装史上首次发现的例证。所谓单袖，主要指外衣左侧无肩无袖，即只有右侧带有半臂式连肩袖。袖缘略宽，稍见丰厚（可能是表示夹层结构），表面素不饰纹。开领自右肩斜下绕过左腋回至右肩相接，形制特殊，我们姑且把它叫作“单袖腋领衣”。下衣部分应称为下裳，分做前后两片，前面的下沿平齐而身量略短，后面的下沿中平而两侧作燕尾形，身量较前为长。“为什么前幅短、后幅长？可能与商代礼俗与实用功能有关……若前幅与后幅同长，弯腰又会拖地，不便干事，故前后

[1]《广汉三星堆遗址二号祭祀坑发掘简报》，《文物》1989年第5期，第5页。

[2] 陈显丹：《广汉三星堆青铜器研究》，《四川文物》1990年第6期，第27页。

[3] 沈仲常：《三星堆二号祭祀坑青铜立人像初记》，《文物》1987年第10期，第16页。

[4] 陈显丹：《论蜀绣蜀锦的起源》，《四川文物》1992年第3期，第27页。

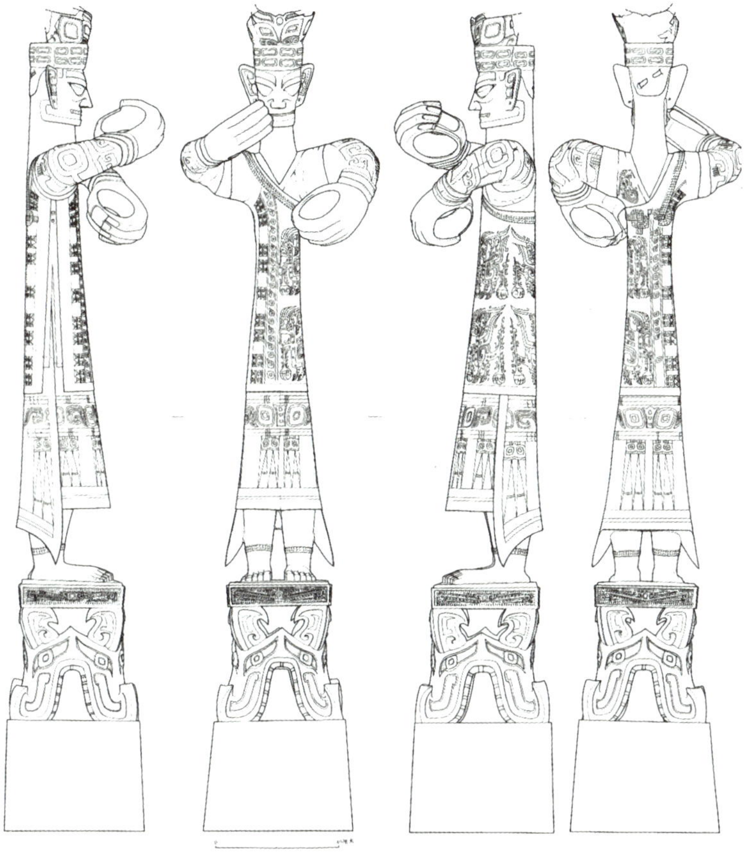

三星堆青铜立人像所穿王服外衣（线描图）

不一。后片两侧作燕尾形，亦不尽为装饰而设，还有加重后片使之不易翻扬功能。”[1]这些看法和分析都是很有道理的。总的来说，无论是制作形式、材料质地还是图案纹饰，都显示出这是古蜀国中一种规格很高的礼仪服装，充分衬托出了青铜立人像雍容华贵、威严非凡的王者气概，所以我们称之为具有鲜明古蜀特色的王服外衣。

中衣。《释名·释衣服》说：“中衣，言在小衣之外，大衣之中也。”也就是在外衣与内衣之间的上衣。青铜立人像所着中衣为双袖右衽鸡心领，领口较大，正面与背面都呈鸡心形，而袖较窄。有的认为双袖为半臂式，亦有的认为双袖长至腕端。

❶ 王㐨、王亚蓉：《广汉出土青铜立人像服饰管见》，《文物》1993年第9期，第60页、第63页。

从侧面看，中衣比外衣略短，开衩都在右侧高至腋下。从半露的右袖和全露的左袖看，衣面有较大的花纹，给人的感觉也应是刺绣（或画缋）做成，同外衣上的龙纹图案一样“与中原的风格略不相同，应是具地域特色的巴蜀式‘黼黻文章’绘绣工艺的体现”[1]。根据《汉书·江充传》有“充衣纱縠禪衣，曲裾后垂交输”之说，按颜师古注释“禪衣，制若今之朝服中禪也”，如淳注释“交输，割正幅，使一头狭若燕尾，垂之两旁，见于后，是《礼·深衣》‘续衽鉤边’，贾逵谓之‘衣圭’”的意思，所以认为青铜立人像所穿的中衣正是这种裁剪法，而非上衣下裳，其“下缘为宽缘边，后摆成左右交输，形似燕尾，此衣下角厚实，显系有填充物，从蜀地历来盛产丝绸看，此衣可能填充有丝绵之类物，当为絮服”[2]。这表达了各学者对青铜立人像所穿中衣的不同看法。若从古蜀地域气候和服饰文化的发达来看，絮服的提法也是很有道理的一种见解。

内衣，古人亦称为亵衣、衷衣。《说文》曰：“亵，私服”，“衷，里亵衣。”[3]《荀子·礼论》有“设亵衣”之说。唐代杨倞注：“亵衣，亲身之衣也。”[4]青铜立人像穿着衣服为三重，最里面即为内衣，亦为窄长袖，鸡心领，两袖长至腕部，身长可能略短于中衣，从侧面看为中衣所掩。有认为其肘间显露出有绘绣类花纹。但其整体式样以及是否全部绘绣有花纹图案，因系内衣而不得其详。

对襟衣。这是三星堆青铜造像群中穿着较多的一种衣服式样。例如，二号坑出土的青铜跪坐人像，所着即对襟长袖服，窄袖长至腕部，无领亦无扣，两襟相交露出颈部在前面呈“V”字形，腰间系带两周。正跪姿势的一尊人像可清楚地看出衣襟长至大腿中部，侧跪姿势的一尊人像衣襟似乎略短。它们所着对襟服为素面，剪裁得体，给人以光滑厚实之感。与青铜立人像所着丝绸绘绣精美的礼仪服装有着明显的区别，可能为蜀布缝制，是古代蜀人穿用的常服。二号坑出土的青铜兽首冠人像

[1] 王㐨、王亚蓉：《广汉出土青铜立人像服饰管见》，《文物》1993年第9期，第61页、第60页。

[2]（东汉）班固：《汉书》卷四十五“江充传”，中华书局校点本，1962，第2176页；蔡革：《从广汉三星堆祭祀坑出土文物看当时蜀人的服饰特征》，《四川文物》1995年第2期，第20页。

[3]（汉）许慎撰，（清）段玉裁注：《说文解字注》，上海古籍出版社，1988，第395页。

[4]《二十二子》，上海古籍出版社，1986，第336页。

三星堆二号坑出土的穿着对衣襟的青铜跪坐人像

（或称象冠人像）双手呈握物状的造型，同青铜立人像一样，所穿也为对襟衣服，窄袖长过双肘，腰间系带两周，衣服上有明显凸出的纹饰，上身前后为云雷纹，两肘部为变形的夔龙纹。这种对襟服上的纹饰图案，可能与其身份有关，说明这是类似于青铜立人像的一种非同凡俗的人物造型。这件对襟衣服的长度由于青铜人像下半身残断而难以猜测。

短衣。一号坑出土的青铜跪坐人像，上身穿的即为交领右衽窄长袖短衣，腰间系带两周以束衣。衣服素面无纹饰。其造型姿势与其他青铜人像风格不同，显示出一定的外来特征。所着服装也显示其身份低微，尤其是其“下身着犊鼻裈，一端系于腰前，另一端系于背后腰带上”[1]。也有学者认为“跪坐人像穿短裤极短，仅能兜裆蔽羞，此裤式与后世所称犊鼻裈略有出入，但应此类”[2]。《史记·司马相如传》中所说犊鼻裈乃仆役之类做粗活时的穿着，据此可知这尊人像应是外族俘虏或仆役之类的造型。

[1]《三星堆传奇——华夏古文明的探索》，台湾太平洋文化基金会，1999，第 92 页。

[2] 蔡革：《从广汉三星堆祭祀坑出土文物看当时蜀人的服饰特征》，《四川文物》1995 年第 2 期，第 21 页。

三星堆二号坑出土的青铜兽首冠人像

甲衣。三星堆二号坑出土有2尊小型青铜站立人像，有学者认为其外面所穿即为甲衣。上面为胸甲，装饰有兽面图案，下面为成组长条形甲片连缀而成，推测甲衣的制作材料可能有皮革、铜片、丝、麻、缣、帛等，给人以美观而又实用之感。我们在前面说过有学者认为青铜小神树底座跪坐人像所穿也是甲衣，但也有学者认为是有华丽纹饰的上衣下裳。

下衣。《释名·释衣服》说："下曰裳，下衣为裳。"所以下衣通常又称为下裳。其形式有点像裙，比较宽大。二号坑出土的玉璋图案中人物所穿下衣便都是裳的形式，系于腰部，下面较宽略呈喇叭状，并有边饰，其上衣由于线条简略而衣式不明。三星堆二号坑出土的喇叭座跪坐顶尊青铜人像，上身赤裸露出双乳，下身着裳，腰间系带，可与玉璋图案中下衣样式互为参照。但也有些图册文章中认为顶尊人像下身穿的是裙。前面说到青铜立人像下面穿的也是裳，可知下裳在古蜀时期也并非千篇一律，而是有几种剪裁样式的。

裙。三星堆二号坑出土的青铜鸟爪人像，残存的人像下身所穿为紧身包裙，其长度刚到膝部，裙的前后中间有合缝。裙上有几何形云雷纹，给人以绘绣之感，裙的下面为竖条形纹裾边，比较宽厚。整体来看，这是一条异常华丽极富特色的紧身短裙。由于其古怪的双脚站在二鸟头之上，造型奇特，充满了浓郁的神秘色彩。

裤。三星堆青铜造像群中，下身着裤是较多的一种下装形式。如三星堆二号坑出土的小型青铜站立人像下身所穿是一种裤式较为宽大的且有裆裤，腰部有布带加以束扎，腰腹部为甲

三星堆一号坑出土的穿着犊鼻裈的青铜跪坐人像

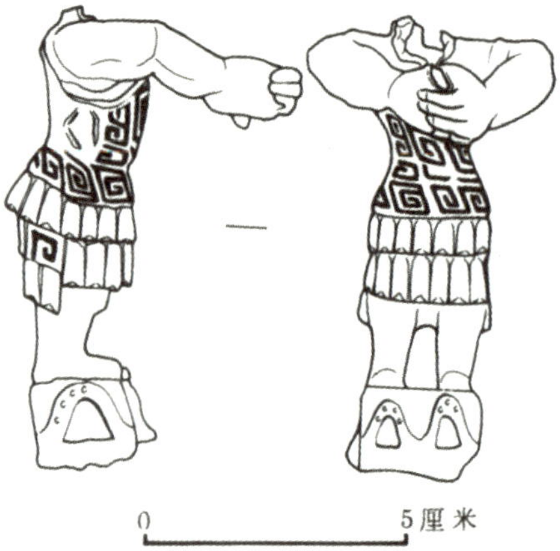

三星堆二号坑出土的穿着甲衣的小型青铜站立人像（线描图）

衣所罩，腿部有点类似于古人所说军服中的行縢、裹腿，便于行走作战和保护腿部。三星堆二号坑出土的青铜侧跪人像下身所穿也像是裤；青铜小神树底座跪坐人像腿膝部有纹饰显示下身也穿有裤；又如一号坑出土的青铜跪坐人像下身所穿为犊鼻裈；等等。

鞋袜。青铜立人像是赤足立于祭台之上，而其他青铜人像则显示出穿有袜或鞋的特征。如三星堆一号坑出土的青铜跪坐人像，图册说其"脚上套袜"，三星堆二号坑出土的青铜跪坐人像脚上所穿则好似一种足尖上翘的鞋。玉璋图案中的人物更清楚地显示出脚上所穿也是这种足尖上翘的鞋，很可能这就是古蜀流行的样式。

发饰和头饰也有着丰富多样的表现形式。辫发有多种梳理编结方式，而头饰则有冠帽、巾、盔等类别，为三星堆青铜造像群尤其是众多的青铜人头像增添了无穷的魅力。

辫发。从三星堆一号坑、二号坑出土的众多青铜人头像来看，古代蜀人留发梳辫是比较盛行的一种习俗，但辫发形式不一。最具代表性的是头发梳向脑后束扎，然后交错编结成辫垂至颈部，发辫不仅粗而且比较长，如同现在的独辫式。例如，二号坑出土的B型青铜人头像，发辫束扎的上端似有插笄的痕迹，可以看出耳旁留有鬓发，下颌似有一圈短胡。平顶未戴冠帽，可能是平时的打扮。

盘发。头发向后梳理分辫编结，然后盘结于头顶，以笄穿插固定。例如，三星堆二号坑出土的A型青铜人头像，即为发辫盘于头上的形态，可以看出发际线齐至耳根，发辫粗壮，留有短鬓。在有的图册中，也有解释为"头顶较圆，头戴辫索状帽箍"，认为其造型特征"很具地方土著风格"[1]。对此，笔

[1]《三星堆传奇——华夏古文明的探索》，台湾太平洋文化基金会，1999，第64页。

者提出了不同的理解和看法。若从发际线与鬓发的形态看，应为辫发盘于头顶的造型可能性比较大。盘发可分为盘发式或盘辫式。

高髻。这是三星堆一号坑出土的青铜跪坐人像展示出的一种发式。其头发从前向后梳理成多个细辫状，再上翘向前卷，发掘简报中称这种发式为扁高髻。有学者认为这可能就是后世文献中所说的“椎髻”。查古籍中关于“椎髻”的记述较多，如《史记·货殖列传》说：“程郑，山东迁虏也，亦冶铸，贾椎髻之民，富埒卓氏，俱居临邛。”唐代司马贞“索隐”说椎髻之民的意思是“魋结之人，上音椎髻，谓通贾南越也”。《汉书·李陵传》说：“两人皆胡服椎结。”颜师古注释为：“结读曰髻，一撮之髻，其形如椎。”汉代刘向《说苑·善说》说：“西戎左衽而椎结。”由此可见，古人所谓的“椎结”，亦即“椎髻”，是头发扎成一撮朝天、形状如椎的一种发式，通常流行于边远少

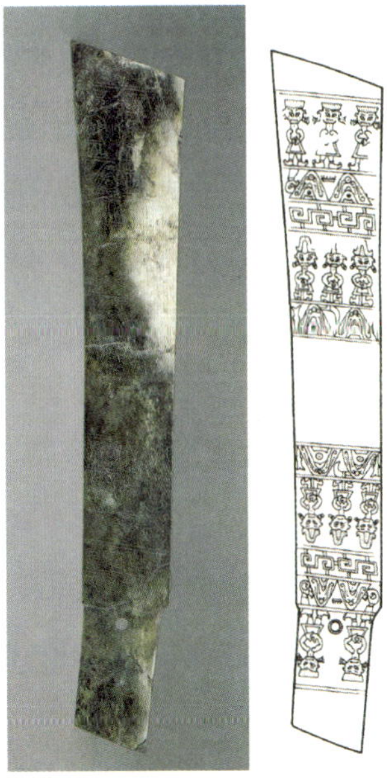

三星堆二号坑出土的玉璋与图案

三星堆二号坑出土的青铜喇叭座顶尊跪坐人像

三星堆二号坑出土的青铜鸟爪人像

三星堆二号坑出土有发辫的青铜人头像（1）

三星堆二号坑出土有发辫的青铜人头像（2）

数民族地区。根据这些记述来推测这尊青铜跪坐人像的外来特征倒是一个很好的说明，但仔细观察其发式，与“椎髻”或“扁高髻”又有一些不同。从造型神态看，似乎有惊恐不安、怒发冲冠的意味，是文献记载和考古材料中都很少见的奇异发式，可谓是古蜀能工巧匠在造型艺术上的一种独创，在未有更确切的名称之前暂以“高髻”称之。

巾，或称头巾，可能大都为丝织物，用来束住散发或缠绕于头上。例如，一号坑出土的B型青铜人头像，便显示出头上环绕缠结头巾的形态。也有人认为好似戴的平顶帽。但与其他戴平顶帽者参照，帽上有纹饰，而这个B型青铜人头像素面光洁，为缠绕头巾的可能性较大。又如二号坑出土的C型青铜人头像，头发向后梳理，用头巾绕额缠结于脑后，将散发束住，其交结打成了一个夸张的蝴蝶形。发掘简报称之为“饰蝴蝶形花笄”，并不确切。关于笄，《说文解字注》曰：“首笄也，俗作簪。”《仪礼·士冠礼》说：“皮弁笄，爵弁笄。”注文说：“笄，今之簪。”意思都是一样的，可知古代的笄也就是簪子，是用于插定发髻或弁冕的一种发饰用具。C型青铜人头像脑后的蝴蝶形饰物，显然不能称为笄，而是头巾交结。

冠。这是古代比较讲究的一种首服，比帽小而高，通常戴于发髻上用插笄固定，其形式多样，后成为冕服制度中的重要组成部分。三星堆青铜立人像头上所戴，发掘者即称之为“花状高冠”。通常认为冠的上部造型好似开放的花瓣状，两侧像竖起的宽大叶片；冠的下部为平顶帽形状，饰有两行对称的“回”字

三星堆二号坑出土的头戴辫索状帽箍的青铜人头像

三星堆一号坑出土的青铜跪坐人像（线描图）

形图案。脑后冠下发际有两个斜长方形孔，似为插笄之孔，用于横贯发髻固定头发。仔细观察，这件冠、帽合二为一的高冠，其上部正中有一个非常显眼的圆日图案，其顶部起伏的“W”形似含有山峦起伏或云蒸霞蔚的意味；两侧好像是一双矫健飞翔的翅膀，上面绘绣有夔龙纹和鹰眼图案，极可能象征着太阳神鸟的双翅，透露出浓郁的太阳神崇拜含义。有学者认为青铜立人像“头戴‘冕冠’，或可称为皃冠，似莲花似太阳，头戴皃冠犹如头顶太阳，以示神圣和尊贵”[1]，是很有见地的。这件内涵丰富、样式神奇的冠帽，亦可谓是古蜀的独创，在考古发现史上增添了新的内容。还应特别提到的是三星堆二号坑出土的1尊残断的青铜人像，头戴兽首冠（或称象冠），冠顶两侧耸立着形态飞扬的两只兽耳，中间昂起一个好似象鼻卷曲状的装饰物；冠的上部像一个平放的扁形容器，前面为硕大的长方圆形开口；两侧有夔纹和圆日纹装饰图案；冠的前面有几处穿孔，似为安装其他装饰物所用。整体来看，称得上是冠中最为诡异奇特的样式了。据《周礼·春官·司服》所述：“王之吉服，祀昊天上帝，则服大裘而冕，祀五帝亦如之，享先王则衮冕，享先公飨射则鷩冕，祀四望山川则毳冕，祭社稷五祀则希冕，祭群小祀则玄冕。”可知不同的冠冕是和各种祭祀活动联系在一起的。三星堆考古发现的这两种冠，显然也与古蜀国的祭祀活动密切相关，具有不同的祭祀礼仪含义。特别是兽首冠（象冠），似乎还有着比较浓郁的巫术色彩，并显示出比较复杂的象征含义。还有三星堆一号坑出土的金杖图案，也刻画有戴冠的人头像，作开怀大笑状，所戴的冠如同花冠或皇冠，也是身份尊贵者所戴冕冠的一种样式。

帽，在三星堆青铜造像群和玉璋图案中也展示出多种样

[1] 蔡革：《从广汉三星堆祭祀坑出土文物看当时蜀人的服饰特征》，《四川文物》1995年第2期，第19页。

三星堆二号坑出土的头巾交结的青铜人头像（背面）

三星堆二号坑出土的冕冠的青铜立人像

式，可能系用丝麻等不同材料制作而成，是古代蜀人戴用较多的头饰，最具代表性的是平顶帽。例如，二号坑出土的B型青铜人头像，头上戴的即为平顶帽，帽筒四周绘绣有两排对称的“回”字形图案。这种帽式可以将散发和辫发拢于帽内，无须用插笄固定，便于脱戴，所以头像脑后没有笄孔也不见发辫，略有外凸的后脑勺也显示出是头发上梳拢于帽内的特征。二号坑出土的玉璋图案中，位于两组图案上部的人像（射端部一组三人，柄部一组二人）所戴也是平顶帽，帽檐上有许多点，代表的应是纹饰图案。平顶帽这种式样在商代墓葬出土的玉石雕人像头上也有不少发现。沈从文先生指出：“白石雕和玉雕人像头上，一再出现近似汉代‘平巾帻’式的平顶帽或帽箍，也是个重要问题，可证实这种帽式源远流长，最晚在商代即已出现。春秋战国时期在某一地区某一种人头上还经常应用。并非汉代史志所说，西汉末年王莽因头秃无发才起始应用，其实比他早一千多年即已经上头。”[1]在三星堆玉璋图案中，位于两组

[1] 沈从文：《中国古代服饰研究》（增订本），上海书店出版社，1997，第27页。

三星堆一号坑出土的金杖上的图案（戴冠人头像）

图案下部的人像（两组各为三人）所戴的则是一种比较奇特的帽式，有称为山形帽、穹隆顶帽或穹隆形帽，或称为“拿破仑式”帽子，形象生动地展现了古代蜀人冠帽风格的多样化。这些不同的帽式，显然也与祭祀内容和人物身份有关。陈德安先生认为，“这三个戴穹隆帽的人，可能是代表主持祭祀神山山神的巫祝之类的人物”；至于玉璋图案中戴平顶冠的人物，可联系到“在二号祭祀坑出土的大量人头像中，平顶冠是出土的人头像的主要装饰。由此可以推测，上面图案中的这三个人的身份和‘边璋’同坑内出土的立人像、人头像的身份相似，都是属于神灵偶像之类的人物，可将这些人物释作山神山鬼之类的神灵”[1]。这个看法有许多值得商榷之处，但对我们探讨古蜀服饰文化中的冠帽内涵，仍是值得重视的一家之言。另有学者认为，玉璋图案中的穹隆形帽可能就是古代的皮弁，“帽上有成组刺点，可能为皮之纹路”，并引用周锡保先生对皮弁的解释作为印证[2]。周锡保先生在原著中是这样说的：“弁的形制上锐小，下广大，一若人之两手作相合状”，“皮弁的形制如两手相合状，是用白鹿皮为之，皮上有浅毛，所以白色中带些浅黄色。制法是用鹿皮分片，尖狭端在上，广的一端在下面缝合之。”[3]再参照所登载之图，三星堆玉璋图案中的穹隆形帽与皮弁有很大的不同，显然并非一回事儿，而是古代蜀人独创的一种帽式。

盔，或称头盔，是古代具有军事性质的一种头饰，打仗作战时戴之起保护头部的作用。其为圆帽形，用皮革之类比较厚硬的材料做成。古代又称之为胄，或称为兜鍪。《说文解字》说：“胄，兜鍪也。”段注说：“兜鍪，首铠也，按古谓之胄，汉谓之兜鍪，今谓之盔。”一号坑出土的C型青铜人头像头上戴的便是一种兜鍪，其两侧上翘好似双角形，下延部分则将后颈遮蔽，露出的后脑勺上有插发笄的凹痕，发掘简报称之为“双角

[1] 陈德安：《浅释三星堆二号祭祀坑出土的“边璋”图案》，《南方民族考古》第三辑，四川科技出版社，1991，第87页、第88页。

[2] 蔡革：《从广汉三星堆祭祀坑出土文物看当时蜀人的服饰特征》，《四川文物》1995年第2期，第19页。

[3] 周锡保：《中国古代服饰史》，中国戏剧出版社，1984，第47页。

三星堆二号坑出土的玉璋图案（戴帽人物）

三星堆二号坑出土的戴帽青铜人头像

形头盔”。从头像威严的神态造型看，应为古蜀国中的部落军事首领形态。有学者认为，头盔的两角上翘，或为模仿兽角，作为装饰以示威武；从头盔平整光滑的表面推测，当为皮质或铜质，因其形制较为独特而姑且称为“蜀式盔”[1]。

皮冠。在三星堆青铜造像群中，有一种样式比较独特的冠帽，例如，三星堆二号坑出土的跪坐青铜小人像、青铜神树底座上的跪坐人像，戴的便是这种冠帽。其样式同平顶帽颇为相似，但两侧靠后有竖起的顶端为弯钩状的双角，发掘简报称之为“平顶双角冠”。在后来出版的有些图录和著述中，又将其称为头上戴“頍”(kuǐ)。初看到这个带引号的“頍”字，颇有新奇之感。查古籍，《说文》说：“頍，举头也。”段玉裁注文说：“此頍之本义也……惟举头曰頍，故载弁亦曰頍。”[2]《诗·小雅·頍弁》说：“有頍者弁，实维在首。”《后汉书·舆服志下》说：“古者有

❶ 蔡革：《从广汉三星堆祭祀坑出土文物看当时蜀人的服饰特征》，《四川文物》1995年第2期，第20页。

❷（汉）许慎撰，（清）段玉裁注：《说文解字注》，上海古籍出版社，1988，第418页。

冠无帻，其戴也，加首有頍，所以安物。故《诗》曰‘有頍者弁’，此之谓也。”[1]《辞源》解释“頍”字是：“古代发饰。用以固冠。”徐中舒先生所编《汉语大字典》解释“頍”字是：“①抬头。②古代用以束发固冠的发饰。”可知“頍”并非冠帽，用来称三星堆二号坑出土的青铜小人像的冠帽是不妥的。安阳殷墟出土跪坐玉人，有称之为“头戴卷箍形頍”[2]，可以看出其固发的頍在头的前额，与三星堆青铜小人像“平顶双角冠”明显不同，完全是两回事儿。从青铜小人像所戴“平顶双角冠”的样式和平整光滑的表面来看，又有点类似于头盔的质地，可能系皮革制作，双角才会如此挺拔竖立。对这种介于盔、帽之间的样式，暂且称为皮冠。而在商周时期“皮冠为田猎之冠”[3]。戴这种皮冠的青铜小人像，为正跪或侧跪禀报造型，可能象征的正是与渔猎有关的含义吧！值得注意的是，二号坑出土的青铜人首鸟身像，头上所戴也是这种皮冠样式，但两角更为夸张，竖起的顶端由弯钩状变化成了奇异的羽冠状，并在额际安装有饰件，可惜已脱落，推测很可能是某种神奇的装饰物。显而易见，这是由青铜小人像所戴的皮冠样式加以想象、夸张发挥而来的，将其同太阳神话结合在一起，从而赋予了更为丰富神奇的象征含义。

三星堆二号坑出土的戴盔的青铜人头像

在三星堆青铜人头像中，还有一些头顶为子母口形，口内敛并在子口沿上有小穿孔，显然是套接冠饰用的。这种冠饰究竟是什么式样因未见遗物而不得其详。例如，三星堆一号坑出土的A型青铜人头像，其中一尊造型线条圆润柔美，具有鲜明的写实风格，好似一位年轻的巾帼英豪，另一尊则展现出成年男性的英俊威武形态，若装上冠饰将会显得更加出色。从造型

[1]（宋）范晔撰，（唐）李贤注：《后汉书》第12册，中华书局校点本，1965，第3670页。

[2] 黄能馥、陈娟娟：《中国服装史》，中国旅游出版社，1995，第36页。

[3] 周锡保：《中国古代服饰史》，中国戏剧出版社，1984，第48页。

的写实风格分析，推测其冠饰与其他人头像和人像的样式可能会有所不同。三星堆一号坑出土的金杖图案中圆脸人像也是写实风格的，头上戴一种奇异的冠式，既像花叶冠，又像具有外来文化因素的王冠，可知三星堆时期古代蜀人的冠饰是相当丰富多样的。

三星堆二号坑出土的戴皮冠的小型侧跪青铜人像

和穿戴配合使用的装饰品，包括耳饰、发笄、项链、手镯、脚镯、挂件、法带、束带、玉佩等。此外，还应包括双眉描黛、口唇涂朱以及文身等，显示出极其丰富的形式和内容。

耳饰。三星堆出土的青铜立人像、青铜小人像、青铜人头像、青铜人面具，双耳上几乎都有穿孔，说明佩戴耳饰是古蜀国十分盛行的一种习俗。从群巫之长蜀王，到各部族首领，以及各个阶层，都无一例外。甚至连青铜人首鸟身像的耳垂上都有穿孔，可见古代蜀人对这种耳饰习俗的重视程度。青铜人头像大都是在双耳的耳垂上穿孔，但也有在两耳上各穿3个孔的。如二号坑出土的A型盘辫式青铜人头像，其双耳较圆，铸饰有云纹，从耳郭上部至耳垂对称地各穿3个小圆孔，上边的穿孔比下边2个穿孔要略小一点。这些穿孔都是为佩戴耳饰所用，而且显示出佩戴的可能是多种耳饰。二号坑出土的玉璋图案中几组人物，为我们提供了耳饰的几种特征。上面一组头戴平顶帽的人物，双耳佩戴的是铃形挂饰；下面一组头戴穹隆形帽的人物，双耳佩戴的是连环状圆形耳环。一号坑出土的金杖图案中的人物，双耳佩戴的则是由多个不规则圆形组成的耳坠。一号坑出土有玉佩，为扁平状烟荷包形，上端有穿孔，中部刻有线纹。有学者认为“此类玉佩应为耳

三星堆二号坑出土的二号青铜神树底座上跪坐青铜人像

饰”[1]。但其长达 12.4 厘米，宽 6.72 厘米，厚 1.65 厘米[2]，作为耳饰未免过于大和重了一些。除非作为高大的青铜立人像和庞大的青铜纵目人面像的耳饰，若真人用作耳饰则不适合。也可能是作为项前或腰间的佩饰使用的。有的图册中称其为“玉戚形佩”，认为“戚是古代王者掌握的兵器，将玉戚作成佩饰，应是祭祀礼仪中所用或为王者佩戴”[3]。这种解释似有一定的道理。从形制看，确实是一种异常精美的佩饰，具有显示华贵身份的象征含义。三星堆一号坑出土有琥珀坠饰一件，出土时一端残缺，其形状略呈心形，两面都有阴刻的纹饰，一面为蝉背纹，另一面为蝉腹纹，有穿孔上下贯通，高 5.1 厘米，残宽 3.8 厘米，厚 1.2 厘米[4]。从尺寸看，有可能也是作佩饰用的。蝉纹是古代蜀人比较喜欢的一种装饰手法，三星堆一号坑出土的 E 型玉璋残断的射身上就镂刻有蝉形图案，金沙遗址出土的一件玉璋上也刻有蝉纹[5]。中原地区商周时期的出土器物

❶ 蔡革：《从广汉三星堆祭祀坑出土文物看当时蜀人的服饰特征》，《四川文物》1995 年第 2 期，第 21 页。

❷ 四川省文物考古研究所：《三星堆祭祀坑》，文物出版社，1999，第 82 页。

❸《三星堆传奇——华夏古文明的探索》，台湾太平洋文化基金会，1999，第 153 页。

❹ 四川省文物考古研究所：《三星堆祭祀坑》，文物出版社，1999，第 117 页。

❺ 成都市文物考古研究所、北京大学考古文博院：《金沙淘珍》，文物出版社，2002，第 148-151 页。

上也常见有蝉纹，譬如，河南安阳殷墟妇好墓出土的一件铜觯颈部就有形态逼真的蝉纹[1]，殷墟还出土有一件商代后期象牙雕制的虺龙蝉纹容器，其腹部也饰有连绵排列的写实蝉纹，此器后流落海外，现为日本大阪私人收藏[2]。古人曾将蝉视为吉祥喜爱之物，《淮南子·精神训》中就有“蝉蜕蛇解，游于太清”之说[3]。正是由于蝉以其居高食露，有清洁淡雅之态，故自古即为人们所格外喜爱，这也是蝉纹盛行于商末周初的一个重要原因。

项饰。三星堆二号坑出土有数量可观的玉珠，有中孔可供穿系，有软玉质和碧玉质等类别。软玉质的玉珠，多数为鼓形，少数为算珠形，大小不等，颜色有翠绿色、碧绿色、淡绿色、牙黄色、羊脂白色、灰白色、深灰色、墨绿色等多种。碧玉质的玉珠，多数呈短圆柱状，少数为鼓形，颜色主要有绿色、黄绿色、粟黄色 3 种。玉珠的内孔直径为 0.4 厘米左右。这些可供穿系的玉珠，很可能是串起来作项饰用的，犹如后世的项圈或项链。二号坑出土的铜罍内还发现一些玉管，为碧玉质，长短不一，皆有内孔可供穿系；其中一串有 10 颗玉管，颜色主要为淡黄绿色、粟白色两种；另一串有 15 颗玉管，颜色主要有绿色、浅绿色、黄绿色 3 种。这些玉管显然也是作项饰用的，或者是分段琢治成玉珠，然后作项饰使用。从工艺上看，很可能是先琢治成玉管，再琢治成玉珠，然后穿系作为项饰。

手镯和脚镯。三星堆一号坑出土的青铜跪坐人像双手腕间各戴有 2 只手镯，为窄条圆环状。三星堆二号坑出土的青铜立人像双手腕部也各戴有 3 只手镯，为扁条形圆环状，也有人认为是长袖袖口边沿。若从凸起的形态以及同脚镯的对应关系来看，很显然是手镯的可能性较大。青铜立人像双脚腕部各戴一只脚镯，从微凸的方格纹看与通常的玉镯似有一些不同，亦可称为脚饰。玉璋图案中上面的一组人物双脚腕部刻画的平行线条，表示的显然也是脚镯或脚饰。

腰饰。用带或索束系于腰部是三星堆青铜造像群展示的

[1] 中国社会科学院考古研究所：《殷墟的发现与研究》，科学出版社，1994，第 87 页。

[2] 史岩：《中国雕塑史图录》第 1 卷，上海人民美术出版社，1983，第 49 页。

[3] 《二十二子》，上海古籍出版社，1986，第 1236 页。

三星堆一号坑出土的 A 型青铜人头像

三星堆一号坑出土的玉戚形佩

一大特征。如三星堆一号坑出土的青铜跪坐人像和三星堆二号坑出土的青铜小人像以及青铜兽首冠（象冠）人像和青铜神树底座的跪坐人像，皆腰间系带两周。三星堆二号坑出土的青铜喇叭座顶尊跪坐人像，上身赤裸露出双乳，下身着裳，腰间则系带一周。无论是穿对襟衣、长衣、交领短衣、上衣下裳，或只穿下裳和裙，都要在腰间系带以束扎固定之，所以腰带具有重要的实用性，同时也有装饰作用，可以看作是古蜀服饰中的一个重要组成部分。值得注意的是，系带两端在腰前的系结方式，青铜喇叭座顶尊跪坐人像腰间系带一周，两端结纽于腰前，纽中插物。青铜兽首冠（象冠）人像系带两周亦在腰前打结，结中插物。纽结中所插何物，显然并非带钩，好像是某种饰件。虽然在浙江余杭瑶山良渚文化遗址已出土有玉带钩[1]，但带钩的大量出现和使用则是从春秋战国时期开始的。在中原地区商周遗址中，也发现有束腰带子上系插（或挂）有装饰品的

[1] 黄能馥、陈娟娟：《中国服装史》，中国旅游出版社，1995，第 18 页。

三星堆二号坑出土的青铜人首鸟身像

三星堆一号坑出土的A型青铜人头像

人物造型。沈从文先生指出："衣带多明确用丝织物编成，作蝴蝶结式，不用带钩。可知这种服饰，是我国古代阶级形成初期，统治阶层人物尚未完全脱离劳动，为便于行动的衣式。由商到东周末春秋战国，沿用已约一千年，社会中下阶层始终还穿用到。"[1]在束腰的带上位于腰下腹前大都系挂有装饰品。这些装饰品通常和腰带配合使用，亦可称之为腰饰。三星堆青铜人像腰间系带组结中所插物，即应为腰饰之类。

佩饰。三星堆出土的玉石器中，有数量众多制作精巧的璧、瑗、环之类，其性质用途，显然都是古代蜀人的佩饰。《尔雅·释器》说："肉倍好谓之璧，好倍肉谓之瑗，肉好若一谓之环。"文中的"肉"是指玉质部分，"好"是指孔部。其意思就是边宽孔小为璧，孔大边窄为瑗，边与孔径相等为环（这与现代细边为环的概念不同）。根据《周礼》，璧到东周时期才成为祭天的礼器。甲骨文中的"瑗"字，"上面是人眼睛，下面是衣

[1] 沈从文：《中国古代服饰研究》（增订本），上海书店出版社，1997，第40页。

三星堆一号坑出土的琥珀坠饰

字中间有一个圆瑗器饰”，具有明显的佩饰含义[1]。这些佩饰，主要是用绳子穿系挂于身上作为装饰品。从考古材料看，有位于胸前和套于手臂之上的，前者为佩饰，后者亦可称为臂饰。这种佩饰习俗，从新石器时代就开始盛行了，在许多文化遗址都有考古发现。

法带。三星堆二号坑出土的青铜立人像还显示出，在王服外衣外面还有一根华丽的佩带。有学者称为“肩上有一背带，从右肩斜绕左腋下，最后两端在背后结绊”[2]。陈显丹先生则解释为：“左肩右斜饰以方格形‘法带’，双臂上举，小手腕上各带三只‘手镯’，双手作‘掐指一算状’……整个人物造型均显

❶ 黄能馥、陈娟娟：《中国服装史》，中国旅游出版社，1995，第17页。

❷ 陈德安、魏学峰、李纬纲：《三星堆——长江上游文明中心探索》，四川人民出版社，1998，第25页。

示出作法的形状。”[1]在整个三星堆青铜造像群中，只有象征群巫之长蜀王的青铜立人像佩此“法带”，足见其有着不寻常的含义。也有学者称其为“方格绦带纹”[2]。在背后打结，花式中间有方形小孔，可能还安插有某种增加美感的饰件，可惜出土时已失去。从造型艺术看，主要是起装饰作用衬托雍容华贵身份的一种佩带，系用精美的丝织品制成，亦是古代蜀人的一种独创，具有浓郁的古蜀特色。

金沙遗址出土的蝉纹玉璋

化妆。三星堆青铜造像群中有眉眼描黛、口唇涂朱的痕迹，说明古蜀国流行化妆的习俗。例如，三星堆二号坑出土的B型、C型青铜人头像，口缝中涂朱；C型和D型青铜人面具，有的口唇涂朱、眉眼描黛，有的双眉与眼眶眼球都经黑色颜料描绘过。还有三星堆二号坑出土的青铜小人像，双眉与眼眶眼球上涂描的黛色，在数千年之后仍清晰发亮，充分突出了人物神态栩栩如生的效果。这也透露出古代蜀人在三星堆时期已经比较熟练地掌握了制作和使用化妆品的诀窍。

文身。三星堆二号坑出土的青铜鸟爪人像，下身穿紧身包裙，露出膝部和健壮的小腿，裸露部分阴刻有图案花纹并填以黑彩，显示的可能是文身的特征。青铜神树底座跪坐人像的双腿部，同样有这种文身图案特征。有学者认为：“那尊最华丽的青铜人形立像和兽首冠半身像手臂都有纹饰，有人视为衣服的一部分，但比对青铜神树底座跪坐人像的双腿，有可能是人体的刺青。先秦记载，或说南方民族文身……总之蜀人穿裙子，起居跪坐，戴冠覆帽，皆与华夏无异，但他们编发而非束发，以及穿耳和文身，则有强烈的西南民族属性，不与华夏同。”[3]

[1] 陈显丹：《三星堆一、二号坑几个问题的研究》，《四川文物》1989年“广汉三星堆遗址研究专辑”，第17页。

[2] 王㐨、王亚蓉：《广汉出土青铜立人像服饰管见》，《文物》1993年第9期，第60页。

[3] 杜正胜：《人间神国——三星堆古蜀文明巡礼》，台湾太平洋文化基金会，1999，第18页。

殷墟出土的象牙容器（上面有蝉纹）

河南安阳殷墟妇好墓出土的嵌绿松石兽面纹象牙杯

从古籍记述看，文身主要是商周中原以外边远地区的一种习俗。如《礼记·王制》中说："东方曰夷，被发文身。""南方曰蛮，雕题交趾。"孔颖达疏曰："文身者谓以丹青纹饰其身……雕题交趾者，雕谓刻也，题谓额也，谓以丹青雕刻其额，非惟雕额亦文身也。"[1]《史记·周本纪》和《汉书·地理志》，以及《说苑·善说》和《韩诗外传》卷八等，也提到荆蛮和越俗有文身之说。曾有学者指出，文身习俗与古人的图腾观念和装饰意识有关。"例如未开化的民族，最初都有文身的习惯，有人说文身是一种图腾的标记，有人说文身是纯为装饰……文身之法，或在身体各部涂上颜色，或先用针刺然后用色。"[2]三星堆时期的古蜀国已进入灿烂辉煌的青铜文明时代，文身可能是更早时期的一种遗俗，也可能是与楚越等地仍保留文身习俗部族之间文化交流而受到影响的一种反映。从文身图案看，图腾含义并不鲜明，而装饰意味则极其浓郁。由此推测，也可能古蜀国的能工巧匠在塑造青铜鸟爪人像等造型时，为了更加突出和追求装饰效果，而特意为之的吧！

通过上面分类所述，三星堆青铜造像群向我们展现了极其

[1]（清）阮元校刻：《十三经注疏》上册，中华书局影印本，1980，第1338页。

[2] 罗竹风：《汉语大词典》第6册，汉语大词典出版社，1990，第1519页词条。

丰富的服饰文化内容，说明当时的植桑养蚕、丝绸纺织和蜀布制作都是相当发达的，同时也说明了农业生产的兴旺和社会经济的繁荣，从而为古蜀服饰文化的发展创造了丰厚的基础。这些丰富多彩的服饰内容，也为我们了解古蜀国的祭祀礼仪、当时的社会生活、各阶层上下尊卑的等级区分、与周边区域的文化交流、古蜀各部族习俗、装饰物的制作工艺以及古代蜀人的崇拜信仰、宗教观念、审美追求和艺术情趣等，提供了丰富翔实的资料。更重要的是，为我们研究中国古代服饰文化展示了极其珍贵而富有特色的实物例证，谱写了新的篇章。

三星堆丰富多彩的服饰文化，告诉我们的并不仅仅是这些，还可以归纳概括为以下几点认识：

第一，三星堆时期古蜀国已经大致形成了一套服饰制度。不仅有了在规格很高的祭祀活动中使用的礼仪服装和冠帽及装饰物，又有各个阶层穿用的衣裳饰物，还有行军作战时使用的甲衣、头盔之类的戎装。形态各异的衣服冠帽和装饰物，已显示出当时的阶层分化和明显的等级之分。例如，青铜立人像穿戴王衣高冠，象征身份的神圣和尊贵，而穿犊鼻裈的青铜跪坐人像则可能是卑微的佣保仆役之类。

第二，三星堆青铜造像群展示的服饰内容丰富，形式多样，自成体系，具有浓郁的古蜀特色。丰富多样的衣、裳、裤、裙、冠帽、发饰、头饰、佩饰，可谓洋洋大观，式样特征虽非一致，却融汇在一个配套齐全的体系之内，显示出鲜明的族群意识。三星堆许多服饰都是其他区域少见或没

三星堆二号坑出土的青铜鸟爪人像

有的，展现了古代蜀人在服饰文化方面的独创性。

第三，三星堆服饰文化虽有许多与众不同，但也吸收了其他区域文化的一些影响。例如，上衣领口衣襟既有左衽，又有右衽，还有交领对襟等。又如腰部系带，佩用玉饰等。其样式或使用方式，在殷商遗址亦可见到类似的例证。而编发、文身，则很可能接受了其他部族的影响。这反映了古蜀国同殷商王朝和周边其他地区都有着比较密切的长期文化交流。正是由于这种相互间长期的文化渗透和影响，从而促使和形成了古蜀复合文化的特征。

第四，三星堆丰富多彩的服饰文化，是和当时古蜀国的经济发展、社会生活状况密切联系在一起的，是映射古代蜀人整个社会风貌和精神状态的一面最为绚丽生动的镜子。它纠正了古籍中一些不确切的说法，形象地展示了三星堆时期古蜀国的繁荣景象，展示了当时工艺美术的灿烂和青铜文明的辉煌。

总而言之，通过对三星堆古蜀国服饰文化的探讨，对我们深入认识三星堆文化的丰富内涵，无疑有着非常重要的意义。

通向远方的古代商道

三星堆遗址惊动世界的考古发现，为我们揭示了古蜀文明的灿烂辉煌。通过对出土遗物的深入研究，我们看到了三星堆时期古蜀国丰富多彩的社会生活。而古蜀文明与中原殷商以及周边其他区域文明的关系，也是一个非常值得探讨的话题。

学术界过去在中华文明的起源问题上，由于受古代“内诸夏而外夷狄”文化观念的影响，自上古以来即盛行以中原诸夏王朝为正统，很长时期都将中原视作唯一的文明中心。随着考古新发现提供的丰富资料日益增多，中华文明起源呈现为满天星斗、多元一体的格局已为学术界所公认。正如有的学者所指出的：“中国文明的起源，恰似满天星斗。虽然，各地、各民族跨入文明门槛的步伐有先有后，同步或不同步，但都以自己特有的文明组成，丰富了中华文明，都是中华文明的缔造者。”[1]三星堆考古发现便为中华文明起源多元论提供了重要佐证，揭示了古蜀国就是长江上游的一个重要文明中心。诚如隗瀛涛先生所说，三星堆遗址内发现的三四千年前的一大堆令人叹为观止的具有强烈地方色彩的以青铜雕像群为代表的古蜀文物以及古城墙、古祭祀礼仪中心残迹等，亦“证明了三四千年前的川西平原已具有了可以同殷商中原文明媲美的高度发达的奴隶制

[1] 童明康：《进一步探讨中国文明的起源——苏秉琦关于辽西考古新发现的谈话》，《史学情报》1987年第1期。

河南偃师二里头文化遗址出土的陶盉

三星堆遗址出土的陶盉

文明形态，并进而使人们再一次地确认了中华文明起源的多元化特点。三星堆文明无疑是辉煌的，举世瞩目的，是古蜀先民的一大杰作，是中华文明的一大骄傲”[1]。苏秉琦先生也精辟地指出，四川盆地是一个相对独立的文化区，广汉等地出土的陶片“说明在成都和广汉各有着不少于五千年的文化根基。三星堆两个大祭坑以及后来1986年在成都十二桥所发现的三千多年前的跨度12米的4根地梁所显现的规模宏大的建筑遗存，都使我们确认，四川盆地不仅有着源远流长的自成一系的古文化，而且在三四千年前，这里已有了既同中原夏商文化有明显联系，又独具特征、高度发达的青铜文化，并毫无疑问已处于方国时代”。苏秉琦先生同时提出了按照考古学文化渊源、特征与发展道路的差异，把中国分为面向欧亚大陆的三区和面向太平洋的三区，以建立中国考古文化发展的体系结构，即在六大文化区系范围内可以涵盖为大致平衡又不平衡的多源一统格局的观点，概括为“超百万年的文化根系，上万年的文明起步，五千年的古国，两千年的中华一统实体”。并强调认为：“中国国家的多

[1] 屈小强、李殿元、段渝：《三星堆文化》，四川人民出版社，1993，序第1页。

源一统的格局、中华民族多元一体的格局是经过超百万年，特别是近万年以来多区系文化的交汇、撞击、相互影响、相互作用的结果，是中华民族祖先各族群无数次组合与重组、团聚的结果，是文化逐渐认同、经济逐渐融合的结果。”[1]这些论述与看法，对我们深入认识和正确评价三星堆古蜀文明在中华文明多源一统大格局中的地位以及古蜀文明与其他区系文明相互之间的交流影响，有重要的启发意义。

考古发现告诉我们，古蜀文明具有自成一系的鲜明特色，与中原文明在许多方面都有所不同。这种不同或差异，不仅表现在礼仪制度、观念习俗、宗族或部族构成、社会生活、艺术情趣等方面，而且也表现在农业生产方式上。中原是旱地农业起源的核心地区，中国南方长江流域是稻作农业的起源地之一。应该说，正是由于史前时期就形成了南北两大农业经济文化区和两种农业体系，从而促使和形成了南北文化体系发展的各具特色。古蜀文明作为南方文化系统长江上游的一个重要文明中心，虽然与中原文明有许多明显的不同，但同时又有着比较密切的关系。无论是从文献记载还是从考古资料看，古蜀文明与中原文明的密切关系，相互之间的文化交流和影响，都是源远流长的。上古时期已有黄帝和蜀山氏联姻的记述，夏禹治水曾多次往返于岷江流域和黄河流域，《尚书・禹贡》对此有较多的记载。有学者提出了夏禹文化西兴东渐的见解。考古资料也揭示了三星堆遗址第二期所出器物与中原二里头文化之间的关系，“两者均出陶盉、觚、器盖、豆、罐类器物，都是以小平底为主。尤其是陶盉，二者极为相似……联系到陶盉起源于山东向中原传播的事实，以及二里头文化早期略早于三星堆二期的情况，不难确定三星堆遗址第二期受到了二里头文化的影响，因此在文化上呈现了一些相同的因素。但若据此便认为前者渊源于后者，则嫌证据不足”[2]。邹衡先生也指出，三星堆遗址出土的陶盉同二里头文化遗址出土的盉，除陶质和大小以外，几乎

[1] 苏秉琦：《迎接中国考古学的新世纪》，《华人・龙的传人・中国人——考古寻根记》，辽宁大学出版社，1994，第244页、第245页、第249页。

[2] 范勇：《试论早蜀文化的渊源及族属》，《三星堆与巴蜀文化》，巴蜀书社，1993，第18–19页。

没有太大的区别，所以它肯定是从二里头文化传来的，因为别的地方没有。又如陶豆，基本上也同二里头文化的一样。现在所见到的三星堆陶豆，其形制相当于二里头文化的早期……不过三星堆的陶豆较大，要比二里头的陶豆大 3~4 倍。但是从它的特征来看，应该也是从二里头文化传来的。“第三件最重要的陶器是‘将军盔’，即熔铜的坩埚。它是与铜器有关系的。在三星堆看到的‘将军盔’，从它的样子来看同殷墟第一期的非常相似，但也有区别。”还有“三星堆铜罍同湖北宜都发现的同类铜罍稍有区别，而同陕西城固的铜罍几乎没有什么区别，连花纹

河南郑州商城遗址出土，青铜牛首尊

三星堆二号坑出土，青铜尊

湖南岳阳出土，青铜罍

三星堆二号坑出土，青铜罍

安徽阜南出土，铜尊

三星堆一号坑出土，青铜龙虎尊

的作风都一样。但是它同殷墟的铜罍多少有些不同，当然其时代同‘将军盔’的时代还应该是一致的”[1]。这些都说明了古蜀文明与中原文明源远流长，特别是夏商时期的密切关系。

三星堆出土器物中，如果说陶盉、陶豆是接受了二里头文化的影响，那么铜尊、铜罍则显示出受到了殷商青铜礼器的影响。这起码说明两点：一是古蜀与中原的文化传播与交流在夏代甚至更早就开始了；二是这种文化传播和交流在殷商时期变得更加密切了。正如俞伟超先生所说：“从总体看，三星堆的遗存，主要是相当于商时期的。其中的两个祭祀坑，则是相当于殷墟阶段的。这时期的蜀文化，已接受了大量商文化的影响。在青铜工艺方面，最突出的是出有大量商式戈与商式的罍和尊。”这展现了在造型艺术和青铜铸造工艺方面具有高超水平的古代蜀人对商文化中青铜礼器的模仿。而这种模仿主要是仿造罍和尊，其他礼器极难见到，说明这是有所保留和有选择的模仿，是不失主体的一种文化交流。俞伟超先生进而指出：“早期蜀文化和早期巴文化是分别位于成都平原至川东及三峡一带的两支青铜文化，但其文化面貌有很多相似之处，因而又共同构成了一个独特的大文化圈（区）。自夏时期起，这个文化圈内开始渗入了一些二里头文化的因素，而至商时期，则又大量接受了二里冈和殷墟文化的影响。这就是早期蜀文化和早期巴文化在我国考古学文化总谱系中的位置。”[2]可谓是很有见地的看法。

古蜀与中原的关系，特别是古蜀与夏、商、周三代的关系，历来是学术界讨论的一个热门话题。古籍中关于这方面的记载是比较少的。自从甲骨文大量出土之后，这方面可供研究的资料才多起来。晋代常璩《华阳国志》卷十二说：“孔子‘述而不作，信而好古，窃比于我老彭’。则彭祖本生蜀，为殷太史。”孔子所述见《论语·述而篇》。关于“老彭”，《世本》中有“在商为藏史”之说，《大戴礼记》卷九亦有“商老彭”之称。顾颉刚先生指出：“老彭是蜀人而仕于商，可以推想蜀人在商朝做官

[1] 邹衡：《三星堆文化与夏商文化的关系》，《四川考古论文集》，文物出版社，1996，第57页。

[2] 俞伟超：《三星堆文化在我国文化总谱系中的位置、地望及其土地崇拜》，《四川考古论文集》，文物出版社，1996，第61–62页。

的一定不止他一个。古代的史官是知识的总汇，不论自然科学和社会科学他应当都懂。蜀人而作商王朝的史官，可见蜀中文化的高超。古书里提到蜀和商发生关系的，似乎只有《华阳国志》这一句话。可是近来就不然了。自从甲骨文出土，人们见到了商代的最正确的史料，在这里边不但发现了‘蜀’字，而且发现了商和蜀的关系。”顾颉刚先生还提到了综合各种记载，“可知古代的巴蜀和中原的王朝其关系何等密切”[1]。当然，记载中有不少是传说，也有附会。但甲骨文提供的则是翔实而可信的资料。

关于甲骨文中的蜀，学者们也有争论，其看法的分歧主要是蜀的地理位置究竟在哪里。陈梦家先生认为：“见于卜辞者有蜀、羌、微、濮四国，皆殷之敌国。当时地望已无可考，大约皆在殷之西北、西南，决不若今日之远处边陲也。”[2]后又释蜀为旬，认为在晋西南“故城在今（山西）新绛西”[3]。胡厚宣先生认为蜀在鲁“自今之（山东）泰安南至汶上皆蜀疆土”[4]。董作宾先生认为蜀“约当今之陕南或四川境”[5]。日本学者岛邦男认为蜀“在河曲西南”，约在今陕西东南商县、洛南附近[6]。郭沫若先生认为蜀“乃殷西北方之敌”[7]。邓少琴先生认为“殷墟卜辞蜀有人方之称”，而卜辞中的“伐羌蜀”“挞缶于（与）蜀”，可知“羌为羌方，在殷之西，蜀在羌之南，缶应即褒，缶之南是为蜀国，殷之出征，先羌而后蜀，先缶以及于蜀，应无疑义”[8]。段渝先生也认为，确定殷墟卜辞中蜀的地望，关键在于确定卜辞中与蜀相关的一系列方国的地望。与蜀同在一辞的，有羌、缶等方国。羌为西羌，古今无异词。“缶，应即文献中的褒。古无轻唇音，读褒为缶。褒即夏代褒姒之国，地在汉中盆地故褒城。卜辞记‘伐缶与蜀’，又记‘缶眔蜀受年’，显然两国地相毗邻。缶既在陕南，则蜀亦当在此，殆无疑义。但陕南之蜀并非独立方国，它是成都平原蜀国的北疆重镇，故亦称蜀。”[9]除了殷墟卜辞中有许多蜀的记述，在陕西岐山凤雏村

[1] 顾颉刚：《论巴蜀与中原的关系》，四川人民出版社，1981，第19页、第31页。

[2] 陈梦家：《殷代地理小记》，《禹贡》第七卷，第六、七期合刊，北平禹贡学会，1937。

[3] 陈梦家：《殷墟卜辞综述》，中华书局，1988，第295页。

[4] 胡厚宣：《卜辞中所见之殷代农业》，《甲骨学商史论丛》第二集。

[5] 董作宾：《殷代的羌与蜀》，《说文月刊》第三卷，第七期。

[6] [日]岛邦男：《殷墟卜辞研究》，台北鼎文书局，1975，第374-383页。

[7] 郭沫若：《卜辞通纂》，《郭沫若全集·考古编》第二卷，科学出版社，1983，第453页。

[8] 邓少琴：《巴蜀史迹探索》，四川人民出版社，1983，第130页、第156页。

[9] 段渝：《四川通史》第一册，四川大学出版社，1993，第44-45页。

河南二里头文化遗址出土的铜牌饰

三星堆仓包包出土的铜牌饰

西周遗址中出土的大量甲骨卜辞中也有“蜀”字，学者们对此也有不同看法。李伯谦先生认为蜀“在汉水上游，只是到西周时期，才转移到成都平原”[1]。李学勤先生认为周原卜辞中的蜀也在鲁地[2]，这同胡厚宣先生的观点是一致的。林向先生指出，关于蜀在鲁地的说法，清人朱右曾《逸周书集校释》即倡此说。《左传》宣公十八年杜预注“蜀，鲁地，泰山博县西北有蜀亭”，《嘉庆一统志》说“蜀亭在泰安县西”，说明今之山东确有地名蜀亭者。至于说“南至汶上，皆蜀之疆土”，主要根据《嘉庆一统志》说“汶上县西南四十里有蜀山，其下即蜀山湖”。其实不然，汶上有蜀山是因蜀有“一”“独”之古训而得名，与蜀人之国无涉。林向先生认为：“蜀非自称，也非一族，只是商周王室及其卜人集团对这一大片‘华阳之地’的称呼。近年来，成都平原发现的一系列商代遗存，其中以广汉三星堆遗址最重要，为我们进一步标定蜀的地理位置，提供了新的证据。现在可以这样说，殷墟卜辞中的‘蜀’的中心地区在成都平原，蜀

[1] 李伯谦：《城固铜器群与早期蜀文化》，《考古与文物》1983年第2期。

[2] 李学勤：《西周甲骨的几点研究》，《文物》1981年第9期。

长江三峡（古蜀与华夏往来的主要途径）

文化圈的范围大体上和后来《汉书·地理志》所载与‘巴蜀同俗’的地域相当，它在江汉地区与南传的二里头文化（夏文化）相遇，在陕南与商文化相遇，在渭滨与周文化相遇，蜀应该是殷商的西土外服方国。”之后，蜀作为西土诸侯参加周的灭殷联盟，取得了成功，是周初西南方诸国中的强者，成为周初西南强国[1]。

上述的这些争论，显示了百家争鸣的学术风气，对深入探讨古蜀与中原的关系是大有益处的。随着考古新发现提供的丰富资料日益增多，有些长期争论、悬而未决的问题已经迎刃而解，许多历史疑问都逐渐获得了破译，学术探讨也不断深化，有了许多新的收获。虽然对殷墟卜辞和周原卜辞中的蜀仍有不同解释，但三星堆考古发现揭示的古蜀文明，以其鲜明的特色和丰富的内涵，为学术界提供了新的认识。殷商时期的古蜀国，不仅在三星堆建立了雄伟的都城，而且有着同中原一样灿烂而又独具特色的青铜文化，在长江上游成都平原形成了一个自成一系的辉煌的文明中心。作为这样一个文明中心，古蜀与中原一直有着比较密切的关系，有着文化上的交流和经济上的往来。但古蜀与中原这种关系究竟属于什么性质？是相互隶属还是相对独立？前面提到林向先生认为古蜀应是殷商的西土外服方国，还有学者

[1] 林向：《巴蜀文化新论》，成都出版社，1995，第85-86页、第57-58页、第69页。

曾认为蜀文化是受商文化传播影响发展起来的，这代表了以前学术界比较流行的一种看法。但也有另一种认识，段渝先生就认为："从卜辞看，蜀与殷王朝和战不定，是国际关系，而不是方国与共主的关系。""卜辞对蜀绝不称方。而卜辞所见之蜀，均在蜀之北疆重镇陕南地，不是蜀的中央王朝。可见蜀王不是殷代外服方伯，蜀国并未成为殷王朝的外服方国。考古资料可以得出同样结论……按照商王朝的内、外服制度和匠人营国之制，王都必定大于方国之都，故卜辞屡称商都为'大邑商'……但蜀都却大于早商都城，又与中商都城不相上下。如将蜀国纳入商代外服体制，显然是严重逾制，在当时根本无法想象。只能表明蜀国都制与商王朝都制分属于两个不同的政权体系，二者之间不存在权力大小的区别。"[1]这些分析是比较有说服力的，是很有见地的一种观点。三星堆青铜造像群所展现的浓郁的古蜀特色，在王权与神权方面自成体系的象征含义，对此也是一个很好的印证。同时我们也应看到，三星堆出土的青铜尊、青铜罍等形制，玉石器中的璋、戈等形制，都显示出对商文化的模仿，反映了商文化对蜀文化的影响，说明了这是古蜀与中原经济文化交往的结果。值得强调的是，古蜀与中原的文化交流是不丧失主体的交流。三星堆出土器物告诉我们，在接受商文化影响的同时，以高超的青铜雕像造型艺术为代表的古蜀文化特色始终占据着主导地位。这应是我们客观认识和正确评价古蜀文化与殷商文化相互交流影响的关键所在。

古蜀文化与殷商文化之间的交往，可能有水、陆两途，而顺长江上下则是一条主要途径。徐中舒先生曾指出："古代四川的交通有栈道和索桥，并不如想象的困难，而且长江由三峡顺流东下，更不能限制习惯于水居民族的来往。"考古出土资料显示，至迟在殷商的末期，四川与中原地区就已经有紧密的联系了。"从黑陶遗物陶鬶、陶豆出土地址的分布，可以清楚地看出古代四川与中原地区的联系，其主要道路应是沿江西上的。"[2]

[1] 段渝：《四川通史》第一册，四川大学出版社，1993，第46–47页。

[2] 徐中舒：《论巴蜀文化》，四川人民出版社，1982，第3–5页。

蜀地通往秦陇的古栈道

李学勤先生通过对出土青铜器物的比较研究，也认为“以中原为中心的商文化先向南推进，经淮至江，越过洞庭湖，又溯江穿入蜀地。这很可能是商文化通往成都平原的一条主要途径”[1]。他指出，蜀是一个发端于上古的民族，这一民族有自己的悠久文化，并长期保持着文化的特色。可推知蜀人原居于四川西部山区，其后，才发展到成都平原一带。“很多人以为蜀地僻远，交通封闭，长期不通中原，甚至怀疑随武王伐纣的蜀的地理方位。现代考古学的发现已足以纠正这种误解，有充分证据表明，在商代及其以前，蜀地已与中原有文化上的沟通。广汉三星堆的发掘，更以大量材料印证了这一点。”从三星堆器物坑的发现看，商代的蜀不仅有自己的礼乐，而且受到中原礼乐的强烈影响。“至于商代的荆楚，即今湖北、湖南间的地区，更与蜀地有较密切的文化关系。三星堆不少青铜器和两湖所出类同，是很好的证据。”[2]他还说，三星堆一号坑相当于商文化的殷墟早期，二号坑相当于殷墟晚期，是互相一致的。这说明当地的文化（蜀文化）发展是与商文化的发展平行的，彼此的影响传播是畅通的。“三星堆两座器物坑中与中原所出近似的青铜礼器，是当地文化接受中原影响的证据。不过，这种影响不是直接传入当地的，其媒介应该是今湖北、湖南地区当时的文化。三星堆礼器的饕餮纹，最接近湖北、湖南所发现，指示我们这种媒介作用的存在。”有的纹饰则反映出有可能是受由东而来的影响，又加以本地的创造。同出的别

[1] 李学勤：《商文化怎样传入四川》，《中国文物报》1989年7月21日。

[2] 李学勤：《〈帝系〉传说与蜀文化》，《四川文物》1992年“三星堆古蜀文化研究专辑”，第16–17页。

的器物上，还有纯属地方特色的纹饰。这样中原与地方特点骈列杂陈的状态，反映着蜀与中原王朝的沟通。总的来说，“蜀文化是有自身的渊源、自身的演变的。在接受了长时期的中原和其他地区的文化影响之后，才逐渐融汇到全国的文化进程中去”[1]。这些精辟的见解，已经把问题说得相当透彻了，对我们深入探讨古蜀文化与中原殷商文化的关系是大有益处的。

古蜀与中原的交流，北经汉中之地或通过陇蜀之间也是一个不可忽视的途径。西周初期武王伐纣，联合西土八国会师牧野，古蜀国人马就是由这条途径参与征伐行动的。在开明王朝开凿石牛道之前，古蜀国北面的交通显然早就存在了，文献记载和考古出土资料都为此提供了印证，古代蜀人使用栈道的历史可能远比见诸文字记载的要久远。扬雄《蜀王本纪》中有“蜀王从万余人东猎褒谷”[2]的记述，这种大规模的行动也是对这种交通情形的一个说明。常璩《华阳国志·蜀志》中说杜宇时期“以褒斜为前门”，开明三世卢帝“攻秦至雍”，“褒斜”即褒谷与斜谷，在汉中之北的秦岭山脉，雍城则在秦岭之北的宝鸡[3]，或说在今陕西凤翔区南[4]，都说明了古蜀国北面的交通状况。褒斜道早在商代即已开通，在商周之际开通的可能还有故道，因其沿嘉陵江东源故道水河谷行进而得名。《散氏盘》铭文中有“周道”，据王国维考证，“周道即周道谷，大沽者，即漾水注之故道”[5]。邓少琴先生指出：“是则蜀当夏殷周之世均与中原有其交通之迹也。”据《史记·货殖列传》所记：“是时雍蜀之间已有商业之发展。下至石牛道之开凿，以蜀饶资用，南御滇僰，西近邛笮，栈道千里，无所不通。”[6]从考古发现来看，陕南城固出土的铜器群中，既有属于殷商文化的器物，如鼎、尊、罍、瓿、簋、戈、钺等；又有属于早蜀文化的器物，如青铜面具、铺首形器以及陶器中的尖底罐等。由于三星堆文化同类器都早于或等于城固铜器群的年代，“说明陕南乃是商与蜀接壤，两种文化交错共存的边缘地区。就蜀而言陕南乃其北境，

[1] 李学勤：《三星堆饕餮纹的分析》，《三星堆与巴蜀文化》，巴蜀书社，1993，第79页。

[2]《全汉文》卷五十三，（清）严可均校辑：《全上古三代秦汉三国六朝文》第1册，中华书局影印本，1958，第414页。

[3] 任乃强：《四川上古史新探》，四川人民出版社，1986，第96页。

[4]（晋）常璩撰，刘琳校注：《华阳国志校注》，巴蜀书社，1984，第186页注［二］。

[5] 王国维：《观堂集林》卷十八，中华书局，1959，第887页。

[6] 邓少琴：《巴蜀史迹探原》，四川人民出版社，1983，第156页。

陕西略阳境内的嘉陵古道

就商而言陕南则为其西土也”[1]。前面提到，邹衡先生指出三星堆出土的铜罍与城固出土的铜罍在器形和纹饰上都相似，显然便是两种文化交流的结果。

古蜀文化通过陕南接受了殷商文化的传播，仿造了中原礼器中的铜尊与铜罍，同时也使古蜀文化在与殷商文化接壤的地方产生了影响，成了富有古蜀文化特色的遗存。在陕西宝鸡地区茹家庄、竹园沟、纸坊头等处发掘出土的一批西周时期强国墓葬，呈现出一种复合的文化面貌。学者们认为有三种文化因素并存：“居址和墓地的出土遗物从各个不同的侧面揭示出商周时期传统的周文化同西南地区早期蜀文化、西北地区寺洼文化（主要是安国文化类型）的有机联系，展现出一幅五彩缤纷的历史画面。毫无疑问，这对于研究当时的民族关系、文化交流与融合都具有重要意义。”[2]值得注意的是，茹家庄一号、二号墓出土的青铜人，那夸张的握成环形的巨大双手，完全继承了三星堆青铜立人像双手造型的风格。这对商周时期蜀文化的影响应是一个绝好的说明。林向先生认为：“強国文化中明显占优势的早蜀文化因素是不能单用外部传播来解释的，必然是与蜀人势力直接抵达渭滨，蜀文化圈在此与周文化圈相重叠有关。”[3]段渝先生认为：“从各种文化现象分析，強氏文化是古蜀人沿嘉陵江向北发展的一支，是古蜀国在渭水上游的一个拓殖点。”[4]展示了“古蜀文化具有强烈的扩张性或辐射性”[5]。

从考古学的角度来看中原与各区系文化的关系和影响，苏秉琦先生曾指出：“在历史上，黄河流域确曾起到重要的作用，特别是在文明时期，它常常居于主导的地位。但是，在同一时期内，其他地区的古代文化也以各自的特点和途径在发展着。

❶ 林向：《巴蜀文化新论》，成都出版社，1995，第67页。

❷ 卢连成、胡智生：《宝鸡強国墓地》上册，文物出版社，1988，第6页。

❸ 林向：《巴蜀文化新论》，成都出版社，1995，第71页。

❹ 段渝：《嫘祖文化研究（之四）》，《成都文物》1998年第2期，第52页。

❺ 屈小强、李殿元、段渝主编：《三星堆文化》，四川人民出版社，1993，第601页。

宝鸡強国墓地出土的小型铜人像（男相）

陕西宝鸡強国墓地出土的小型铜人像（女相）

各地发现的考古材料越来越多地证明了这一点。同时，影响总是相互的，中原给各地以影响，各地也给中原以影响。在经历了几千年的发展之后，目前全国还有56个民族，在史前时期，部落和部族的数目一定更多。他们在各自活动的地域内，在同大自然的斗争中创造出丰富多彩的物质文化是可以理解的。”[1]三星堆考古发现等大量材料揭示的辉煌的古蜀文明，以及古蜀文明和中原文明的交流与影响，便是很好的例证。从三星堆出土遗物总体来看，以青铜造像群为代表的文化主体始终占据着主导地位，展现出自成一系的浓郁的本土特色，同时又显示出接受了许多外来文化因素。但外来文化影响只居于次要地位，而且大都在模仿过程中给予了新的发挥。这应该是古代蜀人既善于学习外来文化的长处，又对本土文化的优越充满自信的表现。

这里还应该提到的是，三星堆一号坑出土的模仿商文化的

[1] 苏秉琦：《关于考古学文化的区系类型问题》，《苏秉琦考古学论述选集》，文物出版社，1984，第226页。

西南丝绸之路滇缅道上的蹄印

三星堆出土的铜贝

礼器，数量较少，只有龙虎尊、羊首牺尊、铜瓿、铜盘等。二号坑出土的礼器种类和数量都大为增多，据发掘综合报告介绍的就有圆尊8件、圆尊残片3件、方尊残片1件、圆罍5件、圆罍残片2件、方罍1件等。据一些学者研究，一号坑与二号坑的时代相差100年左右。一号坑相当于殷墟早期，二号坑相当于殷墟晚期。这是否说明，随着历史的发展，古蜀文化与殷商文化的交流也比以前增多了。如果我们再结合彭县竹瓦街出土的青铜器物来看，中原商周文化的影响，随着时间的推移而变得强烈了。这显示的正是中华文明多元一统发展的历史趋势。蜀文化正是在这个历史发展趋势中而逐渐融汇到了全国统一的文明进程中。但在三星堆时期，古蜀国灿烂的青铜文明始终保持着自己的鲜明特色，显示出其国势足以与中原殷商王朝相抗衡，是相对独立的，同时又有着较为密切的文化与经济方面的交流往来，是分属于南北两个文化系统的文明中心。

在古蜀国和殷商王朝的关系方面，还应提到青铜文化的比较研究。我们知道，纹饰是青铜器物的一种语言，通常表达着器物的文化性质和特点。很多学者都注意到了三星堆出土的青铜容器在形制、纹饰、工艺等方面与长江中游和陕南等地出土青铜器的相似之处。例如，三星堆一号坑出土的龙虎尊与安徽阜南朱寨润河出土

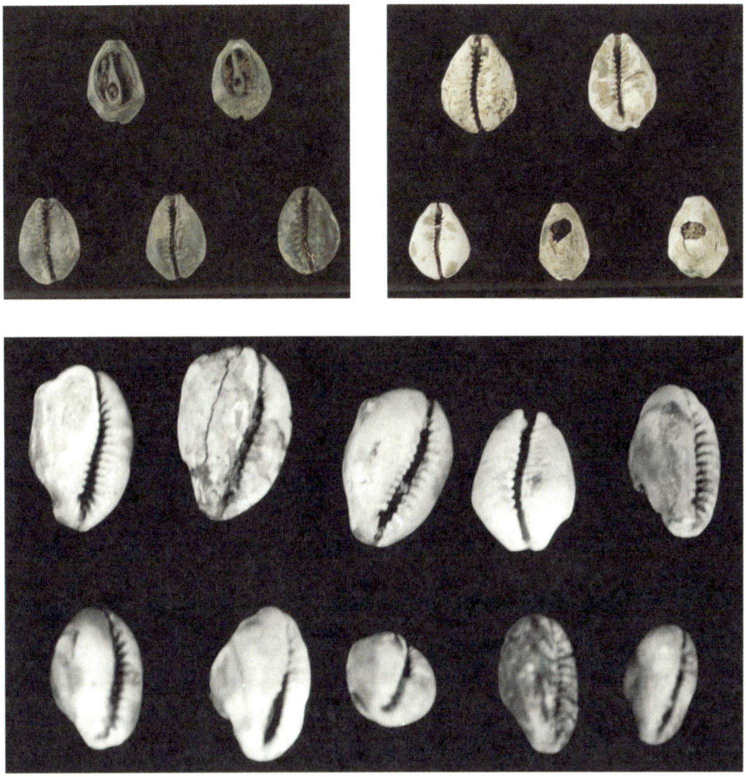

三星堆出土的海贝

的一件龙虎尊在造型和花纹上几乎一模一样；二号坑出土的四羊罍在纹饰上接近于殷墟三期的一例。在形制上与湖南岳阳鲂鱼山、湖北沙市东岳山出土的两件类似；还有二号坑出土的四牛尊、三羊尊与湖南华容、湖北枣阳新店村、陕西城固苏村等处出土的几件近似；等等[1]。通过这些比较研究，可以看出三星堆青铜容器罍、尊之类在器形和纹饰上与殷商青铜器风格的许多一致之处，同时也有不少差异。有学者认为，三星堆铜罍的肩、腹、圈足部都装饰有凸弦纹、饕餮纹和云雷纹。尊的腹部饰有羽状云雷纹，圈足上饰有云缧纹组成的饕餮纹，并开“十”字形镂孔，这些都是殷商青铜器的常见特征。尽管它们与典型的殷商青铜器还存在着一些细微的区别（如圆尊的圈足改外侈

[1] 李学勤:《三星堆饕餮纹的分析》,《三星堆与巴蜀文化》,巴蜀书社，1993，第76-79页。

为内收、纹饰的排列方式不完全一致等），但“很可能是在蜀地产生的一种以继承殷商传统为主体的地方变体”[1]。随着这方面比较研究的深入，将会有更加透彻的了解。

总之，古蜀国与殷商王朝的关系和文化交流，应该给予客观的恰如其分的认识。古蜀文化受商文化的影响，主要来自湖北、湖南、江西等长江中游以及陕南地区。正如有的学者所述，古蜀与殷商的文化或民族的往来，到三星堆文化的晚期，也就是两个祭祀坑的时期，交流只有一定的限度，文化主体还是本土的，外来文化因素占极次要的地位，而且受长江中游的影响远比黄河流域深。殷商崇尚礼容器，发展出一套繁复的系统，在全世界青铜文明中也是绝无仅有的。古蜀国也同样重视青铜器的铸造，同样有礼容器，可是礼容器在整个青铜资源运用系统中只扮演次要的角色而已。“宏观地看，古蜀所赋予青铜的意义与商王朝及其军政或文化势力所及的长江中下游地区则相当不同，这里出土的青铜器，最主要的是前面讨论过的人形像和面具，这是蜀国青铜最具自己特色，也是与东方最大不同的地方。”[2]

三星堆出土器物与殷商青铜器的比较研究给我们的启示是多方面的。可以说，正是三星堆文化与殷商文化各自所具有的鲜明特色，展现了长江流域和黄河流域南北两个文化系统的绚丽多彩。随着相互间的交流融合，从而在中华文明发展史上谱写了青铜时代杰出而又辉煌的篇章。

如果我们放开视野，作更深入的探讨，便会发现三星堆文明同世界上的其他区域文明也有着商贸与文化方面的交流。过去通常认为，古蜀国地处中国内陆四川盆地，由于水土丰茂、物产富饶，曾有学者将其形容为中国的“后花园”。也有人认为自古以来这里受地理环境限制，是个比较闭塞的地区。三星堆考古发现告诉我们，古蜀国其实并不封闭，也并非蛮荒落后之区，反而具有很大的开放性和兼容性。古代蜀人不仅有极其丰

[1] 霍巍：《广汉三星堆青铜文化与古代西亚文明》，《四川文物》1989年“广汉三星堆遗址研究专辑”，第38页。

[2] 杜正胜：《人间神国——三星堆古蜀文明巡礼》，台湾太平洋文化基金会，1999，第37-38页。

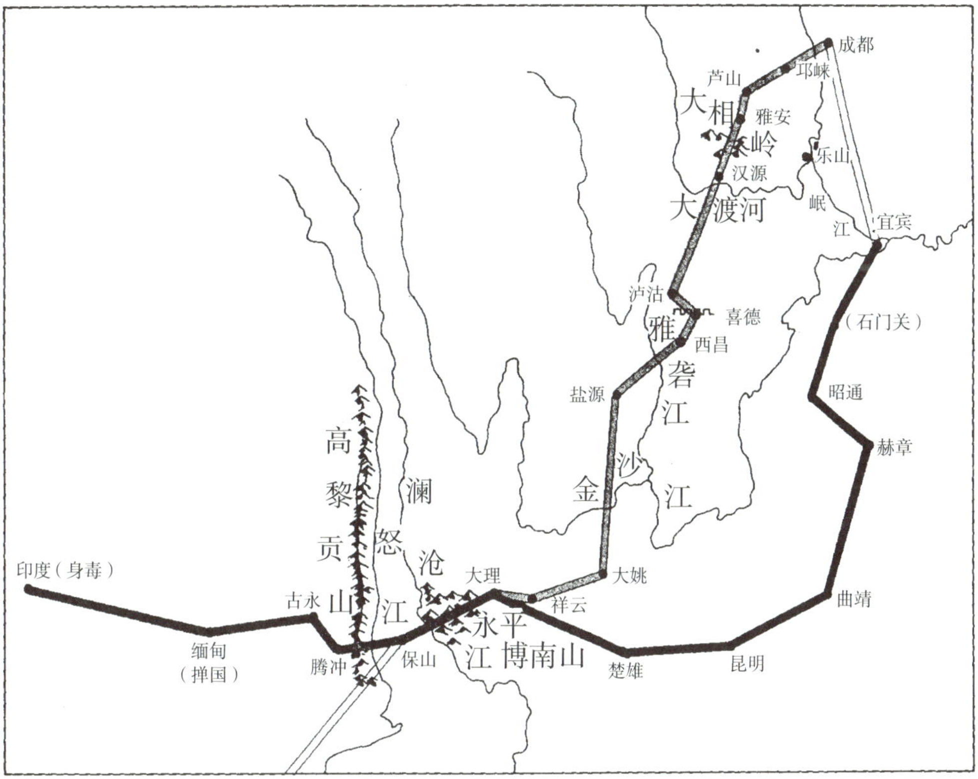

西南丝绸之路示意图

富的想象力和创造力，而且显示出强烈的开拓精神。

童恩正先生曾指出："从地理位置来看，四川所处的环境也是很有特点的。就南北方向而言，它恰好位于黄河与长江两大巨流之间，亦即中国古代两大文明发展的地区之间，既是我国西部南北交通的孔道，又成为我国南北文明的汇聚之区。就东西方向而言，它正当青藏高原至长江中下游平原的过渡地带，又是西部畜牧民族和东部农业民族交往融合的地方。这种地理位置的特点，使四川自古就有众多的民族迁徙栖息，在历史上留下了十分丰富的内容。"[1]三星堆考古发现对此就是一个很好的印证，青铜造像群就生动地展现出，这是以蜀族为主体联盟了西南其他众多部族创造出的一种灿烂的青铜文化。三星堆青

[1] 童恩正：《古代的巴蜀》，四川人民出版社，1979，第3页。

铜文化具有浓郁的古蜀特色，同时又显示出吸取了许多其他文化元素。除了我们前面说过的古蜀国及中原殷商王朝的文化经济交流与相互影响，有学者通过比较研究后认为，三星堆青铜文化与古代西亚文明也有许多相近的文化因素，相互间可能有过交流并产生过影响。

将三星堆青铜文化与中东和西亚青铜时代艺术进行比较研究，从世界文明的角度来拓展探讨的思路，是非常积极和有益的一种研究方法。虽然有些问题尚不能得出明确肯定的结论，有些观点、看法目前也还有争论和分歧，但这种比较研究方法是应该给予充分肯定的。在从事这种比较研究的学者中，霍巍先生认为，三星堆出土的青铜群像、青铜神树、纯金面罩、金杖、金箔等几类器物，无论在中原、西北还是在长江流域的商文化区域中都没有发现过，因而在国内尚无同类资料可资比较，可见广汉三星堆青铜文化中，包含着某些我们至今还未认识过的新的文化因素。如果将三星堆青铜文化与古代西亚文化作些横向比较，却可以出人意料地发现广汉三星堆青铜文化与西亚青铜艺术存在着某些类似的因素。总之，“结合三星堆青铜文化整个文化面貌的内涵分析，笔者认为，这一文化是在土生土长的古蜀文化的基础之上，既吸收了中原殷商文化的因素，又可能吸收了来自西亚古老文明的因素形成的一种复合型文化体系”[1]。范小平先生也将三星堆青铜人像群与中东古代雕塑作品作了社会内容、艺术风格等多方面的比较研究，认为“从三星堆青铜文化中，多少可以看出古蜀艺术家和中东地区上古雕刻家的共同点，要力图创造生活中的某种原型”[2]。“三星堆青铜文化与美索不达米亚文化、两河文化、腓尼基及安纳托利亚等西亚上古文化中所表现的大批雕刻、雕塑作品在其文化内涵及美术特征上确有共同之处，在一定意义上，可以探寻出三星堆青铜文化与西亚上古文明在东方文化体系中的相互作用和联系。”[3]应该说，这些都是很有见地的看法。

[1] 霍巍：《广汉三星堆青铜文化与古代西亚文明》，《四川文物》1989 年“广汉三星堆遗址研究专辑”，第 38-43 页。

[2] 范小平：《三星堆青铜人像群的社会内容和艺术形式初探——兼与中东地区上古雕塑艺术之比较》，《三星堆与巴蜀文化》，巴蜀书社，1993，第 112 页。

[3] 范小平：《三星堆青铜雕像与西亚上古雕塑艺术比较》，《四川文物》1997 年第 5 期，第 52 页。

四川达州宣汉县罗家坝遗址出土的器物

以前通常认为，中国同世界的交往联系是从丝绸之路开始的，而丝绸之路的开通被认为是始于西汉时期。其实，根据考古发现提供的大量资料，参照古代文献透露的信息，殷商时期中原与古蜀，就与世界其他地区有了文化交流和经济往来，甚至有了人口的迁移。而这种交流往来，可以上溯到新石器时代，可能就开始了。对上古的先民们来说，这种遥远而漫长的交往，虽然困难重重，却阻挡不住强烈的好奇心和探寻的步伐，从而促使和形成了世界文明的兴旺与发展。贾兰坡先生曾指出："大致在两万年前，亚洲人已经开始经过白令海峡进入美洲大陆，形成了美洲最早的居民——印第安人。"认为："北美的细石器文化，据我看是从我国华北地区分布过去的，因为相同性质的文化以华北的发现为最早。"张光直先生也认为："中国文明和中美文明实际上是同一祖先的后代在不同时代、不同地点的产物。"还有学者通过大量的研究后认为，"印第安"（Indian）应是"殷地安"，是殷人东迁美洲后的自称。董作宾先生和郭沫若

云南晋宁石寨山出土的双人盘舞铜扣饰

先生也曾指出，周武王灭商之际，商纣王的25万大军正在进攻开拓东夷，没有退路，后来全部失踪了，很可能是面临亡国又不甘屈服，而只有东迁和东渡了[1]。越来越多的事实和深入研究结果证明，这种看法是成立的。既然这种大规模的迁移并非无稽之谈，那么三星堆时期古蜀与南亚和西亚的文化交流以及商贸往来也是很正常的事情。

在三星堆出土遗物中，除了青铜造像群所显示的一些外来文化因素，三星堆出土了大量的海贝也说明了古代蜀人与外界的交往。在河南安阳殷墟妇好墓中出土有海贝6880多枚，在安阳大司空村商代墓葬和车马坑中也出土有数量不等的海贝，在山东青州市苏埠屯商代晚期墓中也出土有殉贝3990多枚。这些海贝在当时可能已具有原始货币的职能，从数量来看是一笔不小的财富。中原和古蜀都不产贝，这些海贝显然都是由太平洋和印度洋沿岸地区辗转而来的舶来品，反映了当时的商贸活动区域是相当广阔的。郭沫若先生曾指出，贝朋最早为先民们的颈饰，后来才成为货币，其使用“必始于滨海民族，以其所用之玛瑙贝本系海产。殷周民族之疆域均距海颇远，贝朋之入手当出于实物交易与掳掠。以其为数甚少而不易得，故殷周人皆宝贵之。贝穷则继之以骨，继之以玉，而骨玉均效贝形。继进则铸之以铜”[2]。有学者认为“从三星堆祭祀坑中出土的象牙、海贝来看，显然是来自异邦”[3]。还有学者指出，在三星堆一号坑、二号坑中出土有海贝和数十枚完整的象牙，它们的来源：一方面，固然有可能来自与中原殷商王朝的交往；另一方面，也不能排除通过蜀身毒道从印度舶来的这种可能性，因为“这两类物品的大宗产地，还是在西南亚及印度洋沿岸”[4]。云南

[1] 王大有、宋宝忠：《图说美洲图腾》，人民美术出版社，1998，第23页、第29页、第35页、第40-44页。

[2] 郭沫若：《甲骨文字研究·释朋》，《郭沫若全集·考古编》第一卷，科学出版社，1982，第110页。

[3] 周群华：《从考古和文献资料看巴蜀文化的内聚和外衍》，《四川文物》1993年第1期，第9页。

[4] 霍巍：《广汉三星堆青铜文化与古代西亚文明》，《四川文物》1989年“广汉三星堆遗址研究专辑”，第43页。

出土的大量海贝，对此也是一个很好的印证。这里需要指出的是，商周时期黄河流域和长江流域都有象群栖息，象牙有可能是本地所获，而海贝确实是来自异域。正如有的学者所说："三星堆遗址出土的贝大体上包含了商代中原各地以及春秋至西汉云南各地的用贝品种。古蜀地处内陆，就不难使人们想到古蜀国当时与周边的交流与接触的频繁。"此外，还有三星堆出土的金杖，也很可能"是通过某种途径，吸收了近东权杖的文化形式"[1]。

根据学者们的考察研究，西南丝绸之路可能是我国历史最为悠久的一条商道。它早在秦汉之前就已经形成了，其最早开通的时间远比我们从文献记载中知道的还要久远。方国瑜先生指出，西南地区各部族居民，各呈区域地分布着，至社会、经济、文化发展到一定阶段，相互联系，越后越紧密，开通了道路，成为祖国对外交往孔道。"中印两国文化发达甚早，已在远古声闻相通为意中事，最早中、印往还经过西南夷的交通线，各家所说是一致的，至于取道南海及西域，则为汉武帝以后之事"。故很早时期，巴、蜀、楚商贾在西南地区活动，不乏远走身毒之徒，从而开通了中、印之间的经济文化交流[2]。日本学者藤田丰八在《中国南海古代交通丛考》一书中，通过对《诗经》《楚辞》《庄子》等先秦文献若干名词与楚文化若干问题的研究，认为中印交通的开辟应始于公元前 11 世纪的周初。曾经对西南丝绸之路作过深入考察的邓廷良先生认为："三星堆祭祀坑中大量齿贝的出现，为藤田的推断提供了有力的实证。"广汉三星堆中曾出土大量的齿贝，据生物学家考证，此类齿贝仅产于印、缅温暖的海域。可见，"至少在 3000 年前的殷周之际，印度与蜀之间已可辗转相通，有间接的贸易交换"[3]。

古蜀国作为西南商道的源头，有着高度繁荣的经济和异常发达的文化，是位于长江上游的一个重要的东方文明中心，所以对远方商贾有着强烈的吸引力。三星堆时期，青铜铸造业和

[1] 陈德安、魏学峰、李伟纲：《三星堆——长江上游文明中心探索》，四川人民出版社，1998，第 55 页、第 48 页。

[2] 方国瑜：《中国西南历史地理考释》上册，中华书局，1987，第 7–8 页。

[3] 邓廷良：《丝路文化·西南卷》，浙江人民出版社，1995，第 27–28 页。

云南石寨山出土的四牛骑士虎耳贮贝器

云南李家山出土的祭祀场面贮贝器

各类手工加工业以及丝绸和蜀布的纺织加工，都已十分昌盛，这也为富有开拓精神的古代蜀人进行远程商贸活动提供了丰厚的物质基础。与古蜀文化关系密切的四川茂汶地区的早期石棺葬中，曾发现琉璃珠，经科学测定，这些琉璃珠大都不含钡。而我国战国时代自制的琉璃制品则属于铅钡玻璃，学者们认为不含钡的钠钙玻璃均是从中亚或西亚输入的。在云南江川李家山属于战国时代的22号墓中也出土有外来的琉璃珠，在李家山24号墓中则出土了来自西亚的蚀花肉红石髓珠[1]。这些考古发现都说明了从商周时期至春秋战国时期，古蜀国通过川滇古商道一直和南亚、西亚保持着商贸联系，说明了西南丝绸之路历史的悠久。

古老的西南丝绸之路是一条非同寻常的商贸之路，可以说

[1] 张增祺：《滇国与滇文化》，云南美术出版社，1997，第289–292页。

是典型的内陆农业文明通向世界的孔道。尽管它与海洋文明的航行是如此不同，但它却充分显示了古代蜀人的探险与开拓精神，展现了古蜀文明的辉煌和开放。古代蜀人通过这条古商道走向了广阔的世界，和南亚、西亚都有着商贸往来，进行着文化交流。这条古商道不仅为古蜀国带来了大量的海贝，同时也带来了诸多异域文化因素，促使古蜀商业的繁荣和三星堆青铜文明绚丽多彩特色的形成。正由于这种繁荣，也由于贮存与祭祀的需要，古蜀国的统治者还仿照海贝铸造了一批青铜贝。这与河南安阳大司空村商墓和殷墟出土的铜贝都属于中国最早的金属铸币。从时间上看，西方最早的钱币，在世界上被称誉为“西方金属铸币之祖”的金属币，是小亚细亚的里底亚王国（Lydia）在公元前 8 世纪时才开始发行的，这是中国周定王的时候，当时中国已经有钱币了[1]。三星堆铜贝铸于公元前 11 世纪，比公元前 8 世纪才发行的西方金属铸币的启用早了 3 个多世纪，可谓是真正的世界金属铸币之祖。值得注意的是，三星堆铜贝体型较大而且一端铸有铜环，也许在举行祭祀活动的时候作为财富的象征，可作悬挂献祭之用，以示祭祀的隆重。这同样展示了浓郁的古蜀特色。

总之，正如一些学者所指出的，早在公元前十四五世纪，地处成都平原内陆盆地的古代蜀人就已走出盆地，走向蔚蓝色的海洋，并以主动积极、朝气蓬勃的意气和姿态，迎接了来自印度洋的文明因素的碰撞。至少从那一时期起，中国西南与南亚次大陆之间便建立起了颇具规模的经济文化联系，促进了文明的发展。这比汉文史书的记载足足早出 1000 多年。古蜀民族吸收了包括华北、西亚、南亚在内的世界古代文明的优秀成果，把它们融进自身的土著文明之中，从而光大了中国西南的古代文明，使它在那一时期大放异彩，在今天仍举世瞩目——这对于古蜀文明来说，没有丝毫贬低。恰恰相反，这些事实正好表明“古蜀民族从很早的古代起，就是一个渴求开放，具有走向

[1] 彭信威：《中国货币史·序言》，上海人民出版社，1958，第 1 页。

世界意识的民族，一个善于开放、兼容、改造和多元、多方位地对待世界文化的民族，一个敢于走向世界的民族”[1]。可以说正是由于古蜀民族具有开放兼容的襟怀，善于学习吸纳其他民族、其他文明的长处，并加以创造发挥，与自己浓郁的特色融为一体，从而带来了古蜀国的繁荣，形成了三星堆青铜文明的灿烂和辉煌。

云南李家山出土的纺织场面贮贝器

随着商贸往来和文化交流，繁荣辉煌的三星堆古蜀文明对周边区域也产生了积极而广泛的影响，比较显著的是古蜀文化对楚文化的影响、对滇文化的影响以及对东南亚文化的影响等。蒙文通先生根据对古文献记载的考证研究曾指出，宋玉对楚王问，说过客有歌于郢中者，其始曰下里巴人，国中属而和者数千人，说明古蜀文化对楚的广大人民是有广泛影响的。《吕氏春秋》记载涂山氏女始作南音，周公、召公取以为《周南》《召南》，亦说明二南之作“始于巴蜀而流行于楚地，这也就说明楚文化是受到巴蜀文化的影响”。还有从古历法研究，“也认为蜀先于楚，说蜀文化先于楚，也还是有依据的”[2]。从考古资料看，楚境内发现有许多巴蜀人的墓葬，在荆楚等地出土的陶器包含有浓厚的古蜀文化因素，出土的许多青铜器物（如与三星堆类同的一些容器，之后的虎纹与掌心纹的铜戈、柳叶形铜剑、巴蜀印章、錞于等）都说明了古蜀文化与楚文化的密切关系，显示了古蜀文化在楚地的传播和影响。在滇文化的出土物中，无论是青铜兵器还是青铜容器与工具，也都显示出许多与古蜀文化相同或相似的特征，说明了古蜀文化对滇文化的影响。张增祺先生指出，三星堆二号坑发现有被定名为铜鸡和立鸟的圆雕装饰品，很可能是一种杖头铜饰，此类杖头铜饰在古滇国墓地出土较多，仅晋宁石寨山和江川李家山墓地就不下 50 件，它们因数量较多和所谓的“权

[1] 屈小强、李殿元、段渝：《三星堆文化》，四川人民出版社，1993，第 519 页、第 507 页。

[2] 蒙文通：《巴蜀古史论述》，四川人民出版社，1981，第 100—101 页。

杖”无关，而“可能是一种扶老用杖”；此外，三星堆二号坑出土 10 件玉瑗，此类玉器在古滇国墓地也出土较多；而三星堆二号坑与滇文化墓葬“时代的差距竟有八九百年之多”，进而对断代问题提出了疑问[1]。如果从古蜀文化对滇文化的影响这个角度来分析探讨，是否正说明了这种影响的久远呢？此外，从出土文物看，西南夷之夜郎文化、邛都文化、冉駹文化等也都显示出古蜀文化的某些影响。

总之，三星堆古蜀文化不是一个封闭的体系。它与外界有着广阔的经济往来和文化交流，不仅接受且融会了许多外来文化因素，同时也对周边区域产生了积极、广泛、久远的影响。

[1] 张增祺：《关于三星堆二号“祭祀坑”出土文物的定名、用途及时代问题》，《考古》1999 年第 4 期，第 88–91 页。

三星堆新出土的青铜神坛（局部）

伍

第五章 高度发达的制作工艺

青铜铸造的辉煌

三星堆出土的轰动世界的青铜造像群和众多精美的青铜器物，不仅向我们展现了这个时期古蜀青铜文明的灿烂辉煌，同时也显示了制作工艺的高度发达。在这方面作一些必要的探讨，将有利于我们深入了解当时的生产水平和社会发展情形。

我们知道，我国古代使用青铜的起源甚早。大约在新石器时代晚期，黄河流域和长江流域的先民们就开始了对铜的冶炼和使用。在西安半坡仰韶文化遗址中曾发现有黄铜片，在山东胶州市三里河龙山文化遗址出土有铜锥，在甘肃东乡马家窑文化遗址发现有青铜小刀，在豫西和晋南的二里头文化中已发现有铸造技术比较成熟的青铜器。到了商代，铸铜技术和造型工艺有了突破性的提高，种类更是日益繁多，有礼器、乐器、兵器、水器、生活用具和生产工具等。学术界通常认为，中国的青铜时代从公元前2000年左右形成，经夏、商、西周和春秋时期，大约经历了15个世纪。“在商晚期和西周早期，青铜的冶铸业作为生产力发展的标志而达到高峰。在当时的亚洲大陆上，商周的青铜冶铸业所产生的青铜艺术，是一颗光彩夺目的明珠。”[1]有学者将我国青铜器时代按形制分为五期：夏商之际为滥觞期，商末周初为鼎盛期，周朝中期经春秋中叶至战国末

[1] 马承源：《中国青铜器》，上海古籍出版社，1988，第3页。

商乳丁纹青铜方鼎

安阳殷墟出土的商后母戊鼎

年以后分别为颓败期、中兴期、衰落期。如果从技术发展阶段来看，夏商之际为青铜的萌生时期，商中期至西周初为青铜的成熟时期[1]。三星堆青铜造像群便是青铜成熟时期在长江上游古蜀地区盛开的一朵青铜艺术奇葩，是人类青铜文明史上一颗璀璨的明珠。

从制作工艺发展的角度来看，先民的炼铜技术是在制陶技术的基础上发展起来的，这不仅表现在制范和采用耐火材料冶炼上，还反映在丰富多彩的纹饰上。正如陶器的类型是判断考古学文化类型和断代的重要依据，青铜器的形制和纹饰图案也同样是断代和研究区域文化传播影响的重要参照。三星堆出土的青铜尊和青铜罍，便为学者们进行对比研究、推断古蜀与殷商的关系以及判断其年代、探讨其制作工艺方面的特色提供了重要印证。例如，三星堆一号坑出土的青铜容器中罍的形制、花纹与河北藁城台西村墓葬出土的铜罍相似，尊的形制、花纹和铸造工艺与安徽阜南月儿河段打捞出的商代前期（晚于郑州

[1] 田长浒：《中国金属技术史》，四川科学技术出版社，1988，第15–16页。

商大禾方鼎（人面纹方鼎）

湖南宁乡出土的商四羊青铜方尊

二里冈上层，与殷墟文化第一期相当）的龙虎尊一致，时代也与之相当，盘也是商代前期的形制特征。“据此，我们推测一号祭祀坑的相对年代相当于殷墟文化第一期。”[1]三星堆二号坑出土的青铜尊多为侈口，高领，束颈，鼓腹，圈足上镂方形或长方形孔。这种形制的尊主要流行于商代晚期。一些容器等器物的器形及纹饰特征均与晚商文化特征相同，约相当于殷墟二、三期。“两祭祀坑出土的罍、尊等礼器，器形虽（反映出）与中原有一定的经济、文化交往，但也存在一定的差异，而更接近陕南汉中城固、川东巫山、湖南岳阳以及湖北枣阳、沙市等地出土的同类器，表明这些地区商代晚期文化的共性。”[2]三星堆出土的青铜造像群，则充分显示了古代蜀人在青铜造型艺术方面的独创性，展现了杰出的才智和高超的技艺，具有浓郁的古蜀特色。三星堆出土的陶器“将军盔”，是熔铜用的坩埚，在铜器铸造过程中是不可缺少的一件工具。邹衡先生指出：“在三星堆看到的‘将军盔’，从它的样子来看同殷墟第一期的非常相

[1]《广汉三星堆遗址一号祭祀坑发掘简报》，《文物》1987年第10期，第13页。

[2]《广汉三星堆遗址二号祭祀坑发掘简报》，《文物》1989年第5期，第18页、第19页。

似，但也有区别。这种器物最早见于殷墟第一期，这对我们断定三星堆铜器的时代是很重要的依据。这种陶器的发现，说明三星堆大批精美的铜器很有可能为本地铸造。”[1]这种容积不大的坩埚，在熔化铜液和浇铸大型青铜造像和青铜器物时，需要很多技术熟练的工匠一起操作、互相配合、同时进行才行。这说明古蜀国当时已拥有大型铸铜作坊，还有采矿、运输、后勤人员与之协作，提供保障。可见当时的手工行业已有明确的分工和完善的管理。

三星堆青铜造像群和青铜器物显示，这个时期古蜀国的铸铜手工业已经高度发达，青铜熔炼水平也已达到高级阶段。无论从冶金水平还是从制作技术上看，与同一时期的殷商文明青铜器处在共同的水平线上，相比毫不逊色，并显示出了自身的鲜明特点。我们知道，青铜是指红铜和锡的合金，或是红铜和锡、铅的合金。三星堆青铜造像群和青铜器物的金属成分含量与合金水平分析表明，当时古蜀国的能工巧匠们已经熟练地掌握了青铜冶金技术。由此推测，在三星堆时期之前，古代蜀人对铜的冶铸和使用已有了一个较长时期的发展过程。只有在经过长期的技术发展和经验积累之后，随着农业的昌盛和副业的兴旺以及社会分工的日益明确与手工行业的高度繁荣，才能形成三星堆青铜文明的辉煌。可以说，作为长江上游的一个重要文明中心，古蜀显然也是中国冶金术起源最早并成功发展的若干个中心之一。

根据对三星堆出土青铜器成分的取样测试分析，出土铜器按合金成分大致可分为红铜、铜锡、铜铅、铜铅锡和铜锡铅五类。其中二、三类为二元合金，四、五类为三元合金。各类型中铜、锡、铅含量变动范围较大，说明了这些众多的器物有一个较长的铸造过程，可能与每一次冶炼时投放的原材料比例并不一致有关。同时，与当时的矿石来源于几处不同的产地也很可能有一定的关系。这些分析表明了当时蜀人和中原地区一样，

[1] 邹衡：《三星堆文化与夏商文化的关系》，《四川考古论文集》，文物出版社，1996，第57页。

也能分别使用铜、锡、铅三种金属，冶炼出铜锡、铜铅、铜锡铅等多种合金。值得注意的是，在三星堆出土铜器测试的样品中，均未发现锌的踪痕，“这表明在殷商后期，蜀人使用来冶炼青铜的铅矿，可能不是通常使用的铅锌矿，而是无锌伴生的铅矿，这与同一时期中原地区冶炼青铜的原料之一——铅的产地是不相同的”[1]。成都平原并不产铜和铅，古代蜀人用来冶炼青铜的这种无锌伴生的铅矿，与殷商含锌的矿石不同。估计可能采于金沙江矿区，利用水运或翻越崇山峻岭运到川西平原，进行冶炼和大规模的铸造[2]。西昌、荥经等处也产铜，西昌发现有汉代的冶铜遗址，史书记载汉文帝把蜀郡严道铜山（今荥经县北 30 里，注：1 里 =0.5 千米）赏赐给宠臣邓通铸钱[3]，常璩《华阳国志·蜀志》说临邛也出铜[4]，推测这几处地方也为古代蜀人采集铜矿进行冶炼提供了可能。

三星堆出土铜器金相分析还发现，在铜锡类与铜锡铅类青铜器物中大都含有微量磷的成分。磷是铜合金的良好脱氧剂，加入铜合金熔液中能增加锡青铜的流动性，可减少青铜内部结构中的气泡，增加密度，提高青铜器物的强度、硬度、弹性等。这说明当时古蜀国的能工巧匠们在掌握和运用青铜合金的脱氧技术方面已达到了很先进的水平。特别是当时已熟练地掌握了铜、锡、铅的比例来达到控制其硬度的目的，说明三星堆时期古蜀人“对青铜特点的认识也相当高，如何掌握铜、锡、铅之间的比例，来达到控制铜的熔点，而铜、锡、铅比例的变化对青铜本身硬度、柔韧性等物理性质发生变化的影响都有了一定的认识，这些知识都被熟练地运用到了生产实践中去”[5]。马承源先生曾指出，古代做工艺的奴隶对青铜中含锡分量不同而使其物理性能不同，是有清楚认识的。古人以为铜柔锡柔，合两柔则为刚，这是辩证的认识。春秋晚期齐国的《考工记》中已有六种不同含锡量青铜器的记载，称为“六齐（剂）”，这是对“长期铸造经验的总结和记录，也是世界上最古老的青铜合金成

[1] 曾中懋：《广汉三星堆一、二号祭祀坑出土铜器成分的分析》，《四川文物》1989 年“广汉三星堆遗址研究专辑”，第 76–80 页。

[2] 黄剑华：《三星堆青铜造像》，《寻根》1997 年第 4 期，第 16 页。

[3] （宋）李昉等：《太平御览》卷四七一，中华书局影印本，1960，第 2164 页。

[4] （晋）常璩撰，刘琳校注：《华阳国志校注》，巴蜀书社，1984，第 244 页。

[5] 巴家云：《试论成都平原早蜀文化的社会经济》，《四川文物》1992 年“三星堆古蜀文化研究专辑”，第 67–68 页。

湖南湘潭出土的商代豕尊

宝鸡強国墓地茹家庄一号墓出土的西周青铜象尊

陕西岐山出土的西周大盂鼎

西周毛公鼎

西周大克鼎

分的文字记录”[1]。学术界过去对中原青铜文明已有广泛深入的研究，三星堆青铜器物在工艺和冶金技术上都具有自己的特色，显示出与中原青铜文明的许多不同。正如有的学者所指出的：“在三星堆所代表的青铜文化中，罍、尊在青铜礼器中占有重要位置，而青铜工艺的发达尤突出地体现于铸造多种人的形象及仿真的动、植物形象。”[2]而将三星堆青铜器物的金相分析结果与中原的青铜冶金技术成分相比较，可以发现古蜀国青铜礼器的锡含量一般较低，而实用器的锡含量则较高。这表明古蜀国在锡青铜的使用上有自己的标准，与商文化不同。再就是古蜀国青铜礼器的含铅量较高，锡青铜和铅青铜的使用是以器物的性质决定的。而且在用途上恰好与殷商文化形成鲜明对比，从而“表明古蜀和殷商是两个完全不同的青铜文化系统”[3]。

三星堆一号坑发掘简报说：“铜头像、铜‘瑗’等部分铜器出土时，器物内还存有泥芯。在烧骨渣中亦发现泥芯和铜渣。在坑内填土中发现的经火烧过的‘红砂石’碎块，即是浇铸铜器时用的泥芯。”[4]这些现象不仅说明了三星堆遗址内有着大型青铜铸造作坊，而且揭示了出土的青铜造像和器物是使用陶范制作的。在三星堆遗址第三、四期的地层中，也发现有这种“红砂石”的碎块。通过对这些泥芯的分析和对青铜器物的观察，可以看出古蜀国的能工巧匠们对陶范有一套严格而成功的制作办法。其采用陶范合模铸造铜器的过程，大致可分为制作陶范（外范与内范）—烧制定型—合范—熔化铜液—浇铸—修整加工等工序。制范时，工匠们要在外范上雕刻精美的花纹图案，不仅工作量大，而且需要相当高的艺术造诣和技术水平。为了使陶范有足够的强度能承受高温浇铸而不变形，制好的陶范要经过烧制定型。三星堆一号坑填土中发现有经火烧过的“红砂石”（即泥芯）碎块，便是很好的说明。并由此可知，外范与内范都要烘制。对泥芯的分析表明，陶范的主要原料是经过加工粉碎的砂石和泥土，“经有关单位对祭祀坑内出土的泥范分

❶ 马承源：《中国古代青铜器》，上海人民出版社，1982，第6页。

❷ 朱凤瀚：《古代中国青铜器》，南开大学出版社，1995，第670页。

❸ 陈德安、魏学峰、李伟纲：《三星堆——长江上游文明中心探索》，四川人民出版社，1998，第24页。

❹《广汉三星堆遗址一号祭祀坑发掘简报》，《文物》1987年第10期，第4页。

三星堆一号坑出土的铜尊与安徽阜南出土的铜尊

析：加工陶范的泥沙主要成分是石英和长石，其他还有方解石、褐铁矿、白云母、绿泥石和少量的白云石等。以泥土作黏合剂”。而且，根据出土的泥芯分析，陶范的泥沙是经过淘洗的。淘洗的目的，一方面是把泥料按粒度分级，另一方面是把泥料中所含碳酸钙、硫酸盐等有机物溶于水中，以减少这种盐类的危害。否则会造成降低耐火度、烧结温度和增加发气性。“另外在泥芯中还分离出极少的植物纤维。”[1]这种纤维显然是在未烘制成陶范之前，制作泥范时所用，目的是使泥范在阴干时不致开裂变形，在烘烤硬化后可提高陶范的透气性[2]。这些分析资料为我们了解三星堆时期的陶范制作提供了重要依据。不仅显示了陶范是就地取材制作而成的，同时也说明了古代蜀人在制作陶范方面已有一套熟练的技术和丰富的经验。

在铸造工艺上，对三星堆青铜造像群和青铜器物进行观察，根据铸造时留下的铸痕，铸造工艺可分成两类。一类是使用浑

[1] 陈显丹：《广汉三星堆青铜器研究》，《四川文物》1990年第6期，第26页。

[2] 田长浒：《中国金属技术史》，四川科学技术出版社，1988，第215页。

铸法，即多范合铸，一次成型，如铜人头、小型铜面具、小型铜人、铜车器等。另一类是使用分铸法，它是在浑铸法的基础上发展起来的。此法是分步浇铸成型，如铜人和像座是采用从下至上分三次浇铸才成型的，粗大的双手是后来才浇铸上的。铜罍、铜尊、大型铜面具也都是采用此法铸造的。不同的是，铜罍和铜尊上的兽头、铜面具上突出的双眼都是事前浇铸成型，然后嵌放在主体范的适当位置，再进行浇铸[1]。学术界通常认为，分铸法是殷商时期中原地区广泛使用的一种铸造青铜器的技术[2]。三星堆出土铜器揭示，古代蜀人对这项技术的掌握和运用同样达到了娴熟高超的程度。高大的青铜立人像由于是采用分铸法分段浇铸合成，因而体内的泥芯一直保留着，直到出土后进行清理时才被取出。其外观浑然一体，华丽精美，显示了分段浇铸后黏合、打磨、修整的高超技艺，若不仔细观察很难看出黏合的痕迹，可谓是青铜时代造型艺术的杰作。

三星堆时期，古代蜀人对浑铸法与分铸法的运用主要是针对铸造器物的造型特点与形态大小而定的。两种方法都运用得极其娴熟，达到了得心应手、出神入化的地步。分铸法是较为复杂的一种方法，有学者指出，按其铸造进行的次序又可分为先铸法、后铸法、嵌铸法等步骤。①先铸法。主要是指先铸造器物的附件，然后把附件放在铸器身的范中和器身铸接为一体。如青铜人头像，大部分是先将耳铸好后放在器身的范中，然后浇铸为一体。②后铸法。主要是指先铸造器身，再在其上造范，浇铸附件。如三星堆二号坑出土的铜树，即先铸器身（主干和主枝），后铸小枝、龙及其他鸟、兽、挂饰等。③嵌铸法。这种铸法多用于尊、罍的兽头装饰，在容器的整体铸造完毕后，再将铸好的牛、羊头嵌在容器的肩上。此外，将浑铸法与分铸法结合浇铸的方法，也可称为合铸法，青铜立人像便是采用此法铸成的典范，其中躯干部为四范合铸而成，再将分铸好的头、手、脚等部位进行合铸。浇铸时，在躯干与大臂交接的腋下留

[1] 曾中懋：《广汉三星堆一、二号祭祀坑出土铜器成分的分析》，《四川文物》1989年“广汉三星堆遗址研究专辑”，第80页。

[2]《中国冶金简史》，科学出版社，1978，第22-34页。

有两个方形气孔，以保证铜水流畅到达各部位。整个人像完成后，再与座子相连[1]。结合出土遗物进行观察，可知这些都是很有道理的见解。

三星堆二号坑出土的青铜怪兽

如果我们对三星堆青铜造像群和青铜器物观察得再仔细一些，便会发现古代蜀人在铸造工艺方面还采用了热补、焊铆等技术。热补主要是用于对青铜器物铸造时某些部位发生的裂痕和缺陷进行修补，有些青铜头像里面以及青铜太阳形器和青铜神树底座下均有热补痕迹。焊接与铆接也是运用得较多的一项技术。例如，爬龙柱形器，柱身系用两范合铸而成，爬龙与夔纹装饰为分铸好之后，再焊接或铆接在柱身上的。又如青铜纵目面具，凸出的圆柱形眼珠也是先铸好后再焊接补铸在面具眼眶中的，长大的耳朵也是采用焊接与铆接相结合的方法固定在面具脸侧的。青铜神树座底，可能是铸造时发生裂缝，因而留有焊接铜片并加以铆钉固定的痕迹。青铜神树上的龙，身上留有接榫，显然也是为了便于铆接，使龙和树能连接在一起。青铜纵目人面像额间留有方孔，是为了安装额饰用的，其中有一具额头正中便有采用焊接和补铸法安装的夔龙状奇异额饰，显示出神秘华美的风格。有学者认为，蜀人的铜器铸造技术早在商代晚期就已熟练地掌握了分铸法、浑铸法，并已开始运用铜焊、热补、铆接等方法。比起中原等地青铜铸造技术在周代晚期至春秋中期之际才出现铜焊的工艺来说要早几百年。古代蜀人较早掌握和运用这些铸造与焊铆技术，与古蜀青铜造型艺术的昌盛发展有着很密切的关系。充满活力、富于创造精神的古代蜀人正是通过这些熟练而高超的技艺，在青铜造型艺术方面形象而生动地展示着他们的信仰崇拜和审美追求，创作出了大量令

[1] 陈显丹：《广汉三星堆青铜器研究》，《四川文物》1990年第6期，第26–27页。

人惊叹的艺术瑰宝。

澳大利亚的巴纳德教授对三星堆青铜造像群也作了一些比较细致的观察，认为最具代表性的身着长袍的大型青铜立人像是采用分铸法逐步制成的，组成铜像的各部分系采用冶金方法连接在一起的。同时，他对这些青铜铸像展示出的合范法、冷焊技术、套铸技术、套嵌（或嵌入）技术、垫片使用技术、铸后加工与打磨技术等都提出了一些观察入微的判断和见解。关于合范法，巴纳德先生认为青铜立人像头颅外范由两块组成，合范缝呈垂直状，如同其他青铜头像一样。躯干外范也明显由两块合成，沿前部中央可看见一条合范缝，估计沿着背部存在着第二条合范缝。基座中层与下层则分别用四块合范浇铸而成，垂直状的合范缝分别位于铸件的四棱。还有爬龙柱形器也是展示合范法的一个很好的例子，在柱端器壁与弯曲状的附饰品相

三星堆二号坑出土的 E 型青铜鸟

三星堆二号坑出土的铜鸟饰

交处的底部，合缝正好能被辨认出来，这点足以说明其他可能存在的像这样的貌似失蜡法铸造的例子，实际上同样也是用合范法制造的。关于冷焊技术，巴纳德先生认为，青铜立人像的冠部就是铸成后冷焊于头颅之上的。基座下层和固定其上的倒置饕餮纹之间有四个连接处，其中后面两个亦存在相当明显的冷焊疤。还有青铜罍和青铜尊，器肩上的兽头是预先铸好（剔芯铸造）后再冷焊在器身上的，在一只兽头的后面有一大凹坑，暗示焊接材料也许是通过器壁上的浇口将兽头黏附上去的。关于套铸等技术，巴纳德先生认为青铜立人像的头颅、臂部和腿部（加上基座上层之顶部）都是分别铸成后再套铸于躯干之上的。青铜纵目人面像的圆柱形瞳孔则是采用套嵌技术铸成的，面具的双耳也极可能是预先浇铸成的，然后再嵌入头部外范与头部浑铸为一体。关于铸后加工，巴纳德先生认为青铜造像的接缝部位以及器表素面都普遍地进行了铸后的修整打磨，许多地方的接痕几乎完全被铸后的加工打磨消除掉了，有的青铜人头像头顶上的合缝疵瑕部分已用熔铜加以敷盖，总之显示出的是“几乎使铸造痕迹完全消失的高水平的铸后加工与打磨技术”[1]。巴纳德先生的这些观察和我们前面的论述基本上是一致的，对探讨三星堆时期古蜀青铜铸造技术是有参考意义的。但巴纳德先生文中的有些观点则并不正确，如他对三星堆青铜制造技术的来源以及各种技术进入巴蜀文化区域时间的推测，认为套嵌技术是来自春秋战国时期的中原地区，又认为“如广汉青铜器中实际已存在失蜡法或覆模铸造的情况确实的话，那么以这种方法铸造的器物的年代将是可以推定的，即在公元前400年左右或者更晚”[2]。这明显是不对的。特别是他关于“文化滞后”现象的说法，脱离了三星堆考古材料揭示的真实情况，导致了不正确的结论。李伯谦先生对此已提出了中肯的批评，指出“三星堆青铜器群的具体年代虽有争论，但早于楚文化在学术界已是不争的事实，在这里我们已没有必要再来加以论证。

[1] [澳] 诺埃尔·巴纳德：《对广汉埋葬坑青铜器及其他器物之意义的初步认识》，雷雨、罗亚平译，《南方民族考古》第五辑，四川科技出版社，1993，第31-37页。

[2] [澳] 诺埃尔·巴纳德：《对广汉埋葬坑青铜器及其他器物之意义的初步认识》，雷雨、罗亚平译，《南方民族考古》第五辑，四川科技出版社，1993，第32页、第37页。

三星堆二号坑出土的青铜兽面像

三星堆二号坑出土的青铜人面像

看来，诺埃尔·巴纳德教授对围绕三星堆青铜器群讨论的进展情况并不真正掌握，在思想深处似乎也受到中国文化和文明起源问题上中原中心论的影响，认为所谓荒蛮服地的文化总比中原地区或靠近中原地区的文化落后”，因此而“援引‘文化滞后’理论，将三星堆青铜器的年代从商代推后到春秋是缺乏科学根据的”[1]。

三星堆青铜造像群和青铜器物显示了古代蜀人不仅熟练地掌握了各种青铜铸造技术，而且在运用过程中还有许多匠心独到之处。例如，在处理外范的合模时，常巧妙地将两范合缝处留在扉棱的中部，“这有两大好处，一是便于器物浇铸后的脱模（范），二是不易被外范合缝处留下的铸痕影响铜器纹样的装饰和器物的美观”[2]。在纹饰的制作处理方面，也独具匠心，在范模上精心雕刻，有意地浇铸出一种浮雕的艺术效果。在造型线条的创造上，也极其高明。正如杨泓先生所描述的：“面对三星堆出土的那些创作于三千数百年前的青铜人物造型，谁能不承认它们具有非凡的艺术魅力？劲健的线条，鲜明的轮廓，夸张的容貌，巨大的体量，金属的光泽，组合成神奇瑰丽又古朴粗犷的艺术造型，散发着诱人的异彩。刚看到它们时，最初产生的感觉，只是对这些从未见过的怪异的形貌，倍感惊奇……再仔细看下去，发现那些面孔的轮廓线和刻画五官的棱线，竟然

[1] 李伯谦：《从对三星堆青铜器年代的不同认识谈到如何正确理解和运用“文化滞后”理论》，《四川考古论文集》，文物出版社，1996，第66页、第68页。

[2] 黄家祥：《三星堆遗址出土文物三题》，《四川文物》1992年第2期，第21页。

是出奇的鲜明、简练而准确，绝对没有任何多余的线条，正如古人‘惜墨如金’一样，那些无名的古代雕塑家可算是‘惜线如金’，因此才形成如此浑厚粗犷的美感。”[1]这些都充分体现了古代蜀人高超的青铜铸造技术以及在青铜造型艺术方面非凡的创作才能，创作和铸造出了这些具有浓郁的时代风格和鲜明的民族特征的青铜造像群，在3000多年之后仍焕发着巨大的艺术魅力，震撼着人们的心灵。

夏鼐先生曾指出：“中国青铜工艺自有其发展的过程，并且铸造时使用多片合范法，也自具特点，不仅只成品的形状和花纹具有中国的特征而已。”[2]具有鲜明古蜀特征的三星堆青铜造像群便是一个很好的例证。他还指出：“冶铸青铜技术的发明和广泛采用是有其重要的意义的。”由于青铜的原料铜和锡之类需要先寻找产地，然后再开采和冶炼。金属提炼出来后，还需要翻铸，才能铸造出可用的青铜器来。这些是“意味着要有一批掌握冶金技术的熟练工匠，又要有一定的贸易活动和保证交通路线的畅通，才能解决原料和产品的运输问题。这又需要社会组织和政治组织上一定的改革，以适应新的经济情况，包括生产力的发展”[3]。张光直先生也认为：在三星堆时期统治范围内有许多铜矿和锡矿的来源，但像这样技术复杂的铜器的大规模制造，一定需要许多领域的专家多步骤的作业，而这些专家又得在国家的组织与监督之下。如Toguri所说的，即便是最富的矿石也包含不到5%的纯金属。“从青铜容器的数目和大小看来，当时对矿石的需要一定是极大的，小型的矿一定常常采尽，而新的来源需要不断地开发。金属的铸块要通过很远的距离从矿场运到铸厂与作坊里去，而运输的路线又需要军队的保护。然后青铜工匠便需着手进行铸造手续一直到完件为止……由于青铜生产是要依靠这种社会秩序的，青铜产品便成为这种秩序的象征，并且进一步地成为它的维持力量。”[4]

三星堆青铜铸造技术的先进与完美显然是古蜀国社会生产

[1] 杨泓、孙机：《寻常的精致》，辽宁教育出版社，1996，第36–37页。

[2] 夏鼐：《考古学和科技史》（考古学专刊甲种第十四号），科学出版社，1979，第10页。

[3] 夏鼐：《中国文明的起源》，文物出版社，1985，第90页。

[4] 张光直：《中国青铜时代》，生活·读书·新知三联书店，1983，第23页。

力的一种综合反映，同时也是古蜀国统治秩序的体现和象征。数量众多、铸造精美的青铜造像群和丰富多彩的青铜器物，从铸造工场或大型作坊完工后，堂而皇之地进入宗庙或神庙，或放置在祭坛之上，便成了古蜀国宗教信仰与精神世界的一种强有力的维持力量。可以说，同中原殷商王朝一样，三星堆同样展现了古蜀国青铜文明的辉煌，而这种辉煌是运用高超的青铜铸造技术通过神奇非凡的造型艺术完成的。

三星堆新出土的青铜扭头跪坐人像

三星堆新出土的青铜小立人像

黄金谱写的篇章

三星堆考古发现揭示，古蜀族也是世界上最早开采和使用黄金的古老部族之一。在相当于中原殷商时期，他们已经熟练地掌握了黄金的加工制作技术，制作出了精美绝伦的金杖、黄金面罩、多种黄金动物图形和装饰品等。这些黄金制品不仅显示了古代蜀人高超的加工制作技艺，而且具有丰富的文化内涵，是深入探讨和研究三星堆古蜀文明的珍贵资料。

在三星堆出土的黄金制品中，最富有特色和最具代表性的便是一号坑出土的金杖了。黄金历来都是珍贵的，由于其特殊的质地和开采量的限制，因而有着高昂的价值。在3000多年前，黄金还相当稀少的情形下，古代蜀人就加工制作出了如此非同凡响的金杖，堪称是无与伦比的绝世珍宝。发掘简报说这根金杖长143厘米，直径2.3厘米，用纯金皮包卷而成，出土时已压扁变形。“出土时，金皮内侧存炭化木痕。在距杖头端约20厘米处，出土一穿孔的铜龙头饰件，由此推测此杖可能原为一柄金皮木芯铜龙头杖。”[1]关于金杖是否安装有铜龙头饰件，是有疑问的，我们在前面的篇章中已有分析。另据发掘整理者介绍，金杖重463克，在金杖上端雕刻有长达46厘米的精美纹饰图案，从杖内存有炭化木质推测是用金皮包裹而成的木芯金

[1]《广汉三星堆遗址一号祭祀坑发掘简报》，《文物》1987年第10期，第4页。

皮杖。金皮展开后的宽度在 8 厘米左右，卷成圆筒形后其上的两幅图案正好成为前后一样的相同布局。通过观察分析其制作工艺，大概是先将纯金捶锻成金皮后，修整成长条形，雕刻出纹饰图案，然后再包裹在直径约 3 厘米的圆木杖杆上，这样就制成了木芯金皮杖。金杖上的图案显然是采用双勾手法雕刻而成的，即先用刻刀勾出纹饰线条两侧的轮廓，然后再在线条两侧往下剔削，使线条两侧下凹，中部凸出，“用此法雕刻出的纹饰线条虽然纤细，但看起来格外醒目，很具立体感”[1]。这说明金杖的制作工艺是相当成熟和高超的，图案纹饰的雕刻手法也极富于特色，显示了很高的水平。

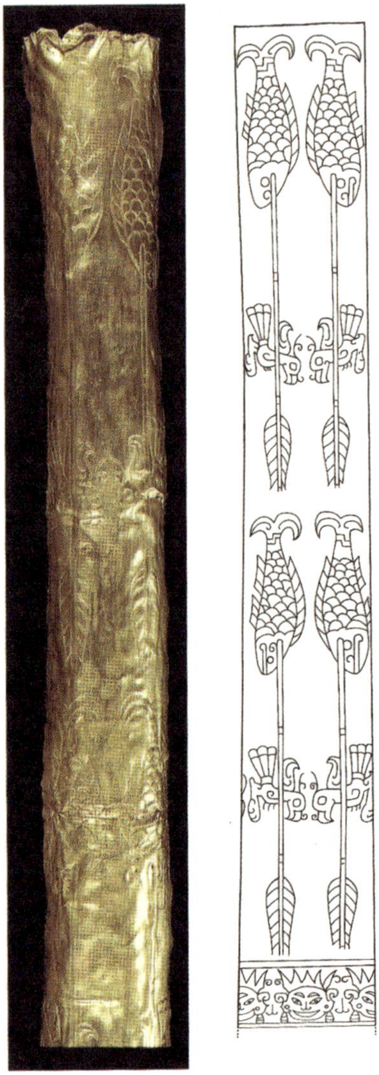

三星堆一号坑出土的金杖与图案

特别值得注意的是，金杖上端长 46 厘米的图案内容。按其平雕纹饰画面，可分为 3 组。上面两组图案内容相同，每一组都是 2 支羽箭各穿过鸟颈（或解释为压在鸟的颈部）射入鱼的头部。鸟和鱼皆两背相对，箭为长杆，箭尾有羽。共 4 只鸟、4 条鱼、4 支羽箭，显示了对称的艺术表现手法。当平展开的金皮包裹在木芯上制成金杖时，便形成了环绕的图案，制作者在平展开的金皮上创作雕刻这些图案时，显然充分考虑了制成金杖之后的纹饰艺术效果，在图案构思上是非常高明的。下面一组图案有两行对称的双勾平行线作为间隔，雕刻了前后对称的两个人物头像。人头为圆脸，宽眉、大眼、圆鼻和嘴角上翘的仰月形大口，五官刻画线条简练而又生动传神，呈现出开怀欢笑状。头上戴冠，冠的形状犹如锯齿纹或花瓣状，又有点类似于外来文化因素的王冠样式，耳垂上戴有长大的三角形耳饰，其形状与一号坑出土的“烟荷包”形玉佩非

[1] 陈德安、魏学峰、李伟纲：《三星堆——长江上游文明中心探索》，四川人民出版社，1998，第 49 页。

常相似。

关于图案内容，在迄今为止发表出版的一些图册著述文章中已有不少分析看法，有的解释为鱼鸟图案“似表现鸟驮负着被箭射中的鱼飞翔而来的场面”[1]。或解释为“像是4只鸟成队驮负着鱼飞翔而来”，而“人头的身份应是代表的神人之类的人物”[2]。有的学者认为，一号祭祀坑所出土金杖上的图案，有人头、鸟、鱼，鸟的形象与勺柄上的鸟头一致，因此学术界普遍认为这是鱼凫氏的文化遗存。“金杖图案上的人、鱼、鸟，正表现出‘颛顼死即复苏’‘是为鱼凫’这种上古人们关于人类与动物的相互转化观念。”[3]或认为关于这幅鱼凫图的解释，一般多指向蜀王鱼凫。按照《蜀王本纪》记载，他活了千万岁，是神话人物，也是部族之名，到望帝杜宇统治时，“化民往往复出”。综合这些神话传说，鱼凫这个部族显然式微了。那么金杖鱼鸟图案那根禾秆尾的长棍是不是箭呢？射穿凫颈和鱼头，是不是在述说鱼凫族败亡的故事呢？“金杖可能插在一件所谓龙形的法器上，或许有点王权的意味，但与鱼鸟玉璋同在一起，古代兴亡的历史传说大概也在通神的祭典中，片片断断地上演吧。”[4]还有学者根据《山海经·海外北经》中夸父与日逐走，道渴而死，“弃其杖，化为邓林”的传说，据注释邓林也就是桃林，以及《太平御览》和《玄中记》等记述桃都大树或扶桑之树上有天鸡，说明桃、桑可以转化，从而认为“金杖图案的含意应与‘神树’上的龙、鸟含意相同，所以金杖是神树——社树的化身，国家之根本、权力的象征，当为权杖无疑”。并认为金杖也就是鱼凫王朝的权杖，它与众多的礼器以及社神、社树一起被埋入深坑，“标志着鱼凫王朝的灭亡，同时也标志着杜宇王朝的建立”[5]。此外，还有学者认为，杜宇氏和鳖灵氏皆以“杖”作为图腾，“金杖上镌刻的‘鱼’和‘鸟’，即‘鳖灵’与‘杜宇’的象征”[6]。还有人认为，金杖实际上反映了古蜀先民对祖先和社稷的崇拜，金杖上的人头图案代表了蜀先王蚕丛氏，金杖上

[1]《三星堆传奇——华夏古文明的探索》，台湾太平洋文化基金会，1999，第128页。

[2] 陈德安、魏学峰、李伟纲：《三星堆——长江上游文明中心探索》，四川人民出版社，1998，第49页。

[3] 段渝：《四川通史》第一册，四川大学出版社，1993，第33–34页。

[4] 杜正胜：《人间神国——三星堆古蜀文明巡礼》，台湾太平洋文化基金会，1999，第33–34页。

[5] 胡昌钰、蔡革：《鱼凫考——也谈三星堆遗址》，《四川文物》1992年“三星堆古蜀文化研究专辑”，第30页、第32页。

[6] 季智慧：《神树、金杖、笻与蜀文化》，《四川文物》1989年“广汉三星堆遗址研究专辑”，第67页。

的鱼、鸟图案应代表蜀先王柏灌、鱼凫和杜宇祖先，其上的穗形叶柄又与蜀人的社稷崇拜有关，司祭巫师（也可能即是王者）手持这根象征王权的金杖，正说明了蜀人对自己各族祖先的崇拜与祭祀。“司祭者手持金杖主持祭祀祖先、社稷、天地山林诸神，说明蜀人将祭社摆在与祭祖等同的地位，也反映出蜀国对农业生产的重视。”[1]

上面摘引的这些解释和看法，可谓丰富多样，不能说都没有道理，但有些则纯属主观推测，未免过于牵强，甚至有奇谈怪论之嫌。这显示了对文献资料不同的理解和运用以及对金杖图案内容观察认识上的差异。但这也正说明了金杖的图案纹饰具有极其丰富的内涵，才会有这么多不同的解释。对学术探讨来说，目前这些不同的看法虽然难以让人信服，但对促进深入的研究仍是有积极意义的。如果从美术考古的角度来看，金杖上的图案纹饰所起的主要是装饰作用，是三星堆时期古蜀族在雕刻艺术上的一件杰作。其图案内涵，既有族属意识的象征含义，也是当时蜀人社会生活以及宗教信仰和审美观念的综合反映。其画面显然与当时古蜀国盛行的太阳神话和渔猎活动有着十分密切的关系。同时，也显示了古蜀国的能工巧匠在雕刻制作这些画面图案时，采用了写实与夸张象征相结合的艺术手法，并发挥了丰富的想象力和独创性，同玉璋图案一样，在形象思维和线条运用上独具匠心、挥洒自如，达到了极其高超的地步。三星堆古蜀时期的文化精神内涵，正是通过这些画面而得到了形象生动的展现。

三星堆金杖的性质，也是学者们争论得较多的一个问题。在众多的看法中，大致可以归纳为两种意见。其一，认为金杖是古蜀国的权杖，是由最高统治者执掌的王权和神权的象征。其二，认为金杖是巫祝之类使用的法器，是“祭杖”或“魔杖”。

关于金杖也就是权杖，是较为普遍的一种看法。例如，屈

[1] 邱登成:《广汉三星堆出土金器管窥》,《三星堆与巴蜀文化》，巴蜀书社，1993，第193-195页。

三星堆考古新发现的金面具

金面具虚拟修复图

小强先生就指出："对于这柄金杖，学者们多认为是权杖，是古蜀国王或巫师象征王权或神权的权杖（法杖）——这从金杖上所绘人（头戴五齿高冠，与二号坑大型青铜立人像高冠造型相似）、鱼、鸟图案可以获得证实。"[1]更具代表性的是几位学者在《三星堆文化》中的论述：这柄金杖，由于它与大量青铜器礼器、青铜人头像、人面像、玉石器、象牙、海贝等巨大的物质财富同出一坑，也由于用杖象征权力是司空见惯的文化现象，因此人们很容易把它称为"王权杖"，或简称"权杖"。这样来认识金杖的性质和它的象征系统对不对呢？不错，它确实是一柄权杖，但是它的权力象征系统还远不止于此，还要深刻广泛得多。"很明显，出土于一号坑内的金杖，实际上就是一具标志着王权、神权和经济、社会财富垄断之权的权杖，为古蜀国政权的最高象征物。"[2]第二种意见则认为，从金杖图案的内容来看，显然具有巫术性质，据此可知这柄金杖应是巫祝之类的人物使用的法器。"它应是一根'祭杖'或'魔杖'，而是权杖的可能性很小。"[3]持这种观点的学者，其最重要的依据是金杖显示出了浓郁的巫术特点，并据此对金杖图案作出了新的解释：众所周知，商人有崇拜鸟的信仰，并将玄鸟奉为始祖。商人某些宗教信仰对蜀也产生了很大影响。在这个时期，蜀的柏灌、

[1] 屈小强：《三星伴明月——古蜀文明探源》，四川教育出版社，1996，第44页。

[2] 屈小强、李殿元、段渝：《三星堆文化》，四川人民出版社，1993，第78页、第81页。

[3] 陈德安、魏学峰、李伟纲：《三星堆——长江上游文明中心探索》，四川人民出版社，1998，第49页。

鱼凫、杜宇三氏君王都是崇拜鸟的，并以鸟为图腾，因而鸟在蜀人心目中有至尊神的地位。另外，古人为取得生活资料来源而采取的各种措施中，顺势巫术或模拟巫术起着十分重要的作用。精心地模拟所要寻求的东西，这是世界上很多民族中极常见的巫术现象。“金杖上那鱼被箭射杀，鸟又连箭杆带鱼地驮负着成队飞来的图案，是蜀人根据顺势或模拟巫术的原理雕刻出的一幅通过巫术而希冀捕鱼成功的渔猎祈祷图，当然其中也隐含着图腾崇拜的意味。”[1]

认为金杖是权杖的学者，还列举了古代西亚近东地区、古埃及、古希腊和古罗马的权杖文化现象，认为三星堆金杖看来是通过某种途径，吸收了近东权杖的文化形式而制成的。同时，还列举了中原夏、商、周三代王朝都是用“九鼎”象征政权，而古蜀国并不用鼎，是用金杖作为王权与神权政教合一的象征和标志。此外，使用黄金制成权杖，又表现出对社会财富的占有，象征着经济上的垄断权力。所以说，“三星堆金杖有着多种特权复合性的象征意义，标志着王权（政治权力）、神权（宗教权力）和财富垄断权（经济权力）。这三种特权的同时具备，集中赋于一杖，就象征着蜀王所居的最高统治地位”[2]。

这两种关于金杖性质的看法，都有一定的道理，但我们很难说哪一种是绝对正确的。考虑到三星堆文化具有浓郁的古蜀特点，出土的青铜造像群显示出古蜀国是个巫风甚炽的社会，盛行由群巫之长和群巫主持的各种祭祀活动，那么金杖与群巫之长或群巫以及这些祭祀活动之间的密切关系则是显而易见的。如果金杖被用于祭祀活动之中，当然就具有了法器的性质，或可称为“祭杖”。值得注意的是，刻有图案纹饰的玉璋也是祭祀用器，也具有法器的性质。根据它们不同的图案内容，说明它们很可能是用于不同的祭祀活动之中的，金杖与太阳神话和渔猎之类的祭祀活动有关，玉璋则与神山祭祀和魂归天门等丧葬祭祀活动有关。同时，我们还应考虑到三星堆文化所显示出的

[1] 陈德安、魏学峰、李伟纲：《三星堆——长江上游文明中心探索》，四川人民出版社，1998，第 50 页。

[2] 屈小强、李殿元、段渝：《三星堆文化》，四川人民出版社，1993，第 78-85 页。

一些外来文化因素，其中既有中原文化的影响，也有其他区域文化的影响。不同部族和地区相互间的文化传播与交流本是人类文明发展史上的一种客观存在。如果说古代蜀人吸收了西亚近东文化传播的某些形式与内容，显然并非无稽之谈。从这个意义上说，金杖作为权杖的看法，也是说得通的。因为三星堆出土的金杖，形制上与西亚、埃及较晚时期细长类型的权杖十分相似，而且图案也具有描绘胜利者功绩或记述某件关系国家命运大事之类相似的含义，这当然不能视之为纯属偶然性的一种巧合。不过，古代蜀人并没有简单地套用外来文化形式，而是加以自己的创造发挥，从形式到内容都展示出强烈的古蜀文明特点。但是，古蜀国是否一定将金杖作为王权与神权以及财富垄断权的象征？这是一个值得推敲的问题。既然青铜造像群已成为古蜀国盛大祭祀活动中掌管神权与王权统治阶层的象征，如果金杖是权杖的话，就应执于代表群巫之长（蜀王）的手中，但青铜立人像双手所握的尺寸显示绝非金杖而是其他祭祀用具。再考虑到古代蜀人还用黄金制作了其他饰件，如金面罩、金箔虎、金箔鱼之类，可知黄金的用途是多方面的，最主要的是装饰作用。而金面罩却并没有装饰最代表神权与王权的青铜立人像和青铜纵目人面像，这也是耐人寻味的一个现象。由此可知，说金杖是古蜀国象征王权、神权、财富垄断权的权杖，不过是一种主观推测。三星堆出土的金杖显然并不能简单地同权杖画等号。我们有理由认为，古代蜀人很可能是将金杖作为某种法力的象征，若将其称为“法杖”也许更恰切一些。

古希腊迈锡尼阿伽门农的黄金面具

黄金面罩是古代蜀人制作使用黄金制品方面的又一杰作。

从制作工艺看，是先将纯金捶锻成金箔，然后做成与青铜人头像相似的轮廓，将双眉双眼镂空，再包贴在青铜人头像上，经捶拓、蹭拭、剔除、黏合等工序，最后制成与青铜人头像浑然一体的黄金面罩。二号坑出土有两尊戴金面罩的青铜人头像，一尊为平头顶，发辫垂于脑后；另一尊为圆头顶，金面罩略有残缺。金面罩与整个面部包括双耳及下巴紧密黏合，特征都是眉眼镂空、鼻部凸起、双耳穿孔，各处线条造型凸凹分明，显示出一种异常华贵的气势。发掘整理者在修复过程中发现，并经取样测试证实，古代蜀人采用土漆之类的树脂作为黄金面罩与青铜人头像之间的黏合剂，具有很好的黏接效果，可谓是古代蜀人的高明之处。一号坑出土有一件已捶拓成形的黄金面罩，但尚未粘贴在青铜人头像上。这对我们了解其工艺水平和制作过程是很有用的。孙华先生指出，三星堆妆金铜人头像口、鼻处皆无开孔，这个金箔的脸面与其说是戴了一副黄金面具，还不如说是装点了黄金的面皮，即这件妆金铜人头像是用黄金来表示皮肤色泽的特殊的人头像。眉毛、眼睛这两个部位，其色泽与脸上其他部位相异（不是皮肤），所以才裸露出来，不装贴金箔。并认为："三星堆器物坑妆金铜人头像不可能戴有面具，这个事实对于我们判断该坑其他形态和装束相同的铜人头像是否戴有面具有着很好的启发作用。"铜人头像和铜人像由于古蜀艺术家铸造时作了些艺术夸张，以及古代人种体质上与现代的不同，"所以这些铜人像的脸型才使得今天的研究者感到特别和惊诧，才由此推想其脸上戴了假面具一类东西"[1]。这些很有见地的看法，充分说明了三星堆出土的黄金面罩在学术研究上的重要价值，对我们深入探讨古蜀国的社会生活和三星堆文化内涵，都是极其珍贵的资料。三星堆考古新发现6个坑，在发掘出土的文物中有残损的金面具，制作的工艺非常精湛，为我们研究三星堆与古蜀文明增加了新的珍贵资料。

从世界文明发展史来看，19世纪70年代，考古学家谢里

[1] 孙华：《关于三星堆器物坑若干问题的辩证》，《四川文物》1993年第4期，第9页。

曼在古希腊迈锡尼墓葬中发掘出土了大量黄金制品，其中就有引人注目的黄金面具。它们用金箔敲打而成，模拟死者的特征罩在氏族部落首领或国王脸上，其年代大约为公元前1500年。研究者指出："已发现的几件著名的金面具，都是从迈锡尼的井墓中出土的。这些面具实际上就是当时氏族部落首领的遗像。每个面具的脸形都很有特点。有的浓眉横生，有的则淡眉微现，有的嘴唇紧闭，有的唇厚似浮肿。迈锡尼的这种给死者戴面具的风俗，古埃及早已有之，它的目的是想为死者保留一个不朽的面容，以便死者的灵魂游荡在外时也能找到自己的归宿。"[1]从图像看，这些黄金面具有的还刻出了胡须和眉毛，显示了极其逼真的写实风格。由于是戴在死者脸部的，黄金面罩眼、嘴、鼻等处都不留孔，为一块近似圆形的整片金箔制成。古埃及新王国时期图坦卡蒙墓于1922年11月被发掘，出土了3500多件文物，其中有黄金制品1700余件，最为壮丽豪华的便是黄金颜面肖像人型棺和图坦卡蒙的黄金面具。学术界认为其脸部为法老生前容貌的真实再现，面具其他部位则镶嵌有宝石、玻璃之类，工艺精湛，神态逼真，洋溢着华贵的气息[2]。这件纯金面具是罩在木乃伊头部的，同样为整块不留孔，而在制作工艺和装饰手法上则显得比迈锡尼黄金面具更为精美和高超。

将三星堆出土的黄金面罩同古埃及、古希腊的黄金面具相比，在形态造型、装饰手法、用途含义等方面都有许多不同。古埃及、古希腊的黄金面具主要是用于丧葬之中，罩在木乃伊或死者的脸部。三星堆装饰有黄金面罩的青铜人头像，则是用于大型祭祀活动或平常供奉于神庙（或宗庙）之中的巫师（或部落首领）象征。在古代蜀人的观念中，辉煌珍贵的黄金制品似乎与丧葬死亡没有什么联系，而与社会生活中占据主导地位的重大祭祀活动关系密切。这反映了不同区域文明之间在生存心态、宗教信仰、审美观念、社会风俗、民族传统、文化内涵等方面的不同特点。尽管有这些明显的差异，但有一点则是相

[1] 朱伯雄:《世界美术史》第三卷，山东美术出版社，1989，第83页。

[2] 朱伯雄:《世界美术史》第二卷，山东美术出版社，1988，第251-254页。

古埃及图坦卡蒙的黄金面罩

同的，那就是对黄金的开采和制作使用，都显示了很高的工艺水平。说明三星堆古蜀国与古埃及、古希腊都是最早使用黄金面罩的文明古国，黄金面罩并非西亚文明的专利，在世界东方长江上游的古代蜀人也早就掌握了制作使用黄金面罩的诀窍。一位记者曾描述说："迈锡尼黄金面罩覆盖尸体，使死者容颜亘古不凋"；"古代埃及人曾把对祖先的崇拜和永生不死的思想再现于王侯贵族的雕塑和诸神的肖像中（包括用'金棺'再现王的肖像）"。三星堆黄金面罩则使青铜人头雕像的面容焕发出金色光芒，其意义或许在于显示一代神明者、权贵者容貌的光芒或者是起原始宗教的奇特作用。这些"金面罩制法大体相似，它们都是用整块金叶子在模具上制打而成。这是造型艺术与金工工艺水平达到较高程度的产物，是古代灿烂文明的结晶"[1]。关于这些黄金面罩在人类文明发展史上的意义，正如一些学者所举出的，面具全都产生在古代文明最发达的国家和地区，如古埃及、古希腊、古罗马以及古代的中国和印度，就连中美洲也是欧洲殖民者入侵之前美洲文化最发达的地区。"面具以它深刻的内涵和深厚的文化积淀，为我们提供的绝不仅仅限于戏剧方面的借鉴……面具并不仅仅是娱乐或表演的道具，甚至不仅仅是一种艺术品，它更应该被看成是一种特殊的宗教文化的产物，是神灵、权力、地位的象征，它为我们研究人类学、民俗学、宗教学、文化学、历史学等综合学科提供了广阔的领域。"[2]

三星堆出土的黄金制品还有金箔或金片制成的金虎、金叶、金鱼、金璋、金带等。此外，还有金料块。在这些黄金制品的制作工艺上也采用了捶锻平展、剪裁修整、平面雕刻等手法。如金叶，形似细长的叶片，上面用浅雕手法刻画了多组

[1] 白建纲：《黄金面罩——广汉县三千年前稀世出土文物目睹记之三》，《光明日报》1987年2月23日。

[2] 沈福馨：《人类宗教文化的综合载体——面具》，《世界面具艺术》，人民美术出版社，1994，第1–2页。

“∧”形的平行线条，在每组“∧”形线条之间布满刺点纹，显示出独特的装饰效果，叶片柄端两侧有小缺口犹如鱼头形，并有小孔，可供穿系所用。又如金璋，其造型同玉璋相似，射端呈弧形向两侧宽出，邸部则呈钝角，两侧有小缺口，同金叶一样好似鱼头形，并有小孔，从尺寸与形态推测可能是作挂饰用的。关于这些金叶之类的用途性质，有学者认为金叶是“用于青铜神树上的金树叶，酷肖竹叶，可称为‘金竹叶’。它们是三星堆先民以至于氐羌—蜀先民崇竹、仿竹的一个实证”[1]。虽然古籍中记述有这样的传说：“古夜郎国，传为一女入浣溪，有竹浮下而中啼声，取而视之，则孩也。及长，呼为夜郎，封竹溪王。”[2]但夜郎为西南夷，与巴蜀邻接，其时间明显晚于古蜀国。夜郎见于史载，是从《史记》开始的，“西南夷君长以什数，夜郎最大”，这是汉武帝统治时期的实录。据学术界研究，夜郎兴起于战国时期，其地望在今贵州境内，曾受楚王与滇王的控制，是西南夷地区的一个土著政权，至覆亡共立国200余年[3]。由此

三星堆二号坑出土的金叶、金璋

三星堆二号坑出土的金箔四叉形器

[1] 屈小强、李殿元、段渝：《三星堆文化》，四川人民出版社，1993，第209页。

[2]（明）曹学佺：《蜀中名胜记》卷十一，重庆出版社，1984，第161页。

[3] 周春元、王燕玉等：《贵州古代史》。参见《贵州风物志》，贵州人民出版社，1985，第5-8页。

可知，夜郎与三星堆时期的古蜀国不论是时间、地理、族属、社会情形，还是信仰习俗，都是不搭界的。以古夜郎国的竹神话传说来印证三星堆古蜀国有“以竹为图腾或始祖的竹崇拜”现象以及“存在或残存于氐羌—蜀先民中的竹图腾观念”[1]，显然是非常牵强的。三星堆时期古蜀族是否有竹崇拜现象和竹图腾观念，目前尚难断言，还需作深入探讨。若将三星堆出土的金叶、金璋、金虎等制品同其他出土遗物联系起来观察思考，显而易见，它们与古蜀国的祭祀活动同样有着非常密切的关系。金璋可能与山川祭祀之类的内容有关，鱼头形并刻有线点纹的金叶则显示出渔猎活动和农业生产方面的含义。金虎与同坑出土的青铜虎形器以及满身镶嵌绿松石纹饰的青铜虎很可能一样，都是崇虎观念的展示。金虎昂首卷尾呈咆哮状，造型极其简练生动，从其捶拓成型的工艺看，很有可能是黏合在同样造型的青铜虎上面的，如同凸凹分明的黄金面罩黏合在青铜人头像上一样，具有强烈的装饰效果，并显示出丰富的内涵。

总而言之，三星堆出土的黄金制品说明古代蜀人已经掌握了黄金的开采冶炼和制作使用技术，在工艺上已显示出很高的水平。值得注意的是，三星堆出土的黄金制品总的数量还是比较有限的。古代蜀人没有用黄金面罩去装饰高大华贵的青铜立人像和庞大的青铜纵目人面像，只给几尊一般的青铜人头像装饰了黄金面罩，这一耐人寻味的现象，显然也与当时的黄金产量较少有关。

成都平原并不产金，产金的地方主要在盆地周边丘陵河谷与西部高原以及金沙江沿岸地区。《天工开物》说“凡中国产金之区，大约百余处，难于枚举”，有山石中所出，有水沙中所出，有平地掘井而得，“皆待先淘洗后冶炼而成颗块”。又说：“金多出西南，取者穴山至十余丈，见伴金石，即可见金。其石褐色，一头如火烧黑状。水金多者出云南金沙江（古名丽水），此水源出吐蕃，绕流丽江府，至于北胜州，回环五百余里，出

[1] 屈小强、李殿元、段渝：《三星堆文化》，四川人民出版社，1993，第 209 页。

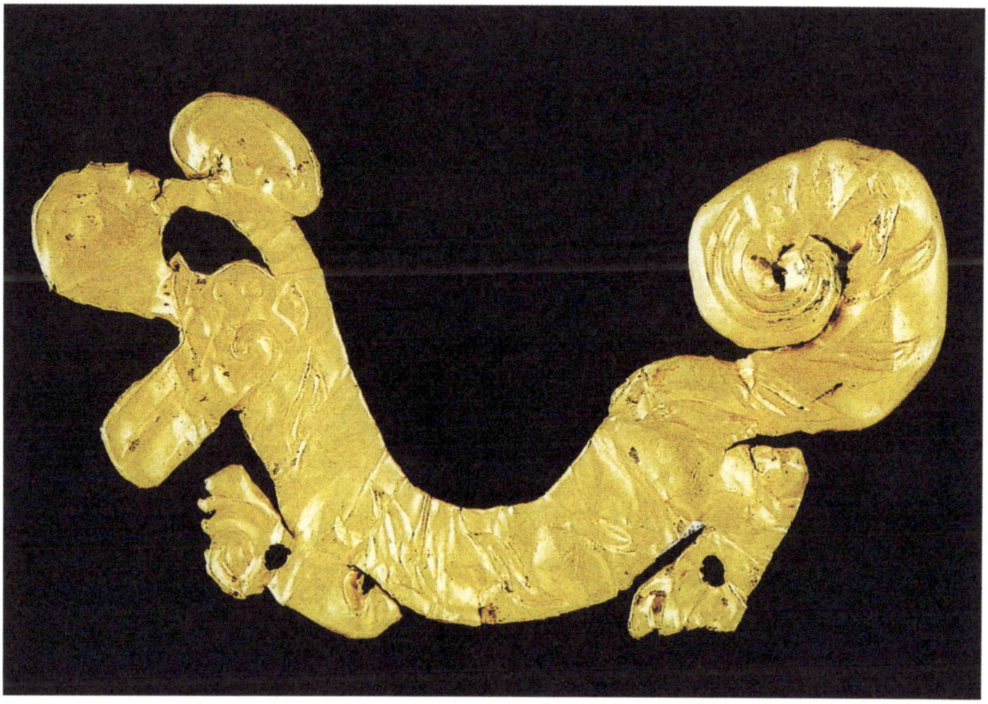

三星堆一号坑出土的金虎

金者有数截。又川北潼川等州与湖广沅陵、溆浦等，皆于江沙水中，淘汰取金。”[1]参照《华阳国志·蜀志》记载，也有蜀地产金的记述。由此可知，南面的金沙江，川北的嘉陵江、涪江等处都是产金之地。关于金沙江产金，徐中舒先生根据文献记载和考古资料曾对此作了深入的研究，认为“丽水是历史上有名的产金区，周兴嗣《千字文》所谓‘金生丽水’即指此丽水言”。春秋战国时期，楚人在蜀郡西部开采黄金，并须将黄金东运至楚国本土，楚王为达此目的而派遣军队在其西部疆土进行了扩张，设立了岷山庄王和夜郎庄王，作为他的代理人，前者为其负管理开采之责，后者为其负水陆转运之责。楚人在丽水开采的黄金由水陆东运至常德、长沙诸地，使这里“逐渐形成了一个黄金集散市场。中华人民共和国成立后，湖南省博物馆

[1]（明）宋应星：《天工开物》卷十四，广东人民出版社，1976，第336页、第337页。

在长沙、常德、衡阳等地发掘将近三千座楚墓，其中有一百零一座墓葬中都有殉葬的天平和砝码”。这些天平和砝码都是衡量黄金用的[1]。《韩非子·内储说上》也记述：“荆南之地，丽水之中生金，人多窃采金。采金之禁：得而辄辜磔于市。甚众，壅离其水也，而人窃金不止。”[2]说明了在春秋战国时期楚国对丽水产金的严格控制，从中也透露出金沙江流域黄金产量的丰富。商周时期丽水采金的情形，虽然文献缺少记载，但推测这时甚至更早就有先民于此采金了。三星堆出土的黄金制品很可能就是古蜀国派遣人员（包括工匠与军队）开采于丽水，然后运回三星堆古城的。这与古蜀国在金沙江流域等地区开采铜矿也有很大的关系。而从三星堆出土的海贝透露的信息看，古蜀国这时已经有了穿越西南地区通向南亚的古商道。综合这些因素，可知古蜀采金于丽水的推测是可信的。当然，正如古蜀国开采铜矿的地点不止一处，采金的地点也可能还有其他地方。我们由此可知，古蜀国在对黄金的开采和制作使用上，要比楚国早得多，特别是黄金制品的工艺水平也先进得多。

中原殷商王朝也是很早就掌握了黄金的淘洗加工技术，从商代遗址和墓葬中的考古发现看，河北藁城出土有金箔，河南辉县出土有金叶片，殷墟出土有金块和金箔，说明当时的冶炼、捶锻、碾制加工已有较高的水平。但商代遗址出土的黄金数量很少，而且没有像三星堆那样的金杖、金面罩、金虎、金璋、金叶之类工艺精湛、内涵丰富的黄金制品。这说明，作为同时期的文明中心，三星堆古蜀国不仅在开采使用黄金的数量上超过中原殷商王朝，而且在制作工艺上更是居于领先的地位，在黄金制品的用途和内涵方面更显示出了鲜明的特色和无穷的魅力。正如有的学者所评价的：“先秦时代很为突出的一项稀世金质珍品是近来在四川广汉出土的黄金面罩，这是远在三千年前制造的黄金假面具，不但具有很高的艺术价值、历史价值，而且也具有很高的技术价值。”[3]

[1] 徐中舒：《论巴蜀文化》，四川人民出版社，1982，第203–207页。

[2]《二十二子》，上海古籍出版社，1986，第1150页。

[3] 田长浒：《中国金属技术史》，四川科学技术出版社，1988，第270页。

三星堆出土的金面具

三星堆时期，古代蜀人不仅创造了灿烂的青铜文明，而且也使用黄金谱写了辉煌的篇章。在中华文明史和世界文明史上都具有非常重要的意义。其丰富的文化内涵和独特的艺术魅力，将永远彪炳于史册。

玉石雕琢的艺术

在长达半个多世纪的三星堆考古发现中，出土了大量的玉石器，不仅种类繁多，而且制作工艺也相当高超，反映了古蜀国玉石器制作行业的发达。在三星堆古城内外，还发现了多处玉石器加工作坊遗址，也是这一手工行业发达情形的印证。

三星堆出土的大量玉石器，绝大多数都与古蜀国的祭祀活动有关，反映了当时宗教祭祀活动的昌盛。例如，玉璋、玉琮、玉璧、玉环、玉瑗之类。其次是与当时古蜀国社会生活关系密切的大量玉石制品，有的与礼仪有关，如玉戈、玉刀之类；有的具有工具与武器性质，如玉斤、玉锛、玉凿、玉锄、玉匕、玉斧、石斧、石铲、石矛、石凿之类；还有的属于装饰品，如玉佩、玉片、玉钏、玉玦、玉珠、玉管、绿松石以及琥珀坠饰等。陈显丹先生将三星堆出土的玉石器分为装饰类、礼器类、武器工具类三大类[1]，是有一定道理的。新近出版的《三星堆祭祀坑》一号坑发掘报告则按玉器形制分为礼器、仪仗、工具三类；二号坑则分为礼器、仪仗、工具、饰品、其他以及绿松石等数类；将玉戈、玉刀归为仪仗类，也有一定的道理。其实，有些玉石器很可能是兼具多种功能的，例如，玉戈、玉刀既可能是蜀王宫室之中或盛大祭祀活动中的仪仗，也并不排除用于

[1] 陈显丹：《三星堆文化玉石器研究》，《四川文物》1992年"三星堆古蜀文化研究专辑"，第45-47页。

渔猎活动与农业收割作物的可能。又比如玉环、玉瑗之类，既是礼器，也可能同玉佩一样作为饰品。而这些正说明了三星堆玉石器具有极其丰富的文化内涵。

从制作工艺看，古代蜀人在制作这些玉石器的过程中，不论是对玉石料的选择、切割，还是琢制加工、钻孔、雕刻、研磨抛光等技术的使用，都有着丰富的经验，显示出很高的水平。其切割的方法，从遗址内发现的玉石器成品或半成品遗留的痕迹推测，很可能是使用一种比较锋利带锯齿形的金属工具进行的。按照所要制作器物的厚薄来切割下料，然后再将毛坯加工磨制成型。圆形的玉石器显示出，当时很可能采用了“转轮”之类的磨制加工方法。玉管穿则显示出当时在钻孔方面，古代蜀人有着相当高超的技术。特别值得提到的是，玉石器上面的图案纹饰以及透雕飞鸟之类，显示了古代蜀人娴熟的雕刻技艺。例如，一号坑出土的一件玉璋，弧形的射部如同鱼身，射端部采用透雕等手法镂刻成鸟形；又如二号坑出土的一件刀形玉璋上采用线刻与平雕手法刻画了两组象征神山祭祀和天门观念的图案。两件玉器都凝聚着丰富的文化内涵，堪称是3000多年前的玉雕杰作。

三星堆出土的玉璋数量与种类都很多，说明玉璋是古蜀国在祭祀活动中使用得最多的一种祭祀礼器，不同的形态显然与

三星堆二号坑出土的有领玉璧形器

三星堆一号坑出土的玉琮

三星堆出土的玉璋、玉刀、石矛、玉戈、玉戚形佩

不同的祭祀内容有关。一号坑出土的鱼身鸟形玉璋似寓有鱼凫的含义，很可能与渔猎祭祀活动之类的内容有关。那些数量众多、射端弧形分叉呈禾芽状的玉璋，则可能与土地崇拜、祈盼农业丰产的祭祀内容有关。而二号坑出土的玉璋图案，我们已作过探讨，这件蕴含着神山祭祀和魂归天门观念的玉璋很可能是巫师在丧葬之类祭祀活动中使用的法器。古代蜀人精心制作的这些玉璋不仅显示了高超娴熟的工艺水平，更洋溢着浓郁的古蜀特色。

仔细观察三星堆玉石器上面的纹饰与图案可知，古代蜀人大量采用了镂刻与线刻工艺，在技术手法上展示出娴熟和灵活的特点。线条大都为阴刻，有的镂刻得较深，有的刻画得较浅，皆给人以清晰流畅之感。线条又分为直道、弯道、圆圈、几何形、点状等多种。直道线条常笔直横贯器面，而且刻画得非常细，宽仅 1 毫米左右，但各线条之间界限分明，组合均衡，构图明快。弯道与几何形和圆圈（包括不规则圆形）的刻画技法，也主次分明，繁简得当，异常清晰。由此而组成的图案画面，糅合了粗犷与细腻的特点。虽然有的图案中几组画面内容相似，却毫无重复之感，展现出鲜明的主题、深远的意蕴和独特的风格。其纹饰花样，有的简洁规整，有的繁复多样而交错有致，显示了多种装饰手法的灵活运用。值得注意的是，在琢玉的手法上，三星堆古蜀国的玉匠们不仅大量采用阴刻的手法，还巧妙地采用了“减地”法。比如，一号坑出土的烟荷包状戚形玉佩便采用了“减地”法，经过琢治、镂刻、磨制，而使这件玉佩平面呈现为层层递进的阶梯形，在工艺与装饰效果上均显示出了很高的创意，可谓是3000多年前一件极富特色的玉制品。还有研磨技术，从各类玉石制品平整光洁的程度以及有些玉刀刃部薄而锋利到可以裁纸来看，也充分显示了古代蜀人在这方面的高超水平。其加工完成后的抛光，可能采用了皮革或一些柔软的物质，并使用了轮形可以旋转的打磨工具，在当时都是比较先进的技法。

从三星堆玉石器的质地看，经成都地质学院有关方面的专家鉴定：三星堆出土的玉器与软玉、硬玉有一定的差别，尤其是外表的人为原因。石器其质地大多为碳酸岩、火层岩、石英片、绿石英片岩、云母石、页岩、砂岩等制作而成。“这些石器和玉器材料主要产于川西平原的龙门山等地。”[1]此外，玉垒山、岷山、邛崃山脉也很可能是古代蜀人采集玉石材料之处。《山海经・中山经》中有“岷山，江水出焉……其上多金、玉，其下多白珉”之说。常璩《华阳国志・蜀志》中也有“其宝则有璧玉”的记述，佚文则有“玉垒山，出璧玉，湔水所出”，刘琳先生说“至今灌县仍产玉石”[2]。可知古蜀国境内有不少产玉的山川，为当时采集玉料与石料提供了丰富的资源。

我们知道世界上玉的种类是非常多的，现代矿物学上按质地硬度将其归纳为软玉与硬玉两大类。软玉为透闪石和阳起石的隐晶质，硬度为5.5～6。硬玉是辉石的一种，硬度为6.5～7，如翡翠之类，清代才开始由越南、缅甸等地输入。软

[1] 陈显丹：《三星堆文化玉石器研究》，《四川文物》1992年“三星堆古蜀文化研究专辑”，第48页。

[2]（晋）常璩撰，刘琳校注：《华阳国志校注》，巴蜀书社，1984，第178页。

冯汉骥先生考察茂汶古蜀遗迹

玉自古以来就产于我国西部地区，如昆仑山脉、新疆和阗、陕西蓝田等，都是古代著名的软玉产地。有学者指出，我国自古多用软玉为装饰品及雕刻材料，1976年，安阳殷墟妇好墓出土的755件玉器便是软玉制成的，“据鉴定妇好墓出土的玉器，是接近和阗玉的。就商都与当时玉的产地来说，路程是十分遥远的，可见商王朝得玉亦不甚易，而通过交换方式获得玉应该是主要的途径”[1]。相比较而言，古蜀国采玉于自己境内，就要相对便利得多。有学者认为“三星堆玉料从本质上看，乃为软玉”[2]，显然是有道理的。据《三星堆祭祀坑》发掘综合报告介绍，实际上鉴定显示除了软玉还有汉白玉和岫玉、透辉石玉等。三星堆出土的大量玉璋，小者10余厘米，大者100多厘米；出土的众多玉璧、石璧形制从大到小，最大者外径达70.5厘米，孔径19厘米，厚6.8厘米，重达百斤以上[3]；加上其他数千件各类玉石器，可知玉石器的加工制作数量是极其庞大的，需用的玉石料就更加可观了。在加工制作的过程中，不仅需要大量分工合作的工匠，从事玉石器的切割下料、琢治研磨、雕刻加工、钻孔抛光等工序，还需要大量的开采人员和运输人员。此外，还有一定数量的后勤人员和管理人员，可知这是一支相当庞大的行业队伍。我们由此也可以想象三星堆时期玉石器加工制作行业的繁荣景象。

三星堆手工行业，除了上述的玉石器加工，陶器制作与髹漆工艺也很发达，富有特色。在这里也作一些简要的探讨。

陶器的制作加工也是三星堆时期一个非常重要的行业。由于陶器和先民们日常生活的密切关系，四川在新石器时代陶器

[1] 朱活：《商币篇——兼谈建国以来出土的商代货币》，《四川文物》1985年第1期，第9页。

[2] 屈小强、李殿元、段渝：《三星堆文化》，四川人民出版社，1993，第309页。

[3] 冯汉骥、童恩正：《记广汉出土的玉石器》，《四川大学学报》1979年第1期。

三星堆出土的陶杯

三星堆出土的陶罐

业已分布很广。已发现的100多处遗址中均有大量陶片出土。如大溪等处出土的遗物显示，其黑陶的形制和黄河中下游的龙山文化有一定的渊源关系，其彩陶和北方的仰韶文化也有相似之处。四川商周遗址出土的陶器就更多了，如西昌礼州殷末周初遗址墓葬出土的陶器有杯、盘、钵、豆、罐、壶、瓶、盏等。新繁镇水观音遗址出土的陶器有罐、豆、钵、鬶、碗、纺轮、扁壶等。以灰陶最多，红陶次之，黑陶最少，有弦纹、绳纹、方格纹，也有少数镂孔。制法以轮制为主，也有模制和手制的，一般火候要求较高。尖底器较多是这类遗址的特征[1]。成都平原上相继发现的宝墩文化遗址，也出土有大量的陶片。其陶器制作方法主要是手制加慢轮修整，圈足和底均为二次黏结。陶系为夹砂和泥质两种，夹砂陶多羼白色石英砂，有精细之分，以细者居多。陶色分灰、褐、外褐内灰等。泥质陶分灰白、灰黄、褐和一定数量的黑衣灰陶、黑衣褐陶。器形则有罐、尊、缸、豆、瓮、盆、壶、钵等[2]。

三星堆出土的大量陶器，据发掘整理者将文化遗存分为四

[1]《文物考古工作三十年（1949—1979年）》，文物出版社，1979，第349-350页。

[2] 江章华、颜劲松、李明斌：《成都平原的早期古城址群——宝墩文化初论》，《中华文化论坛》1997年第4期，第8-9页。

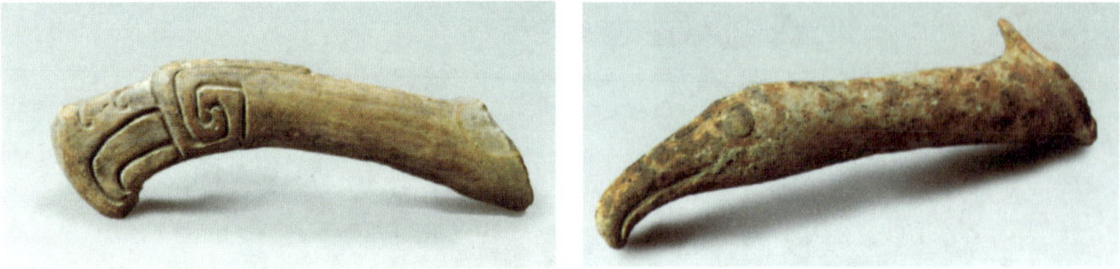

三星堆出土的陶鸟头勺把

期。第一期陶器以夹砂褐陶和泥质灰陶为主，其年代为新石器时代晚期至龙山文化时期，距今 4800 ～ 4000 年。第二期陶器以夹砂褐陶为主，并有一定数量的泥质灰陶和泥质橙黄陶，年代相当于二里头至二里冈下层。第三期陶器仍以夹砂陶为主，有灰褐陶和黑灰陶两种，此外，还有少量的泥质灰陶和泥质红褐陶，年代相当于二里冈上层一、二期至殷墟早期。第四期陶器以夹砂灰褐陶为主，泥质灰陶比例大大增加，另外还有少量的夹砂红褐陶和夹砂黑褐陶，时期相当于殷墟晚期至西周早期。出土的陶器器形，一期主要有圆腹罐、圈足豆等，二期以后主要有小平底罐、高柄豆、圈足豆、盉、盘、缸、瓮、鸟头柄器、纺轮、尊形器、觚形器、甗形器、尖底盏和器座等[1]。值得注意的是，三星堆出土陶器以夹砂褐陶为主的特点与宝墩文化后期夹砂褐陶开始增多有着明显的承接关系，说明了古代蜀人在陶器制作方面有着悠久的历史。而出土陶器的数量和广为分布的情形，则又充分显示了古蜀制陶业的发展和兴旺。

有学者指出，广汉三星堆、月亮湾遗址的陶器，与新繁水观音遗址的陶器，以及忠县㽏井沟遗址的陶器，大多数器形相似，“均以夹砂灰陶为大宗，并以轮制为主。纹饰中以绳纹、弦纹为主，亦有附加堆纹和方格纹，特别是几何形印纹和划纹等较多，与河南龙山文化和二里头文化陶器极为相似”，既具四川特色，又与中原文化有更多的一致性[2]。谭继和先生认为，学术界有人主张夏文化是灰陶文化，分布于陕西、山西、河南。这

❶ 四川省文物考古研究所:《三星堆祭祀坑》，文物出版社，1999，第 424-427 页。

❷ 陈丽琼:《四川古代陶瓷》，重庆出版社，1987，第 14 页。

样看来，成都宝墩古城遗址陶器多为泥质灰陶和夹砂褐陶，也可称为“灰陶文化”，与夏人尚黑说相符合，又可与偃师二里头夏文化相衔接，其时代在距今4500年前，早于夏代（距今4000～3600年），与二里头文化相当，应该称之为“先夏文化”。对“夏禹兴于西羌，夏朝盛于河洛”、禹文化西兴东渐、“理解蜀为夏文化源头之地是有意义的”[1]。通过这些很有见地的论述可知，宝墩文化遗址和三星堆遗址出土的大量陶器对研究源远流长的古蜀历史与文化以及探讨古蜀与中原夏、商、周三代的关系都提供了非常重要的印证。

成都商业街船棺葬遗址发掘情景

三星堆时期，古蜀国的制陶业非常昌盛，但在陶器的器形与种类方面仍保留着宝墩文化时期以来的传统，缺少像青铜铸造业那样非同凡响的大胆创新。其制作工艺以手工制作和慢轮加工为主，少数为轮制。其烧制可能是以小型的馒头形窑进行的，这种方法在蜀地有着长久的流传。三星堆发现的窑址，其窑炉平面为心形，呈浅床斜坡式，宽仅1.6米[2]。从结构看，烧制时火焰由火膛进入圆形窑，其火膛为袋状的心形坑，对充分燃烧提高窑温是比较有利的。其器形大都以实用为主，按当时各类陶器的用途大致可分为饮食器、炊煮器、储藏器等数类。有的陶器可能兼具几种用途，如有的罐类可作酿酒亦可用于储物，还有的一些器形可能既是水器也是酒器。在纹饰方面，绝大多数为粗细绳纹，另有划纹、戳印纹、弦纹、“S”形纹、圆圈纹、云雷纹、附加堆纹等，还有许多是没有任何纹饰的，为单纯素面。有的器形比较简单，制作也比较粗糙。有些学者认为，“不过这并不完全意味着三星堆先民制陶技术的落后，而是

[1] 谭继和：《禹文化西兴东渐简论》，《四川文物》1998年第6期，第13页。

[2] 赵殿增：《三星堆考古发现与巴蜀古史研究》，《四川文物》1992年“三星堆古蜀文化研究专辑”，第4页。

极有可能与当时的制陶习惯有关”[1]。总的来说，三星堆遗址出土的陶器无论是工艺还是装饰都显示出朴实的风格，与绚丽多彩的青铜铸造和丰富多样的玉石器制作在风格特色方面有着明显的不同。当时蜀人已经掌握了多种色彩的使用，在一些青铜造像上给眉眼描黛、口唇涂朱，却没有用色彩来描绘或装饰陶器，娴熟的人物及动物造型艺术也没有在陶塑上加以发挥，这无疑是值得思考的现象。分析推测，这与当时蜀人只注重陶器的简单实用有很大的关系。在三星堆时期古蜀国的社会生活中，青铜铸造、黄金制品和玉石器制作主要是为经常举行各种盛大祭祀活动服务的，在造型艺术的丰富多样和技术工艺的精益求精等方面都灌注了无比的热情，给予了最大的创造发挥，凝聚着古蜀艺术家们非凡的心血，可以说将想象力和聪明才智都发挥到了极致，从而成为三星堆古蜀文明的辉煌象征。而当时的陶器制作则主要是为日常的世俗生活服务，与祭祀活动无关，所以只注重简单实用就够了。大概这便是三星堆陶器整体来说都给人朴实无华之感的关键所在吧！

三星堆出土的陶器中有一些鸟头形勺把，这是非常有意思的一种现象，是古代蜀人将造型艺术运用于陶器制作的一种比较独特的装饰手法。这些陶鸟头勺把，有的像鹰，有的像杜鹃，有的像鸦或枭，采用塑形与雕刻相结合来表现形态多样的鸟头。无论是猛禽还是鸣禽和涉禽的头部造型都简练而又生动，显示了古代蜀人在造型艺术方面的鲜明特色和高超水平。不言而喻，这些陶鸟头勺把并不仅仅是一种实用性的陶器装饰，更是古代蜀人心理崇尚、信仰观念、审美习俗的一种形象反映，展示出古蜀族与鸟图腾或与崇鸟爱鸟意识有关系的大量信息，具有丰富的历史文化内涵。

髹漆工艺的掌握和使用，也是三星堆时期古蜀国手工行业中不可忽视的一大特色。我国用漆在世界文明史上是最悠久的国家，考古揭示新石器时代先民们已有对漆液的涂饰使用，商

[1] 屈小强、李殿元、段渝：《三星堆文化》，四川人民出版社，1993，第305页。

成都商业街船棺葬遗址出土的漆盘

成都商业街船棺葬遗址出土的漆盒

周时期已有随葬的漆器实物和用漆髹饰车马器和弓矢、皮甲、屋楹的记载。例如，1978年，浙江余姚河姆渡遗址第三文化层中出土了一件漆碗，器壁外髹涂有朱红色漆，据考证距今约7000年；江苏吴江良渚文化遗址出土有漆绘黑陶杯和漆绘黑陶罐；抗战前在河南安阳西北冈发掘的殷墟四座大墓中出土有漆饰的鼓和盾等；西周遗址如陕西宝鸡斗鸡台出土有车饰的漆皮，虢国墓出土有漆豆与漆盘等器物；等等[1]。古人有尧舜开始使用漆器之说。如《韩非子·十过》中便记述："尧禅天下，虞舜受之，作为食器，斩山木而财子，削锯修其迹，流漆墨其上，输之于宫以为食器，诸侯以为益侈，国之不服者十三。舜禅天下而传之于禹，禹作为祭器，墨染其外，而朱画其内。"[2]可知并非虚说。古蜀国也是中国最早使用髹漆工艺的地区之一，在三星堆遗址的考古发掘中，"曾发现有镂刻雕花的漆木器，以木为胎，外施土漆，木胎上镂孔，器表雕有花纹，表明当时已熟练地掌握了割漆、生漆加工、制胎、上漆工艺技术"[3]。三星堆考古发现揭示，古代蜀人还使用漆液将黄金面罩粘贴于青铜人头像上。其步骤与方法是，先将浇铸完成的青铜人头像通过打磨去掉毛刺，再用白膏泥加水调和成腻子将铜头像表面因铸造工

❶ 沈福文：《中国漆艺美术史》，人民美术出版社，1992，第5–12页。

❷《二十二子》，上海古籍出版社，1986，第1127页。

❸ 巴家云：《试论成都平原早蜀文化的社会经济》，《四川文物》1992年"三星堆古蜀文化研究专辑"，第71页。

成都商业街船棺葬遗址出土的大型船棺

艺出现的凹陷处填平，待腻子晾干后再打磨光滑，“然后涂刷中国漆，将面罩罩在铜头像面部，进行拓捶，使金面罩贴实黏合在铜头像上”[1]。这是古代蜀人在漆艺方面很有创意的一种使用方法。常璩《华阳国志·蜀志》提到蜀地有“桑、漆、麻、纻之饶”，无疑为古代蜀人对漆的使用提供了丰富的资源。古代蜀人的髹漆工艺在以后的历史岁月中有了更加突飞猛进的发展，到秦汉时期已成为著名的漆器生产地区。正如徐中舒先生所指出的：“成都漆器在蜀王时代就已著名于世。西汉时代成都与蜀郡王官、广汉工官所产漆器远销我国长沙、江陵及朝鲜、外蒙古诸地，也是在这个基础上成长起来的。”[2]童恩正先生也指出：“长沙马王堆 1 号汉墓所出土的大部分漆器，就是成都所制。除此以外，远至朝鲜半岛，也有这种漆器发现。1916 年，朝鲜平

[1] 杨小邬：《浅谈三星堆出土金面铜头像的修复工艺》，《四川文物》1992 年“三星堆古蜀文化研究专辑”，第 96 页。

[2] 徐中舒：《成都是古代自由都市说》，《巴蜀考古论文集》，文物出版社，1987，第 152 页。

壤附近的古墓中即曾出土了一批蜀郡和广汉郡的漆器。”[1]成都商业街船棺葬遗址是古蜀开明王朝的王室墓地，出土的漆器种类与数量就比较多，其中有漆盘、漆盒之类，制作工艺与图案都非常精美。这些都说明了古蜀用漆历史的悠久、髹漆工艺的源远流长和漆器生产发展的繁荣兴旺。

综上所述，三星堆时期古蜀国的手工业不仅已有明确的分工，技术工艺水平也已达到很高的程度。特别是青铜铸造、金器加工与玉器制作，在造型艺术和图案纹饰方面极富特色，展现出绚丽多彩的情形。正是这一切，构成了古蜀文明的灿烂和辉煌，在人类文明史上写下了重要的一页。

[1]《童恩正文集·古代的巴蜀》，重庆出版社，1998，第241页。

三星堆新出土的青铜神兽与立人像

结论

举世瞩目的三星堆考古发现，向我们揭示了3000多年前古蜀国绚丽多彩的社会生活情形，展现了一个被湮没的内陆农业文明的辉煌。三星堆考古发现揭示的古蜀文明，具有极其丰富的文化内涵，无论是从考古学、历史学、民族学、人类学，还是从宗教观念、造型艺术、青铜铸造工艺、文化交流、文明进程、地域特色等多重角度来看，都提供了翔实而珍贵的资料，展现了一幅百科全书式的画卷。在中国考古史上和世界考古史上，三星堆都称得上是前所未有、令人耳目一新的考古发现。三星堆考古发现提供的并不仅仅是珍贵的资料，更重要的是使学术界重新审视东方文明，世界文明发展史上将因之而谱写新的灿烂篇章。三星堆考古发现揭示的也不仅仅是一个被湮没的文明，更展示出一种穿越时空的无与伦比的永恒魅力，所以它轰动了世界，在许多国家展出时都倾倒了数以万计的观众，激起了强烈的反响。三星堆考古发现对今后的学术研究，特别是对四川历史文化和旅游业的发展，也将发挥巨大的积极作用。

三星堆考古发现揭示了辉煌的古蜀文明，具有多方面的重要意义。归纳起来，大致有以下几个方面：

揭开了古蜀国的神秘面纱

在三星堆遗址一号坑、二号坑发掘之前，我们对古蜀历史的了解是相当有限的。古文献记载中的古蜀历史，从蜀山氏、蚕丛氏、柏灌氏、鱼凫氏，到杜宇、鳖灵，都显示出比较浓郁的神话传说色彩，特别是古蜀的起源和古蜀三代的历史，更是笼罩在一片神秘的迷雾之中。我们从扬雄《蜀王本纪》和常璩《华阳国志》中看到的有关古蜀三代历史的记述，只是一些简略而朦胧的轮廓。古代蜀族是什么时候在成都平原建都立国的？来自何方？与中原和四邻关系如何？其历史编年情况又怎样判断确定？这一切都云遮雾绕而难解其详。李白《蜀道难》中说："蚕丛及鱼凫，开国何茫然。尔来四万八千岁，不与秦塞通人烟。"四万八千岁当然是一种文学的夸张，但也透露了古蜀历史的渺茫和久远。随着这一著名诗篇的广泛传播，更加深了人们对古蜀历史神异诡谲、不可捉摸的印象。

三星堆惊人的考古发现，特别是 1986 年夏秋之际一号坑、二号坑的相继发掘，终于揭开了千百年来笼罩在古蜀历史上的神秘面纱，使我们看到了湮没达数千年之久的古蜀国的真实面目。在此之后，成都平原上又有了宝墩文化 6 座早期古城遗址的发现。联系到以前成都北郊羊子山土台建筑遗址、成都十二桥商周遗址、彭县竹瓦街商周青铜器窑藏等考古发现，从而使学术界对古蜀历史文化的发展脉络有了更加清晰的认识。通过这些考古发现，我们真实地看到了夏、商、周时期成都平原的确存在着一个以古蜀族为主体的古文化、古城和古国，我们触摸到了古蜀文明的壮丽和辉煌脉络。

三星堆出土文物的精美程度、数量的庞大、种类的繁多、文化内涵的无比丰富，以及其展示的鲜明而自成体系的地域文明特色，都是罕见的，是20世纪以来考古史上一个巨大的收获。在三星堆青铜文化中，最具代表性的是出土了数量众多的青铜造像群。这些青铜造像群表达了古代蜀人丰富多彩的意识观念和传统习俗，具有强烈而浓郁的象征意义，展现了与众不同的极富特色的文化内涵。我们知道，黄河流域夏、商、周时

河南固始东周宋景公之妹勾敔夫人墓出土的九鼎

期的帝王贵族们是用青铜礼器特别是九鼎来象征统治权力和等级制度的，传世文献对此多有记载，考古发现在这方面也为我们提供了丰富的资料。在商、周王朝，青铜礼器不仅是王公贵族们在各种礼仪场合（如宴飨之类）中的重要用器，更在频繁举行的祭祀活动中发挥着特殊作用。与中原殷商时间大致相同的三星堆古蜀国，祭祀活动同样盛行，祭祀鬼神与祭祀祖先同样是社会生活中最重要的主题内容，但在祭祀方式以及神权与王权的象征表现方面又有着极大的不同。三星堆虽然也出土有青铜器物，如铜尊和铜罍，但数量很少，这说明古蜀国显然不是依赖和利用青铜礼器来维护等级制度和统治秩序的。古代蜀人精心铸造了大量代表大巫（蜀王）和群巫（各部族首领）以及神灵偶像的青铜造像，并赋予这些生动逼真的造像以丰富的象征含义，供奉于宗庙或神庙之中，或陈设于祭台之上，进行规模宏大的祭祀活动。显而易见，古蜀国统治阶层所控制的神权与王权正是通过这些青铜人物造像而强烈地展现出来，而这也正是古蜀国维护等级制度和有效统治各部族的奥妙所在。

三星堆考古发现告诉我们，古蜀国无论是祭祀活动还是宴飨等礼仪场合，都无须青铜礼器，因而被有些传世文献称为“椎髻左衽，不晓文字，未有礼乐”[1]，实际上，古蜀青铜文明在殷商时期已发展到相当辉煌成熟的程度，古蜀国行使的是以青铜造像群为主的另一套“礼乐”。三星堆古蜀国用青铜造像群作为祭祀活动和日常供奉的主体，中原殷商王朝用青铜彝器作为等级象征与祭祀供奉的宗庙常器，这应是古蜀文化与殷商文化最大的区别。这种区别不仅表现在祭祀形式上，而且也反映在祭祀内容上以及祭祀活动进行的过程中。殷商王朝为了祭祀先王先公而不惜大量屠杀奴隶，将人作为祭祀与陪葬的牺牲品。古蜀国却没有这么残酷，三星堆一号坑、二号坑除了有焚烧过的大量动物骨渣，尚未发现有将人作为祭祀的迹象。从表面上看，这种祭祀过程中的重大差异显示了殷商王朝祭祀活动的血

[1] 扬雄《蜀王本纪》，《全汉文》卷五十三，（清）严可均校辑：《全上古三代秦汉三国六朝文》第1册，中华书局影印本，1958，第414页。

腥奢侈、古蜀国祭祀活动的温和壮观。若从深层分析，这也充分展现了殷商王朝与古蜀国在国家体制、统治形式、政权性质、社会结构等诸方面的差异。如果说殷商王朝的社会形态是属于亚细亚类型的一种初期国家的奴隶制度[1]，那么从三星堆考古发现提供的大量资料来看，古蜀国也已形成明显的阶级分化，权力和财富都为统治阶层所控制，但其社会形态与制度则与殷商王朝有所不同，很可能正像一些学者所提出的，实施的是“共主制”或“酋邦制”。

三星堆青铜造像群以丰富多彩的内涵显示了长江上游的蜀文化的独特性，既不同于黄河流域的中原文化，也不同于长江中游的楚文化，在社会礼俗与民族心理方面均有自己鲜明的特色。青铜人物造像在三星堆古蜀文化中占据着突出而重要的主导地位，这不仅说明了古代蜀人对人物造像的偏爱，显示了他们特别擅长于形象思维，具有极其丰富的想象力和高超的青铜铸造技术，更重要的是，展现了古代蜀人对凡俗世界和精神世界的理解，表达了他们清晰明确而又绚丽多彩的崇拜信仰观念。在古代蜀人对天地万物的认识中，人是万物之灵而神是天地之灵，人主宰生活而神主宰着自然和宇宙，人应该祈福于神灵而获得风调雨顺、国泰民安、兴旺繁荣，所以便形成了人神交往的观念以及对人神交往途径的各种想象。青铜造像群便是古蜀人神交往观念的生动体现。在中华文明满天星斗的发展大格局中，人神交往也是其他区域文明的一个主题观念，但在表现形式上却有着各自不同的特色。三星堆青铜造像群着力表现的古蜀人神交往观念，直截了当，形象而又精彩，既有神奇的魅力，更有震撼的效果，而且深刻地体现了神权与王权的象征含义。在中华文明发展史上写下了独特的篇章，在世界文明发展史上也具有无可替代的重要意义。

三星堆青铜人物造像群为我们研究古代蜀人的来源与族属问题也提供了重要资料。关于古代蜀国统治者——蜀王，以

[1] 吕振羽:《殷周时代的中国社会》，生活·读书·新知三联书店，1962，第14页；郭沫若:《中国古代社会研究》,《郭沫若全集·历史编》第一卷，人民出版社，1982，第16-17页。

及蜀国主体民族——蜀族的来源，史籍记载不详，而且往往将神话与史实杂糅。如扬雄《蜀王本纪》中的记述，透露了蜀族历史的久远和初期的迁徙，但三代蜀王是否具有传承关系则尚不可知。疆域广阔的蜀国除了蜀族，还有其他诸多民族，常璩《华阳国志·蜀志》就说其属有“滇、僚、賨、僰僮仆六百之富”。三星堆考古发现揭示的青铜文明以及宝墩等早期城址的发现，说明了夏商时期古蜀族已在成都平原建都立国，发展了灿烂的文明。出土的青铜人物造像群则告诉我们，在古蜀国最具代表性的这些人物造型中，通过对体质特征与面部形态的研究分析，反映出他们在种族上属蒙古利亚人种，其中不仅有居于统治地位的蜀族，还有与蜀族结盟或被统治的族属[1]。这对古文献中的有关记述，无疑是很好的印证。我们由此可知，三星堆青铜人物造像表现的是以蜀族为主体的多部族形象。也就是说，蜀族是古代蜀国的主体民族，而在蜀国的范围内还应包括和蜀族结盟的其他兄弟民族。所以，古代蜀国在举行大型祭祀活动的时候，既有华贵显赫的群巫之长（蜀王），又有威武轩昂的群巫（各部族首领），还有蜀族和各部族共同崇拜信仰的神灵象征。三星堆青铜人物造像群所展示的便正是这样一个生动精彩的场景。

三星堆青铜人物造像群给我们的启示是多方面的。不仅揭示了古蜀国是由蜀族和其他结盟部族构成的共同体，在信仰观念与祭祀方式上都与众不同、独具特色，而且展现出古蜀文化是以早期蜀文化为主体并吸收了一些外来文化因素的一种复合文化，不少学者对此提出了很有见地的论述。尽管对三星堆文化中的复合型文化特点有不同的理解和诠释，有的看法还存在不少疑问，学者们尚有争论。但三星堆文化与殷商文化以及周边其他区域文明有着相互间的交往和影响，则是可以肯定的。这种区域文明之间的交流，既有文化上的，也有经济商贸上的。可以说，三星堆文化具有浓郁的自身特点，但绝不封闭，展示

[1] 李绍明：《古蜀人的来源与族属问题》，《三星堆与巴蜀文化》，巴蜀书社，1993，第15–16页。

的是一种开放的格局，同时又显示出很强的凝聚力，保持了相对稳定和独立的传承关系。

总而言之，以青铜人物造像群为主体的三星堆灿烂青铜文化，反映出当时的古蜀国已拥有高超复杂的制造技术和繁荣强大的生产能力，具有明确的社会分工和明显的阶层分化，三星堆古城已成为古蜀国王权统治和宗教祭祀活动中心，而这正是产生三星堆灿烂青铜文化的雄厚基础。三星堆青铜文化具有浓郁的地域文化特色，是以古代蜀族为主体，联合了西南其他部族或部落共同创造的一种地域文化，在一定意义上也可以说是一种土著文化。它与中原殷商文化以及其他区域文化均显示出许多的不同之处，展现出自成体系的鲜明特点。同时，它又吸纳和融会了其他区域文明的一些文化因素，并加以自己的创造发挥和利用。最显著的便是对中原殷商青铜文化的吸纳以及对南亚西亚一些文化因素的接受利用。这充分说明了古蜀文明的开放性与兼容性，说明了古代蜀人并不封闭，与外界有着密切的联系，不但善于学习发展自己，而且有着强烈的开拓精神。我们由此可知，古蜀国是相对独立的一个政权，是繁荣发展的一个内陆农业文明中心，同时与中原殷商王朝和周边区域又有着广泛的经济往来和文化交流。这种与外界的商贸往来和不失主体的文化交流，对古蜀文明的兴旺发展无疑有着不可低估的积极作用。另外，繁荣而辉煌的古蜀文明，对楚文化、滇文化、西南夷文化，对周边区域乃至东南亚地区，也都产生了广泛而深远的影响。

灿烂的三星堆青铜文化，由于古蜀国的朝代兴亡更替与政权变化，或由于其他变故和某种我们尚不清楚的原因而突然湮没了。从传世文献记载透露的信息来看，鱼凫王朝为杜宇王朝取代，杜宇王朝被开明王朝更替，都发生过政权体制上的震荡和统治阶层关系上的深刻变化。精美璀璨的青铜造像群以及众多的珍贵器物，大概就是因此而湮没于地下的吧！但这种湮没并不意味着古蜀文明发展进程的中断。三星堆时期的文化内涵，在后来的古蜀历史文化发展过程中，依然有着很好的继承和体现。这不仅表现在社会生活方面，更表现在精神观念方面。比如，富有古蜀特色的神权与王权的统治，浓厚的崇巫习俗，对整个南方文化系统都产生深远影响的天门观念、古蜀神话传说、神仙思想，以及体现在造型艺术方面的丰富的想象力，发散型的思维方式，以农业为主、手工业为辅的内陆农业文明生产模式，发达的铸造纺织技术工艺等。这些在三星堆之后古蜀历史文化发展过程中都有很好的体现，展示了古蜀文明发展的连续性，说明了三星堆文化对后来的古蜀历史与文明进程有着非常重要而深远的影响。

中华文明多源一统的例证

三星堆的考古发现告诉我们，相当于中原殷商时期的古蜀国，是长江上游的一个重要文明中心，这已成为学术界的一个共识。成都平原上宝墩文化等古城遗址的发现充分说明了古蜀文明的久远。这对中华文明起源呈现出多元一体、多源一统的发展格局提供了重要佐证。

过去对中华文明起源问题的认识，学术界曾有一些不同的看法。重视中原文明的作用和影响，而忽略区域文明的地位，曾在较长时期内左右着学者们对文明起源的看法。随着许多考古新发现提供的大量材料，这一传统观念已逐渐为更加客观、全面的认识所取代。学者们根据这些考古材料对中华文明起源问题作了新的审视和探讨，提出了很多精辟的见解，对满天星斗、多源一统的中华文明起源发展格局有了越来越清晰的认识。三星堆考古发现便是一个很好的说明，四川盆地不仅有着源远流长的自成一系的古文化，而且在三四千年前，这里已有了既同中原夏商文化有明显联系，又独具特征、高度发达的青铜文化，并毫无疑问已处于方国时代[1]。“证明了三四千年前的川西平原已具有了可以同殷商中原文明媲美的高度发达的奴隶制文明形态，并进而使人们再一次地确认了中华文明起源的多元化

[1] 苏秉琦:《迎接中国考古学的新世纪》,《华人·龙的传人·中国人——考古寻根记》，辽宁大学出版社，1994，第244页。

的特点。”[1]

三星堆考古发现揭示的古蜀文明，作为中国古代南方文化系统长江上游的一个重要文明中心，与黄河流域的中原文明有许多明显的不同，同时又有着比较密切的关系，相互之间有着源远流长的文化交流和影响。从传世文献透露的信息看，上古时期已有黄帝和蜀山氏联姻的记述，大禹治水亦多次往返于岷江流域和黄河流域。考古资料也证实了古蜀文化和中原夏商文化的关系，如三星堆遗址第二期与二里头文化所出器物中均有形态相似的陶盉、陶豆等，除陶质和大小以外，几乎没有太大的区别。还有三星堆遗址出土的铜尊、铜罍等，也显示出受到殷商青铜礼器的影响。说明在造型艺术和青铜铸造工艺方面具有高超水平的古代蜀人，对殷商文化中青铜礼器做了有选择的模仿。大量的考古资料告诉我们，古蜀与中原的文化传播与交流在夏代甚至更早就开始了，这种文化传播和交流在殷商时期则变得更加密切了。在殷墟出土的甲骨卜辞中，有许多蜀的记述，亦是一个很好的例证。学术界对此已作了较多的争鸣和比较深入的探讨。

古蜀国与殷商王朝的关系以及相互间的文化交流，对古蜀文化产生了比较重要的影响。但到三星堆文化的晚期，也就是两个祭祀坑的时期，古蜀文化主体还是本土的，外来文化因素只占次要的地位。古蜀文化接受殷商文化的影响，主要来自湖北、湖南、江西等长江中游以及陕南地区，而古蜀文化对这些地区也同样产生了一定的影响。古蜀国与殷商王朝都有着发达的青铜文化，并以各自的鲜明特色，展现了长江流域和黄河流域南北两个文化系统的绚丽多彩。

概括起来说，作为长江上游的一个重要文明中心，三星堆考古发现揭示的古蜀文明有几个显著特点：一是源远流长，高度发达；二是自成体系，具有鲜明的地域特色；三是在南方文化系统中有着重要的作用和强大的影响；四是和中原文明保持

[1] 屈小强、李殿元、段渝：《三星堆文化》，四川人民出版社，1993，第1页。

着密切的关系，在不失主体的文化交流中吸纳融汇了许多外来文化因素；五是展现出百科全书式的丰富文化内涵，特别是独树一帜的青铜文化，在满天星斗、多源一统的中华文明起源和发展进程中写下了神奇的一页。

古蜀文明的这些特点，展示出了与其他地域文明不同的个性色彩，充满活力，富有魅力，是古蜀先民们的辉煌杰作。在中华文明起源发展过程中的六大文化区系中，辉煌的三星堆古蜀文明高度发达，完全可以同中原殷商文明媲美。这充分说明了中原以外的周边区域并非都是蛮夷落后之区，在中华文明多元一统和中华民族多元一体的格局中，都有着各自的重要地位，都发挥了重要作用。正由于近万年以来这些区系文化的交汇、撞击、相互影响、相互作用、文化逐渐认同、经济逐渐融合，才有了中华民族根深叶茂的坚实的历史基础，形成了中华文明浑厚的兼容性和强劲的凝聚力。可以说，三星堆古蜀文明并不单纯是一个辉煌的区域文明，更是中华文明的一个重要组成部分，是中华文明的一大骄傲。

东方文明的新篇章

三星堆考古发现揭示的古蜀文明，无论是其高度发达的青铜文化，还是丰富的文化内涵和独特的造型艺术魅力，都堪称是世界东方文明的一颗明珠。世界东方文明由于有了三星堆考古发现而增添了许多新的内容。正是基于此，三星堆考古发现产生了举世瞩目的影响，引起了世界学术界的广泛关注和重视。

学术界过去通常将繁复的纹饰作为中国青铜文化的主要特

新石器时代陶塑人头像

甘肃秦安大地湾出土的人头形器口彩陶瓶

陕西商县出土的仰韶文化时期的红陶人头壶

征。三星堆千姿百态的青铜造像群打破了这种看法，展示了与中原殷商文明并不完全相同的一种特色和魅力，给人以耳目一新之感。三星堆考古发现不仅显示了中华文明丰富多彩的格局，同时也显示了在世界东方与中亚、西亚、南亚各区域文明之间的文化交流，以及相互间的吸纳和影响。这对审视和深入认识世界东方文明的发展，显然有着十分积极的意义。人类文明史的发展并不是封闭的，而是相互交流影响和促进的结果，三星堆考古发现对此也是一个很好的印证。

特别值得重视的是，从美术考古角度来看，三星堆古蜀遗址出土的青铜造像群和大量精美文物不仅是中国古代艺术发展史上的辉煌杰作，也在世界美术史上谱写了新的篇章。我们知道，中国古代雕塑艺术起源甚早。同世界上其他古老文明一样，早在原始社会，勤劳智慧而富于创造力的中华先民就在生产劳动和制作各种工具、器物、房舍建筑的过程中有了雕塑艺术。正如梁思成先生所述："艺术之始，雕塑为先"，"故雕塑之术，实始于石器时代，艺术之最古者也。"[1]最初的原始雕塑艺术也许只是出于对生活和自然的模仿和想象的表现。后来便有了习俗和宗教的含义，制作表现手法也日渐丰富，从而开始了雕塑艺术发展的先河。从考古资料看，在黄河流域出土的属于仰韶文化时期的彩陶制品中，曾发现半身人形的陶器盖状物。在陕西和甘肃、青海等地，也都出土有这类彩陶人物雕塑，而且彩绘有纹饰，"应是当时文面、文身习俗在彩陶上的反映"[2]。除了彩陶人物雕塑，1982 年春，在辽宁喀左东山嘴距今约 5000 年的红山文化遗址还出土了几尊女性裸体雕塑像。这些原始陶塑具有较强的写实倾向，同时也显示出了夸张变形和明显的装饰趣味，其表现手法和审美情趣，质朴而又稚嫩，尚处于雕塑艺术发展的初期阶段。到了高度发达的青铜时代，中国古代雕塑的装饰性效果愈加突出，而写实性则相对淡化，从而与追求立体感为能事的西方写实性雕塑走上了不同的发展道路。三星堆

[1] 梁思成：《中国雕塑史》，百花文艺出版社，1997，第 1 页。

[2] 张朋川：《中国彩陶图谱》，文物出版社，1990，第 15 页，参见图谱 22、55、224、552、553、1051、1052、1053、1299、1500 等。

辽宁红山文化泥塑女神头像

商代人面盉

商代人面盉盖

青铜造像则既有较强的写实性，又有不同凡响的装饰效果，可谓是中国古代雕塑艺术发展史上最使人叹为观止的神奇创造。

可以说，中国古代雕塑艺术从原始社会发展到殷商时期，已逐渐形成了华夏民族的传统艺术特色。中原地区以及长江中下游地区，主要表现在各类青铜器物的装饰性雕塑方面。广汉出土的三星堆青铜造像群则独树一帜，别具特色，展现了殷商时期古蜀国的能工巧匠们在硬质材料大型人物雕塑艺术方面的杰出成就。作为真正具有独立雕塑意义的人物形象作品，三星堆青铜造像群在许多方面都显示出了无可替代的重要性。它不仅将起源于中国原始社会的人物雕塑发展到了前所未有的高度，运用娴熟的技巧和丰富的想象力创造出了令人耳目一新的大量人物造像，而且开启了后世大型雕塑之风。我们能否说，正是因为中国古代就有着源远流长的雕塑艺术和以三星堆青铜造像群为代表的大型雕塑传统，有着华夏各族先民们世代积累的丰富创作经验，商周之后，才有了史籍记载的秦代铸造“重各千石”的十二金（铜）人[1]，才有了陕西临潼秦始皇陵出土的蔚为壮观的陶兵马俑群，并对汉代以后南北各地兴起的宗教雕塑产生了积极的影响。

从世界雕塑史的角度来看，古埃及、古希腊、古印度、两河流域美索不达米亚地区等人类文明发源地，在雕塑艺术方面

[1]（汉）司马迁：《史记·秦始皇本纪》，索隐引《三辅旧事》云：秦始皇平定六国后“聚天下兵器，铸铜人十二，各重二十四万斤”。可见其雕铸的庞大。见《史记》第1册，中华书局校点本，1959，第240页。

秦始皇陵兵马俑群

都有悠久而又辉煌的历史。在泥塑，特别是在石雕方面，留下了数量众多的佳作和杰作，形成了琳琅满目的艺术景观。在艺术风格上，西方雕塑艺术以写实为主，采用圆雕、浮雕和线刻等手法，着重表现逼真的人物形象，显示了与东方雕塑艺术不同的发展模式。古埃及、古希腊遗留下来的大量雕塑艺术杰作，无疑是人类文明史上一笔最珍贵的文化遗产，也是世界艺术史上最华丽的篇章。也正是由于古希腊和古埃及在人物雕像艺术方面的辉煌景观，而使西方学者忽略了中国等世界其他国家在人物雕像方面的成就，甚至认为中国古代雕塑主要表现在器物装饰上，而没有真正的具有独立意义上的人物雕塑。自从有了三星堆青铜人物造像群的考古发现，则有力地纠正了这一偏见，说明古老的中国同古希腊和古埃及一样，同样在人物雕像艺术方面有着悠久的历史，曾经铸造出了大量神奇精美的千古杰作。从时间上看，根据世界各地考古发现资料记述，在腓尼基古国境内、叙利亚毕布勒神庙废墟、巴勒斯坦境内出土有制作于公元前 2000 年至公元前 1800 年的金属小雕像，在古代地中海地区也出土了一些制作于公元前 1500 年左右的早期青铜小雕像，但它们形制都比较小，高仅 10 余厘米至 30 厘米不等[1]。作为完整的与真人相当的青铜人物雕像，是从希腊时代开始的，如出土的青铜阿波罗像高 1.92 米，约铸造于公元前 520 年；又如著名的宙斯或波塞冬青铜像高 2.09 米，铸造于公元前 470 年—公元前 450 年；还有 1896 年出土的驾车人“德尔斐御者铜像”高 1.8 米，约铸造于公元前 470 年；以及 1972 年 8 月在意大利里亚切海滨打捞出来的两尊青铜武士像高 2 米左右，铸造于公元前 506 年[2]。这些古希腊青铜雕像比起广汉三星堆出土的青铜雕像群要晚好几百年。也就是说，在古希腊人创作并使用脱蜡法铸造这些与真人一样形态逼真的青铜雕像之前，世

❶ 朱伯雄：《世界美术史》第二卷，山东美术出版社，1988，第 104 页、 第 46-47 页；第三卷第 99 页、第 52 页、第 91 页。

❷［英］吉塞拉·里克特：《希腊艺术手册》，李本正、范景中译，中国美术学院出版社，1989，第 48 页；朱伯雄：《世界美术史》第三卷，山东美术出版社，1989，第 147 页、174 页、 第 186-187 页。

界东方的古蜀国已经早于四五百年就使用娴熟的技术铸造了数量众多、造型生动、工艺精美的青铜雕像。此外，还有黄金面具，过去一些学者认为黄金面具是中亚与西方青铜时代的文明之物，如公元前 14 世纪希腊迈锡尼国王墓中的黄金面具以及距今 3000 多年的埃及新王国时期图坦卡蒙国王陵墓中的黄金面具等。三星堆伴随着青铜雕像群一起出土的黄金面具，无疑打破了以往的看法，说明世界东方也很早就有了黄金面具。这些都为世界美术史增添了新的内容。

我们总结和归纳一下三星堆青铜造像群的艺术特色：

其一，三星堆青铜造像群采用写实与抽象夸张相结合的艺术手法，运用娴熟而高超的青铜冶铸制作技巧来表现神秘复杂的社会内容，展示独特的观念习俗、审美情趣以及对天地万物的丰富想象，达到了内容与形式的和谐统一。古代蜀人在创作和铸造这些青铜造像群时，所表现出的雕塑手法的灵活和技艺的高超，可以说已达到了相当成熟完美的境界。

古希腊德尔斐的驾车人青铜雕像

其二，张扬人物身份个性，突出华贵威武、神奇庄严的象征特色，贯彻浓郁的族群意识，表现人神交往的宏大祭祀场面，是三星堆青铜造像群一个非常显著的特点。古蜀国的能工巧匠们在创作和铸造这些青铜造像群的时候，显示出了相当高超的审美意识。无论是人像还是面具，都特别注重面部刻画，既做到形似，更注重神似，突出了人物的神态和气韵，达到了生动传神的效果。如果我们仔细观赏，众多的青铜造像虽然大致可以归纳为几种类型，却没有一尊是完全相同的。即使造型相似，也在容貌、冠帽、发式等方面有所区别，显示出不同的个性色彩。在人物五官的处理上，采用圆雕、半圆雕、高浮雕等艺术手法，突出了浓眉大眼、高鼻阔嘴的特征以及豪放肃穆的神态。

并充分考虑到了透视方面的感觉，使每一尊造像都达到了栩栩如生的效果。造像群中的许多人像与人头像铸成了戴面具的造型，其实这些面具的形态依然是古蜀国族群形象的比较典型而又相对真实的艺术表现。它们或胖或瘦的脸型，或圆或方的耳郭，不同的发式，不同的冠帽，都展现出了不同的身份和个性特色。从雕塑风格上看，三星堆青铜造像群又具有简洁性、整体性、和谐性等特点。不同的个性色彩，愈加展现出了整体雕塑风格上的绚丽多彩。青铜造像群展示出的个性与共性，是如此的和谐统一，可谓相得益彰，从而形成了鲜明的主题和强烈的艺术魅力。当数十尊异彩纷呈、神奇精美的青铜造像在古蜀国盛大的祭祀场所组成一个大型群像雕塑的格局时，显示出的将是非同凡响的群体气势，并将由此而营造一种肃穆神秘的宗教氛围，使人神交往的祭祀活动产生一种震撼人心的特殊效果。

其三，采用夸张的艺术手法，追求特殊的艺术意蕴，表现复杂深刻的象征内涵，是三星堆青铜造像群的又一鲜明特色。最有代表性的便是青铜立人像那双巨大而又姿势奇特的手，同赤脚站立在双层高台上的修长身材相比较，双手夸张得使人惊讶，充分显示了这尊象征蜀王与群巫之长雕像的超凡神奇。虽然突兀，远远超出了常规的比例，但在艺术表现上却达到了意想不到的、使人惊叹的和谐之感。其造型“令人不能不佩服艺匠的巧思，也可以想见那个社会美感修养的深刻”[1]。另一个显著的例子是纵目人面像，那凸出的双眼和尖长的兽耳，唇吻三重直达耳际的阔嘴，以及鼻梁上高竖的卷云纹装饰物，都夸张到了神奇诡异的地步，洋溢着强烈的象征意味，有咄咄逼人之感。纵目人面像作为古蜀国各部族共同敬奉的祖先神祇象征，特意铸成这种具有人和动物复合特征的夸张神异的形象，同样达到了特殊的效果，极其生动地表现了深刻的内涵。这种夸张的艺术手法还运用在其他许多方面，以富有特色的造型来表现人神交往以及对天地万物的认识和想象。可以说，古代蜀人的

[1] 杜正胜：《人间神国——三星堆古蜀文明巡礼》，台湾太平洋文化基金会，1999，第5页。

闻名于世的三星堆博物馆

宗教观念和审美意识，正是通过这种夸张艺术手法的娴熟运用而获得了巧妙和成功的体现。通过这种透露着创造灵气的夸张，以达到震撼人心的效果，使盛大的祭祀活动永远充满一种神秘的吸引力，这正是古蜀艺术家们的高明之处。有的学者认为，青铜立人像夸张的双手和青铜纵目人面像凸出的双眼，表现的是古代蜀人“手的崇拜”和“眼睛崇拜”观念[1]。其实，艺术表现手法与崇拜观念是有很大的区别的。青铜立人像和青铜纵目人面像的身份象征以及它们的文化内涵，学者们已有深入的探讨。与其说是“眼崇拜”与“手崇拜”，不如说是夸张的艺术表现手法更为恰当。古蜀时代的艺术家们采用夸张的艺术表现手法，创作出夸张的大手和凸起的双目，显然是为了增强青铜立人像与青铜纵目人面像的神奇性，更有利于表现它们非同凡响的身份象征和显赫的气势，以引起祭祀者的震撼和共鸣。也就是说，三星堆青铜造像群表现的是规模宏大的祭祀场面，展示出鲜明的人神交往的主题，而有意识地突出夸张的造型，则是围绕着这一鲜明主题而采取的一种艺术表现手法而已。

[1] 赵殿增:《从“眼睛”崇拜谈“蜀”字的本义与起源——三星堆文明精神世界探索之一》,《四川文物》1997 年第 3 期；赵殿增:《从“手”的崇拜谈青铜雕像群表现的“英雄”崇拜——三星堆文明精神世界探索之二》,《四川文物》1997 年第 4 期。

其四，三星堆青铜造像群在纹饰图案的装饰塑造方面也极其精美，富有特色。最具代表性的是大型青铜立人像左衽长襟衣上的纹饰，由龙纹、异兽纹和云纹等组成，图案清晰，华丽精美，含义丰富。这些极富特色的纹饰加强和突出了人物的雍容华贵，成为雕像身份象征的生动展示，具有很高的审美价值。此外，如青铜雕像群冠帽上的纹饰、青铜动植物和青铜器上的各种纹饰与装饰图案等，都充分体现了古蜀特色的装饰效果。这些丰富多彩的纹饰不仅是研究古蜀族群服饰文化和社会典章制度的重要实物资料，同时也是探讨古蜀国与中原殷商以及周边区域文化交流的重要依据。

总之，三星堆青铜造像群给人以丰富的启示，既有绚丽多彩的文化内涵，更展现出异彩纷呈的艺术特色，可谓是中国古代雕塑艺术发展史上最令人叹为观止的神奇创造。其高超的创作技艺、形式多样的人物造型、鲜明而独具一格的艺术特色，完全可以与西方同时代的写实性雕塑相媲美。三星堆青铜造像群填补了古代东方文明造型艺术方面的空白，将使美术史家们重新审视和评价辉煌灿烂的中华青铜文明，无论是在人类文明史上还是在世界美术史上都谱写了新的重要篇章。

举世瞩目的三星堆考古发现所揭示的百科全书式的文化内涵和穿越时空的艺术魅力，在我们审视的视野和研究的领域里将永远闪烁着辉煌而灿烂的光芒。

三星堆考古发现大事记

1931年春，当地居民燕氏与家人在月亮湾车水淘溪时发现了古蜀遗存的大量玉石器。亦有人说是1929年发现的。

1931年6月，在广汉传教的英籍牧师董宜笃与华西大学美籍教授戴谦和到月亮湾遗址进行了考察和摄影。

1934年3月，华西大学博物馆美籍教授葛维汉与馆员林名均在当地罗县长的支持下，对月亮湾遗址进行了清理和考古发掘，出土器物由华西大学博物馆保存。其发掘简报与研究成果得到了旅居日本的郭沫若先生的高度评价。

1953年，为修建天成铁路保护文物古迹，西南博物院院长冯汉骥教授率人专程前往广汉月亮湾遗址调查。

1956年，四川省博物馆派王家祐等人前往月亮湾调查，并动员燕氏家人将保存的玉石器捐献给了国家。

1958年，四川省博物馆和四川大学历史系考古教研室联合对月亮湾遗址进行考古调查和试掘。

1963年，在冯汉骥先生的主持下，四川省文管会和四川大学历史系考古教研室联合对月亮湾遗址进行发掘，发现了大量古蜀文化遗存。

1980年，当地砖厂工人在三星堆坡地取土时挖出大量陶片和石器，四川省文管会立即派人考察，并派出考古工作队进驻三星堆，开始对这一古蜀遗址进行正式发掘。

1981 年，在三星堆遗址发现房屋遗迹 18 座，以及灰坑、墓葬等，出土了大量玉石器和陶器、陶片等，对三星堆遗址的分期和文化特征有了初步认识。

1982 年，国家文物局将三星堆遗址列为重点考古发掘项目。考古工作队又进行了两次小规模发掘，发现了窑址等遗存。

1984 年，考古工作队在三星堆北面真武宫西泉坎发掘出土了大量陶器和石器，发现了石器生产加工作坊遗址，并发现了城墙，对三星堆遗址的分布范围与面积有了更加清楚的认识。

1985 年，对三星堆北侧又进行了发掘，出土了数量可观的陶器与石器。

1986 年 3 月，三星堆考古工作队联合四川大学考古专业师生对遗址进行了一次为期 3 个月的大规模发掘。通过地层叠压关系可以清晰地看到，古蜀文化从新石器时代晚期至西周，2000 年的延续从未间断过，为分期提供了科学的重要佐证。

1986 年 7 月，发现了一号器物坑，发掘出土了金杖、青铜人头像和大量珍贵文物。

1986 年 8 月，发现了二号器物坑，发掘出土了青铜神树、青铜立人像、青铜人头像和青铜面具以及大量的象牙、玉石器、海贝和各类珍贵文物。消息经新闻媒体报道后，立即产生了巨大反响，在海内外引起了轰动。

1986 年 11 月，在广汉召开了全国首届“巴蜀历史与文化学术讨论会”，众多学者与会，对三星堆重大考古发现进行了探讨。

1987 年 1 月，四川省人民政府公布三星堆遗址为省级重点文物保护单位。考古工作者对一号坑和二号坑出土的上千件文物开始进行整理。

1987 年 9 月，三星堆遗址出土的部分文物在北京“全国重要考古新发现展览”上展出。

1988 年 1 月，国务院公布三星堆遗址为全国重点文物保护单位。

1988年2月，四川省文物考古研究所设立了三星堆遗址工作站。

1988年4月，为了筹建三星堆博物馆，有关方面成立了三星堆博物馆筹备处。

1989年1月，通过发掘，确认三星堆土堆为人工夯筑。

1990年1月，通过对东城墙的局部发掘，对三星堆古城的始筑年代和夯筑方法等有了进一步的了解。

1990年3月，有关方面审定并通过了三星堆博物馆主体建筑设计方案。

1990年9月，三星堆遗址出土的部分文物在北京“中国文物精华展”上展出。

1992年4月，在广汉隆重举行了“纪念三星堆考古发现60周年暨巴蜀文化与历史国际学术讨论会”，有来自海内外的150多位专家学者出席了这次学术盛会。通过深入广泛的讨论，对以三星堆考古发现为代表的古蜀文明有了更为深刻全面的认识。

1992年8月，三星堆博物馆奠基。

1993年5月，三星堆遗址出土的部分文物在瑞士洛桑奥林匹克博物馆展出。

1994年7月，三星堆博物馆主体土建工程竣工。

1995年6月，三星堆遗址出土的部分文物在德国埃森克鲁勃山庄展出。

1995年12月，三星堆遗址出土的部分文物在德国慕尼黑海伯基金艺术馆展出。

1995年底，成都市文物考古工作队发现了早于三星堆文化的新津宝墩古城址，此后又相继发现和证实了温江鱼凫城、郫县古城、都江堰芒城、崇州双河古城等早期古城址。据测定距今有4500年左右，为了解三星堆文化和古蜀城市文明的渊源关系提供了重要证据。

1996 年 4 月，三星堆遗址出土的部分文物在瑞士苏黎世艺术之家展出。

1996 年 9 月，三星堆遗址出土的部分文物在英国不列颠博物馆展出。

1996 年 10 月，中日联合对三星堆遗址进行环境考古调查。

1997 年 2 月，三星堆遗址出土的部分文物在丹麦路易斯安那博物馆展出。

1997 年 10 月，四川广汉三星堆博物馆建成，开始全面展示三星堆遗址出土文物。

1998 年 2 月，三星堆遗址出土的部分文物在美国纽约古根海姆博物馆展出。

1998 年 4 月，三星堆遗址出土的部分文物在日本东京、京都、福冈、广岛等地巡展。

1998 年 9 月，三星堆博物馆《古城古国古蜀文化陈列》被评选为首届全国文物系统“十大陈列展览精品”。四川广汉举行了隆重的庆祝表彰活动。

1999 年 3 月，在台湾举办了大型展览，展出了三星堆遗址出土的部分文物，并进行了学术交流活动。观者如云，反响热烈。

2000 年 7 月，在广汉举办了“殷商文明暨纪念三星堆遗址发现 70 周年国际学术研讨会”，100 多位中外学者出席了这次学术盛会，对三星堆文明进行了广泛而深入的探讨，对其百科全书式的文化内涵有了更为全面的认识。三星堆考古发现在海内外的影响日益扩大。

2019 年，广汉三星堆遗址又发现了 6 个埋藏文物的坑。

2020 年 10 月—2022 年 11 月，四川省文物考古研究院联合中国社会科学院考古研究所、北京大学考古文博学院、四川大学考古文博学院、上海大学文化遗产与信息管理学院以及成都文物考古研究院等国内 39 家单位，共同对三星堆遗址祭祀区内新发现的6座“祭祀坑”进行了全面发掘。共出土了编号文物1万多件，包括黄金面具、顶尊人像、圆方尊、青铜大面具、青铜神坛、青铜跪姿人像、众多玉石器、500余根象牙等大量珍贵文物。

2021年3月20日，央视实况直播了三星堆的考古发掘，再次举世瞩目，使古蜀文明与三星堆成了非常热门的话题。

2022年1月31日晚，农历除夕夜，三星堆遗址出土的青铜大面具亮相中央广播电视总台春节联欢晚会舞台，与全国人民共庆新春佳节。

2023年7月，三星堆博物馆新馆建成投用，建筑面积5.44万平方米，展陈面积2.2万平方米，是目前西南地区最大的遗址类博物馆单体建筑。新馆建筑以“堆列三星，古蜀之眼”为设计理念，饱含浓厚的古蜀文化气息，体现了现代博物馆建设中的科技力量和智慧水平。新馆陈列展出了1500余件出土文物，使观众能够充分领略古蜀文明的辉煌灿烂。开馆以来，游客如云，反响热烈。

后 记

成都平原和四川盆地自古以来被称为“天府之国”，是个富庶而又神奇的地方。早在远古时期，这里就已经是古蜀先民的栖息之地了。司马迁《史记·五帝本纪》有黄帝与蜀山氏联姻的记载，可知蜀山氏与黄帝都是著名的大部族，黄河流域和长江流域很早就有了文化与经济方面的交流往来。传说蚕丛创建了古蜀国，随后柏灌继位，鱼凫兴邦，杜宇积极发展农耕，开明王朝治理水患并拓展疆域，使古蜀国成了西南地区的一个富庶之国，并形成了相对独立而又特色鲜明的经济文化。但传世文献对古蜀早期历史的记载却很模糊，一直云遮雾绕，给人以扑朔迷离之感。譬如扬雄《蜀王本纪》和常璩《华阳国志》记述的蚕丛、柏灌、鱼凫、杜宇、鳖灵五代蜀王事迹都极其简略。后来唐朝大诗人李白在《蜀道难》中说：“蚕丛与鱼凫，开国何茫然。尔来四万八千岁，不与秦塞通人烟。”更是为传说中的古蜀历史抹上了一层浓郁的神秘色彩。

传说中的古蜀国给了人们丰富的想象空间，使人们产生了各种推测，同时也引发了人们对古蜀历史文化的好奇与探寻。中国近代有许多重大考古发现，最初都有一定的偶然性。譬如，甲骨文的发现、敦煌藏经洞的发现等，就是比较显著的例子。三星堆古蜀文明遗址的最初发现，也具有很大的偶然性。在 20 世纪 30 年代初，四川广汉月亮湾居民燕道诚与家人为了灌溉农田，车水淘溪时发现了埋藏的玉石器。消息传出后，当时的成都古董市场一度曾被“广汉玉器”闹得沸沸扬扬。1934年春，华西大学博物馆长美籍教授葛维汉征得四川省教育厅与广汉县县长的同意，对月亮湾遗址进行了考古调查和发掘，也发现了一些玉石器。中华人民共和国成立后，冯汉骥教授与王家祐先生曾几次前往广汉考察，认为三星堆与月亮湾一带遗址密集，很可能就是古蜀国的一个中心都邑。三星堆与月亮湾被称为“三星伴明月”，是当地的一处风水宝地。燕氏的发现与葛维汉的发掘只是序曲，更为壮丽的考古发现大幕就要揭开了。

经过漫长的等待，终于有了惊人的考古发现。1986年7月18日，在三星堆发现了一号坑；7月25日，发现了二号坑，出土了数量众多的青铜人头像、青铜面具、青铜器物和青铜神树，还有金杖、黄金面具、各种玉石器以及象牙、海贝等。特别是高大的青铜立人像、诡异的纵目人面像、形态各异的青铜人头像，组成了一个千姿百态、栩栩如生的神秘群体；还有奇特的青铜神树和众多的鸟、虎、龙、蛇与各种飞禽走兽青铜造像，铸造精美，造型神异，令人叹为观止。这些丰富而又罕见的出土文物，每一件都是无与伦比的绝世珍品，为我们了解神秘的古蜀历史文化提供了珍贵的资料。三星堆考古发现真实地印证了文献古籍中的记载，可知传说中的古蜀王国并非子虚乌有，显露真容的古蜀文明竟然是如此的灿烂辉煌。中国考古界和世界学术界都惊喜地谈论着这一重要考古发现，对此给予了高度评价，称之为“沉睡三千年，一醒惊天下”。

三星堆出土的青铜造像群与数量众多的珍贵文物展现出了鲜明的地域特色。由此可知，地处长江上游内陆盆地的古蜀国在当时是一个独立发展的繁荣强盛的王国，无论在政治上还是在经济上、文化上都自成体系。但古代蜀人并不封闭，和黄河流域殷商王朝以及周边其他区域在经济与文化上有着源远流长的交往和相互影响。古蜀文化与殷商文化的交往，可能有水陆两途。一条是顺长江上下，可能是古代四川与中原地区往来联系的主要途径。另一条是北经汉中之地或通过陇蜀之间，利用河谷与栈道，也是古蜀与中原的重要交流途径。值得注意的是，古蜀与中原的文化交流是不丧失主体的交流。三星堆出土的大量珍贵文物说明，古代蜀人在受殷商文化影响的时候，以高超的青铜雕像造型艺术为代表的古蜀文化特色始终占据着主导地位。

从历史发展的进程来看，古蜀文明与中原华夏文明都属于地域文化的范畴，各自的不同特色是和农业生产方式密切相关的。我国的农业起源甚早，在原始社会长江流域就出现了稻作农业，黄河流域也出现了旱作农业。原始农业不仅提供了粮食，也促使了人口繁衍，衍生了丰富多样的文化习俗。正是由于史前时期就形成了南北两种农业体系，从而促进和形成了南北文化体系发展的各自特色。对自然的认知，对祖先的传说，古蜀与中原都有各自的说法。譬如神话传说方面，中原黄河流域和北方地区崇尚的主神是黄帝，长江流域和南方地区崇尚的主神是帝俊。在中国的传世文献中，代表中原文化传统的一些古籍如《竹书纪年》《世本》，以及后来的《大戴礼记·五帝德》《史记·五帝本纪》《帝王世纪》等，都是以黄帝作为传说中心的。而代表南方文化传统的《山海经》中关于帝俊的记载，则构成了一个帝俊神话传说的体系。

在中华文明起源发展过程中的六大文化区系中，辉煌的三星堆古蜀文明高度发达，完全可以同中原殷商文明相媲美。成都平原还有金沙遗址与宝墩文化等众多史前古城遗址的考古发现，揭示了古蜀文明的久远和延续，充分说明了中原以外的周边区域并非都是蛮夷落后之区，在中华文明多元一统和中华民族多元一体的格局中，都有着各自的重要地位，都发挥了重要作用。正由于近万年以来这些区系文化的交汇、撞击、相互影响、相互作用、文化逐渐认同、经济逐渐融合，才有了中华民族根深叶茂的坚实的历史基础，形成了中华文明浑厚的兼容性和强劲的凝聚力。也正是由于三星堆古蜀文化与中原殷商文化各自所具有的鲜明特色，展现出了长江流域和黄河流域南北两个文化系统的绚丽多彩，并随着相互间的传播影响和交流融合，在中华文明发展史上谱写了青铜时代杰出而又辉煌的篇章。可以说，三星堆古蜀文明并不单纯是一个辉煌的区域文明，更是中华文明的一个重要组成部分，是中华文明的一大骄傲。

在世界人类文明发展史上，三星堆考古发现揭示的古蜀文明，也堪称是世界东方文明的一颗明珠。三星堆考古发现还揭示了与南亚、中亚的远程贸易和交流，三星堆出土的大量海贝就来自温暖的印度洋海域，蜀布与丝绸很早就通过西南古商道销售到了古印度、大夏（阿姆河流域）与古罗马。这说明了古代蜀人并不封闭，很早就与世界上很多国家有了经济贸易往来。人类文明史的发展，并不是封闭的，而是相互交流影响和促进的结果。中华文明自古以来也是开放的，与世界的交流可谓源远流长，三星堆考古发现对此也是一个很好的印证。

三星堆最近又有新的考古发现，在一号坑与二号坑附近又发现了6个埋藏有大量文物的坑。在最近进行的考古发掘中，出土了青铜人像、黄金面具、青铜方尊、青铜祭坛、象牙、刻画有树纹的玉琮等。出土的这些器物中有很多造型独特，展现了标新立异的内涵，可谓琳琅满目，使人大为惊叹。特别是发现了丝绸遗迹，其意义更是非同寻常。根据史籍记载，古蜀是最早养蚕和纺织丝绸的部族，《说文》解释“蜀”字，就是以蚕作为族名，所以蜀山氏又称为蚕丛氏。《史记·五帝本纪》记载黄帝和蜀山氏联姻，黄帝的元妃西陵氏女嫘祖也是蜀地人，她将丝绸传到了中原和全国，被后世尊崇为先蚕。古代蜀人饲养家蚕从蚕丛时代就开始了，故教人养蚕的蚕丛被后人祭祀为青衣神。三星堆二号坑出土的高大的青铜立人像所穿的龙纹长衣，无论从细腻的质地还是从精美的图案花纹来看，都应是华丽的高级丝织品。这次三星堆发现的丝绸遗迹，更加充分印证了史籍的记载，说明古蜀是中国丝绸的故乡。

三星堆考古新发现再次举世瞩目，特别是央视最近连续直播报道了三星堆考古发掘实况，让广大民众和学术界共同分享和关注。这次考古新发现，使三星堆与古蜀文明成了非常热门的话题。这对弘扬中华优秀传统文化，增强中华民族自信心，都是非常有意义的好事情。随着三星堆考古发掘的进行，以及新闻媒体的热情持续报道，对三星堆和古蜀文明进行深入的探讨和研究，也备受各界关注。介绍和研究三星堆与古蜀文明的图书，也成了广大读者最喜欢的读物。这里顺便说一下，最近网络上与三星堆有关的各类文字，也纷至沓来，其中有些图片真赝混杂，并非出土文物，而是古董商所为。借用三星堆与古蜀之名，制作假文物、假玉器、假铜人牟利，是近年比较猖獗的现象，应该引起相关执法部门的足够重视。如果这些赝品只是为了私人收藏欣赏和自娱自乐，倒还无关紧要，如果以假乱真来扰乱学术研究，那就有害于公众而必须给予严肃批评，并且必须加以纠正，以正视听。所以，我们有责任告诉广大读者，要真正了解三星堆考古发现，要深入了解古蜀历史文化，还是要看正规途径的权威报道，还是要阅读主流学者们的著述与文章。

三星堆考古发现揭示的古蜀文明，确实是非常值得写的一部大书。1986年，三星堆一号坑、二号坑相继发掘出土大量文物的时候，我正在四川省文物考古研究所《四川文物》编辑部工作。虽然没有参加考古工作第一线的发掘工作，但出土的每一件文物都使我感到惊喜和兴奋，我当时经手编发了许多研究三星堆的文章，对深入研究三星堆出土文物萌发了浓厚的兴趣。在经过长期的资料收集和大量的阅读与深入的思考，我也投入到了对三星堆与古蜀文明的研究行列之中。回顾这些年来，我一直执着于对古蜀历史文化进行全面透彻的探讨，对三星堆与金沙遗址的考古发现作了较为深入的研究，相继出版了《古蜀的辉煌》《三星堆》《天门》《丝路上的文明古国》《古蜀金沙》《金沙遗址》《金沙考古》《华阳国志故事新解》《西域丝路文明》《从三星堆到金沙》等多部学术著述，先后发表了百余篇学术论文，并出版了“古蜀传奇”三部曲《梦回古蜀》《金沙传奇》《五丁悲歌》系列历史长篇小说。这些年我在学术研究和写作方面的收获还是比较丰硕的。需要说明的是，我撰写发表和出版的这些著述文章与作品，都是厚积薄发，并非一蹴而就。作为一位长期文史两栖、坚持勤奋笔耕的写作者，其中的甘苦，可谓感受良多。每一部著述与作品的写作，都仿佛是在经历一场马拉松式的赛跑，需要相当艰辛的付出，更需要毅力和坚持。读书和写作，不仅是我的喜好，也是我习以为常的一种生活方式。对古蜀历史文化的深入探寻，也成了激励我长期坚持研究与写作的强劲动力，所以我能够一直努力，甘于坐冷板凳，而自得其乐。

拙著《古蜀的辉煌》是我倾注了较多心血撰写的一部著述，初版由巴蜀书社推出，被列入了“北京大学中国传统文化研究中心国学研究丛刊之十五”，是“三星堆文明丛书”之一。在这部书中我采用了多学科相结合的方法，对三星堆考古发现的经过、三星堆出土文物百科全书式的文化内涵、三星堆遗址与古蜀历史文化的关系、三星堆考古发现的意义等诸多方面，作了深入浅出的较为系统的论述。平心而论，这部拙作遵循的仍是传统做学问的路子，书中援引了大量的文献与考古材料，也引用了许多学者的论述与见解，都一一注明了出处，以示严谨和不敢掠人之美，当然也是为了便于读者查寻资料和延伸阅读，并为其他研究者提供方便。我在对三星堆古蜀文明进行探讨的时候，虽力求深入、系统、全面，实际上仍是有所侧重，有所简略，而且难免会有疏忽与错讹，不足之处一定不少。在学术方面，我叙述了自己的见解和看法，大都是我多年来的研究心得，我的许多观点纯属一家之言，与其他学者的论述并不一定相同。好在现在学术界有着很浓的百家争鸣的风气，有不妥之处若能引起争鸣也是一件好事。若能得到高明者的批评指教，那就更是我的荣幸了。学术乃天下公器，提倡百家争鸣，可以畅所欲言，这是时代的进步和开明，对作者与读者而言都是值得高兴的。

这次拙著修订后再版，将书名改为《探寻古蜀国：从三星堆看中华文明》，力求更有引人入胜之感，也更能彰显对古蜀文明的深入探讨。我对书中引用的材料再次做了核实，对文本做了仔细修润，并增补了内容和资料。这次修订，将尾注改为了脚注，以便于阅读。同时增添了相关的文物图片，力求图文并茂，这样更有利于读者对三星堆考古发现的深入了解，也更有利于对三星堆出土文物的分析和解读。和以前的初版书相比，呈献在读者面前的这部书已有了全新的改观，更加充实也更加精致了，会给诸位耳目一新之感。诚挚感谢学长谭继和先生为本书写了精妙的序言，衷心感谢蜀中著名学者王家祐先生和李复华先生为本书撰写了精辟的书评，感激两位先生对作者给予了热情洋溢的赞扬和鼓励。也感谢诸多好友，在拙著出版后给予了热忱关注和好评。

我要特别感谢中国出版集团·研究出版社对三星堆与古蜀文明的热情关注，特别感谢研究出版社领导对拙著修订再版的关心支持，特别感谢责编在编校时的认真细致和辛劳，也感谢美编在版式与装帧设计上的积极努力。同时，也非常感谢学界同人、朋友们长期以来的友好支持。古蜀文明与三星堆研究方兴未艾，要做的事情还有很多，还需要脚踏实地，持之以恒，继续深入探讨，才能更上一层楼。

但愿此书能为弘扬古蜀历史文化而略尽绵薄之力。同时，也希望此书能成为广大读者喜欢的读物，那将是笔者最大的欣慰了。

二〇二一年仲夏

于天府耕愚斋

附 录

古蜀文明研究的新收获
——评黄剑华新著《古蜀的辉煌》

王家祐　李复华

最近，由巴蜀书社出版问世、被列入北京大学中国传统文化研究中心国学研究丛刊的《古蜀的辉煌》一书，是四川省文物考古研究所的研究员黄剑华同志多年来深入研究三星堆文化和古蜀文明的一部力作。我们读后认为，这是一部很有特色的考古学专著，特撰小文，给予推荐。

治学谨严　论述精辟

古蜀历史由于缺少文字记载，一直云遮雾绕，扑朔迷离。自从有了惊人的三星堆考古发现之后，古蜀文明才撩开了神秘的面纱，露出了璀璨的面容。自20世纪80年代以来，学术界对三星堆古蜀遗址作了许多探讨，发表了不少文章，但系统的有深度的著述尚不多见。黄剑华同志正是有感于此，多年来广泛收集资料，对三星堆文化和古蜀文明进行了全面深入的研究，出版了24万多字的《古蜀的辉煌》这部著述，在学术上提出了许多精辟之见，真可谓成绩卓著，可喜可贺。

我们认为本书的成功之处主要是在于对三星堆文化及其相关文化的研究方面。无论是宏观上的大问题，抑或是微观上的小问题，均进行了认真细致的研究探索，提出了自己的观点，其中有不少精辟之论，读来清新喜人，感受很深。这不仅显示了作者在学术上的深厚功底，也展现了作者在治学上的勤奋。从这部著述中我们还可以充分感受到作者思辨的缜密，思维的开阔，论述的严谨，以及学术观点上的多所创新。现举几例于后。

一是作者对三星堆文化百科全书式的文化内涵作了深入探讨，认为具有自身浓郁特色的古蜀文明："这无疑是显示了中华文明在黄河流域、长江流域中游与上游成都平原等地区发展进程中的不同特点。"这"不同特点"的结论，为冯汉骥教授早年首先提出的"长江流域为我国文明的另一起源地区"的科学推断提供了新的有力论据，所以作者的这一结论有着非常重要的价值。

二是作者在全面论述了三星堆考古发现所揭示的文化内涵之后认为，三星堆古蜀遗址的惊人发现和一号坑、二号坑出土的大量珍贵文物，充分表明了古蜀国在殷商时期的繁荣昌盛。进而指出："三星堆古城展示的灿烂的青铜文明，还调整了人们有关商代中国的概念，说明殷商在青铜时代并不是唯一的文明中心，商王朝的周边地区也并非都是蛮夷落后之地。"意思是说，殷商时期蜀人并不是落后的蛮夷，除殷商文明中心外，以三星堆为代表的古蜀文明也是长江上游的重要文明中心。这一灼见，提高了蜀人及其文化在我国历史上的地位，对我们更加全面、客观、真实地认识中华文明的起源和发展，显然具有十分重要的意义。

三是作者对三星堆青铜面具研究后认为："这些极富想象力的糅合了人面与兽面特点的面具，同出土的其他青铜面具一样，显然也是古代蜀人社会意识与宗教观念的生动展示。其夸张神秘的风格，同样体现了浓郁的古代蜀族特征。”我们认为，这样用社会、宗教的意识形态来对三星堆人面兽面糅合的神秘面具进行研究，求其产生之源，明确蜀族此类遗存的风格特征意义所在，这样的研究方法是科学的、成功的。

四是本书的第四、第五两章，作者对蜀族的社会、历史进行了全面的探索和研究，其中就政治、经济、神禖、风俗、习惯、服饰、文化交流，以及手工业和制作工艺等方面，均在深入研究后提出了一系列有价值的观点，真是美不胜收，难以细说。我们认为，这两章的内容已经有不少是属于复原蜀史工程范畴的工作，表明作者在这部著述中不仅对三星堆古蜀文化进行了全面深入的研究，而且在复原蜀族历史方面，亦取得了显著的成效，这是非常令人高兴的事情，必须予以肯定。

旁征博引　视野开阔

本书的又一重要特点是所用资料极为丰富全面，无论是文献记载和考古资料，还是前辈、同行的著述，以及国外的研究文章和有关资料，都作了详细的收罗和引用，从而为了解三星堆考古历程和研究状况提供了极大的便利。更重要的是，作者在认真细致地对全部资料进行分类排比研究后，提出了自己的观点，对三星堆文化和古蜀文明作了深入探讨，写成了一部非常有价值的专著。还值得提及的是，这部著述涉猎了多个学科，不仅旁征博引，而且视野开阔，将三星堆文化和古蜀文明放在中华文明和世界文明的范围内进行研究，给人以耳目一新的感觉。作者在书中所取得的成功，是与作者“兼视则明”分不开的。下面仅就两个问题谈点我们的看法：

一是关于郭老的一封信。作者在这部著述中对三星堆古蜀遗址的发现和发掘经过作了生动详细的追述，其中特别提到了郭沫若前辈的这封短信，这是郭老写给前华西大学林名均教授的一封有关考古学的专函。此函我们在学生时代曾听林教授提及，惜未见其文。今在这部专著中读到，深感拜读太晚，实为憾事。因为此信对考古学界确实是有着非常重要的意义，剑华同志在书中说郭沫若“以一位历史学家和考古学家的眼力，提出了一些很重要的看法和建议”，这是符合实际情况的。所以，我们认为此信并未过时，对今天的考古工作仍有现实意义。本书对此信的全文引用，仍将对现在的考古学研究起到重要的指导和参考作用。

二是关于三星堆文化和其他区域文化之间的交往，作者在著述中引用了大量的资料，作了深入有益的探讨，提出了许多精彩的见解。比如，蜀人和殷商的关系，蜀文化与楚文化的关系等，作者都作了独到的阐述。还有古代蜀人进行远程经济和文化交往的问题，作者也作了创新的探讨和分析。我们认为这是非常必要的，而且非常有趣，收到了很好的效果。作者认为蜀地早在远古时期就存在通向远方的古商道，从考古资料看并非虚说。三星堆文化中含有外来文化因素，就说明了古代蜀人在当时并未受到由于地理造成的交通不便的影响，克服重重困难进行了文化上的交流融合，这是一个了不起的奇迹。正是因为古代蜀人并不封闭和保守，善于学习和吸取其他文化的长处，才有了古蜀文明的灿烂和辉煌。这对于今天我们的开放建设，仍具有重要的启迪作用。

文笔流畅　雅俗共赏

我们认为，本书不仅是一本学术性很强的考古学专著，而且有很强的可读性，具有文笔流畅、表达准确、易于被一般读者所接受和理解的特点。我们将此书称为是“阳春白雪”与“下里巴人”完美的结合，是雅俗共赏的鲜有佳作，相信是并不过分的。

关于考古学著作如何做到通俗的问题，早在20世纪50年代初，我们就和已故同行沈仲常、于豪亮等同志谈论过，大家认为“考古学文章的专业性太强，很难被一般读者所理解，如果能把这类文章的文风改变一下，写成雅俗共赏的作品，那就让一般读者也能理解考古学的重要意义和价值。这样做的目的是：作为考古文章既能起到普及考古知识的功能，又能收到提高文物保护之效”。可是我们这个一举两得的良好愿望，50年来均未能成为现实。而今天剑华同志的这部新著，可以认为是考古学术著作在写作方法上的改变和突破，同时亦为我们圆了50年未圆的梦，这确实是一件非常令人高兴的事情。

这部以崭新面貌问世的考古专著，它是与作者所具有的优势分不开的。因为，作者不仅是一位功底扎实的文物研究专家，而且是一位具有笔下生花之才的著名作家。所以，才能游刃有余地把考古专著写成可读性很强的佳作。

作者在此之前已有《天门》等数部文笔清新的著述问世，将学术著述写得文采斐然，深得读者好评。《古蜀的辉煌》这部学术著述更以史家的根底、艺术家的笔触，将考证和论述写得深入浅出，道理透彻，文笔优美，精彩纷呈。我们相信这部著述的问世，不仅是对三星堆文化和古蜀文明研究的一大收获，而且在当前西部建设和文化开发中也具有非常重要的价值。相信这部既有学术深度，又视野广阔、清新流畅的好书，同样会在广大读者中产生很好的影响。

（王家祐先生、李复华先生是四川博物院资深研究员，

蜀中著名学者）

——刊载于《东南文化》2002年第11期